THiNKr
新思

新一代人的思想

波斯战火

第一个世界帝国及其西征

PERSIAN FIRE

THE FIRST WORLD EMPIRE *and the* BATTLE FOR THE WEST

Tom Holland

[英] 汤姆·霍兰………著

梁永安………译

中信出版集团 | 北京

图书在版编目（CIP）数据

波斯战火：第一个世界帝国及其西征 /（英）汤姆·霍兰著；梁永安译．-- 2 版．-- 北京：中信出版社，2021.12

书名原文：Persian Fire: The First World Empire and the Battle for the West

ISBN 978-7-5217-3602-1

Ⅰ．①波… Ⅱ．①汤… ②梁… Ⅲ．①希波战争－战争史 Ⅳ．① K125

中国版本图书馆 CIP 数据核字（2021）187338 号

波斯战火——第一个世界帝国及其西征

著　　者：[英] 汤姆 · 霍兰
译　　者：梁永安
出版发行：中信出版集团股份有限公司
（北京市朝阳区惠新东街甲 4 号富盛大厦 2 座　邮编　100029）
承 印 者：北京楠萍印刷有限公司

开本：880mm×1230mm　1/32　　印张：13.75
插页：8　　字数：317 千字
版次：2021 年 12 月第 2 版　　印次：2021 年 12 月第 1 次印刷
京权图字：01–2015–5057　　书号：ISBN 978–7–5217–3602–1
定价：92.00 元

各界推荐

波斯历史扣人心弦地栩栩如生起来。

——罗伯特·麦克拉姆（Robert McCrum），

《观察者报》（*Observer*）年度选书

对古代世界引人入胜的叙述……霍兰是极有天分的说故事的人，活灵活现地描绘了希波战争时的世界。

——《每日电讯报》（*Daily Telegraph*）年度历史类选书

所有让他的第一本书《卢比孔河》大获成功的要素——他的渊博、他的不信任人性，更重要的是他的叙述热情——都呈现在这部作品中了。其中的一个戏剧性时刻（描述雅典人在马拉松战役冲锋时，重甲步兵从头盔内所见到的情景）让人不寒而栗。

——《星期日泰晤士报》（*Sunday Times*）年度历史类选书

一本有关希波战争的杰作，深具权威性，小说色彩十足。

——克里斯托弗·哈特（Christopher Hart），

《星期日独立报》（*Independent on Sunday*）年度选书

显著的精美和慧黠……《波斯战火》让霍兰在他的罗马史诗《卢比孔河》里酝酿的潜力继续得到发挥。

——博伊德·汤姆金（Boyd Tomkin），

《独立报》（*Independent*）年度历史类选书

我读过的最刺激的历史叙事。

——简·莫里斯（Jan Morris），《观察者报》年度选书

十足精彩……霍兰是头脑冷静的历史学者，他对古典希腊的书写权威而投入，不亚于他在上一本书《卢比孔河》里对古代罗马的书写。他公平对待希腊和波斯两种文化的丰富性，极为难得。

——玛丽·比尔德（Mary Beard），

《星期日泰晤士报》

技艺精湛而扣人心弦……霍兰在序言中表示，他希望他“试图沟通学院派和大众读者的尝试，不会像薛西斯架设的那条连接欧洲和亚洲、长达 2 英里的浮桥那样，不过是虚荣心作祟的结果并因此贻笑大方”。事情正好相反，他对这片新领土的征服比厚底鞋的万王之王更有力、更华丽。

——《星期日独立报》

关于希波战争的精彩研究，讲述小小的希腊如何击退薛西斯和他的无敌舰队。本书既不夸胜亦不求政治正确，是一位大家为广大读者而写的作品。

——维克托·戴维斯·汉森（Victor Davis Hanson），

《国家评论》（*National Review*）（USA）

当一个全球性的超级强权自信满满地朝天涯海角推进时，霍兰认为我们有各种理由回顾第一个做这种事的超级强权。当我们愉快地为了促进民主而发动战争时，他让我们清楚地看到在战争中如何开始了民主。

——彼得·斯托瑟德（Peter Stothard），《泰晤士报》（*Times*）

霍兰这部扣人心弦的全景式著作，是古代史在今天仍具有重要性的雄辩论证。他为我打开了一个世界，我由衷感激。

——《观察者报》

具有丰富的反讽意识，节奏掌握得恰到好处，令人无法抗拒……它对温泉关战役的叙述是同类文字中最刺激的。

——多米尼克·桑德布洛克（Dominic Sandbrook），《每日电讯报》

给普通读者与学者同时带来乐趣。

——詹姆斯·巴肯（James Buchan），《卫报》（*Guardian*）

头脑清醒和平衡得恰到好处的叙事。霍兰对黄金时刻有敏锐的意识，阅读广博，机智风趣。他以投入的态度描述这段历史，值得大众读者再次学习。

——《泰晤士报文学增刊》（*Times Literary Supplement*）

希波战争是历史上一场盛大的“大卫与巨人歌利亚”的斗争，因为它是东西方第一场真正的历史冲突，在今天可以引发特殊的共鸣。霍兰的文笔澎湃生动，对其所研究的题目有值得自豪的处理。

——J. F. 拉曾比（J. F. Lazenby），《文学评论》（*Literary Review*）

让人激情澎湃……极富洞见且文字魅力四射。

——保罗·卡特利奇（Paul Cartledge），《独立报》

霍兰的成功在于，当我们其他人因为他对古代世界的一场重大冲突妙趣横生的讲述而脉搏加速时，牛津大学的一位教授也可以坐下来和学生一起咀嚼他对事件的绚烂分析，而且同样可以从中获益。

——彼得·琼斯（Peter Jones），《星期日电讯报》（*Sunday Telegraph*）

一场刺激得让人透不过气的历史说书。

——《金融时报》（*Financial Times*）

霍兰将渊博的学问表现得不着痕迹。《波斯战火》令人无法释手。

——露西·摩尔（Lucy Moore），《每日邮报》（*Daily Mail*）

马拉松、温泉关、萨拉米斯之战虽发生于两千多年前，但毫无疑问，霍兰就在现场。他的描述让人感到身临其境，你即使已知道谁胜谁负，仍然会提心吊胆。

——阿耳忒弥斯·库帕（Artemis Cooper），
《标准晚报》（*Evening Standard*）年度选书

晓畅和渊博的叙事史，把故事说得很好，没有将传统的意识形态照单全收。

——《星期日苏格兰报》(*Scotland on Sunday*)

这本书提供了美妙的阅读体验，不应该快读，应该细细咀嚼。这不是说它是用干巴巴的学院语言写成的。霍兰以一种活泼的文体呈现他的议论，说出最有娱乐性的故事……对战争的描写绘声绘色……叙述让人过瘾。

——《爱尔兰检查者报》(*Irish Examiner*)

一部精彩著作。文字清新、华丽，比喻丰富，但总是清晰而精准……《波斯战火》的叙事令人屏息，材料极为丰富，颇有供现代世界借鉴的教益。

——尼尔·福克纳(Neil Faulkner)，

《当前世界考古学》(*Current World Archaeology*)

可读性一流的学术著作……我不知道还有什么比这本书更能让这段古代历史活起来。

——马克·戈尔登(Mark Golden)，

《多伦多环球邮报》(*The Toronto Globe and Mail*)

这是一场古代的世界大战。对于后世来说，这场遥远战争的意义显得很学术——希腊的胜利保存了欧洲文明的摇篮。但对于生活在那个时代的人来说，这不是单纯的一场征服者与保卫者的冲突，而是一场关乎各方信念的正义之战。不论是波斯人、斯巴达人、雅典人还是巴比伦人，他们在这场战争中所扮演的角色都绝非偶然，一切都来自他们各自相信又迥然不同的神话、真理和事物。本书讲述精彩的希波战争前，先描写波斯和希腊世界的战前世界观，让身为读者的我投入希波战争的史诗发展过程时，脑海里不断出现“噢！难怪会这样”的恍然大悟。

——seayu(“即食历史”部落客)

目　录

前 言

2001 年夏天，我的朋友出任某所大学的历史系主任。他在 9 月新学期开始前按例做出了一系列新决策，其中一项变革尤为重大。该校历史系有个传统（这个传统久远到已经没人记得它是从什么时候开始的），即学生在毕业前都要提交一篇研究希特勒如何攫取政权的专题论文。而现在，我的朋友提出要对此进行改革。他向同事们建议，把论文题目更换到一个截然不同的新方向——十字军东征。这个激进的提议惹得大家怨声载道。系里的同事质问他，研究这样一个年代久远且不受当代人关注的题目究竟有何意义。我的这位朋友则指出，历史系学生不再局限于仅仅研究 20 世纪独裁者的课题，就会有所收获。这个回答当然只会引起更大的怒火。其他教师认为，极权主义仍然与今日世界息息相关，而十字军东征的影响早已断绝。试问，伊斯兰教与基督教、东方与西方之间的仇恨，与当下的世界有何关系？

仅仅过了几个星期，这个问题就得到了现实的回应。2001 年 9 月 11 日，19 个劫机者怀着某种显然是源自中世纪的怨愤之情，让自己和数以千计的无辜者化为灰烬。十字军东征从来没有结束——

至少奥萨马·本·拉登是这样认为的。早在1996年他便提醒伊斯兰世界："你们应当知晓，伊斯兰人民一直遭受着犹太复国主义者与十字军的联盟强加的侵略、不公和不义。"[1]虽然本·拉登极为擅长利用航空技术和大众传媒在当代世界中谋夺利益，但他长久以来都是用中世纪的话语来诠释当今世界。在他的宣言里，过去和现在仿佛融合在一起：他在用令人生畏的方式挞伐美国或以色列罪行的同时，也要求恢复穆斯林对西班牙的统治或是光复中世纪的哈里发国家（Caliphate）。难怪当小布什总统冷不防地将他发动的对恐怖主义的战争形容为"十字军圣战"时，他的顾问会要求他千万不要再使用这个要命的词儿。

当然，美国总统比沙特阿拉伯的狂热分子更不了解中世纪历史的种种细微之处，这并不让人意外。"他们为什么恨我们？"在"9·11"事件之后的几个星期，小布什总统并不是唯一绞尽脑汁想弄明白这个问题的人。各大报纸上充斥着学者们对穆斯林为何憎恨西方的种种解释：有人认为这源于美国几十年来的外交政策；也有人将之归咎于欧洲殖民霸权对中东的瓜分；还有人顺着本·拉登的分析，追溯到一切仇恨的起点，即十字军东征。21世纪的第一场世界危机竟然会源自一种古老的仇恨，这着实是个尖锐的讽刺。在此之前，全球化一直被认为会带来历史的终结，但现在看来，它似乎还将某些令人厌恶的幽灵从其古老的坟墓中唤醒。几十年来，西方世界一直通过共产主义来界定东西方的差异，如今人们又追溯到比俄国革命更久远的过去，改用伊斯兰教来重新划分东西方。伊拉克战争，弥漫于整个欧洲的反移民情绪（特别是反穆斯林情绪），是否应当同意土耳其加入欧盟的现实问题……这一切和"9·11"袭击事件结合在一起，让人们痛苦地意识到，基督教西方和伊斯兰教东方之间仍然存在一道鸿沟。

基地组织的恐怖分子和哈佛学者都主张说，在新的世纪，不同文明之间注定会发生冲突。现实情况是否如此，至今仍有许多争议。但无可争辩的是，不同的文化（至少是欧洲和伊斯兰世界的文化）都在被迫检视自己身份认同的基础。爱德华·吉本曾说："所谓东西方的差异没有必然规律可言，其内涵也会在全球范围内不断发生变化。"2 但"东西方断然有别"[1]这种论点却总会轻易成为最持久的历史假设。这个假设比十字军、伊斯兰教和基督教的历史更古老，可以追溯至 2 500 年前的一个疑问："他们为什么恨我们？"历史本身就是在这个问题中诞生的——世界上的第一位历史学家，正是在公元前 5 世纪的东西方冲突中发现了他毕生研究的主题。

这位历史学家名叫希罗多德。他虽然是希腊人，却出生在今天土耳其的度假胜地博德鲁姆（Bodrum），那里当时被称作哈利卡纳苏斯（Halicarnassus），因此他是在亚洲最边缘的地带长大的。他一直在思考，东方人与西方人为何如此难以和平共处。从表面上看，答案似乎很简单。希罗多德指出，亚洲人把欧洲人看作异类，"所以他们相信希腊人将永远是自己的敌人"3。但他也承认，这种裂痕最初何以诞生确实是个谜。是因为希腊海盗绑架过一两名公主吗？还是特洛伊被战火焚毁的缘故？"至少许多亚细亚民族是如此宣称的，但谁又能肯定地说自己是对的呢？"4 就像希罗多德深知的那样，

[1] 原文出自英国作家吉卜林的诗歌"东是东，西是西，东西永不相逢"（East is East and West is West, and never the twain shall meet）。——编者注

世界如此之大，以至于一个人眼中的真理在另一个人看来很可能是谎言。东西方冲突的起源虽不可考，但它的影响一直都在，这一点直到最近还不幸地被现实清楚地印证过。差异滋生猜疑，而猜疑会导致战争。

那场古老的战争确实是史无前例的。公元前480年，大约是希罗多德开始写作《历史》之时的40年前，波斯国王薛西斯（Xerxes）率领大军入侵希腊。这类军事冒险一直是波斯人的专长。在那几十年，胜利——快速而惊人的胜利——似乎成了他们与生俱来的权利，其战无不胜的神话反映在他们前所未有的征服范围与征服速度上。波斯人原本只是默默无闻的山地部落，生活范围仅限于今天伊朗南部的平原和山区。然后，在仅仅一代人的时间里，他们横扫中东，粉碎了大批古老王国，席卷无数著名古城，建立起一个从印度延伸至爱琴海海岸的庞大帝国。经过一系列的征服活动，薛西斯成了世界上最有权势的统治者。他所掌控的资源多得惊人，仿佛无穷无尽。直到1944年夏天的诺曼底登陆，欧洲都未曾经历可以与这次入侵相匹敌的战事。

与波斯这个前所未有的世界主宰相比，希腊不仅人口稀少，而且内部分裂严重。希腊本身只是一个地理概念：它不是一个国家，而是由一系列争吵不休、时常因盲目自大而暴力相向的城邦构成。的确，希腊人自认是一个民族，被相同的语言、宗教和风俗团结在一起。但沉溺于彼此攻伐似乎才是各城邦最大的共同点。波斯人在崛起早期就发现，要征服那些生活在今日土耳其西部（包括希罗多德的故乡）的希腊人十分容易。就连希腊本土的两大强权——初生的民主国家雅典和严格的军事化国家斯巴达，看起来也装备低劣、不足以御敌。所以当波斯国王决心一劳永逸地平定其庞大帝国西部边缘那些不驯而古怪的民族时，结果似乎早已注定。

但令人震惊的是，面对这支有史以来最庞大的远征军，希腊本土却成功抵挡了进攻。入侵者被赶了回去，希腊捍卫了自由。直面并击败这样一个超级强权的过程，始终是希腊人最津津乐道的传奇故事。他们究竟是怎么做到的？为什么能做到？起初又是什么因素导致波斯人发动了对希腊的入侵？这些问题在40年后依然具有现实的迫切性，促使希罗多德运用全新的写作体裁对这段历史展开研究。这是历史上第一次历史学家没有把军事冲突归因于近乎神话般的遥远过去，没有将其解释为神明的任性安排（或祝愿），也不认为这是命运的显现，而是用人类可以亲自验证的说法来解释。希罗多德坚持只采用尚在世的知情者或见证人提供的材料，因此他也成为第一位人类学家、调查记者和海外通讯员。[5]他以孜孜不倦的求知探索写就的著作，不只是单纯的叙事，更是对整个时代广泛、多样化且兼容并蓄的全面分析。希罗多德形容自己从事的工作为“探问”（historia），这正是“历史”一词最初的含义。在《历史》这部人类最早的历史著作的开头第一句话，他写道：“我在这里写下它们，是为了让过去的记忆能够保存下来。我的手段是记述希腊人与外邦人的非凡功绩——首先是再现他们是如何走向战争的。”[6]

当然，历史学家总爱宣称自己处理的课题意义重大。希罗多德的情况则是，他的主张经受了2 500年的考验。希罗多德许多历史观点背后的话题假设——波斯人和希腊人的大战具有无可比拟的重要意义——得到了充分证实。例如，穆勒（John Stuart Mill）指出：

“即使从英国历史的进程来看，马拉松战役的意义也远比黑斯廷斯战役（Battle of Hastings）的意义重大。”[7] 黑格尔则以德国哲学家的宏大论调，宣称“整个世界的历史来到悬而未决的时刻”[8]。事实的确如此。任何有关英勇反抗的传奇故事都让人热血沸腾，而故事中反抗者成功的希望越渺茫（甚至微小到可以忽略不计），就越让人为之紧张。在波斯人试图征服希腊本土的过程中，牵涉到的不只是这些城邦（它们被薛西斯视为奉行恐怖主义的城邦大杂烩）独立与否的问题。倘若被一个外族的国王征服，雅典人将永远没有机会发展他们独一无二的民主文化，那些造就了希腊文明独特性的文化要素也会随之消失。如此一来，罗马能够继承并传递给现代欧洲的遗产将变得无比贫乏。若希腊人屈服于薛西斯的入侵（当然这是不可能发生的），西方不但输掉了它争取独立与生存的第一场斗争，甚至连“西方”这个实体都根本不可能存在。

难怪希波战争的故事会成为欧洲文明起源神话的一部分，并被视为自由战胜奴役、公民美德战胜腐朽专制制度的典范。无疑，在宗教改革之后，“基督教世界”这样的词渐渐不再能够引发人们的共鸣。因此，马拉松和萨拉米斯战场上的英雄事迹开始激励更多的理想主义者，并完全取代十字军，成为更有教育意义的西方美德典范。它们更符合人们的道德准则，毕竟希腊人是在防卫而非侵略，为自由而战总归好过单纯的好战。其中的一个插曲，即兵力薄弱的希腊军队在温泉关的那场注定失败的守卫战——按希罗多德的说法之一是“4 000 人对抗 300 万敌军”[9]——被赋予了独特的神话色彩：在被波斯奴役的威胁下，纷纷加入战争的大量亚洲人族群；决心血战到底的斯巴达国王列奥尼达（Leonidas）；列奥尼达及其手下 300

名斯巴达勇士[1]视死如归的牺牲故事——这个故事堪称典范。早在16世纪，伟大的法国作家蒙田就宣称，虽然希波战争中希腊人的其他战斗堪称“天底下最辉煌的胜利，但他们绝不敢将这些胜利与列奥尼达国王及其战士们在温泉关的光荣牺牲相提并论”[10]。250年后，拜伦勋爵惊闻当时的希腊将要沦为奥斯曼帝国苏丹治下的一个省时，他清楚地知道哪一个历史典故最能鼓舞人心、最能号召人民投身行伍：

> 大地啊，请从你的怀抱里
> 将死去的斯巴达士兵送还一些给我们吧！
> 在三百勇士中只给三个也好，
> 好让我们也敢坚守自己的温泉关！[11]

拜伦勋爵说到做到，他后来模仿列奥尼达，为解放希腊的光荣事业献出生命。拜伦之死（现代第一例真正有意义的名人之死）为列奥尼达增添了光彩，更确立了温泉关战役的地位，使之成为后世甘愿为自由而牺牲的典范。小说家威廉·戈尔丁（William Golding）在20世纪60年代初次造访温泉关时也曾感到困惑，为何斯巴达城邦是如此“乏味而残忍”，而温泉关战役却能让人如此激动不已？

> 这不仅是人类精神对一个关于牺牲和勇气的故事会有的直接反应——犹如酒杯会随着小提琴的声音而震动，更是因为回

---

［1］ 据准确统计，列奥尼达带到温泉关的斯巴达士兵中，有298人阵亡。

顾漫漫历史长河，这些人站在了历史的正道上。列奥尼达历史意义的一小部分在于，我能前往任何我想去的地方，书写任何我想写的东西。他的贡献在于让我们拥有自由。[12]

这番话既感动人心，也是事实。但若我们冷静地反思便会知道，戈尔丁的赞美之词也可以为希特勒所用。对纳粹来说，温泉关战役也是希腊历史最辉煌的篇章。守卫温泉关的300名勇士被希特勒视为真正“优等民族”的代表，这个民族专为战争而生，是纯正的北欧人种。根据“元首”更为异想天开的猜测，就连斯巴达人那难喝的肉汤也源自日耳曼人居住的石勒苏益格-荷尔斯泰因地区（Schleswig-Holstein）。1943年1月，斯大林格勒（今天的伏尔加格勒）血战正酣之际，希特勒把德国第六集团军比作斯巴达300勇士，后来第六集团军的司令官投降，狂怒的希特勒又说士兵们的英勇行为“被一个没骨气的懦夫一笔抹杀了”[13]。德国军队也因此失去了一个创造自己的新温泉关的大好机会。

纳粹像蒙田、拜伦和戈尔丁那样热烈地认同300勇士，这意味着任何把斯巴达人描述为自由捍卫者的说法，大概都没有道出全部真相。真相一如往常，比神话更复杂，也更引人入胜。若薛西斯成功征服希腊并占领斯巴达，那确实会意味着这个骄傲城市的自由走向终结，因为波斯国王把所有属民都看成奴隶。然而即使是被奴役，也有程度之分。这种被斯巴达人看成比死更悲惨的命运，对他们的邻居来说可能反而是宽容的庇佑。希特勒意识到，斯巴达的伟大建立在对其邻邦的无情剥削之上，他们是对待“劣等民族”（Untermenschen）的典型，后来纳粹在波兰和被占领的苏联地区残忍地效仿起斯巴达人。几乎可以肯定的是，善于利用属民敌对关系的波斯君主将慷慨而仁慈地解放并保护斯巴达的邻邦。对于那些世世代代苦于斯巴达人压迫的人来说，薛西斯的统治可能会让他们感觉自己仿佛获得了自由。

这确实是一个重大且能塑造历史的悖论：在某些情况下，人们可能会欢迎外国强权的吞并。薛西斯当然就像希腊人看来的那样，是个专制的暴君，是有着千年历史的伊拉克、阿卡德、亚述和巴比伦等传统的继承人，而这些王国总是把强者征服弱者视为理所当然。铁腕统治是伊拉克帝国风格不变的基调。不过，波斯人的帝国虽然是在“攻破城墙、骑兵冲锋和铲平城市”[14]的无数战斗中建立起来的，但在扩张的过程中发展出了一些更细致的策略来应付统治天下所面临的挑战。通过确保和平与秩序，波斯国王为“分而治之”的政策提供了最佳的榜样，也为自己和人民赢得了历史上最大的帝国。事实上，他们划时代的成就在于证明了多民族、多文化和世界规模的帝国存在的可能性。因此，他们在历史长河中的示范作用和影响肯定比特殊且转瞬即逝的雅典民主实验长久得多。波斯诸王建立的政治模式将启发一个又一个帝国，即便在进入伊斯兰时代后依然如此：自称世界主宰的哈里发们（caliphs）就怀有薛西斯般的雄心，虽然是以虔诚的伊斯兰风格展现的。事实上，在某种意义上，古代波斯君主建立的政治模式将在中东地区持续至 1922 年最后一位哈里发（奥斯曼帝国苏丹）被废黜为止。[1]本·拉登的明确目标当然是复兴哈里发国，恢复其对世界的统治。

[1] 哈里发制度在两年后的 1924 年遭到废除。

古代波斯的影响力相较于希腊，总是间接、迂回且不明显的。1891 年，年轻的英国议员寇松（George Nathaniel Curzon）前去寻访薛西斯宫殿的遗址——这座宫殿在温泉关战役结束 150 年后，被复仇心强烈的亚历山大大帝付之一炬，自此成为焦土。寇松勋爵以拜伦式的雄浑文风写道："对我们来说，它充满了历史的严肃教训，在已不复存在的事物中占有一席之地。这些沉默的巨石发出声响，向我们诉说废墟无法言说的痛苦。"[15] 7 年后，当时已经是凯德尔斯顿男爵（Baron Curzon of Kedleston）的寇松被任命为印度总督（Viceroy of India）。因此，他像莫卧儿王朝的继承人那样行使统治权——莫卧儿的统治者乐于自称波斯国王的总督而非自称国王。虽然"英属印度"（British Raj）由那些斯巴达式寄宿学校培养出来的自律自觉的人才管理，但它同样被"只有东方能够提供的光怪陆离的排场和炫耀"[16] 彻底浸染，而这些特质最终源自薛西斯宫殿那些已经消失的断壁残垣。大英帝国也许会因为把自己想象成雅典的继承人而自鸣得意，但它无疑也受惠于雅典的死敌。

波斯就是波斯，换言之，希腊就是希腊——二者有时会狭路相逢。它们也许是文明初次冲突中的对手，但其影响力跨越千年，直至今日，有时会使东西方的分野更加复杂而非越发清晰。例如，假设雅典人输掉了马拉松战役，城邦遭到毁灭，世上将不会有柏拉图。若没有柏拉图，就不会有他对后来各神学流派的巨大影响，因此，也不太可能有今天启发本·拉登的伊斯兰教。相反，当小布什总统大谈"邪恶轴心"时，这种将世界划分为黑暗与光明对立两端的观念，其根源也要上溯到古代伊朗的先知琐罗亚斯德（Zoroaster）。虽然薛西斯的战败让希腊人——也因此让所有的欧洲人——认识到了自己的独特性，但波斯和希腊对历史的影响并不完全局限在“东方”与“西方”这样狭隘和僵硬的概念中。一神教和普世观念、民主和极权主义，这些都可以追溯至希波战争发生的时代。我们有理由将希波战争描述为世界历史的一条主线。

然而，今天人们常常忽略这段历史。格林（Peter Green）在30多年前出版的精彩作品《萨拉米斯之年》（*The Year of Salamis*），是比较新的为大众读者而写的关于希波战争的长篇记述。他以其惯有的风趣机智指出了这方面著作的缺乏：

> 希腊人在希波战争中的胜利一贯被形容为欧洲历史的根本转折点（虽然当今这种观点的鼓吹者没有明确主张若不是希腊人得胜，清真寺和宣礼塔就会在欧洲大行其道，但我们仍可在字里行间感受到这一层意思），有鉴于此，相关作品的匮乏就更加难以理解了。[17]

格林大概没有去过鹿特丹或马尔默。再者，虽然现在就连雅典也有清真寺和宣礼塔（在很长一段时间，雅典一直是欧盟国家里唯一没有穆斯林礼拜场所的首都城市），但这并不影响格林表达的困惑。希波战争可能是古代史，但在某种程度上，它也可能是当代史，即便它在20世纪未曾发生。

然而，被格林形容为难以理解的事情并非完全难以理解。尽管希波战争历史意义重大，影响深远，而且充满戏剧性，但要把它的故事拼凑起来并不容易。虽然它是第一场我们能完整重现的历史冲突，但这不意味着希罗多德告诉了我们有关它的一切。很遗憾，事情远非如此。历史学家固然可以从其他古代作者的作品中寻章摘句、填补空白，但进行这项修补工作必须极其谨慎。许多声称描述这一事件的材料所形成的时代距离事件本身已经有几百年甚至上千年的时间，而且很多是诗歌或戏剧，而不是为了“探问”而写的作品。艾丽丝·默多克（Iris Murdoch）在她的小说《美与善》（*The Nice and the Good*）中注意到，早期希腊史“对受过训练的头脑提出了特殊的挑战。这是一个非常简单的游戏，而游戏者的本领在于将游戏规则复杂化”[18]。那些关注古风时期希腊、并不以创造性见长的历史学家就很喜欢引用这段文字，因为他们为自己设定的任务就是设法从一鳞半爪的证据中重构业已消失的世界，这在某种程度上确实很像游戏。我们永远不可能确定萨拉米斯战役中发生了什么，因为任何诠释所依赖的材料既矛盾又充满漏洞，这就好像要拼好一个坏了一半的魔方。无论如何研究、调整和重新整理已知的事实，人们就是无法将它们拼好，也找不到一个根本的解决方案。尽管萨拉米斯战役是出了名地难以捉摸，但与斯巴达早期的历史相比，它至少在史料方面异常丰富。一位著名学者坦承，斯巴达早期的历史“对最杰出的思想家也是一个具有挑战性的谜题”[19]。另一位学者则形容，这方面的研究就像是在做“智力体操”[20]。还有一位学者，干脆给作品起名为《斯巴达幻影》（*The Spartan Mirage*）。[21]

但是，希腊史的史料不论多么七零八落，至少还是希腊人自己写的。波斯人却显然是个例外，他们没有留下任何可以被我们认定为真实事件的记载。当然，一些帝国官僚雕刻的石板、镌刻在宫殿墙上的王家公告以及昔日辉煌的宫殿的废墟保存了下来。但我们在试图追思波斯人和他们的帝国时，却很大程度上要依赖他人的作品。

这些作品主要来自希腊人，他们由于经常被波斯人侵略、征服和掠夺，所以很难对波斯人的个性与成就做公允的描述。总是富有好奇心且心胸开阔的希罗多德是少数例外之一。一个愤怒的爱国者则因此称他为“蛮族热爱者”（Philobarbaros）[22]，这个古希腊词语相当于我们今天所说的“自由派老好人”。不过即使是希罗多德，在谈及一些偏远地区、语言不通的民族时，偶尔也会有失精确，带有一些偏见。同时，他也不乏把波斯早期历史当成神话故事的倾向。这一切都增加了现代历史学家工作的难度。

面对这一挑战，历史学家有三种明显的反应。第一种是直接接受希腊人的偏见，把波斯人描绘成柔弱却不可思议地征服了世界的懦夫。第二种是谴责希腊人所写的关于波斯的一切内容，将其视为种族主义、欧洲中心论以及其他一大堆错误思想的表现。第三种反应最有建设性，即探索希腊人对他们伟大敌人的误解在多大程度上反映了真相（尽管这个真相被扭曲了）：波斯人是如何生活的，又怎样看待他们自己的世界。在过去 30 多年里，一群令人敬佩的学者采取的正是这种态度，而且取得了令人瞩目的研究成果：整个波斯帝国从历史的尘埃中被解救出来，变得如此具体而实在，借用一位历史学家的话来说，就是“你可以实实在在地触碰到它”[23]。其意义和成就可以与图坦卡蒙（Tutankhamen）陵墓的发掘相提并论。

不过，波斯人仍然被包裹在重重迷雾中。或许，这种情形并不让人感到惊讶。没有黄金面具供学者们重新发现，有的只是卷帙浩繁的著作和期刊文献供他们查阅。与希腊研究相比，波斯研究更依赖对已有证据的严格筛选、对史料的深入分析，以及对推论和其他可能的精细权衡。在这个领域里，几乎每个细节都可能引发争论，而某些课题——最著名的莫过于波斯诸王的宗教信仰——则好比危险的泥淖，足以让最著名的学者都感到棘手、心虚。

常言道：天使却步处，愚人抢争先。话虽如此，但我仍然希望自己试图沟通学院派和大众读者的尝试，不会像薛西斯架设的那条连接欧洲和亚洲、长达2英里[1]的浮桥那样，不过是虚荣心作祟的结果并因此贻笑大方。读者必须谨记，本书的叙述所依据的许多细节是不确定且具有争议性的，文中突然出现的尾注编号很能表现这一点。虽然我们不可能彻底地重构一个如此遥远的时代，但比起我们无知的程度，更让人震惊的是我们完全可以尝试去重构。我在本书中想提供的不只是叙事，因为我的野心是想沿着希罗多德的脚步走下去，试图描绘出整个世界（包括东方和西方）走向战争的全景。读者在被带到希腊之前，会先被带到亚述、波斯和巴比伦；在读到斯巴达军事体制或雅典民主制度的兴起前，会先读到第一个全球性君主国的崛起。只有到了全书的中间部分，我才开始论述希波战争本身。如此一来，一个传统中只有一方说法的故事，现在可以从另一方的角度来看了（尽管其中还有些不清楚的地方）。但我想尝试将许多散乱且模糊的证据拼接起来，对战争为何发生以及何人参战等问题提供一个新的解释。毕竟，这个故事就像古代文学中的那些史诗一样雄浑有力。尽管有许多无法解释清楚的地方，它却不是神话，而是历史的素材。

[1] 1英里约为1.6千米。——编者注

请听我再多说一句：任何有生命的事物

都没有起点，也不会被死亡与湮没终结。

一切都只是混合，又从混合中分离。

不过，人类却把这些过程称为“开始”。

——恩培多克勒（Empedocles）

第一章

呼罗珊大道

祸临血腥之城

诸神不屑于将世界打造成一马平川的样子，于是把它一分为二。在扎格罗斯山脉（Zagros）地区的居民看来，扎格罗斯山脉是将“肥沃新月”和伊朗高原分隔开来的连绵高山。这些高山虽然贫瘠荒芜，但并非不可跨越。有条道路蜿蜒其中，那是世界上最著名的呼罗珊大道（Khorasan Highway），它贯穿东西两极，连接日出与日落之地。在某些路段，比如在攀缘扎格罗斯山脉、沿着河床绵延、穿越犬牙交错的山峰和峡谷之时，这条“大道”偶尔也会狭窄到形同小径。即便如此，对于那些行走其上的路人来说，这条路已经堪称奇迹。人们通常认为，只有仁慈的神明才能创造出这样的奇迹。没有人确切了解这条大道是哪位神在何时建造的[1]，但可以肯定的是，它的历史非常悠久——就像人们所说的那样，它也许和时间本身一样古老。数千年来，呼罗珊大道上留下了无数旅人的足迹，有

[1] 不过，希腊人认为，呼罗珊大道是由巴比伦的建造者、叙利亚女战神塞弥拉弥斯（Semiramis）创造的。

游牧民族和商队，还有国王们出征的大军。

特别要提到的是其中一个帝国——几百年来，它始终是残酷与战无不胜的代名词，数次派远征军侵入这片地区，并残忍地宣称要“像鲜血染红羊毛”一样染红这片群峰。[1] 亚述人（Assyrians）都是城市居民，住在今天伊拉克北部的冲积平原上。但对于他们的国王（曾经给远方的埃及带去恐怖和毁灭的武士们）来说，扎格罗斯山脉是个挑战而非障碍。亚述的国王们拥有大量宫殿、园林和运河，并自视为优越、光辉文明的庇护者，以平定边界外的蛮夷之地为己任。蛮夷之地漫无边际，他们所受到的召唤也永无止境。亚述人拥有无与伦比的武器，但他们仍无法征服所有的山地部落。这些山地人居住在扎格罗斯山脉，有些像飞鸟那样攀附山峰，有些则住在茂密森林的深处，他们落后到可以完全靠橡果维生，野蛮到甚至完全不值得亚述国王关注。然而，遭到数次入侵之后，这些部落还是对亚述的名字产生了恐惧，亚述在征伐中掠夺的战利品使帝国日渐强大。一次又一次地，远征军从山区班师回到亚述的神圣城市阿舒尔（Ashur）、尼姆鲁德（Nimrud）和尼尼微（Nineveh），后头跟着一队队赤裸的、被拴上锁链的俘虏。渐渐地，亚述人养成了一种习惯：在帝国境内四处迁移人口，把一群战败的俘虏迁移至另一群战败者的土地上，让前者住进后者的房舍，并让他们清除碎石中的杂草，或是在荒废的焦土上耕耘。

这些策略最终产生了效果。公元前8世纪晚期，呼罗珊大道被正式纳入帝国版图，由一名亚述总督统治。最伟大的亚述国王萨尔贡二世（Sargon II）如此夸耀：“他们俯伏在我的脚下，求我保护他们的性命。他们知道若不这样做，我就会摧毁他们的城池，于是他们跪下来，亲吻我的脚。”[2]

俘虏不是扎格罗斯山脉能提供的唯一财富。虽然山区荒凉且森林密布，气候也十分恶劣，但它的山谷以牧草丰茂闻名。几百年来，这些山谷吸引了越来越多的自称“雅利安人”（Aryans）的部落前来，他们是一些驯养马匹的游牧民族，来自东部的高原。[3]这些移民后来虽然定居下来，但仍然保留了许多祖先的特性：他们会在新家园的山谷里饲养大群长角牛，而且尽可能生活在马背上。不养马的亚述人在谈到扎格罗斯山脉的种马场时，总是语带惊讶地说那里“有无数骏马”[4]。亚述人的军队会很轻易地选中骏马作为贡品，因为当时人们公认的最好的马匹就是米底人（Medes）饲养的。米底人属于雅利安人部落，是沿着呼罗珊大道聚居的松散联盟。亚述人会重视这个地区不足为奇：控制了米底地区[5]，就等于控制了世界上最重要的贸易通道，能让他们的军队以更迅猛的速度前进。到了公元前8世纪，骑兵对于亚述军事霸权的维系而言已经至关重要。来自山区的进贡马匹成为这个国家持续强大的命脉。即使是最富饶的银矿，仍比不上扎格罗斯山脉的种马场来得珍贵。

然而，亚述的霸权背后已经埋下了其衰败的种子。扎格罗斯山脉是不同民族杂居的地区，那里既有雅利安人，也有原住民，米底人原本由许多彼此争斗的小首领统治着。而亚述人的征服为这一地区带来了统一的权威，无形中导致了这些互相攻伐的部落走向联合。到了公元前7世纪70年代，随着正式的米底人联盟建立起来，亚述人对扎格罗斯山脉的控制变得岌岌可危。征收贡品日益困难，公开的反抗如星火燎原。在接下来的几十年中，亚述国王雇来记录自己军事功绩的书吏几乎不再提及米底。

在记录的空白背后，潜藏的发展趋势显然不太妙。公元前 615 年，一位名叫基亚克萨雷斯（Cyaxares）的国王统一了米底各部落，并与其他叛乱的亚述帝国属民结成联盟，随后率领联盟部队攻击亚述帝国东部侧翼。山民们的突然发难有摧枯拉朽之势。经过仅仅 3 年的战斗，不可思议的事就发生了：尼尼微，这个亚述帝国最坚固的要塞沦陷并被夷为平地。让帝国所有属民惊喜交加的是，这座"血腥之城"在米底骑兵的铁蹄下沦为废墟。"骑兵冲锋不绝，剑影交错，矛锋闪烁，它们的主人却已殒命，死者如山，尸横遍野——又有人被尸体绊倒了！"[6]

4 年后，曾经让整个近东地区长期笼罩在其庞大阴影下的亚述帝国彻底崩溃了。胜利者自然会大肆劫掠一番。米底人在一夜之间登上了权力顶峰，占据了被击溃的亚述帝国北部的一大片土地。米底人的国王不再是小首领，现在，他们可以肆意追求与其新晋地位相称的目标：四处扩张势力，与其他大国争锋。公元前 610 年，米底人攻入叙利亚北部，一路烧杀掳掠。公元前 585 年，他们和吕底亚人（Lydians，生活在今天的土耳其西部）爆发战争，后来战场上出现日食，双方才各自罢兵。根据一份匆忙达成的协议，米底和吕底亚这两个对立的帝国以流经两国的哈里斯河（Halys）为界。在接下来的 30 年，整个近东地区始终维持着和平与势力均衡。[7]

米底新任国王阿斯提阿格斯（Astyages）却没有任何放下刀枪、停止征战的意图。现在的他不用再分心与其他大国作战，于是他把注意力转向距"肥沃新月"更远的帝国北部和东部的蛮荒地带。他追随亚述国王过往的足迹，带领远征军进入亚美尼亚和当今阿塞拜疆的荒野之地，想让国境外的蛮夷学会敬畏他的威名。[8]在其他方面，对于那些仍然保持着半部落习性和游牧民族习俗的米底人来说，近东的君主权威传统显得格格不入，但这些传统似乎激起了米底国王的野心。毕竟，阿斯提阿格斯的权力并不逊于吕底亚国王或埃及法老，因此很难指望他会坐在帐篷里统治他的帝国。他自然想拥有那些被古代君王视为理所当然之物，比如王宫、宝库、宏伟的首都等，用黄金和恢宏的建筑来证明自己的伟大。

沿着呼罗珊大道登上山顶的旅人都能看到在通向前方伊朗高原的道路旁，那幅宛如童话故事中的景象：一座宫殿被七重闪闪发光的城墙环绕着，每一圈城墙的颜色都不一样，最里面的两重城墙有包银、包金的城垛。这就是米底国王的要塞埃克巴坦那（Ecbatana），落成后仅百年，它就成为世界的中心。[9]由于扼守东西方的贸易通道，它也为其主人打开了通向整座扎格罗斯山脉与更远地区的大门。但对米底人的部落首领来说，这一发展尤其令人担忧。虽然国王保证绝不过问部落内部的事，包括王国内部持续已久的派系纷争，这都是王权鞭长莫及的，但部落首领们日益感受到自己正成为阿斯提阿格斯朝廷控制下的附庸。在这座有着七彩城墙的宫殿落成之前，埃克巴坦那是一片开阔的空地，也是各部落自由聚会的地方——事实上，埃克巴坦那就是“聚会点”的意思。但那样的日子已经远去。曾经为摆脱尼尼微的专制君主而长期血战的米底人发现，自己已经成为一个离自己家园更近的专制君主的属民。

因此，难怪在后来世代的记忆里，阿斯提阿格斯会被视为食人恶魔，而米底人试图解释自己为何失去自由时，会把埃克巴坦那视为奴役的象征与根源。[10]

世界之王

据说，即便有太多事物可以证明阿斯提阿格斯的伟大，但他仍被一个灰暗的预言困扰着：他总是梦见自己亡国身死，并因此饱受折磨。米底人非常重视这类梦境与异象，他们还拥有一批祭司（Magi）负责解释其中可能包含的意义。这些宗教仪式方面的专家精通一切抵御黑暗力量的技艺，为他们的同胞提供了至关重要的保障，因为对虔诚而正直的米底人来说，即使最明亮的光芒下也潜藏着阴影。在祭司看来，整个世界都在见证着这个真理。一团火也许会因为人们的精心照料而永远保持燃烧，但没有任何地方（包括最冷的泉水旁或最高的山峰上）能够让火焰永葆纯净、免受污染。创造天地时，黑暗与光明一并被创造了出来。蝎子、蜘蛛、蜥蜴、蛇、蚂蚁，以及各种爬虫、蠕虫都是暗影中无处不在的赘疣。如同有责任杀死这类生物一样，祭司们也有责任在一个人的梦境被阴影笼罩时，保护他免受黑暗的侵扰，当国王被噩梦搅扰时更是如此。“他们说空气中充满鬼魅，它们随着呼吸飘浮，钻入那些高瞻远瞩者的视野。”[11]“伟大”就像火焰一样，需要人们悉心照料。

像米底这样强大的王国崛起不到一个世纪，便再次臣服于异族的统治，这种事一定让很多人感到不可思议。不过，米底人自己就有充分理由相信，地区内的权力游戏一贯保持着不变的节奏：帝国总是会盛极而衰。没有一个王国（包括亚述在内）可以消灭所有与自己抗衡的力量。在近东，侵略者潜伏在各处，伺机发动攻击。古老的国家会消失，而新的国家会取而代之。编年史家们在记录著名王国的废墟时可能会发现，笔下的这些奇怪民族连他们自己都闻所未闻。

这些族群中有许多和米底人一样，都是雅利安人，一个很少留下历史记载的游牧群体。例如，公元前 843 年，亚述人曾进入自己王国北部的山区，攻打一个被他们称为“帕尔苏阿”（Parsua）的部落。两个世纪后，一个名字非常相似的民族在亚述南部的遥远之地崛起，于安善王国（Anshan）的废墟上建国，其位置介于扎格罗斯山脉与波斯湾的海岸之间。但编年史家无法确定它们是否属于同一个民族。[12] 这些新来的人只有吸收被他们取代的民族的文化，才能被那些资历更深厚的邻居接纳。这些邻居没有改变几百年来的习惯，继续以原来的名字称呼新建立的国家，但那些入侵者在提到自己的新家园时，更喜欢用他们自己的方式来称呼。所以，那个原本被称为“安善”的地方逐渐有了一个完全不同的名字：帕尔萨（Paarsa）或波斯（Persia），意为波斯人的土地。[13]

公元前 559 年阿斯提阿格斯仍统治米底时，一个年轻人登上了新崛起的波斯王国的王位。此人名叫居鲁士（Cyrus），他的特点可以概括为：鹰钩鼻，志向远大，有无限的能力。他甚至在出生以前，就被预言会成为伟大的人：人们预言他会成为米底人的克星（如果传说可信的话）。据说，阿斯提阿格斯曾在预兆之梦中，看见女儿芒达妮（Mandane）小便不止，最终整个米底王国都淹没在她的金色尿液中。第二天早上，国王将这个梦告诉了他的祭司解梦人，后者听完后脸色苍白地警告国王，芒达妮所生的儿子必会让米底大祸临头。于是，阿斯提阿格斯匆忙将女儿嫁给一位波斯臣属，后者统治着一个无足轻重的小城邦。国王希望能以此打破那个不祥的预兆。但芒达妮怀孕后，阿斯提阿格斯做了另一个噩梦：这次他梦见女儿两腿间长出了葡萄藤，葡萄藤不断生长，最终掩盖了整个亚洲。阿斯提阿格斯在惶恐中等待着外孙降世，待外孙一出生就下令将其处死。就像这类故事常有的桥段一样，命令并没有被执行。小婴儿被抛到深山里，被牧羊人发现并被抚养长大，还有传说他是被一个强盗发现，甚至有人说他是被一头母狼养大。但不论被谁养大，孤儿神奇的成长背景都预示着他拥有神佑的未来——事实证明果真如此。居鲁士活了下来，并茁壮成长。当他长成杰出的成年男子后，他天生的高贵为其赢得了波斯王位。这正是阿斯提阿格斯用尽计谋想要避免的，米底帝国的灭亡成了定局。

至少传说是这样讲的。伟大人物的故事总是会被夸大和渲染，也许居鲁士早期的命运故事并不像波斯人后来宣称的拥有坚实的依据。[14] 即便如此，不论预言是否真的存在，居鲁士表现出的潜力都足以使阿斯提阿格斯心生警惕。身为扎格罗斯山脉最高领主的米底国王，他对表现出众的臣属一向怀有戒心。观察了登基为波斯国王的外孙 6 年后，阿斯提阿格斯认定，若放任下去，居鲁士会对他产生极大的威胁。于是，公元前 553 年，阿斯提阿格斯召集了令人生畏的骑兵南下征讨。尽管人数上处于极端劣势，波斯人仍然顽强抵抗。眼看着他们不得不投降时，妇女们也走上战场，鼓舞居鲁士和他的战士继续奋战。战争持续了 3 年，整个扎格罗斯山脉都处在持续动荡中。到了公元前 550 年，战事戛然而止。连诸神都对战争的结果感到震惊。他们开始通过梦境告知周围的国王这个惊人的消息："居鲁士以少胜多，击退了米底人的大军。他生擒米底国王阿斯提阿格斯，把他当作俘虏带回本国。"[15] 自亚述覆灭之后，再没有比这更惊人的大新闻了。

这是如何发生的？居鲁士已经证明了他是个意志坚定、不屈不挠的对手。他的波斯子民也是如此，贫穷使他们变得更强韧，可以毫无怨言地忍受最艰苦的生活——他们甚至艰苦到只有动物皮毛制成的裤子可穿。倘若不是遭遇了背叛，拥有一个强大帝国所有资源做后盾的阿斯提阿格斯本可以获胜的。他遭遇了奇怪的背叛，而且随着时间的流逝，人们关于此事的说法变得更加离奇、怪诞。不过，事情的关键之处还是大抵明了的：米底大军的主帅，也是最杰出的部族首领哈尔帕哥斯（Harpagus），在作战时倒戈投靠了居鲁士，并率领叛军俘虏了阿斯提阿格斯。但他为何叛变呢？传说，哈尔帕哥斯是阿斯提阿格斯的近亲，但他同时也因为一桩可怕的恩惠，与波斯国王产生了密不可分的联系。根据米底人的记载，当年正是哈尔帕哥斯被派去杀害尚在襁褓中的居鲁士，他没有动手，却谎报自己已杀死婴儿。数年后真相大白之时，传说阿斯提阿格斯展开了血腥的复仇，他杀死了哈尔帕哥斯的儿子，将其剁成肉酱并当作羊肉赐给这位不知情的父亲。哈尔帕哥斯吃了自己的儿子，随后忍气吞声，以驯服的姿态继续效忠国王。或许他只是装作如此，但他一定装得很像，没有引起阿斯提阿格斯的怀疑，因为后者在征讨波斯时任命他为最高统帅。显然，这不是明智的用人之道，而且事实上显得荒唐透顶。

那么，人们为何会相信如此夸张的故事呢？或许这个匪夷所思、充满谣言的夸张故事中确实包含了一丝事件的真相？阿斯提阿格斯和居鲁士之间的家族关系，反映出波斯人和米底人在文化与血缘上的紧密联系。两个民族都属于雅利安人，而对于雅利安人来说，只有非雅利安人（anairya）才是外族。事实上，阿斯提阿格斯那些思念故土的大臣，只要看看南边的波斯，就能感受到昔日的生活面貌。和远亲米底人一样，波斯人内心深处仍是游牧民族，而他们的国家实际上只是一个由众多部落构成的联盟——“到处都是良马，到处都是善良的人民”[16]。虽然居鲁士是“安善国国王”，但他也是凭借部落最高首领的地位获得王位的，因为他是阿契美尼德家族（Achaemenids）的族长，这个家族是帕萨尔加德（Pasargadae）的统治者，也是整个波斯的主导者。居鲁士既精通近东宫廷的繁文缛节，也能够组织不拘小节的骑士们进行露天集会；他对群山与平原之中的古代城市了如指掌；他是波斯人未来的掌控者，对波斯人的历史记忆和习俗也了然于心。他可以同时扮演多重角色并且游刃有余。因此，波斯可以在很大程度上避开困扰过米底的紧张局势，即无法忍受传统部落结构的国王与仍旧倚赖于部落结构的贵族之间的冲突。那些备受阿斯提阿格斯集权野心折磨的米底部落首领，想必也注意到了这一点。随着时间的流逝，米底国王与居鲁士的差异越来越显著。几乎可以肯定，这就是促使哈尔帕哥斯变节的原因。“从此，作为米底人奴仆的波斯人翻身成了米底人的主人。”[17] 居鲁士进军埃克巴坦那，收获了他凭借忍耐、敏锐和魅力得来的果实。

即使经历了初次大捷，居鲁士也没有停止他精妙的平衡之术。历代亚述国王在打了胜仗后，都会竭尽所能地施行传统的征服权力，极度残忍地对待战败的敌人。但居鲁士却选择了仁慈的道路，此举当然是出于谋算，但无疑也受到他自身性情的驱使。他把米底贵族阶层中的重要人物纳入自己的阵营，同时也抗拒了利益的诱惑，没有将米底民众贬为奴隶。即便是阿斯提阿格斯本人，也没有遭到剥皮、猛兽啃食或是钉死这样的残酷刑罚，反倒获得了优厚的津贴，可以从容度日。诚然，埃克巴坦那的财富被洗劫一空，所有财物被搬去安善，但它没有遭受和尼尼微一样的命运。居鲁士不打算摧毁这座在扎格罗斯山区中极具战略意义的城市。埃克巴坦那也是最宜人的城市：虽然这里的冬天严寒逼人，暴风雪会封锁山口，但到了夏天，当波斯的平原地区受到烈日炙烤时，埃克巴坦那却是绿草如茵的天堂，城市后方山脉的顶峰仍覆盖着清凉的冰雪，城墙下的山坡上是层层叠叠的果园和花园，这里的空气干净而清新。现在这座城市不仅是米底的首府，在炎炎夏日时，也会变成居鲁士帝国的实际都城。难怪米底人会觉得，即使自己没有全然和征服者平起平坐，至少也是新国王伟大冒险事业的参与者。

随后一连串振奋人心的事件表明，居鲁士的冒险事业才刚刚开始。阿斯提阿格斯这般权势滔天的国王的垮台，在整个近东地带引起了巨大冲击。不仅是米底帝国本身，维持了几十年的国家间局势也被彻底摧毁。突然间，这一地区似乎涌现出大量可争夺的领土，四邻的大国（他们还没把波斯人放在眼里）纷纷琢磨自己可以得到多少好处。公元前 547 年，吕底亚国王克洛伊索斯（Croesus）带领一支庞大的军队渡过哈里斯河，想分一杯羹。居鲁士沿着扎格罗斯山脉而下，匆忙迎战，他沿途经过的一座座亚述的废墟城市像岗哨一样矗立着，只剩下尘土飞扬的凌乱土堆，无声见证着权力的变幻多端。不过对一个雄心勃勃的人来说，这样的光景是警告也是激励，让他（即使他已经在战场上失去了先机）更迫切地想要与克洛伊索斯一较高下。当年吕底亚人和米底人之间的那场战争没有分出胜负，但这一次没有发生日食，战争也没有中途停止。随着冬季逼近，克洛伊索斯撤回自己的首都萨迪斯（Sardis）。他没想到居鲁士竟然敢追击他，毕竟这座城市西距爱琴海仅三天的路程——距离米底的国界已经非常遥远了。但波斯人没有退却，他们冒着严寒尾随着克洛伊索斯，小心掩藏着自己的踪迹，看着克洛伊索斯遣散自己的盟友，潜伏起来并等待着他的军队离去。待萨迪斯兵力空虚后，居鲁士立刻发动进攻。克洛伊索斯慌忙地四处召集士兵，却徒劳无功。这是一场绝望的战斗，走投无路的吕底亚人把全部希望押在最后一次骑兵冲锋上。最终，萨迪斯陷落，克洛伊索斯本人被俘。在遥远的“肥沃新月”地带，人们记录下了此事，但叙述过于简洁，以至于无法展现事件本身的震撼程度：“（居鲁士）击败了（吕底亚）国王，攫取了他的财富，并将自己的军队驻扎在那里。”[18] 克洛伊索斯溃败的消息引起了巨大震动，传闻一座神庙中的女祭司因为过度震惊而长出了胡须。她确实有理由震惊：仅仅用了6年时间，一度非常落后且默默无闻的波斯人就把自己的王国打造成世界上最强大的帝国。

这不只是波斯人的胜利。装备精良、拥有适宜冬日作战的羊皮大衣与适应山地的强悍战马的米底骑兵，也发挥了极大的作用。米底人的将领也是如此。居鲁士在这场战役中获得的最佳建议来自哈尔帕哥斯，后者提议在吕底亚人发动最后的骑兵冲锋前，将运载辎重的骆驼置于波斯部队的前列。居鲁士适时地下达了这一命令，吕底亚人的马匹因为骆驼散发的陌生臭味而受到惊吓，纷纷掉头逃窜，波斯人因此赢得了战争。这或许并不让人感到意外：居鲁士受到这次胜利的鼓舞，希望用此前安抚米底人的方法来安抚吕底亚人——尽管这些新的臣民并非雅利安人。克洛伊索斯和阿斯提阿格斯一样被赦免死刑，还受召成为波斯国王的随从；他那些异常丰富的宝藏被留在了萨迪斯；赋税缴纳的事宜也被委托给当地的显贵负责。然而，吕底亚人显然被这种宽宏大量冲昏了头脑，视之为波斯人软弱的表现。居鲁士一离开萨迪斯返回埃克巴坦那，那些受他信赖并被他委任看管国库的贵族就发动了叛乱。这是个致命的错误。居鲁士将这种行径视作最卑鄙的背叛与忘恩负义，作为回应，他立刻发动远征。新的部队迅速从埃克巴坦那开拔，带着新的命令疾驰而来。这一次不再有额外的施恩。与此相反，波斯士兵受命要以更传统的手段来证明自己的霸权：要摧毁城市，处决叛军领袖，把叛军的追随者都贬为奴隶。波斯国王的这些命令都被如实贯彻了。

居鲁士尽管显示了自己武力镇压的能力，但并没有放弃帝国政策的基本原则。即使吕底亚人失去了资格，米底人仍然得以参与他那光辉的崭新霸业。因此，哈尔帕哥斯这位最受居鲁士器重的外族臣属，得以执掌波斯军队，率领大军西征。倘若他一直效忠阿斯提阿格斯，就不可能获得这样的机会。这位扎格罗斯山脉的部落首领顶着“海洋大元帅”[19]的显赫头衔前往吕底亚，以堪称野蛮的效率履行自己的职责，很快镇压了造反的吕底亚人，紧接着又在“苦海”（bitter sea，即爱琴海）[20]海滨的亚洲边陲建立起战线。那里的沿岸地带散布着一连串美丽富裕的城市，当地居住的爱奥尼亚人（Ionians）被波斯人称为“亚乌纳人”（Yauna）。[1]这些爱奥尼亚人是在几个世纪前从希腊移民而来，与位于爱琴海另一侧的祖国同胞一样，他们坚定、大胆地坚持着自己希腊人的身份。他们彼此争吵不休，无法形成统一的阵线，对哈尔帕哥斯来说，这些人简直就是俎上之肉。他以残忍的手段将这些城市一个个收入囊中。哈尔帕

[1] 在整个近东地区，“爱奥尼亚人”一词的不同变体被用作对“希腊人”的通称。例如，《创世记》提到雅弗（Japheth）的一个儿子是雅完（Javan）。希腊人自己把希俄斯（Chios）和萨摩斯这两个岛屿城市也算作爱奥尼亚城市，因此总计有 12 个爱奥尼亚城市。

哥斯的名声确实让很多爱奥尼亚人闻风丧胆，以至于比起臣服于波斯，爱奥尼亚人宁愿选择逃到海外，移民到西西里岛或是意大利半岛。更有甚者，其中一座城市福西亚（Phocaea）的全部人口都逃走了，人们带上“妇女、儿童和可携带的财物，实际能带走的都带上了……只给波斯人留下了一座空城”[21]。哈尔帕哥斯带给爱奥尼亚人的阴影如此之大，以至于此事过去许久之后，人们对他的回忆仍会让最亲密的欢乐时刻蒙上阴影：

> 冬天，当你躺在火炉边的柔软躺椅上，
> 摆满了美食，你一边咀嚼坚果一边啜饮美酒，
> 这时你一定会问：
> “你来自何方？今年几岁？
> 米底人到来时，你多大？”[22]

值得留意的是，这里说的并非“波斯人到来时，你多大”，这是因为米底人哈尔帕哥斯给爱奥尼亚人带来的冲击太大，让他们连自己的新主人是谁都分不清了。甚至在这之后，希腊人提到波斯人时仍会一概称之为“米底人”。这种混淆并不奇怪。扎格罗斯山脉的复杂族群关系对于远处的居民而言，确实很难厘清。这些西部的海滨城市被一个他们几乎从没听说过的民族征服，这意味着一个崭新而动荡的时代开始了。世界似乎在突然间缩小了。在此之前，从未有人能把自己的势力扩张到如此遥远的地区。不过，居鲁士并没有自满于已有的成就，他变得越发焦躁不安，渴望征服更多领土。在吕底亚取得的巨大胜利，反而使他担心后方波斯领土的安危。他

从萨迪斯率军归来后，把目光转向东方的地平线。如果忽略了东部的防线，即使是最杰出的征服者也会发现自己的功绩脆弱得就像是建立在流沙之上。只要一个王国还在担忧游牧民族的劫掠与伊朗高原上雷鸣般的马蹄声，它就不可能是真正安稳的。没有人比波斯人更明白这个道理，因为他们本就是游牧民族的后裔。

因此，不屑于亲自镇压吕底亚人叛乱的居鲁士，从埃克巴坦那踏上相反的方向，沿着呼罗珊大道向东进发。[23] 不论对波斯人来说还是对米底人来说，这都是一趟追溯历史的征途，他们朝着传说中祖先的故居地而去。那里"水草丰美……牛羊成群"[24]，一切看来都更加宏大：平原辽阔，群山直插云霄。居鲁士行军到高原上，终于见到了兴都库什山脉（Hindu Kush），在中亚的群峰之间，看到了东升的旭日："永不熄灭且疾如骏马的太阳，攀上美丽的群峰，以慈爱的目光俯瞰雅利安人的居所。"[25] 自从许久以前波斯人离开这片"雅利安人的居所"后，这里就成了骄纵贵族们的领地。这些贵族也许比波斯人在扎格罗斯山脉的远亲还要落后，却更富有，也更热衷于战争。居鲁士一旦成功征服这些贵族，就可以从他们那里获得庞大的人力资源与财富。这片荒芜之地永远不会彻底丧失它那混杂的身份特质，因为它的新主人会一如既往地像变色龙一样，小心翼翼地把自己装扮成本地传统的继承人，任由当地贵族保持他们的桀骜不驯，但当然是以效忠波斯国王为前提。居鲁士在这里建立的秩序虽然松散，但刚好符合他的需要：除了能得到军队和黄金外，他还收获了一个缓冲地带。他在兴都库什山脉到咸海之间的巨大弧形地带建立起许多省份，为波斯建立了东北方向的屏障——在此之前，这个方向始终是波斯最脆弱的部分，易于受到来自中亚草原的入侵者攻击。犍陀罗（Gandhara）、巴克特里亚（Bactria）和粟特（Sogdiana）这些原本包含着威胁与不稳定的地带，如今已被转化为波斯的军事堡垒。

这些地区除了作为军事堡垒，也有不少其他用途。所有“文明人”都会认为，蛮族的归属之地就应该是居鲁士为他们划定的那些遥远、荒蛮的地带。若情况并非如此，就会导向一连串可怕的噩梦。例如在米底人的民间传说中，就流传着全盛时期的米底帝国被“细长眼”的塞种人（Saka）征服的故事，这些斯基泰人如同他们所居住的草原一样野性难驯而且残暴，控制了米底人 28 年之久。所以当居鲁士从粟特来到今日的哈萨克斯坦，发现自己面对的正是从前米底人遭遇的同一批魔鬼时，不禁大吃一惊。这批塞种人很好辨认，他们戴着高高的尖顶帽子，擅长用慑人的斧头作为武器。一位塞种人领袖被居鲁士俘虏，但受到后者的隆重礼遇，于是他臣服于入侵者，心悦诚服地率领其人民为波斯国王效力，这些人很快成为波斯帝国最凶悍的军队。但这只是其中一个部落。塞种人的家园更远处有更多原野，那里土匪出没，危险重重，那里辽阔得让人类的野心显得可笑，即使是迄今最伟大征服者的野心也难以企及。没有人确知，这些原野延伸到多远，也没有人确知，原野的尽头会有怎样的生物：有人说那里有狮身鹫首的怪兽（griffins）；有人说那里有羊腿人（men with goats' feet）的部落；也有人说那里是冰封的荒原，居民每年冬眠六个月；而那片原野之外流淌着环绕世界的兰加河（River Rangha），这条河流如大海一般宽阔。[26] 居鲁士显然无意推进到这么远的地方，当一条宽阔的河流最终挡住他的去路时，他驻足河岸，在淤泥与蚊子的嗡嗡声中停下了前进的步伐。这条河是药杀水（Jaxartes River，即锡尔河），河水不深且礁石众多，只能勉强算作一道简陋的天然边界。居鲁士为弥补自然地理条件的不足，在这里筑起七座边境城镇，并以自己的名字将其中最大的一座城市命名为“居鲁士波利斯”（Cyropolis）。[27] 自此，这片原本平淡无奇的荒原像奴隶一样被烙上了波斯国王的印记。

他给塞种人的土地打上自己的烙印，有着双重用意。其一，此后好战的野蛮民族不再被允许渡过锡尔河南侵；其二，这条边界内的居民再也不用担心自己的安危。居鲁士一直以来的政策都是威吓敌人并安抚奴隶。到了公元前540年，东部边界已然稳固之时，居鲁士感觉这道防线已经足以应对最严苛的挑战。回到扎格罗斯山脉后，他把掠夺的目光转向了每个征服者雄心壮志的最高目标：今日伊拉克南部的肥沃平原地带。这一地带从亚述延伸到波斯湾，自古以来就是许多辉煌城市角逐的舞台。只有征服这片古老的内陆，才能成为名副其实的世界霸主——身为新贵的居鲁士非常了解这点。但他也知道，那里的居民并不是独裁者们所宣称的落后边民。相反，这些人认为波斯人才是蛮族。擅长扭转人们偏见与敌意的居鲁士，决定面对这个新挑战。他入侵敌人的领土时，会宣称自己是要捍卫它；他率领一支大军时，会表现得像是一名和平使者。他所到之处，一众要塞都会为他打开城门。

事实上，顺从是守军唯一明智的选择，因为波斯人的武力实在太强大。有一支军队曾试图抵抗侵略，但很快就被消灭了。如同居鲁士在吕底亚展现过的那样，只要有助于达成目的，他不会介意偶尔采用些残暴的手段。不过在行事风格上，他大体还是倾向于同他那高调的自我宣传保持一致。一旦在某地建立起统治，他就不会再让屠杀发生，死刑也是少之又少。他以温和而亲厚的语调传达苛刻的统治命令，在那些拥有众多古老神庙、香火繁盛的城市里摆出一副“正义和公平”楷模的样子，把自己“普世统治的权柄”解释为诸神的回馈。[28] 要是细究具体是哪位神给了居鲁士权柄，他就会装作自己是所有神明的宠儿。各地的祭司争相宣称居鲁士是他们的伙伴，各族人民也争相承认居鲁士继承了他们的风俗习惯——这些都为他世界之主的身份增添了更多光环。阿契美尼德家族的新贵首领能当上乌尔（Ur）或乌鲁克（Uruk）这些古老城市的庇护者，是件堪称荣耀的事。虽然这些城市的历史可追溯至创世之初，但它们的历史中也没有一个崛起如此之快、成就如此之大的人。

围绕着这位奇才，不免会滋生出一些可怕甚至是骇人的传闻。当居鲁士最终死在战场上时，他已年过七旬，但他的征服欲望仍然炽烈——他死在锡尔河以北，远远超过他曾为自己的野心征伐所设定的边界。[29] 据说，那位杀死居鲁士的部落女首领将他的首级砍下，放入了装满血液的酒囊，好让这个渴望鲜血的老人得到满足。就这样，居鲁士成了近东地区人们幻想中的幽灵，一个在夜晚游荡、永远渴望着人类血肉的魔鬼。不过，在那些臣服于他的人中，关于他的传说则大不相同：在这里，这位震动整个世界的伟人被给予了近乎赤诚的赞美之词，人们相信他具有非凡的高贵品格，是世界和平的缔造者。接下来几个世纪中，即使在与波斯最势不两立的敌人那里，依然散播着对居鲁士的光辉记忆。雅典人色诺芬（Xenophon）在居鲁士逝世近 200 年后写道：“在居鲁士面前，从过去到之后的君王们都相形见绌、黯然失色。”“不论居鲁士征服了谁，他都会引导这些人渴望取悦于他和得到他的好评。他们发现自己渴望被他而不是其他人所统治。”[30] 这个说法或许令人吃惊，但居鲁士除了以武力征服世界，确实也诱使不同的民族相信，他理解、尊重他们并渴望得到他们的爱戴。从未有一个帝国建立在这样的基础上，也未曾有一个征服者表现得如此仁慈而克制。

这就是居鲁士的天才所在，而他获得的回报是超乎任何人想象的统治权柄。

兄弟，你在哪里？

居鲁士死于公元前 529 年夏天，人们将他的遗骸从杀死他的部落赎回并送归波斯，安葬在巨大的石筑陵墓中。据传说，这座陵墓恰好位于居鲁士当年击败阿斯提阿格斯的地方，也是他在该地区赞助修建的众多建筑之一。陵墓所在之处，与其说是一座城市，不如说是一座宫殿、楼阁与园林的集合体，这里一度见证过波斯人的强大，但也显示出波斯在崛起后如何迷失方向并急转直下。在这些砖石建筑的远处，成群的家畜在荒凉的丘陵与原野上游荡着。阵阵强风刮过毫无特色的土地，使镀金的门廊和立柱蒙上灰尘。宫殿建筑群本身虽以石头建造，但在建筑布局上仍有军营和帐篷的特征。这里被称为“帕萨尔加德”（居鲁士所属的部落）不是没理由的，毕竟游牧民也有自己的根源与传统。

现在，随着居鲁士的死，波斯各个氏族与部落的斗争将会波及数百万人。会有继承者接过居鲁士的王位吗？还是说波斯帝国突然失去了充满魅力的建国者后，注定会迅速溃败，就如同当初迅速崛起一般？如同历史记载中无数消失的帝国一样，一个国王的死往往足以让最伟大的君主国面临危机。居鲁士有为保王朝延续而繁衍后代的天然热忱，他育有二男三女，但这不能为帝国提供任何保障。对于一个大帝国而言，和游牧部落一样，继承人过多往往和没有继承人一样危险。

向来有远见的居鲁士深谙此道，于是努力避免这种事情发生，谨慎地平衡着两个儿子的期望。在去世之前，他任命长子冈比西斯（Cambyses）为王储，并任命幼子巴尔迪亚（Bardiya）为巴克特里亚总督。巴克特里亚是波斯东部最大且最重要的省份，巴尔迪亚虽然没有得到那顶象征王权的三重冕，却获准不用上缴贡赋，此特权让他堪称无冕之王。这种安排可以平息他对哥哥的仇视吗？或者，这只会激起他对王权的垂涎？这个问题有待时间验证。但无论如何，居鲁士对未来的安排已经非常明显：冈比西斯将登上王位，而巴尔迪亚将成为他的副手。再没有其他人可以分享权力。为了在家族中贯彻这一计划，居鲁士甚至安排了一桩骇人听闻的婚事：让冈比西斯娶了自己的姐妹阿托萨（Atossa）和罗克珊（Rhoxsane）。这种近亲乱伦在波斯绝无先例，却能有效粉碎其他贵族家庭试图争夺王位的野心。[31] 毕竟，谁能比居鲁士的儿子更有资格娶居鲁士的女儿为妻？就像祭司保护圣火那样，伟大征服者的血统如此珍贵，人们必须保护它不受污染。

居鲁士的遗体被安放在金棺中，陵墓则面对旭日东升的方向。祭司们的祈祷与哀悼尚未结束，冈比西斯就迫不及待地要称王，如今世界帝国已归他所有。诚然，在他正式继承父亲的王位之后，就不会再有人打他弟弟的主意了；不过巴尔迪亚本身也已经满足于自己在东方的庞大领地，没有表现出任何反叛的迹象。居鲁士死前的安排是再精明不过的了：兄弟俩的利益彼此联结，两人都能从中获益。或许曾有人认为，冈比西斯会优先考虑为父亲报仇，如此一来，他就不免会带领大军穿过东部省份，并因此引起弟弟的公开不满。同样也有人认为，巴尔迪亚拥有了如此强大的根据地，也会迫使兄长赐给他更多特权，从而招致新国王的愤怒。不过，不论两人是否有过协商，他们之间形成了一个默契：巴尔迪亚将不受干扰地统治他的省份，但他也会为兄长守卫帝国边界。[32] 至于征服野心毫不逊于父亲的冈比西斯，也不会把矛头对准杀害父亲的贫穷部落，而是攻打相反方向的王国，那里遍地是黄金与巨大的神庙，也是古代世界秩序中唯一幸存至今的强权，其声名赫赫，仿佛自古已然——冈比西斯即将对埃及发动战争。

这样一场大战当然不可能一蹴而就。虽然法老的权势今非昔比，日益依赖无能的雇佣兵，他们的财富也逐渐受到权力过大的寺庙祭司的掠夺，但埃及仍是一个不可小觑的对手。冈比西斯花了 4 年为入侵做充分准备。帝国内部的各个属国都必须缴纳贡赋、提供兵员。人们建造（以及强行征募）了大量船只，波斯国王成为强大海军的统帅，这是波斯历史上第一次。波斯人认真搜集并分析情报。据说当波斯人最终在战场上与埃及人交手时，他们在盾牌上绑了猫，让敌人的弓箭手不敢放箭，因为猫在埃及人眼里是神圣的。埃及的士兵们愤怒不已却也无计可施。[33] 交战结果不言而喻。埃及的门户培琉喜阿姆（Pelusium）被摧毁，战败守军的遗骸散落荒野，甚至 100 年后的人们还能在此处看到遗骨。冈比西斯当然不会只用陆军发起攻击，他的舰队一直跟随着陆军前进的方向，沿着海岸航行。波斯人的海军与陆军彼此配合、紧密呼应，共同前去赢取胜利的果实，彻底粉碎了抵抗力量。埃及投降了。“伟大的外邦首领”被埃及人尊为法老。

但冈比西斯闪电般的胜利是一种假象，埃及这样古老而神秘的土地无法被其他帝国轻易吸纳。当然，在这里施行几个命令并不难，例如，一座埃及城镇的所有税收就被划定了专门的用途，即支付波斯王后（同时也是国王的姐妹）在鞋子上的开销。[34] 不过在其他的政策推行上，冈比西斯很快就寸步难行。人们从来无法在埃及直接推行改革，其中挑战性最大也最困难的莫过于迫使祭司阶级保持顺从并缴纳赋税。冈比西斯以埃及法老们从来不敢用的冷酷手段，成功迫使祭司阶层献出了他们聚敛的大量财富，但这项努力花了 4 年，自然也让埃及的祭司阶层成了冈比西斯永远的敌人。他们不遗余力地抹黑他，以至于在埃及人的记忆中，冈比西斯就是一个疯子，他酷爱杀戮，常常亵渎神明。甚至还有传闻说他有时会将这两项爱好结合起来，例如他曾刺伤一头被埃及人奉为神的公牛。

这完全是一派谎言。事实上，冈比西斯不仅没有像抹黑他的谣言所说的那样取笑神圣公牛，反而极为得体地下令给死去的公牛涂油并将其隆重安葬。他就像居鲁士那样，努力表现出自己对外国神明的尊重——不论这些神有多古怪。毕竟身为法老，他已经是“拉”神（Ra）的儿子。对于冈比西斯而言，他的祖辈尚且仍以皮革为衣，埃及无与伦比的宏伟传统想必给他带来了相当大的反思空间。但他的反思或许过了头，因为就在埃及的祭司阶层把冈比西斯丑化为压迫狂的同时，波斯的部落首领们也这样看待他，而这就要命多了。居鲁士虽然征服了世界，但从不忘记自己的根基，也因此受到人们的爱戴，并被称作人民的“父亲”。但波斯人对冈比西斯的印象却与此不同，他们眼中的冈比西斯“残忍而高傲”，他们给他贴上了“暴君”的标签。[35] 作为例证，人们举出了大量关于他野蛮行径的传闻，例如他把斟酒的侍臣当作箭靶射死，将 12 名贵族头朝下直接活埋。这些是抹黑吗？或许是抹黑，但它们可能也反映出了冈比西斯身边的米底人随从真实的恐怖记忆，那就是国王不能容忍任何反抗，而且决心要粉碎敌对部落首领的意志。在远征埃及时，冈比西斯也会把许多部落首领带在身边，充当人质和副手。但并不是所有部落首领都会被带走。尽管宫廷会随着国王四处移动，但波斯仍是王室权力的发源地，谁能控制帝国的心脏地带，谁就有可能控制整个帝国。冈比西斯在埃及滞留的时间越久，就会日益助长这种潜在的盘算。叛乱开始在波斯人的部落领土上酝酿起来。

30 年前，米底人的部落首领们急于推翻阿斯提阿格斯，不惜拥护一个外族人当国王；如今不满于冈比西斯专横的波斯贵族却有一个更易接受的国王人选。巴尔迪亚不仅是居鲁士大帝的儿子，还拥有波斯人最欣赏的国王特质。他身体强健，有“坦尤克萨尔凯斯”（Tanyoxarces，意为“体格健壮”）的称号，也是一名神箭手（弓箭是波斯人的传统武器）。[36] 他能在动荡不安的东部边陲省份坐镇近 10 年，足以证明他有军事作战的天赋才能。在其他方面，巴尔迪亚也像其父。他似乎就像居鲁士一样，既善于作战，也懂得调解安抚。他敏锐察觉到了波斯贵族们的愤怒，也同情在冈比西斯日益加重的苛索下受苦的百姓。巴尔迪亚开始私下联络一些重要人士，并提出一个惊人构想：或许可以免除波斯属民三年的赋税和兵役？冈比西斯当然永远不可能同意这种主张，但如果换一个国王呢？一个新国王或许就会同意……

这类煽动叛乱的言论不可能一直保持隐秘，毕竟到处都有国王的探子。冈比西斯已经巩固了对非洲的征服成果，猛然警觉到来自后方的威胁。居鲁士已将波斯人的统治延伸到利比亚沙漠，甚至延伸到了传说中埃塞俄比亚人的地区，这些人据传为“世人中个子最高且相貌最好看的”[37]。尽管他的成就如此之高，但他离家实在太久了。公元前522年初，当他最后决定踏上返回波斯的漫漫归途时，冈比西斯发现自己已经错失了时机。虽然他的身边还有精锐部队和很多贵族，但局面正在脱离他的掌控。3月11日，巴尔迪亚公开称王。一个月后，所有东部省份都尊他为国王。[38]居鲁士辛辛苦苦建立起来的辉煌帝国就要这样被两个敌对儿子的野心分裂为两半，甚至有可能彻底倾覆吗？现在看来，手足相残似乎已经在所难免。

然而，一个事故——至少看起来非常像是事故——突然发生了。[39]冈比西斯途经叙利亚，在翻身上马时，不小心被自己的佩剑刺伤了大腿。伤口生了坏疽，数天后，冈比西斯不治身亡。这件匪夷所思的意外（倘若真是意外）来得正是时候。最明显的受惠者当然是巴尔迪亚，他现在成为居鲁士尚存的唯一继承人，因此在武力与法理两方面都够格当国王。这一切都被祭司们预见到了：他们曾在异象中看到罗克珊生出一个无头婴儿，这预示着冈比西斯血脉的断绝。埃及的祭司则更加恶毒且颇有创意地补充说，这种噩运是冈比西斯自找的：他一脚踢在妻子（也是他的姐妹）的肚子上，不只杀死了胎儿，也害死了王后。现在，冈比西斯的无嗣成了和平的契机，巴尔迪亚迅速抓住这个机会。7月，祭司正式为他加冕。他穿上了父亲留下的长袍，戴上了父亲留下的王冠。他还娶了冈比西斯的遗孀，即他们的另一位姐妹阿托萨。传统和血脉两者似乎都得到了保障。毕竟，现在谁还有资格挑战巴尔迪亚对天下的统治呢？

新国王对于自己的至高地位充满自信，放心前往清凉的埃克巴坦那避暑。但这时，阴谋和谣言却在炙热的低地平原区酝酿着。[40]不论是否死于意外事故，冈比西斯的死都对巴尔迪亚以外的其他人构成了可怕的诱惑。在从叙利亚通往扎格罗斯山脉的大道上，行进的王家军队已经群龙无首。但这样的情形又会维持多久呢？军队中的那些高级军官都是名门望族的子弟，在非洲经历过战争的磨炼，又深谙政治权术，这些人的老练世故远超同龄人。例如，在御前充当“持矛侍卫”（lance-bearer）的大流士（Darius）只有28岁，他是国王的远房表亲。在波斯宫廷，一个人的地位取决于他与王室成员的亲密程度，所以侍卫一职并不意味着年轻的大流士只是个打杂的，反而是个极大的尊荣，显示出大流士在宫廷中是一位杰出且声望极高的重要人物，能够知晓王室的机密要闻。在冈比西斯死前的几个星期，大流士的职位应该是最有利于获取和分析巴尔迪亚政变情报的职位了。

通过筛选和分析情报，大流士以他那天生政治家的无情眼光，想必能看得出来，巴尔迪亚的地位并不如最初看起来那样稳固。部落首领们的效忠意向各不相同且飘忽不定。赋税改革的宣言虽受到帝国属民的欢迎，却不大可能得到波斯统治阶层的喜爱。巴尔迪亚要是不想榨干自己的财库，就必须开辟别的财源来弥补税金上的损失。但凡这位新国王不想终结自己的政途，就不太可能压榨自己的支持者。但有不少贵族远在叙利亚，身处冈比西斯的军营中，从他们身上获取新的收入显然是轻而易举的。于是巴尔迪亚便下达了命令，凡与他作对之人，其全部财产（包括他们的“牧场、牲口、奴隶及房屋”）一律充公。[41] 虽然国王急需这笔意外之财，但此举却让贵族内部的分裂成为定局。在许多波斯人眼中，巴尔迪亚“有辱他的国家及其古老的王位”[42]。在这个夏天，波斯已经失去了一个国王，现在人们又匆忙策划着废黜另一个国王。

同谋者共有7人，都是最上层的军官。其中之一是大流士，他是冈比西斯年轻的持矛侍卫，也是阿契美尼德家族的一员。单凭来自波斯最显赫的家族这一点，并不能确保大流士成为合谋的主导人，因为另一位同谋者，即富有的贵族子弟欧塔涅斯（Otanes）似乎也觊觎着王位。而且根据后来的传说，首先发起阴谋的是欧塔涅斯，大流士是事后才被邀请加入的。但这不太说得通，因为如果大流士加入较晚，那他爬升到同谋者核心地位的速度未免太快。他的地位从一开始就显得非同寻常。其中一个同谋者戈布里亚斯（Gobryas），既是他的岳父也是他的姐夫，这双重的姻亲关系让他们的联系无比密切。大流士的弟弟阿尔塔费尼斯（Artaphernes）有着罕见的胆识和智慧，他虽然不是7位主谋者之一，却准备好随时听从他们的调遣。所以无论从哪方面来看，大流士都很可能是阴谋的首领。

为何大流士坚称自己起初没有参与事变呢？通过掩盖他参与事变的真实时间，他能得到什么好处呢？说得更直白些，他究竟想隐瞒什么呢？这个问题本身就暗示了一个显而易见却又致命的答案，那就是大流士试图隐瞒自己弑君的事实。毕竟还有谁能比国王的持矛侍卫更有机会谋杀国王？即使在冈比西斯的敌人看来，这种便利的机会都是难以想象的。虽然大流士很快就会证明自己的冷酷与大胆，他却从未夸耀自己犯下的罪行。因此他是否弑君，我们永远不得而知。[43] 即使他和冈比西斯的死没有瓜葛，他仍毫无疑问是反抗巴尔迪亚的阴谋主导者。当欧塔涅斯要求更加谨慎地行事并主张争取更多同党时，大流士坚持立刻行动。他认为不能靠人数，而要靠速度与出其不意取胜，摇摆不定只会让他们错失良机：越是大胆，成功的机会就越大。

有了弟弟阿尔塔费尼斯与密谋小组多数成员的支持，大流士得以按自己的想法行动。他的谋算非常精准。一个罕有的机会正在降临。当密谋者和他们的随从沿着呼罗珊大道接近扎格罗斯山脉的丘陵地带时，他们察觉到平原上的暑热正在消退。秋天即将到来，而国王很快就会下山。如果行刺小组能在埃克巴坦那通向波斯腹地的开阔地带展开伏击，或许可以毫不费力地解决掉国王。7 个同谋者与随从都是熟练的骑手（波斯贵族都在马背上长大），他们风驰电掣、匆忙赶路，力图抓住时机。9 月，他们终于抵达米底人的边界。他们的前方就是呼罗珊大道，这条路蜿蜒曲折地穿过山脉，通向埃克巴坦那。而此时的巴尔迪亚正在不远的某处，沿着这条路下山，离他们越来越近。

要了解国王的行程并不难。这条道路总是熙熙攘攘。受惠于波斯人的统一事业，越来越多的商人穿梭在呼罗珊大道上，这些操着各种外国口音的商人大多来自低地的富有城市，他们的骆驼队满载行囊，蹄声不绝。[44] 自埃克巴坦那方向而来的人向反叛者们证实，国王确实已经离开他的夏宫，正往这边走来，而且距离此处已不远了。随着巴尔迪亚的车驾逐渐接近，道上的车马也越来越多，这些显然是国王的侍从和先锋。他们身穿华服，胡须和头发卷曲有致，手持孔雀羽毛夸耀着向路人警示，他们的主人波斯国王，也就是世界之王即将到来。

不过在这片喧闹的声色中，古老秩序的遗存依然清晰可见。到了9月底，当阴谋分子沿着扎格罗斯山脉地区土壤最肥沃的尼赛亚（Nisaea）山谷的北缘行进时，他们看到了最具戏剧性的一幕。在远离挤满朝臣与商队的大道之处，在覆盖着苜蓿的牧场上，一幅让世世代代的波斯人都感到熟悉的壮观景象正在展开，这一景象比米底人本身都还要古老：白马覆盖了整个平原，据说这些白马多达16万匹。它们与近200年前人们进贡给亚述人的马匹属于同一品种，是世界上“最优良、最高大”的骏马[45]，就连印度那些神奇的王国（众所周知，那里的任何动物都可以长得极为高大）中，也没有可以与之相提并论的马匹品种。米底人曾是游牧民，如今臣服于异族统治。但在尼赛亚的平原上驰骋之时，他们仍然明白自己是最出色的驯马人。这让他们被奴役的人生获得了极大安慰，因为那些白马强壮、敏捷又漂亮，被扎格罗斯山脉的山民视为圣物，与天神及他们的国王有着神秘的联结。

就连身为征服者的波斯人也认可此处的骏马。在帕萨尔加德，每个月都有一匹来自尼赛亚的骏马被献于居鲁士神圣的陵墓前。这大概就是巴尔迪亚离开呼罗珊大道，在下山途中于此逗留的原因。无论他是想寻求统治合法化的依据还是想获得天启，或者只是想找人解读自己的噩梦，他都可以在尼赛亚找到现成的大师。因为那些能解释各种神秘现象的祭司也是神圣马匹的守护者。巴尔迪亚可曾召唤这些大师，打听自己未来的命运吗？或许他召唤过。但至少有一点可以肯定，在公元前522年9月29日，一个自称巴尔迪亚的人在尼赛亚的西基阿沃提什（Sikyavautish）要塞遭到大流士袭击而毙命。

行刺小组 7 名领袖的后裔们，都反复讲述过接下来发生的事。多年来，经过不同人的添油加醋，产生了几种不尽相同的说法，但所有说法中都一致的部分是：事发当时，巴尔迪亚大吃一惊。刺客们冷静地策马来到要塞的大门前，大胆表示自己是来觐见国王的。守卫慑于这些求见者的地位，连忙让他们进入要塞。直到他们靠近内廷时才有人起疑，喝问他们的意图，但为时已晚。刺客制服了沿路遇到的侍从，冲入巴尔迪亚的寝宫。据说当时国王正和一名姬妾在一起，情急之下，他捡起一把摔断的椅子的腿，试图以此来抵挡攻击，但无济于事。据说，大流士的弟弟，即“忠诚的阿尔塔费尼斯”最终用匕首刺中了国王的要害。[46]

就这样，居鲁士之子，波斯人的国王巴尔迪亚跌倒在地，颓然死去。

双重幻影

巴尔迪亚真的死了吗？行刺者在干完这桩血腥的勾当后不久，便开始宣扬另一种全然不同的说法。被害者的尸首没有被公之于众，而刺客们公布的说法让全国震惊。他们讲述的故事太惊人了：他们声称自己杀死的根本不是居鲁士之子巴尔迪亚。真正的巴尔迪亚已死去多时，他是被生性嫉妒而残忍的冈比西斯几年前下令处决的。若不是大流士和他的同伴们敏锐发现了这一秘密并勇敢地揭发出来，波斯人将永远不会知晓这个可怕的骗局。

但这些说法显然有很多疑点。如果在西基阿沃提什要塞被刺杀身亡的人不是居鲁士的儿子，那么他又是谁？现在的说法难免会导向更险恶的猜测。有人假扮王子，这足以引起人们的高度警惕，而他能冒名顶替这么多年，甚至没有受到原身家人与氏族的怀疑，唯一的解释就是他使用了最肮脏的巫术。那么此人最有可能的身份不就是一个受过训练且善于操控超自然力量的祭司吗？冒牌货出现在尼赛亚仅仅是个巧合吗？毕竟众所周知，总会有大批祭司聚集在这个平原上看顾当地的圣马。行刺者们立刻宣称这一切绝非巧合：假扮巴尔迪亚的人确实是个祭司，名叫高墨达（Gaumata）。[47] 此人默默无闻、出身低微却精通巫术，他的阴谋如此猖狂，以至于他凭借欺诈攫取了波斯帝国。

一些哗众取宠的复述者也对这桩丑闻中的细节暗示予以放大并添油加醋：那个冒牌货虽然法力高强，却忘了隐藏一个重要细节——他的耳朵。多年前他因为某一罪行，被居鲁士下令割去了双耳。巴尔迪亚的妻子帕伊杜美（Phaidime）是欧塔涅斯之女，她原本从未疑心过丈夫已被人杀死并被顶替，直到某天夜里，她在丈夫入睡后抚摸他的一侧头颅，才发现了这个可怕的真相。她把这个发现告诉了父亲，由此启动了一连串戏剧性的事件，最终导致冒牌货被杀。总之，以上就是多年后流传于帝国各地的说法。当时已经没有人能对此提出质疑了。

即使在行刺事件发生的当晚，尼赛亚平原上若是有任何人不相信刺客们的自我辩护，觉得他们的说辞有可疑之处，或是怀疑行刺者为何要如此迅速地处理掉冒牌货的尸体，他们都会明白，这些怀疑的话还是不说为好。西基阿沃提什要塞的血迹尚未被清理干净，此时绝不宜发表异议。阴谋集团没有心情容忍不同意见。大流士发出的警告足以威吓众人："今后为王者，当勇于禁绝谎言。敢于散布谎言者，必当严惩！”[48]这是一个政治权术家使出的炫目戏法，它将指控刺客的人而非刺客列为被告。疑心者都会被谴责说是与真相为敌。

对所有波斯人来说，说谎是一桩可怕的指控。大流士的同胞们都深信，自己是世界上最诚实的人。他们从小就学会了三件事：“骑马、射箭和讲真话。”[49]大流士恐吓那些可能会对祭司犯罪故事生疑的人，不仅是为了维护一个不牢靠的说法，他的立意其实要深远得多。只有波斯人才会这么做，因为只有波斯人明白所谓真相意味着什么。波斯人懂得那些愚昧民族所不明白的道理：没有真理的宇宙必将毁灭，并落入永恒的黑暗之中。这不是一种抽象或理想的观念，这个信条构成了存在的基础。

这就是为何众神之主阿胡拉·马兹达（Ahura Mazda）在创造天地万物时为了赋予宇宙秩序，先创造出真理之神阿尔塔（Arta）。如果没有阿尔塔，宇宙将会缺少形式与美感，而马兹达神也将无法启动存在的伟大循环，把生命带到世界上。即便如此，真理的工作永无止境。正如火焰上升时总伴随着黑烟，在波斯人眼中，阿尔塔与谎言之神德鲁伽（Drauga）如影随形。这两种秩序——完美与谬误——互为镜像，两者冲突对抗的历史如同时光一样古老。然而，人类只能站在阿尔塔那一边对抗德鲁伽，以真理对抗谎言，以免宇宙动荡、倾覆，除此之外别无选择。很久以前的古人就说过：“谎话连篇的恶人终会让自己的国家走向灭亡。”[50]一个“恶人”若是窃取了王位，会带来多少致命的灾祸啊！当那个祭司假冒巴尔迪亚，扮成合法的国王时，他就已经把世界的权柄交给了德鲁伽。大流士与同伴直驱西基阿沃提什要塞之时，他们推翻的不仅是冒牌的顶替者，更是无比邪恶的恶魔。他们的所作所为绝非卑劣的谋逆之举，而是一桩堪比拯救宇宙的伟大事业。

现在，高墨达已经被推翻并被处死，他所窃取的王位也悬空了。王权的象征之物——国王的长袍、弓箭与盾牌——正在西基阿沃提什要塞等待着合法继承人的认领。然而，该由谁来继承王位，他的继承者身份又凭什么被人们认可，这些问题直到行刺事件发生的当晚仍然没有明确答案。只有关于刺杀事件后续的一些混乱记载流传下来。据说，行刺者们在夜色中骑马前往开阔的平原。大家在约定好的地点勒马等待黎明降临。当第一道曙光自东方起伏的山峦间升起时，大流士的坐骑率先嘶鸣起来。他的同伴连忙翻下马背，跪倒在地，向他致敬。希腊人在转述这个故事时认为叛乱者中曾有约定："谁的马匹在日出后先嘶鸣，谁就得到王位。"[51] 希腊人还进一步补充说大流士作弊了：他的马夫事先将手指插入母马的阴道中蘸取体液，然后在太阳升起时把手指放在大流士坐骑的鼻下。但这只是希腊人惯有的下流胡话。他们最喜欢歪曲真理的神圣性了。

即使从现存的简陋记载中，我们也能了解到大流士的登基仪式十分隆重威严。行刺者们在 9 月的寒夜里聚首，并不是为了找出下一位国王，而是因为他们已经有答案了。大流士的唯一竞争对手欧塔涅斯早已接受不可改变的事实，主动退出了王位竞争。所以这些贵族策马穿越尼赛亚平原的举动，只是为了庆贺既定事实。有了神圣白马的嘶鸣与群山晨曦的祝福，大流士确信自己得到了阿尔塔的双重支持。随着第一道曙光照亮平原，德鲁伽统御的危险而晦暗的黑夜在明亮日光中开始退却。"马兹达神啊，我能感受你的强大与神圣。当你掌管说谎者与正直者的命运，当你的火焰闪耀着真理的威力，善念的力量也将降临在我身上。”[52] 此刻，在9月底某日的黎明，善念的力量确实降临了尼赛亚平原：说谎者已死，而正直者成了国王。

至少，大流士乐见这种说法。这种善与恶的意象尽管充斥于大流士的政治宣传中，却并非他原创。若说这种意象见证了全体雅利安人对阿尔塔的崇敬心理，那它也是借鉴了更严格的二元论。“说谎者与正直者的命运相连”之语并非出自大流士，而是来自最传奇的先知琐罗亚斯德。他是雅利安人的先知，最早向人们揭示了惊人的世界真相：世界其实是善与恶无休止斗争的战场。这场战争也是万物之间的殊死搏斗，琐罗亚斯德在他新奇的学说中教导人们：宇宙的循环不会像人们预想的那样永远持续下去，而是会走向一个不可避免的终点——这是一个普世的天启，即真理最终会消灭所有虚假谬误，并在其废墟上建立起永恒的和平王国。掌握着最终决定性胜利的人就是生命、智慧与光之主宰阿胡拉·马兹达，他不像一些伊朗人相信的那样，是众多主宰神灵中的一位，而是至高无上、无所不能且唯一永存的神灵。如同火焰会通过烽火台向外传递，一切善法也会自然向外生发——居于中心的是阿胡拉·马兹达及其永恒光辉中诞生的六位大天使，这些神灵被统称为“七位一体”（Amesha Spentas），都是神圣而不朽的[53]，向外则依次为：天地间数目更多的精灵神祇；拥有诸多美好事物的光明世界；植物和动物，特别是刺猬，它会终日捕食那些黑暗世界孕育的昆虫；忠诚且永远正直的狗；最后是最高贵的受造物，即人类本身。先知曾经提醒人类必须要留意他们必将遇到的重大决策：“张开你们的耳朵，去聆听福音吧；带着清醒的头脑去凝视那光明的火焰。在伟大的生命试验中，你们每个人都被赐予自由，可以自由选择想要追随的信念。”[54]选择错误就会走向谎言和混乱，选择正确就会走向秩序、宁静和希望。

大流士是第一个懂得利用这个宣扬和平与正义的伟大宗教来实现自己目标的篡位者吗？我们无法确定这个问题的答案。琐罗亚斯德的早期经历和其教义一样，对他的追随者来说也是迷雾重重。他在出生时，不像其他婴儿一样啼哭，反而大笑；他在30岁时首次见到了阿胡拉·马兹达的现身场景，神灵从河水中显现；最终在77岁时，他死于一名刺客的刀下——这些就是虔诚教徒们记录下的关于他生平的仅有片段。至于他生活在何时、何地，各种说法都相去甚远。有人认为他生活在天地初开的时代，一些人认为他生活在国王阿斯提阿格斯统治的时代[55]，还有些人认为他在巴克特里亚长大，另一些人则认为他成长于大草原上。不过，所有的人都一致同意，他既不是米底人也不是波斯人，他的教义最初是从东方传到扎格罗斯山脉的。[56]

然而琐罗亚斯德的教义影响有多大呢？毕竟居鲁士建立的帝国显然并非由神权主导，也永远不可能成为任何真正意义上的“琐罗亚斯德教”国家。波斯人仍然敬拜他们的古代神明，崇拜山脉和河流，并在国王的陵墓前献祭圣马。不过，如果说阿契美尼德宫廷的大部分宗教仪式仍保留着异教成分，其中占据主流的宗教情感其实并没有完全摆脱琐罗亚斯德教教义的影响。就像伊朗东部各王国的情形一样（琐罗亚斯德的一神教在那里最为强势），在西部，阿胡拉·马兹达也一直作为最高神而受到人们的膜拜。在波斯人眼中，异教信仰与琐罗亚斯德的教诲并非敌对，而是保持着协同，甚至是融合。两者是对同一种宗教情感的不同表达，这种宗教情感经过几个世纪的发展，直到波斯人征服世界时，仍处于流动、发展的状态。尤其是波斯帝国那些掌握着最隐秘而神圣知识的祭司，他们与琐罗亚斯德教的祭司有着许多相似之处。人们甚至无法弄清楚，这两者中谁先宣称要永久地与昆虫、爬虫为敌；谁先用白色长袍来显示祭司的地位；谁先将信徒的尸体曝于野外，任其被禽鸟与野狗啃食（其他波斯人认为这种下场太过可怕，只有弑君者的尸体才应受到这种对待）。随着对众神之主阿胡拉·马兹达的共同敬拜，这一崇拜在两种信仰中都持续发挥影响。“马兹达信仰”并未使米底人、波斯人与他们在东方的表兄弟产生隔阂，反而成为他们统一的源泉。

居鲁士当然懂得利用这种纽带。为了突显自己统治所有伊朗部落这项前所未有的功绩，他有意吸收了伊朗腹地的一些古代风俗。他在远离巴克特里亚与粟特的帕萨尔加德（居鲁士自己所在的部落），下令建造了三座惊人的崭新建筑物：以石头建成的巨大火坛，每个火坛的顶部都被凿成又大又深的碗状，其中盛放着永不熄灭的炽热炭火。[57] 长久以来，伊朗所有部落都将火视为神圣之物，琐罗亚斯德犹有过之。根据他的教义，火焰是正义与真理的象征。每日向圣火祷告，也成了其教徒的神圣义务，而居鲁士在征服东方的过程中定然目睹过这种崇拜的场景。一位来自吕底亚的非雅利安人学者在最早记录琐罗亚斯德事迹的著作中指出：波斯人“禁止焚烧尸体或以任何方式污染火焰”，无疑是受到了琐罗亚斯德教的影响。[58] 居鲁士建造的火坛里，燃起的火焰飘向波斯的蔚蓝天空，这一景象显著而清晰地表达了新的教义，同时也传达了另一个非常不同的信息。居鲁士找到了象征自己权力的绝佳意象。还有什么比火焰更能表现无边的王权？甚至连那些不了解伊朗人风俗习惯的人，也可以清楚地懂得这个象征。很快，类似的圣所就开始在帝国各处涌现。祭司们守卫着这些圣火，只有在君王驾崩时才会熄灭这些同时象征着阿尔塔与波斯国王的圣火。

现在，双手沾满王室成员鲜血的大流士，准备在天国秩序与人世秩序之间建立起更直接的关联。他持续不断地将自己得到的一切都归为阿胡拉·马兹达的眷顾："他帮助我，其他神明也一样。因为我从未缺少信仰，也不追随'谎言'，我的行为从无过错。"[59]大流士显然在不断地为自己辩解，但身为弑君者与篡位者，他也只能这么做。他的王权合法性过于脆弱，无法为篡位之举提供有力的辩护，因此他必须炮制出其他合法性依据，而且动作要快。这也是为什么大流士比居鲁士及居鲁士的两个儿子更需要宣称自己是被神明选中的。

然而，到底是哪个神明选中了大流士？是他祖先敬奉的阿胡拉·马兹达，还是琐罗亚斯德敬奉的最高存在之神？对此，大流士有意不说明。他的模棱两可自有用意。对大流士来说，最重要的是表现自己对人民传统的尊重，而尼赛亚平原的环境恰好为此提供了绝佳的舞台。在西基阿沃提什要塞以北约 24 千米处，贝希斯敦山（Bisitun，意为"诸神所在之地"）的双峰高耸在一片坦荡的平原上，显得阴森森的，它是扎格罗斯山脉最神圣的山。[60]在此，离巴尔迪亚遇刺之地不远处，大流士按照波斯人与米底人的习惯，在纯净而开阔的露天地点举行献祭。而他那冷峻、传奇的刺杀故事，行刺者的人数，以及大流士的种种宣传，很可能会引起琐罗亚斯德教信徒的联想。在琐罗亚斯德的教义中，阿胡拉·马兹达座下共有六位天使，而他自己在对抗"谎言"的战斗中也有六名助手。这种巧

合（或者说对称）将有助于巩固新的王权。大流士虽不是居鲁士的儿子，却把自己的身份装点得比王子更夺目：他是阿胡拉·马兹达的代理人。

这种把个人权力与普世神明紧密结合在一起的做法，对其后历史的影响极为深远。自远古以来，谋朝篡位者总是宣称他们的行为来自神明的授意，但从来没有一个神明能与阿胡拉·马兹达相提并论。以大胆和创造力闻名的大流士极为迅速地利用了这一点。他在谋杀与篡位的过程中，为自己创造出一种罕见的合法性依据，从自己的弱点出发，他打造出了此前君王们从未有过的强力依据。

大流士的惊人野心固然炫目，但埋伏在前方的危险同样巨大。阿胡拉·马兹达选中的君王不能有任何差错，只要稍有闪失，大流士就会万劫不复。他与其他同谋仍在米底韬光养晦之时，就已经接到令人不安的消息：帝国政府已经对他们的政变阴谋有所反应。与波斯接壤的古老王国埃兰（Elam）此时也起而叛乱。据有关消息，在巴比伦[1]这个世界上最大、最富有的城市里，也有人冒名顶替，声称自己有权继承空悬已久的王位。突然之间，波斯帝国似乎并未把阿尔塔的普世和平带给人类，甚至还有解体以及给人世间带来混乱与漫长黑暗的可能。对自命为光明捍卫者的大流士来说，终极考验已然迫在眉睫。不仅是他的个人前途，整个近东地区的命运都已悬于一线。

等待着他的，是通往巴比伦的征途。

---

[1] 巴比伦，位于今天的巴格达南部。

第二章

巴比伦

天梯

巴比伦人宣称：没有土，就永远不会有城市或伟大的国王。他们完全明白，自己的文明是用泥土塑造的。当天地初开，世界还是一片汪洋时，众神之王马尔杜克（Marduk）以芦苇做了一艘筏子，并以尘埃覆盖它，加水搅拌成泥，然后用这些材料为自己建造住所，称之为埃萨吉拉（Esagila），这便是世界上的第一座建筑。无数代以后的人们仍可看到这座建筑矗立在巴比伦的心脏地带。即使没有那些神庙建筑，巴比伦人也能了解土与水混合后可以创造什么——他们本能地了解这些知识。马尔杜克在天地初开时就宣布："我将取来鲜血，塑成肉体，创造出第一个人。"[1]正如他所言，他将适量尘土与被杀死的敌人的鲜血混合起来，从这团黏糊糊的混合物中塑造出了人类。在这个最初创造人类的行动中，一种永恒的模式已经被确立起来。战场上的尸体、田里的作物、城墙的砖块——没有了泥土，这些还能存在吗？虽然巴比伦人被荒凉的山脉与沙漠包围着，但每当望向自己的土地，他们就会知道自己是世界上最幸运的民族：

他们得到两条（而非一条）大河的庇佑，这充分说明了诸神有多眷顾他们。肥沃的土地，高耸入云的辉煌建筑，商人能够很容易地航行于海上——这些都是幼发拉底河和底格里斯河的馈赠。无怪希腊旅人将这片平原称为“美索不达米亚”（Mesopotamia），意为“两河之间的土地”。如果没有水，巴比伦将会失去一切财富，只剩下干燥的尘土。

巴比伦城被视为波斯国王王冠上的宝石。巴比伦人深知，若是国王失去了巴比伦城，就意味着他失去了一切。他们自信满满，习惯了将自己的城市看作一切重大事件的轴心。数百年来，他们的野心让近东为之震动。在亚述的众多敌人中，巴比伦始终是最顽强的，他们和米底人一同发起叛乱并摧毁了人们厌恶的亚述帝国。巴比伦人随后在亚述的废墟上建立起自己的统治，强迫四邻接受亚述人曾经施展过的铁腕统治。[2] 耶利米（Jeremiah）在古代的犹大国哀歌中预言道：“他们的箭袋是敞开的坟墓；他们都是勇士。他们必吃尽你的庄稼和你的粮食，吃尽你的儿女；他们必吃尽你的牛羊，吃尽你的葡萄和无花果；又必用刀毁坏你所倚靠的坚固城池。”[3] 后来，一切都像这位先知预见的那样发生了。公元前 586 年，耶路撒冷被攻陷，沦为废墟，大批倒霉的犹太人被掳走。他们在巴比伦的河边哭泣，四周是从近东各处迁来的其他民族——虽然美索不达米亚人口稠密且土地肥沃，但早已不能自给自足，只能像吸血鬼那样，依靠着遥远属国供给的物产与人口来满足它怪物般庞大的胃口。巴比伦的街头挤满了移民，这些人中有奴隶、俘虏，也有雇佣兵和商人，巴比伦成为历史上第一个真正的多元文化城市。甚至在被居鲁士征服后，它仍然是近东地区的超级熔炉，其街头充斥着来自世界各地

的上千种方言、异域动物的鸣叫声、羽翼闪闪发光的珍奇鸟类，还有黄金、红宝石、珍珠母贝等各色珍宝。边远之地的波斯怎么能与之相比？波斯或许是帝国的首都，但很难被称为“世界的心脏”。

因此，巴比伦人很自然地会认为，波斯的统治只是短暂的特殊状态，不过是诸神的一时之念。居鲁士一贯具有宽大的胸怀，他不屑于彻底铲除被征服的统治者家族。甚至，迟暮之年失去了城池的巴比伦末代国王那波尼德（Nabonidus）去世后，其不少后代仍然趾高气扬。其中一人趁着巴尔迪亚遇刺所造成的混乱，在10月上旬自立为尼布甲尼撒三世（Nebuchadnezzar III）：这个名字让从前吃过巴比伦苦头的民族心惊胆战，因为尼布甲尼撒二世是巴比伦最伟大的君主，曾经征服过耶路撒冷和其他许多地方，他摧毁了无数城市，葬送了那些一度光辉过的国家。关于他的传奇的、难以置信的与恐怖的记忆深深铭刻在战败者的心中。若说这位新国王的名号让整个近东地区为之战栗，这无疑是巴比伦人梦寐以求的效果。他们的世界似乎必须恢复从前的平衡状态：波斯盗贼曾经从美索不达米亚手中窃取了统治世界的权力，如今是时候归还了。因此，尼布甲尼撒再度称霸天下是理所应当的。

然而，大流士对政治宣传向来十分警觉，他对这些事情非常了解，不会掉以轻心。因此，当埃兰的叛乱切断了大流士返回帝国腹地的道路时，他并没有急着回波斯，而是直接赶往美索不达米亚。他以自己一贯的惊人速度从山区赶来，沿着居鲁士17年前走过的同一条道路前进。起初他也像居鲁士那样，发现这条道路完全向他敞开。两河流域的边界上，矗立着男性生殖器形状的巨大界碑。界碑的前方是一望无际而单调的冲积平原，只有弯腰耕种大麦的农人偶尔会打破这片空旷的景象，还能经常看到断断续续的棕榈树带。这些景物标志着沟渠和运河的所在，但这里的水系远不如南部的幼发拉底河一带丰富。因为相较于它的姐妹河幼发拉底河，底格里斯河的河岸非常陡峭，而且水流湍急（这对农民来说非常不便），这条河流就像它的波斯文名称“飞箭”一样，飞速流淌着。

不过，底格里斯河这些不适宜灌溉的特质，却让它成为一条理想的防线：在美索不达米亚平坦无险的地形中，这里大概是最易守难攻的地点。为了抵御米底人入侵的威胁，人们在底格里斯河与幼发拉底河之间的开阔平地上，筑起了一长列 8 米厚、10 米高的防御工事作为屏障，人们在荒凉的平原上就能清楚看见它的垛口。即使在它落成 60 年后，这道“米底边墙”（Median Wall）仍见证着修筑它的君主——尼布甲尼撒二世——为世人所恐惧的权势。人们已经难以想象，还有什么地方比这里更适合展示王权的力量了。此处的边墙穿越了整个阿卡德地区（Akkad），这个地区也长远流传着对一项改变过历史命运的革新的记忆。早在尼布甲尼撒的几千年前，一位名叫萨尔贡的人在此实现过人们长久为之沉醉的帝国梦想，从此永久留在了世人的记忆中。巴比伦的国王也都以“阿卡德国王”的头衔为荣。这个称号或许和美索不达米亚的其他名号（例如“天下四方之主”或是“宇宙的主宰”）相比略显谦逊，却可以让巴比伦的国王们将自己的统治历史追溯到这个最初的帝国。虽然阿卡德早已变成外省地区，昔日的辉煌也早已随风而逝，但它曾经是一个世界统治者的首府，早在公元前 23 世纪，人们正是在阿卡德构想出了最早的世界观念。

萨尔贡这位原本默默无闻的冒险家，尽管出身无名，却有了征服世界的野心。他吞并了四邻的城邦，将“普天之下的土地”[4]收归一人统治，从此成为美索不达米亚地区的霸主典范。在建立阿卡德王国约2 000年后，他仍然是伟大国王的典范。事实上，在波斯人征服这里的几十年前，人们对他的膜拜达到了狂热的地步。在埃兰的首都苏撒（Susa），一座当初萨尔贡的孙子为萨尔贡打造的胜利纪念碑被仔细清理后公开展出。当阿卡德出土了萨尔贡这位伟大人物的雕像时，那波尼德立即前来视察并监督修复工作。博物馆如雨后春笋般在各地冒出：在乌尔，那波尼德的女儿恩尼加尔迪南娜公主收藏的大量古物在被仔细分类后向公众展出，以达到教育公众的目的。同时，巴比伦地区的学者也搜寻图书馆并翻查古籍，引用那些古老而过时的文章典故，为他们主人的各种奇思妙想与现实需求寻找合法性依据。美索不达米亚的居民生活在数千年来的积习中，对远古时代极为尊崇。他们并不觉得自己受到古代习俗的压抑，反而不断重新吸收、组合古代材料，并从中获取利益。

面对古代传统的挑战，我们也许会以为波斯人会抱有与巴比伦人截然不同的态度，会表现出不信任甚至是恐惧。相比之下，他们自己的历史和其他许多历史一样，不过是短暂的一瞬间。时代的变迁——人们在帝王世系表和星象图中谨慎地记录着这些内容——对它们的追踪者来说意味着知识，而知识代表权力。巴比伦向来以巫师云集闻名，整个美索不达米亚早已建立起一个庞大的天文观测网络，以便占星学家能够及时观察上天的各种警示，并迅速把最新的消息传递给巴比伦的情报首脑。这种预见未来和绘制作为治国依据的星图的能力，对巴比伦诸王来说一直是有力的武器。他们的城市也因精密复杂、神秘莫测的宗教仪式而闻名，那里有无数的金字形神塔和神殿。人们相信这些建筑的地基在远古时代就完工了，建筑的蓝图可以追溯到时间诞生之初，而修建所用的砖头上印着神明的指纹。这样的巴比伦人几乎是不可战胜的。

不过在公元前 539 年，当居鲁士首次以征服者的身份抵达这座城市时，他丝毫未被吓倒。事实上，对美索不达米亚那些异域的、复杂的传统，他比那波尼德敏锐得多，能察觉到这些传统可能给自己的统治带来的好处。巴比伦的末代国王虽然也对古代的事务非常着迷，但他的研究热情过了头。他并不满足于只是像对待英雄一样崇拜萨尔贡，他吹捧亚述诸王，尊称他们为“王室祖先”[5]，并采用他们的头衔。然而，在一个亚述诸王曾经试图摧毁的城市中，这种做法无论如何是不明智的。不过，最冒犯巴比伦人感情的（也是最致命的），是他居然把马尔杜克神像的鼻子弄断了。

对于一位非常在意自身尊严的神明来说，这种事是难以想象的，任何凡人，即使是最伟大的君主都负担不起冒犯他的后果。正是因为这一点，每当新年到来时，国王都要到巴比伦城最大的神庙埃萨吉拉，在马尔杜克黄金神像严厉的目光下，进行一个羞辱性的宏大仪式：被人掌掴和揪耳朵。若国王因此泪流满面，那是最好不过了，因为这表示马尔杜克已经感到满意；若国王无动于衷，就预示着将会有灾难降临他的王国。从巴比伦人的角度来看，那波尼德的行为尤其恶劣。他不仅整整 10 年没待在巴比伦（因此也没去过埃萨吉拉神庙），更过分的是，他在马尔杜克神庙中倡议人们去崇拜古老的月神辛（Sin）。他确实为自己的行为找到了充分理由，因为巴比伦不像其市民吹嘘的那样是世界上最古老的城市，它的庇护神马尔杜克也是较晚才登上众神之王的宝座的。那波尼德希望能够通过推广辛神崇拜，为他历史悠久的帝国培育起（相较于盛气凌人的马尔杜克崇拜）没那么盲目狂热的爱国情感。不过，他在这样做的同时，其实是为居鲁士的政治宣传大开方便之门。“马尔杜克环顾列国，寻找一位合适的君主。”[6]最终，他选中了一位波斯国王。居鲁士在新属民的欢迎中进入巴比伦，将那波尼德贬为异端，愉快地宣布自己是马尔杜克选中的国王。他允许这个城市不受打扰地继续举行那些古老的仪式；一度被那波尼德收起来的偶像，如今也被放回原来的神龛。根据记载，在波斯统治的前几个月里，居鲁士的长子冈比西斯作为父亲的代理人，甚至会前往埃萨吉拉神庙接受新年的掌掴仪式。

马尔杜克神对此感到非常满意，两河之地的秩序也因此得以维持安定。的确，在巴比伦人看来，波斯人不过是暴发户，巴比伦这座世界上最大的城市成了受人统治的外省城市，也让市民们感到不悦，但居鲁士和冈比西斯为巴比伦人带来了和平，而这是一个国王能缔造的最大福祉。马尔杜克神的祭司们在美索不达米亚的地位和巨额财产也得到了保障，然而他们并非唯一热心配合异族统治者的本地人。大规模的商业活动依然繁荣，那波尼德统治时期不断恶化的通货膨胀也稳定下来，商业道路不再遭到波斯人封锁，商队再度络绎不绝。对大商人和金融家来说，美索不达米亚被吸纳到世界性帝国中为他们创造了前所未有的机会。在利润至上的思维下，他们不会怀念曾经的统治者。例如，长久以来，金融世家埃吉比斯家族（Egibis）世代都为巴比伦的王公贵族提供贷款，但在那波尼德垮台后不久，他们就顺从地接受了新秩序，在商业文书中采用居鲁士登基后的纪年，并计划把事业拓展到伊朗。短短几年内，他们就在埃克巴坦那乃至整个波斯设立了分行，还积极将触角伸到其他领域，包括奴隶贸易和买卖婚姻。但随后，美索不达米亚突然爆发了起义，埃吉比斯家族发现自身正受到局势威胁。到了公元前 522 年深秋，他们在巴比伦的总部和各地的分行失去了联络。家族中的两兄弟滞留波斯，债务压力也不断增加。对埃吉比斯家族成员来说，巴比伦城起义带给他们的不是解放，而是一场灾难。尽快将起义镇压下去，恢复市场稳定对他们而言才是好事。

当然，在大多数巴比伦人看来，波斯人的统治已经沦为谋杀与派系斗争，因此他们的起义本来就是正当的。马尔杜克神曾受到那波尼德的冒犯，不必多说，现在他自然对居鲁士家族的自相残杀也大为不满。不过，这个关于神意的假说虽然对大流士的王权合法性构成了威胁，却也为他提供了一个绝佳机会。他已经是阿胡拉·马兹达选中的人，为什么不可以证明他也会被巴比伦的最高神祇选中？马尔杜克神已经抛弃了异端的那波尼德，难道还会再眷顾那波尼德的儿子吗？对大流士来说，还有什么能比粉碎巴比伦人的叛乱更能证明自己担任世界主宰的资格？难怪他要日夜兼程赶往巴比伦，而波斯的前锋部队早在 12 月初便来到了“米底边墙”。随后，大流士转向侧方，带领军队渡过底格里斯河，他的士兵牢牢地攀附在马和骆驼的背上，或是抓住充气的皮囊渡过河流。公元前 522 年 12 月 13 日，他在战场上直面尼布甲尼撒三世的部队，进而击溃了对方。6 天后，他在另一场胜仗中彻底消灭巴比伦的军队。于是，尼布甲尼撒带着骑兵残部掉头逃回首都，被落下的投降者无一获得赦免。通往巴比伦的道路已经敞开了。

大流士毫不犹豫地踏上了这条路。在他前方，巨大的烟尘雾气遮蔽了地平线，那是世界上最大城市吞吐的气息。城里的居民人数达到了史无前例的25万，街道狭窄又曲折。这座城市如此拥挤——房屋建筑紧挨着，到处都挤满了人，随处都是粪便——却建造起有史以来最长的城墙来包裹住城市向外延伸的部分。如同巴比伦城中的一切事物，这道城墙也无比壮观，被城墙包围起来的土地面积约有7.8平方千米。城墙共有八扇装饰华丽的城门，人们还在幼发拉底河无法提供自然屏障的位置修建了护城河，护城河中“水流掀起如同海浪般狂暴的波涛”。这座城市为各种世界级的幻想提供了庞大的舞台：“巴比伦，一座富足的城市；巴比伦，一座财富过剩的城市；巴比伦，一座充斥着欢庆、宴乐和无尽舞蹈的城市。”[7] 据说，即使在巴比伦最阴暗的小巷，人们也会看到爱神伊丝塔（Ishtar）的身影：她轻快地穿梭在户外的道路上，或是出现在她最爱的街边酒馆里。因此，整座城市都闪烁着欲望的光泽，到处都混杂着狂欢与艳遇的气息。难怪在那些被掳掠到巴比伦的犹太人眼中，这里就像一座放荡的大熔炉；而对那些遥远国度的人来说，巴比伦则是一个非凡而充满魔法的地方。人们非常肯定地宣称，巴比伦的城墙长达90千米，有100扇青铜城门。人们还传言说在这里的大街小巷，卖淫被视为神圣的工作，父亲们会兴高采烈地为自己的女儿招揽客人。与其说巴比伦是一座城市，倒不如说它是一个名副其实的独特世界。事实的确如此，据说“巴比伦的规模如此巨大，以至于居鲁士占据了城市外围后，市中心的人还全然未察觉到他的逼近，于是他们继续庆祝节日、跳舞并狂欢作乐。这就是巴比伦城第一次陷落的经过”[8]。

巴比伦城的第二次陷落又是怎样发生的呢？关于居鲁士征服巴

比伦的传说尽管令人匪夷所思，仍道出了若干事实：任何攻入这个城市的军队都会发现，自己可能会被这片广袤的土地吞没。大流士的士兵看到巴比伦城的城墙自薄雾中显现时，想必会心跳加快。他们从未见过如此庞大的城市，即便是他们目睹过的埃及神庙也无法与之相比。不过，身为士兵将领的大流士想必不会感到丝毫畏缩，他已经明白（他的情报人员也一定告诉过他），攫取巴比伦的时机已经成熟。表面上，这座城市似乎难以攻破，但事实上，它早已因为内部分裂而不堪一击。若说它是世界的一面镜子，那么这面镜子映射出的正是社会与种族的仇恨。不仅祭司和生意人热衷于配合波斯国王，巴比伦也充满了被掳民族的后裔，他们散布于整个郊区。他们当中很少有人愿为尼布甲尼撒卖命。这座宏伟城市的世界主义一度是帝国强盛的标志和支柱，如今却以无政府状态威胁着它。巴比伦人肯定会对这种前景感到畏缩，为了避免这种情况发生，他们不惜向一个异族主子投降。在美索不达米亚，混乱总是人们最大的梦魇。人们知道，在天地初开之时，整个世界由野蛮的妖魔鬼怪主宰，后来诸神垂怜人类，赐给他们一个国王，秩序才得以建立。若少了君主，文明将无法维持，妖魔鬼怪势必去而复返。在萨尔贡和他的帝国还不存在的远古时代，便有如此一说："拥有权威、财富和力量，这些都是神圣的性质。汝等应臣服于强人，应在支配权力的人面前谦卑。"[9]这也许算不上有英雄气概的格言，却肯定符合实际，也得到了几千年的生活习惯背书。巴比伦人看到波斯国王威风凛凛地策马朝他们而来时，便理所当然地竞相俯伏在他面前。如同他们对居鲁士做过的那样，他们再次打开了城门。

就这样，大流士穿过金碧辉煌的用琉璃砖砌成的主城门，轻易占领了巴比伦城。他没有被城市的迷宫困住。巴比伦城既有混乱之处，也不乏对称的部分。就像诸神以神圣的君主制度架构无形无状的人类社会那样，世界最大城市杂乱的表层也有几条方正的王家大道。大流士沿着最大的一条，也就是“游行大道”，向市中心迈进。

巴比伦人称这条大道为“但愿傲慢者不得昌隆”（May-The Arrogant-Not-Flourish），以此来纪念昔日的无数辉煌。以主人身份策马走过整条大道，就是实现这座城市最骄傲的梦想。在巴比伦，王权的本质就是炫耀。那不是空洞的浮华，而是一种被视为神赐秩序的铭刻，会像电流一样漫开到整座城市，触动所有的血肉、尘土、石头和砖块。“游行大道”上的建筑为这个比喻提供了激励人心的说明：在大道的尽头，矗立着巴比伦最惊人的建筑物—— 一座会让埃萨吉拉神庙黯然失色的塔庙。它由 1 700 万块砖砌成，高度近 100 米，被称为“埃特曼南基”（Etemenanki），意为“天地接壤之处的房子”。如其名所暗示的，这座塔庙是位于城市最中心的巨大象征符号，但“埃特曼南基”不是城市唯一的化身。在巴比伦人的观念中，他们的国王也不只是凡人，因为根据年代久远的美索不达米亚传说，国王是社会的心脏，同时也与其他凡人截然不同。最有益于人们厘清这个悖论的方法，就是到“游行大道”走一趟。在所有进入巴比伦的人眼前，除了城市的主城门之外，还可在与“埃特曼南基”反向的另一头，看见一栋巨大的宫殿坐落于大道上。这座宫殿由多彩的砖块砌成，砖里镶嵌了金、银、天青石、象牙和雪松木，极其璀璨，让所有看到的人都不禁为之低头垂目。这种设计不仅可以作为王权的表征，而且经过精心计算，也被用来强化王权。每个人都会在灵魂深处感到臣服并愿意俯伏。

美索不达米亚充满了魅力，向来对邻邦具有强大的影响力。其中，安善诸王就一直将巴比伦王室视为他们的楷模；当大流士在大王宫安顿下来时，他也是在接收丰盛的遗产：身为波斯国王，他同时也将以巴比伦国王和阿卡德国王的身份进行统治。虽然他会为自己“阿契美尼德家族的成员、波斯人和波斯人的后裔”[10]的身份感到自豪，但大流士并不是不屑于用美索不达米亚“万国之王”（King of Lands）的称号来彰显自己的地位。他比居鲁士或冈比西斯更有理由使用这个称号，因为作为一个篡位者，他要竭尽所能找到一切可以支持自身统治合法性的根据。

大流士在赢得巴比伦之后，对于此城能够带给他的所有收益都非常警觉。对于他这样一名头脑敏锐、极具洞察力的人士，这座城市必定是一座彰显王权力量的巨大见证，这样的威势需要用精密仪式、奢侈品和宝石来点缀。他从巴比伦这里获得的经验应当（也必须）很有价值，因为在他仍逗留在这座城市期间，他就开始收到各种坏消息。波斯帝国在美索不达米亚的胜利未能给其他敌人足够的震慑；在大流士力图主宰的整个帝国中，到处都有人作乱。

对大流士来说，整个世界仍然动荡不安。

历史的终结

居鲁士一度自夸：“天下所有的统治者都要向我大量进贡，他们来到巴比伦，在我的御座前亲吻我的双脚。”[11]大流士在逗留巴比伦城期间，得到的只是各处发生叛乱的消息，因此他完全没有表现出前任波斯国王乐于宣扬的那种仁慈姿态。相反，由于陷入了被包围的境地，他更乐意施展精心计算后的野蛮回击与报复。于是，倒霉的尼布甲尼撒（他在首都陷落后被俘）甚至连自己那为众人所知的名号都被剥夺了。大流士以惯用的伎俩指控他是冒牌货，提审他时还称他是“尼丁图贝尔”（Nidintu-Bel）。如同以前大流士匆忙处理掉“高墨达”尸首一样，“尼丁图贝尔”也没有被拉到“游行大道”上游街示众，而是被匆忙钉死在木桩上。这名“冒牌货”的 49 名从犯也被以相同的方式处死，他们无疑都是他最亲近的熟人。[1] 毕竟，死人是不会乱说话的。

但是，那些在大流士控制范围之外的反对者却不想这么轻易就范。那年冬天，新国王虽占领了巴比伦，但分散在各地的波斯军队仍然显得捉襟见肘，就连波斯本土也发生了叛乱。虽然巴尔迪亚在贵族内部造成的分裂与敌对带来了非常严重的后果，但这种分裂至少保证了他的政策即便在他死后还能持续下去，而那些从巴尔迪亚改革中获益的贵族，不可能支持暗杀巴尔迪亚的人。这些人很快就联合起来反对大流士的政变。他们推出了自己人瓦希兹达塔（Vahyazdata）为王，并效仿大流士的招数，宣称此人就是巴尔迪亚本人。亚细亚地区发生多起叛乱，参与王位角逐的人不断增多，而叛乱者都宣称自己与某些早已被推翻的君主有血脉关系或来自已经消失的辉煌帝国。一度被波斯统治压制的古老野心，开始重新燃起火花并四处蔓延。威胁最大的叛乱分子是一位名叫弗雷奥尔蒂兹（Phraortes）的贵族，他夺取了埃克巴坦那，与帝国东半部的许多叛乱者达成了共识，叛乱者纷纷承认他是自己效忠的君主。他宣称，

[1] 人们已经无法确认“尼丁图贝尔”的身份，但有间接证据表明他应当具有王室血统。

米底人复兴的黄金时代已经来临。

这种对大流士的挑衅，不仅是出于对逝去王朝的缅怀。很快，弗雷奥尔蒂兹就自称是阿斯提阿格斯的后人，但他也继承了米底王朝被摧毁的仇恨。米底贵族——波斯贵族也一样——别无选择，若想保持独立性，只能把篡位者赶下台，大流士专断、残忍且具有统治者的魅力，一定不会容忍其他人称王。于是，部落的首领们面临着痛苦的抉择：要么放弃缔造全球性帝国的机会，在部落的小范围内自得其乐；要么继续保持王者的身份，却同时要向地位最高的世界之主称臣。不过，这看似垂死般剧烈的痛苦挣扎，也能展现波斯帝国的恢宏与庞大：这是足以让“天空与大地、海洋与陆上”都为之震动的巨变[12]，这场大规模的纷争，本质上是一场波斯帝国的内战。

各处都爆发了殊死战斗，作战双方在几个月前可能还是战友。瓦希兹达塔的军队从波斯向东进攻毗邻的省份，却被该省的总督挡住了去路，这个总督选择与大流士战在一边；在北方，当叛军纷纷支持弗雷奥尔蒂兹时，忠于大流士的部队的领袖并非波斯人，而是与弗雷奥尔蒂兹同族的米底人；在米底，在低于零度的气温与漫天风雪中，各个部落首领正在为了争夺呼罗珊大道的控制权而相互攻伐。到了来年 1 月，弗雷奥尔蒂兹的军队强势推进，几乎直抵尼赛亚平原，眼看就要像两个月前的大流士那样突破防线、攻入美索不达米亚。大流士明白自己承受不起巴比伦陷落的损失，慌忙协调多处前线的兵力。他派遣叙达尔涅斯（Hydarnes）率领一小支军队，不惜一切代价也要守住呼罗珊大道。叙达尔涅斯是刺杀巴尔迪亚的 7 名同谋者之一，他的命运与大流士紧密相连，因此下定决心要在扎格罗斯山脉冰封的道路上阻拦将要下山的米底人叛军。战斗最终打响，战况却僵持不下：弗雷奥尔蒂兹的军队虽未蒙受重大损失，但也无法向前推进。叙达尔涅斯挖了一条壕沟，固守贝希斯敦山神圣的峭壁，等待着他的国王率军到来。

到了 4 月，国王军队战胜瓦希兹达塔的消息终于传来了，北方的叛军被击溃。大流士也准备好亲自上阵，征讨米底人。他从巴比伦带领剩下的军队前往和叙达尔涅斯会合，然后在一场血腥且具有决定性意义的战役中击溃了弗雷奥尔蒂兹，将他俘虏并给他系上锁链。过去未曾让高墨达或尼丁图贝尔游街示众的大流士，这次改变了做法。事实上，弗雷奥尔蒂兹的下场是最可怕的示范。他的鼻子、舌头和耳朵都被割掉，还被弄瞎了一只眼睛。其他重要的共犯也被剥皮并被填入稻草，他们的首领则被锁链绑在埃克巴坦那王宫的大门前，“好让每个人都看得到他”[13]。直到所有族人、同胞能清楚看到他所蒙受的羞辱后，立志当上米底人国王的弗雷奥尔蒂兹才被钉死在木桩上。

当然，这一切都是为了教育那些部落首领。埃克巴坦那尖桩上腐烂变形的那具尸体在贵族们的脑海中留下的沉重印象，如同它在夏季炎热空气中散发的恶臭一样持久。两个月后，波斯贵族也被上了同样的一课。再次被打败的瓦希兹达塔理所当然地被钉死在尖桩上，他最亲密的随从们被处以同样的酷刑，在一片林立的木桩上受尽折磨。大流士带着严峻而执拗的表情目睹着这一场景，如今不会再有任何觊觎者胆敢自称是巴尔迪亚了。被谋杀的国王终于可以安安静静躺在坟墓里了。大流士顺理成章地接收了他的家眷，包括他的姐姐、妻子和女儿，其中还有当过两次寡妇的阿托萨，不过这一回她总算不是嫁给自己的兄弟了。与谋杀巴尔迪亚的凶手共寝会有怎样的感受，只有她自己知道。根据记载，她并非大流士最宠爱的妻子，成为大流士妻子的是她的妹妹阿尔塔斯图娜（Artystone），即居鲁士的二女儿。新国王可以通过迎娶这位公主，与前朝王室建立起关系纽带。

当然，借着血腥手段夺得王冠的大流士，不只靠后宫来巩固自己的地位。他虽然会强调自己与居鲁士的血缘关系，却也骄傲地宣扬自己的独尊地位："我，大流士，万王之王，波斯国王，我是各国的君主，徐司塔司佩斯（Hystaspes）之子，阿尔撒美斯（Arsames）之孙，阿契美尼德氏族的一员。"[14] 就这样，他列出一长串耀眼的名字，宣扬他的王权。他又说："我的家族中，在我之前有八人当过国王，我是第九个国王。我的家族中如今已有连续九代君主了。"[15] 当然，这样的说法牵强到了极点。试问，他把冈比西斯摆在哪里？把居鲁士摆在哪里？事实上，大流士自己的父亲徐司塔司佩斯仍活得好好的，这个事实让他的说法显得有点尴尬。不过现在，大流士已经掌握了整个世界，他拥有完全不在意这些小问题的资本。毕竟，重要的不是朝臣和部落首领的小圈子会怎么想，而是帝国万民（与子孙后代）会怎么想。

另外，这些虚构只隐藏了一个更深的真相。到了公元前 521 年夏天，虽然埃兰和美索不达米亚仍有零星战火，但大流士的胜利是毋庸置疑的。他为自己巩固了王位，也为波斯人民保住了对全世界的统治。大流士常常宣称，除了他这样得到阿胡拉·马兹达青睐的强人外，谁又可能取得这样惊人的成就？他通过一系列著名的举动，建立起称颂自身统治的丰碑，这些纪念物显然成了他受到神明庇佑的证据。例如，神圣的贝希斯敦山既见证过高墨达被处决，又见证过弗雷奥尔蒂兹的溃败，这些事件都是大流士称王过程中的重大转折点。新国王为了让他打击“谎言”的战争永垂不朽，决定选择这个地点来记录那些重大事件。他甚至在波斯军队取得最终胜利之前，就派人到贝希斯敦山刻石纪念。这是历史上第一次，波斯语以书面形式被镌刻，“像书页一样，被刻在血红色的岩石上”[16]。大流士如何从罪恶中拯救世界的故事太重要了，不能光靠祭司以话语传述。只有坚固的石头，才能像圣龛一样盛放这项史诗般的成就，“所以它被凿在石上，我还在世的时候，就会被人们传颂。这铭文还会被人们拓印，散播到帝国的每个省份”[17]。在帝国中，大流士的丰功伟业将无人不知，无人不晓。

尽管国王尽力向世界的各个角落宣扬自己的功绩，他仍然没能完全逃脱叛乱和战争的纷扰。他的意图在贝希斯敦山峭壁的巨大浮雕中展露无遗，浮雕旁边嵌刻着说明性的文字。浮雕中端坐着巨人般的大流士，俯伏在他面前的是惊恐万分的高墨达，更前方是一排身形矮小、被捆绑着的来自谎言世界的国王。但征服者的脸上没有得意，也没有讥讽或是冷笑，只有安详、庄严、高贵与平静，仿佛浮雕所刻画的胜利在这位英雄眼中不过是过眼烟云。然而，这种表达方法极大地偏离了国王自我表扬的模式。当亚述诸王刻画自己征服的敌人时，他们会以最铺张的手法描绘各种血腥细节，包括攻城机器的推进、战败者的逃亡及成堆的战利品与首级。但贝希斯敦山的浮雕中没有这类东西。对大流士来说，重要的不是战争本身，而是他最终取得了胜利；重要的不是流血，而是在血液干涸之后，一个和平的世代已经来临。的确，对谎言世界诸王的胜利重大而惨烈，它们证明了大流士向来主张正义，也证明了他确实是阿胡拉·马兹达真正的拥护者，因此新国王要求人们将这些细节记录下来并予以宣扬。不过，此后他不再容许自己的形象出现在无关紧要的事件中。身为一名普世的君主，他现在已经凌驾于俗世的事物之上。就像马兹达神高居尘世的秩序之上，作为神的代理人，波斯国王的地位也应当超越了时间与空间。换言之，历史已被带到一个辉煌的终点。波斯帝国既是历史的巅峰，同时也是历史的终结。如果波斯帝国不是宇宙秩序的真正捍卫者，它又怎能称霸地平线之内的一切土地呢？这样一个帝国如今已经被大流士从“谎言世界”中拯救出来，它将会经受住一切考验并永恒地持续下去：它不会终结，不可动摇，永远守望着真理。

话虽如此，历史的车轮当然继续滚滚向前。公元前520年，当大流士的石匠还在贝希斯敦山卖力工作时，桀骜不驯的埃兰人再次叛变。大流士勃然大怒，马上以惊人的新辞令谴责他们：“那些埃兰人没有信仰。他们不尊崇阿胡拉·马兹达。”[18]这样谴责一个民族怠慢他们原本就不信奉的宗教是极不寻常的。在此之前，大流士追随居鲁士谨慎的政策，总是非常尊重异族的神明。但现在，他却对属民发出一个严厉且全新的警告：若有人胆敢反对阿胡拉·马兹达所定下的秩序，他们就不仅会被视为“谎言”的信徒，还会被认为是伪神与恶魔的崇拜者。相应地，对他们发动战争的人将会“在生前身后都得到神的祝福”[19]。生前能享受荣耀，身后能进入天堂——这就是大流士对臣子们许下的诺言。这个允诺被证明非常有激励性：大流士的岳父戈布里亚斯领军进入埃兰，飞速地平定了叛乱，速度之快如入无人之境。自此，埃兰人再也不敢挑战波斯国王可怕的权力了。这就是世界上第一场“圣战”的结果。

虽然人们对这场战役的印象已经模糊而且难以回忆，它却有着重要的意涵。通过测试宗教潜力的极限，大流士推动了一个戏剧性的创新，其中蕴含着某些极端思想的种子：以打击不信神者为借口来攻击异族敌人；向战士允诺勇敢参战者即可进入天堂；以神之名展开征服成了凡人的职责。然而，大流士虽下令入侵埃兰，但没想过要把自己的宗教强行推广到他所征服的所有土地上。在当时的时代精神下，人们还并没有强迫他人改变宗教信仰的想法。但无论如何，一个新时代还是来临了，大流士正是它的助产士。他的帝国观，即帝国是一种宇宙秩序、道德秩序和政治秩序的混合物，被证明有着惊人的效用，不仅变成他自身统治的基石，还成为普世统治秩序观的基石。他不但使居鲁士建立的霸权延续下来并免于解体，还为这个霸权做了二次奠基，而这个全球性的君主国将为世界带来和平。

虽然大流士的谋朝篡位引起了巨大的震动，但他的原意并非把世界弄得天翻地覆。事情刚好相反。近东的古代王国在发动了最后的叛乱之后，已经永远退出了列国角逐的历史舞台，但终结了这些王国的大流士，仍然纵容古老王国的幽灵继续在原地徘徊。虽然波斯人在必要时也会很野蛮，但暴力革命并非他们追求的理想。新国王在建构他的新秩序时，还是会以旧事物来妆点自身：埃及仍然被一位法老统治着，美索不达米亚仍然由巴比伦国王统治，一名自称阿斯提阿格斯后人的人统治着米底。大流士除了身兼所有这些头衔之外，还是“万王之王”[20]——这是最令他感到荣耀的头衔，倒不是因为他把外族的王国看成自己的国土（虽然他确实这么看），而是因为它可以表达出大流士王权的精髓：凡世上有过的一切王权，如今都在他一人之下，他就是最伟大的王。

如此一来，其他所有人在他面前都变得渺小。就连他从前的同僚，在波斯最著名且拥有最荣耀名号的人，还有其他 6 名行刺巴尔迪亚的同谋者，现在都只能位列“班达喀尔”（bandaka）——意思是国王的侍从。在内战中遭到屠杀，又受到大流士无情军队威胁的贵族，不再敢对王权提出任何质疑了。大流士在巴比伦的那几个月没有虚度，他迅速将这里的经验带了回去。在战败的埃兰人的首都苏撒，他下令铲平大部分城区，建起了庞大的新王城。新的王城彰显着对其所处之地的蔑视，因为它并非依自然地形建造，而是建筑在人造的平面，即砾石与砖块砌成的庞大地基之上。大流士并不满意这座匆忙建造起来的新都城，他想要建造另一座更庞大的城池。于是他开始在波斯本地到处物色未开垦的合适地点，最终他选定了帕萨尔加德以南约 32 千米的地方。大流士始终对帕萨尔加德尊崇有加，但这座城市与居鲁士的关系太密切，因此无法满足大流士的需求。大流士想要一个完全属于自己的舞台，因此选定了一个完全被他个人荣光笼罩的地方：慈悲山（Mount of Mercy）。这个地名不无讽刺，因为瓦希兹达塔和其他造反的贵族就是在这座山脚下被处死的。如今在紧邻山坡之地，大流士下令修建庞大的梯田状平台，平台俯瞰着下方的处决之地，“漂亮又不会渗水”[21]，最适合充当世界都城的地基。

大流士将它命名为“帕尔萨”（Paarsa），好像整个波斯都浓缩在这座新都的城墙之内，某种程度上情况也确实如此。国王对中央集权的追求是没有限度的。这个后来被希腊人称为波斯波利斯（Persepolis）的城市，是被当作帝国的神经中枢、动力中心与帝国荣耀的陈列柜修建起来的。不仅是波斯，整个帝国广阔疆域内的统治权力都被纳入同一个巨大的行政单位里，并集中于国王一身。大流士于在位最初几年中花费了巨大的精力来巩固统治，确保帝国不会瓦解。他以一贯旺盛的精力，投身于其他任何君主都未曾面对过的巨大管理难题：如何为世界性的帝国打造健全的财务系统基础。同一个难题曾摧毁过冈比西斯和巴尔迪亚的统治，但大流士再次证明自己的才智与其野心旗鼓相当。在冈比西斯统治末年困扰过帝国的财政危机，如今被轻松解决了：在居鲁士和他的两个儿子统治期间，原本濒于崩溃的税收体系得到了有效组织与改革；在帝国境内的每一个省份，税率都被精心调整并固定下来。这是一项空前的成就，这项政策注定要在未来近200年中，成为波斯国力的基石。大流士不仅凭借着他的军事天才与宣传天分拯救了波斯帝国，更重要的是他勤勉而谨慎的财政政策把帝国自悬崖边缘拉了回来。如果说波斯波利斯与苏撒的辉煌极大彰显了帝国在他统治下的强盛，那么背着沉重羊皮卷、陶板和图表的王宫行政人员，也一样展现着帝国的繁盛。在背后取笑大流士的波斯贵族会称他为“小商贩”[22]，但若没有这套记账的本事，整个波斯帝国将难以为继，更遑论强盛了。

宫殿本身的修建过程就清楚地表明了这一点。因为万王之王的贡赋收入的凭证不是尘封于档案室中，而是庄严而神圣地展现在人们眼前。大流士待在巴比伦那几个月，见识到这座城市许多伟大之处：从宫殿的装饰到街上熙熙攘攘的人群与众多语言，都见证着已经逝去的帝国的规模。因此，苏撒和波斯波利斯作为统治范围远超巴比伦许多倍的帝国的都城，应该大量使用“来自遥远国度的材料”来作为装饰才能彰显风度。[23]因此，新都城各处的建造规划，都已远超出过去一切君主的城池。如果将装饰作为衡量君主伟大程度的准绳，那么大流士的“宏大规划”便能让他达到前所未有的高度。苏撒的访客会被如此告知：“来自萨迪斯与巴克特里亚的黄金，被交给此处的工匠打造；这里使用的珍贵宝石，包括天青石和红玉髓都是从粟特运来的；白银和黑檀木来自印度，墙上的浮雕壁带来自爱奥尼亚；象牙是从埃塞俄比亚、印度和阿拉霍西亚（Arachosia）运来，并在此地进行雕刻。”[24] 如此这般，为宫殿的奢华感到无比骄傲的总管如数家珍，娓娓道来帝国 23 个地区进贡的物料和人力，从来没有税务申报单以如此炫目的方式示人。

那么，原本身为世界之都居民的巴比伦人被分配到了什么任务呢？他们被命令去挖掘地基，烧制泥砖。这听起来不是多么光彩的工作，然而当大流士为各族属民建设苏撒的功劳进行排序时，巴比伦人名列首位。“泥土被挖出，瓦砾堆被压平，砖块被烧制——这些工作都被分配给巴比伦人，由他们来完成。”[25] 这种安排蕴含着深远的象征意义，而且无疑都是深思熟虑后的决定。因为大流士知道，依照美索不达米亚的习惯，人们从不会清扫倒塌了的纪念碑的瓦砾，而是在填平废墟后的基础上继续盖新的建筑。例如，即使一座神庙的高塔高耸入云，一样是奠基于过去的瓦砾堆上。万王之王的宫殿也是如此。

奠基于巴比伦人修筑的庞大砖石基台上，装饰以全世界各地的奢侈品和珍宝，苏撒和波斯波利斯虽不是诸神的居所，却也拥有了神圣超凡的地位。巴比伦城因其巨大无比的规模而拥有振奋人心的力量，反观波斯国王的首都，它根据其创建者的设计奇想，为和谐秩序的景象竖起了一面镜子。这并不是说波斯帝国的都城缺乏大都会的特质；事实上，早在波斯波利斯奠基以前，无所不在的金融世家埃吉比斯家族就在这一地区开设了分支商铺，没多久其他商人和金融家也纷纷涌进来；政府官员云集此地；操着各种语言与口音的匠人和劳工也从世界各地汇集到这里的街道上。然而，苏撒和波斯波利斯不像巴比伦那样充满了大都会的狂热氛围，大流士也无意让它们这样。万王之王并不希望自己一走出宫殿，就会碰到臭烘烘的平民，他不会想要在杂乱的人群里显示自己的王权。档案库里妥善地保存着税单；宫殿门上闪耀着来自遥远山脉的珍贵金属；壁带浮雕上刻画着阿拉伯人、埃塞俄比亚人或是犍陀罗人恭顺进贡的场景——这一切都清楚明白地展现着波斯帝国永恒的光辉。对大流士来说，一些管理帝国的残忍手段固然重要，但同样重要的还有普世的神圣观念。在这个观念中，波斯统治所代表的契约表达得再清楚不过了：臣民以自甘卑微换取保护，以顺服换取天下太平。当然，相较于美索不达米亚各大帝国的政治宣传，这种愿景显然不那么热衷于杀戮，但也非常有力地为无止境的全球征服提供了合法性依据。

它的逻辑非常明显：如果波斯人的天命是把和平带给一个流血的世界，那么不向他们臣服的人显然就是混乱和黑暗的代理人。他们作为“谎言”的工具，不仅威胁着大流士的帝国，还威胁着这个帝国所映射着的宇宙秩序，就连天地也会偶尔显示出它们对万王之王敌人的厌弃。公元前519年，也就是埃兰人起义被镇压的一年后，冥顽不灵的斯基泰人在帝国北境再次举起反旗。亲自带领大军平乱的大流士被向导出卖，在荒凉的大草原上迷了路。附近没有水源，天空也没有下雨的迹象。陷入干渴的大流士别无选择，只好采取最后的办法：他爬上一座山丘的顶峰，脱掉王袍和王冠，全力把自己的权杖插入地面。到了破晓时分，随着笼罩大地的阴影被驱散，万王之王高声祷告。他的祈求获得了回应，天空中下起雨来，大地得到雨水的滋润从而焕然一新。大流士重新穿戴上帝王的行头，带领军队打败了叛军。对波斯人来说，没有什么比这次远征更振奋人心了。它说明了世界上没有任何地方可以遥远到不能被波斯人驯服。“从海洋的这边到遥远的另一边，从陆地的这一边到遥远的另一边”[26]，悉归大流士统治。

无可否认，万王之王统治疆域的范围之大前所未有，但还远没有涵盖全世界。在锡尔河另一侧，亚细亚的大草原仍然在环绕着兰加河一带无人占领的土地上静静延伸着；在非洲，冈比西斯向西派出的一支波斯军队被沙漠风暴尽数吞噬；[1]在欧洲，与爱奥尼亚诸城隔海相望的，还是一个对波斯人来说全然陌生的大陆，它几乎从未被探索过，还是一块有待探索与征服的处女地。假以时日，这些遥远荒蛮的土地肯定会归顺。万王之王的军队无可抵御，波斯帝国所代表的光明“秩序”终将突破“谎言”最后的要塞。打败斯基泰人后不久，大流士筹划了新的征服活动。公元前518年，他的目光望向东方，派出一支小舰队侦察印度河流域的神秘土地，入侵随即展开。他征服了旁遮普，要求当地人以金沙、大象和其他珍禽异兽向他进贡。就连印度河本身，都被象征性地套上枷锁：它的河水被装入一只大坛中带给大流士，并被存放在他的宝库中，与装着其他河水的容器摆在一起，作为被征服的象征，为万王之王的荣耀增添光彩。[27]

---

[1] 无论如何，希罗多德关于冈比西斯统治时期的细节记录显然不是最可靠的资料来源，尽管人们推测冈比西斯的军队就被掩埋在利比亚沙漠下面，但所有探寻波斯军队遗骸的尝试都以失败告终。

无疑，印度河那边还有更遥远的土地，它们仍独立于波斯的统治。不过，这些土地虽然没有被正式划为波斯的省份，但仍渴望得到万王之王的庇护。有意者只需进献一坛土和一坛水，就可以得到国王仁厚的关爱。伴随着这些献礼的是庄严肃穆的仪式。归顺者必须把自己故乡的泥土撒在地上，跪在上面发誓效忠波斯。万王之王便是以这种充满象征意味的方式，将自然造物与人类都一并纳入他的统治之下，所有人都能从中获益。而归顺者自国王面前退下后，也无法再质疑他们刚刚的举动了。他们已经踏上无法回头的道路，成了世界帝国的一部分，不论这个部分有多么卑微。

因此，万王之王无须动用军队来扩大波斯人的势力。他们向西、向东继续推进，越过陆地，越过海洋，当旁遮普被征服时，曾经和大流士竞争王位的欧塔涅斯，已在爱琴海东部的水域巡航。萨摩斯岛（Samos）被正式划入帝国的版图，其四周的岛屿因慑于波斯舰队，开始考虑向万王之王的使者献出土和水作为礼物。对于大流士来说，这无非意味着他会向更多人承诺为他们提供庇佑。随着富饶的印度河平原被征服，大流士可以把注意力转向疆域的另一端了。既然有两个大陆臣服于他无上权威之下，为何不能有第三个？

万王之王的目光，无情地转向了西方。

第三章

斯巴达

“斯巴达人是什么人？”

在波斯刚刚崛起，居鲁士还身在吕底亚之时，他曾经意外遇到一个来自爱琴海彼岸的代表团来访。这些使节是希腊人，但外表与住在亚细亚的希腊人有很大不同。亚细亚的希腊人城市繁荣且诱人，居鲁士当时正计划将其征服并据为己有。使节团的陌生人蓄着长发，披着深红色斗篷，说话的方式不如一般使节那般婉转得体，而是直率粗鲁。他们要带给世界最强大国王的信息很简单：居鲁士最好别侵犯爱奥尼亚人的城市，否则派遣这些使节前来的斯巴达人就会让他好看。他们显然认为，光是提到斯巴达人的名字，就足以令人胆寒，不必再说些其他的了。居鲁士对此大惑不解，于是转过身去，询问一名爱奥尼亚人随从道：“斯巴达人是什么人？”[1]

任何希腊人听到这个问题，都会目瞪口呆。亚细亚人怎么可能没听说过斯巴达人？有件事最能说明波斯人的孤陋寡闻：他们对历史上最著名的女人“斯巴达的海伦”（Helen of Sparta）一无所知。几百年前，她曾经为希腊及亚细亚带来灾难。她从丈夫斯巴达国王墨涅拉俄斯（Menelaus）身边被拐走，带到传奇之城特洛伊，此事引起轩然大波。整整10年之久，东西方的英雄在特洛伊平原（Trojan plain）的漫天灰尘中厮杀。直到亚细亚最大的一座城市被彻底消灭，城市里的男人被杀光、女人都被掳走后，这场可怕的战争才宣告结束。在胜利者的后人看来，单从摧毁的规模来看，这场战争就令人警醒和害怕："只为了一个斯巴达女人，一支庞大的远征军就集结起来，亚细亚遭到入侵，特洛伊的势力就被彻底摧毁。"[2]怪不得许多希腊人（特别是活跃在亚细亚边界一带的希腊居民）仍然相信，整个东方仍对斯巴达人的复仇耿耿于怀，无法忘怀希腊人过去所犯的错误。而爱奥尼亚人在亚细亚边缘地带的居所也并不稳固，他们有充分的理由担心人们还会为特洛伊的死难者复仇。

不过，对斯巴达人而言，他们十分珍视关于本邦最著名的女士——海伦——的记忆。据说墨涅拉俄斯曾经来到大屠杀后的特洛伊城寻找妻子，本来打算将她一刀毙命，作为对她引起这一切杀戮的惩罚。但当他终于找到妻子时，海伦裸露的完美乳房看得他发愣，于是他丢掉手中的剑，将妻子搂在怀里，两人一起回到了斯巴达，死后葬在城南一个地岬。坟墓至今仍可见，巨大的封石屹立于颜色如墨涅拉俄斯头发般火红的泥土上。海伦本人堪称"女性的光辉"[3]，比丈夫更加耀眼：她不但拥有一头金发，就连她的纺锤也是黄金打造的。如果居鲁士知道，斯巴达人膜拜如此好色且酷爱享乐的女人，必定会对斯巴达使者的大言不惭更为鄙夷。这些使者蓄着长发且身披深红斗篷，显然是海伦的支持者。居鲁士应当有充分的渠道了解到，蓄长发在希腊人中间被广泛认为是缺乏男子气概的表现，使用昂贵的朱砂染料就更是奢侈了。因此不出意料，波斯人对斯巴达人的威胁嗤之以鼻。对于这样一个酷爱奢侈的民族，有什么好害怕的？

当然，外表有时会骗人。不过斯巴达人在其历史的最初时期，确实是以物质主义和贪婪而恶名昭彰。人们对他们的一致预测是："贪得无厌将让他们灭绝。"[4]公元前8世纪和前7世纪，斯巴达人在其他希腊人眼中几乎汇集了一切糟糕特质：斯巴达的精英分子残忍又贪婪，一般公民普遍贫困，常常被迫变卖祖产，甚至卖身为奴。有鉴于斯巴达的阶级仇恨无比浓烈，对此感到震惊的外邦分析家毫不犹豫地断定，斯巴达是"希腊城邦中治理最差的国家"[5]。当时的希腊世界可以说处处存在竞争，不过因为在公元前7世纪，希腊世界各地的贫富差距都开始以惊人的幅度增加，以至于"良好治理"的理想［希腊文称"欧诺弥亚"（eunomia）］也只是一个遥不可及的梦。

就像米底或波斯部落首领展示出的那样，社会动荡存在于世界上任何地方。不过，希腊人对"欧诺弥亚"的向往特别迫切。他们在追求它的过程中，在某种意义上是孤单的。显然，他们贫穷且落后的土地上没有和东方千年王朝的传统类似的东西。不像扎格罗斯山脉的部落民族，他们距离文明的源泉太遥远，没有现成的官僚机构和中央集权的范例可供模仿。从很早开始，希腊世界就分散为一大堆互相竞争的城邦，每个城邦都有各自的宪政危机。不过，希腊人虽饱受慢性社会紧张关系的折磨，却没有完全忘记地域主义带给他们的自由，凭着这些自由摸索并打造出属于他们自己的独特道路。因此，他们可以辩称："只要治理得好，弹丸小城邦尤胜金碧辉煌、呆头呆脑的尼尼微。"[6]确实，美索不达米亚的平缓冲积平原和希腊诸城邦坐落的崎岖地形相比，显得有点缺乏生机。在希腊，众多山脉除了隔开各个城邦外，也把它们和外面的世界区隔开来，使其孤立隔绝的同时也享有独立自主。

斯巴达人显然得益于他们城市的地理位置，他们之所以能尽情沉迷于阶级战争，可说是完全拜地理原因所赐。其城市控制的地区被称为拉刻代蒙（Lacedaemon），位于希腊南部，四周环绕着些许令人望而生畏的天然屏障。东边与南边是大海，北边是灰蒙蒙的丘陵区，西边矗立着荒凉且高大的泰格托斯山脉（Taygetos），五爪似的五座山峰在夏天最炎热时一样会积雪。在这样的边界后头，一座城市大可不受打扰地胡搞瞎搞。

然而，这样的边界也容易发生演化和变异。如同波斯人，斯巴达人最早实行部落君主制，根植于游牧社会的传统。斯巴达虽然名声显赫，却不过是建立在新开垦土地上的四个村落联合体。它当然和原来的斯巴达——海伦和墨涅拉俄斯的那个斯巴达——毫无关系。在拉刻代蒙平原上，这对夫妻的坟墓非常抢眼，但它见证的不是连续性，而是古今之间硬生生的断裂。坟墓四周散布着一座座瓦砾堆，瓦砾来自一座荒废已久的宫殿——也许就是海伦和墨涅拉俄斯住过的宫殿。在公元前1200年前后，宫殿和拉刻代蒙的其他巨大建筑都遭到洗劫与焚毁。事件发生的原因与犯罪者的身份很快都被人遗忘，整个地方彻底沦为瓦砾堆，导致关于过去的记忆无法被保存下来。几百年后，墨涅拉俄斯王国崩溃后所留下的真空逐渐被来自北方的迁入者填补。这些迁入者日后被称为多利安人（Dorian），与当地被征服的希腊人形成了鲜明的对比。[7]然而，多利安人本身其实也是希腊人，而且他们对自己新家园的辉煌过往并非全然无知。事实上，大可这么说：没有任何民族比他们更关注“英雄时代、城市古代起源及其他远古故事”[8]。这些定居者被拉刻代蒙的显赫历史吸引，开始将其据为己有。例如，公元前 700 年前后，大约在米底人和波斯人扎根于遥远的扎格罗斯山脉的年代，斯巴达人偶然发现了海伦的坟墓。更惊人的是，斯巴达的贵族阶层开始为自己创造一个古老的族谱，这份族谱不仅上溯至墨涅拉俄斯统治时期，更是上溯至英雄中的英雄、神王宙斯之子——赫拉克勒斯（Heracles）。于是，多利安人的入侵变成了返乡，他们靠着征服赢得土地，将之变成祖产。最显赫的斯巴达贵族自称赫拉克勒斯氏族（Heraclids）成员，又声称自己是赫拉克勒斯的继承人，不仅是拉刻代蒙，希腊其他许多地方也应当归他们所有。

当然，这一切都让他们的邻邦极度惊恐。到了公元前 700 年，斯巴达已经达成一项创举——越过他们最大的天险泰格托斯山脉，对山脉西侧的麦西尼亚（Messenia）发动战争。麦西尼亚的土地“宜于耕垦，宜于栽种水果”[9]，比拉刻代蒙的土地还肥沃。虽然麦西尼亚人的血统同样可追溯至多利安人，但斯巴达人在蛮横入侵的同时，强烈否认自己和麦西尼亚人有任何血缘关系。像麦西尼亚这样广阔的土地并非可以轻易征服，但斯巴达人铁了心，年复一年地血洗那里的田野和树林。麦西尼亚人最终彻底屈服，这样的征服花了胜利者 100 多年的时间。

在希腊历史上，还没有一个城邦奴役另一个城邦的先例。斯巴达对麦西尼亚的奴役不仅让斯巴达成为希腊最富有的城邦，还成了一个神秘的、似乎发生了突变的城邦，令人胆寒，独一无二。斯巴达人认为，这种神秘光环是他们应得的。试问自英雄的黄金时代逝去后，世界上还有哪个民族的血源可以上溯至神王宙斯？当初，斯巴达人创造这种迷信是出于残暴的实用主义，但他们又虔诚地相信这一套。他们知道，自己所做的一切都要仰赖诸神的恩赐。如果得罪诸神，他们也许会失去一切；但如果服侍好诸神，就能确保斯巴达的伟大。它能征服麦西尼亚的理由便在于此。除此之外，它能在一场更大的危机中自救，也同样肇因于此。那场社会危机是一次近乎全面性的社会崩溃，但斯巴达挺过来了，还因此成了“欧诺弥亚”（良好管治）的楷模。

进行社会改革还是走向毁灭？这是长久以来，“赫拉克勒斯氏族”设法拖延考虑的一个问题。然而，征服麦西尼亚并不能延后做决定的时间，反而会加快它的来临。战胜虽然带给了斯巴达巨大的财富，却未能纾解太多穷人的困境。事实上，因为更多的资源集中在贵族阶层手中，穷人的痛苦甚至加剧了。斯巴达上层阶级如果处境和远处的米底人相似，也许就可忽略公民同胞的贫困，不理会他们重新分配土地的呼声与“各种反政府的煽动言论”[10]。但斯巴达毕竟不是米底：当时一场军事上的大革命正在希腊各地涌现，眼看就要给“赫拉克勒斯氏族”带来灭顶之灾。

斯巴达击败麦西尼亚依靠的不是骑兵（因为装备开支高昂，所以骑兵一律由贵族阶级担任），反而是出身农民的步兵。这些人虽然无法负担养马的费用，却还买得起自己的武器和盔甲，尤其是重盾（hopla）——这种设计崭新的圆形盾牌，高、宽都是 1 米，由青铜包覆着木料。一排手持重盾的人（所谓的重甲步兵）以方阵队形前进，加上他们头戴青铜头盔、身穿护胸铁甲并挺着长矛，本身或许就成了极具杀伤力的武器。斯巴达人在麦西尼亚战争的过程中，有许多机会可以实践这种崭新且致命的作战方式。然而，这个战法实现起来并不轻松，每面重盾若要发挥功用，就必须同时为持盾者两侧的人提供保护，一个方阵如果向着敌人推进时显露出分裂的迹象，就有被砍成碎片的危险。

斯巴达有首军歌如此呼吁：“团结一致，守住方阵，别惊惶失措，别丢脸溃败。”[11]这是在号召每个阶层的重甲步兵严守纪律。毕竟，如果一个出身高贵的“赫拉克勒斯氏族”成员作战时不能信赖他身旁卑微的农夫，后果将会如何？进一步探问，如果农人不再买得起昂贵的重盾，那么斯巴达的命运又将如何？答案是毁灭，这个结局的可能就像麦西尼亚的仇恨一样确定和暴力。斯巴达的建制派靠着剥削低下阶层而日益富有，但他们在获胜的同时，却突然发现自己正面临灭顶之灾。到了公元前7世纪中叶，公民团结的观念不再被认为是邋遢农民一厢情愿的憧憬。甚至对“赫拉克勒斯氏族”来说，它也变成攸关生死之事。

恐慌之下，一个卓越不凡的解决之道应运而生，拉刻代蒙进行了改革。斯巴达人对未来感到彷徨，因而被说服，愿意遗忘社会阶级之分，接受一项巨大的社会工程实验。但究竟是谁说服了他们呢？由于斯巴达人热衷于富有戏剧性的古代英雄故事，很难愿意将新秩序归因于一股匿名的社会力量，因此，改革的首创者显然只能是某个具有前瞻视野的英雄贤能。没多久，一个名字浮现出来。在斯巴达建立“欧诺弥亚”（良好管治）后仅过了大约一个世纪，吕库古（Lycurgus）这个神秘人物就被说成是这项丰功伟绩的缔造者。基本上，人们可以达成一致的是：他是一名显贵，一位斯巴达国王的叔叔，性情一丝不苟，为人“非常讲究原则和公道”[12]。不过，这些却是其传记作者们仅有的共识。就连神谕都承认，它们不确定吕库古是凡人还是神明。但总的来说，它们倾向相信这位圣贤是一位神。[13] 斯巴达人都接受了这种说法，因此盖了间神庙供奉这位伟人，而传说中吕库古的变革，也日益回到时间的迷雾中，一如他的赫拉克勒斯血统那样，显得久远又虚假。你若控制得了过去，就控制得了未来；很快地，一项国家所能加诸自己的最极端的外科手术被说成是传统的精华。后人声称，吕库古“看到自己所立的法规如此美丽崇高，既感动又心满意足。现在，它们已经完成并落实，所以他渴望将它们变得永恒且不可动摇——至少在人类思虑能及的范围内是这样。”[14] 斯巴达人借由崇敬他（可能也通过虚构）来实现他这个梦想。他们是历史上第一个发现以下道理的民族：巩固革新最好的方法就是将其转化为神话。

长久以来，斯巴达人给人的怪异感已开始在他们国家的结构中产生作用。在其他城邦的人眼中，他们不大像是普通人类。吕库古被说成是神，但又有野兽或凶猛的一面，“他是第一个带来狼性作为的人”，这就是他名字的字面意义。在他建立的制度下，斯巴达人不再掠食同类人（即不再有富人剥削穷人、“赫拉克勒斯氏族”剥削农民之事），而是变成团结一致狩猎的可怕狼群。此后，所有公民（不论是贵族还是农民）归为一类。因此，即使“非常有钱的人也尽可能地采纳一般人的生活方式”[15]。自出生的那一刻起，每个斯巴达人都被告知：从众（conformity）就是一切。每个公民都得坚守自己在社会上的位置，每个重甲步兵都得坚守自己在队列中的位置。他一生都要坚守岗位，“双脚站稳，咬紧嘴唇，对抗敌人”[16]，只有死亡可以免去他的职责。事实上，为了教育国民，据说吕库古甚至以自杀来说明一个国民该如何为国尽忠。“由于他认为，一名政治家即使死亡也该对社会有点价值，而为了在道德与实践两方面建立榜样，他把自己活活饿死。”[17]

这当然是一种严峻的哲学。不过，它虽然具有自我否定的特点，却为斯巴达人所珍视，因为它可以带给他们自由。他们的城市能够成为军营，整个社会能成为一个随时为战争做好准备的巨大方阵；这反映的不是强迫，而是一种艰难锻造出来的阶级共识，富人和穷人因此达到一种巧妙的平衡。“赫拉克勒斯氏族”虽对人民让出主权，但保留了财富、庄园及很大一部分权力。那些被邀请进入军队行列的比较贫穷的阶级，获得了过去一直无法获得的地位，此外还获得了物质保障。他们不再需要胼手胝足，设法通过耕种或买卖来维生。战士用不着做补鞋、锯木或制锅之类的活计，这些活计最好留给拉刻代蒙社群的其他公民：他们被藐称为“周边住民”（perioikoi），也就是二等公民，不配拥有和斯巴达人一样的权利。

对真正的士兵来说，只有一个财富来源配得上自己的阶级。征服麦西尼亚让渴求土地的斯巴达贵族感到满意，因而他们愿意大方地分享战利品。虽然细节已无法弄清，但看来吕库古改革的关键政策之一，是把麦西尼亚一大部分的土地分配给穷人。[18]这倒不是说优等民族的成员会亲自耕种这些土地：斯巴达战士不可能在田里辛苦流汗，这是被征服的麦西尼亚人的工作。甚至在翻越泰格托斯山脉之前，斯巴达人就显示出他们剥削被征服敌人的罕见天分。他们所有的历史都见证了这件事。学者们对一个字眼感到好奇——斯巴达人把生活悲惨的最底层人称为“黑劳士”（helots），此名衍生自“希洛”（Helos）——斯巴达人扩张的最早时期所征服的一座拉刻代蒙城市。[19]其在泰格托斯山脉一侧实行的制度后来被搬到山脉另一侧：那里的人口全被贬为农奴。麦西尼亚人艰辛劳动，“像驴子一样在重担下受苦”[20]，发现自己需要一肩扛起让斯巴达伟大的全部重量。

征服者发现“黑劳士”为致富之法后没多久，就开始设法弄来更多“黑劳士”。直到公元前6世纪早期，随着他们成功征服西部，其野心的焦点不可避免地转向北部。不过，那里有个强劲对手堵住了斯巴达的帝国之路。阿尔戈斯（Argos）距离拉刻代蒙边界不到40英里，是个像斯巴达一样不安分且狂妄的强权，而且对希腊南部的主权主张较斯巴达人更有力。虽然斯巴达人炫耀自己的祖先是墨涅拉俄斯，但阿尔戈斯人将自己的祖先上溯至更伟大的人物：墨涅拉俄斯的兄长阿伽门农（Agamemnon）——黄金城迈锡尼（Mycenae）的主人与攻打特洛伊的希腊联军的总司令。迈锡尼已不再是国王宝座的所在地，但仍然存在，就像个空壳子那样蜷缩于阿尔戈斯平原北部的两个溪谷之间。阿尔戈斯尽管不遗余力地打压迈锡尼甚至是最微弱的独立尝试，但仍热切采纳它古老的谱系。在每个希腊城邦发起的无穷无尽的宣传战争中，阿尔戈斯的宣称不容小觑。因为阿伽门农毕竟是以祖父继承人的身份展开统治，而他的祖父就是英雄珀罗普斯（Pelops）：一个有着象牙肩膀的冒险家，构成希腊南部的那整个半岛就是以他的名字命名的。所以，在任何争夺“珀罗普斯之岛”（伯罗奔尼撒半岛，在希腊语中为peloponnesos）的斗争中，阿尔戈斯人为何甘于屈居第二？难道，伯罗奔尼撒半岛的主人不该是阿尔戈斯而非斯巴达吗？

早在公元前669年，也就是吕库古改革的初期，斯巴达新建的公民军队首次入侵阿尔戈斯，但被击败。半个世纪之后，斯巴达仍卖力征服与其接壤的城邦。若一个旅人自拉刻代蒙向北走，他在穿过一列荒芜的丘陵后就会进入一片开阔的平原，那里遍布肥沃的良田与橄榄树林。那是泰格亚（Tegea）的领土。泰格亚是一个不幸的城市，因为其位于阿尔戈斯和斯巴达的中间点。对斯巴达人来说，泰格亚的肥美农地尤其是难以抗拒的诱惑；在公元前6世纪初期，他们为占据此地并把泰格亚人变为“黑劳士”，而发动了一场全面性战争。这些入侵者受到神谕的鼓励，因为神谕说，他们很快就会“在泰格亚平原上跳舞”[21]。这给了他们无比的信心，他们甚至还带上了测量土地的工具与为农奴准备的脚镣。但结果他们被击败了，沦为战俘的他们，戴着自己从斯巴达带来的脚镣，在泰格亚人的鞭子下跳舞。

斯巴达人经此一役，信心受到沉重的打击，也让他们突然决定性地改变了外交政策。他们开始明白，征服整个伯罗奔尼撒半岛的目标过于自负，其实霸权可以采取许多不同的形式。令泰格亚人臣服他们仍属必要，虽然赤裸裸的侵略已经失败，但靠着胁迫与威望的力量说不定可以成功。于是，斯巴达人本着一贯的狡猾和虔诚参半的个性，以洽谈和约为名，派出一个代表团前往泰格亚。他们听说，在一个铁匠的院子里找到了一根脊椎骨，看来该脊椎骨属于一具巨人骸骨。斯巴达人看出这是个大做文章的机会，所以希望能善加利用。他们找人挖出骸骨，将其走私到斯巴达，在展出后重新安葬。斯巴达人声称，经过研究发现，该骸骨的主人就是阿伽门农的儿子！这种鬼扯除为了刺激阿尔戈斯人之外，还有更深一层的目的。骸骨是从泰格亚偷来的，但斯巴达通过把骸骨供奉在自己的土地上，向伯罗奔尼撒半岛的其他人表明，它珍视并尊重他们的古代传统。现在，它不打算像对麦西尼亚做过的那样，将其古代传统践踏于脚下。那些宁死不愿沦为“黑劳士”的城邦，现在可以顺服斯巴达了；事实上，斯巴达人暗示，他们不用担心遭到完全的摧毁。对长期遭敌对仇恨折腾——更不用说阿尔戈斯威胁——的伯罗奔尼撒人来说，臣服于斯巴达还可以获得额外的好处：至少受到斯巴达的保护。就这样，在“脚镣战争”仅过去数十年后，公元前550年，泰格亚加入一个由其可怕邻邦创建与控制的联盟。

其他城邦很快跟进，都像泰格亚一样，在连哄带骗之下顺服。斯巴达的骸骨搜寻者到伯罗奔尼撒半岛最远的角落寻找更多的英雄遗骸，收获甚丰——伯罗奔尼撒半岛本来就散布着大量更新世的长毛象化石。但想建立一个由众多臣属城邦组成的联盟，单靠古生物学是不够的。所以，斯巴达人不但表现出自己是邻邦神话历史的守护者，也继续忠于狼群的理想，磨炼全面性恐怖战争的手段。早期的失败没有让他们对改革过的军队失去信心，反而更坚定了其改进这支军队的决心。他们用了一个世纪来把自己的社会改造为一部杀戮机器，让斯巴达军队散发出一种罕见且神秘的杀气。在其他城邦，当身为重甲步兵的富裕精英分子每季自干草棚取出铠甲掸掸灰尘时，对他们来说，战争不过是仪式性的体育活动。因此，在战场上遭遇斯巴达人，成了一种可怕的光景。光是斯巴达能动员整个城邦就已够骇人了，至于每个斯巴达人都以消灭挡在前头的任何敌人为主要目的，更是十足地吓人。许多其他城邦的重甲步兵在遇到这样的敌手时，不会想测试自己的能耐，而是溜之大吉。

斯巴达人精通心理战和其他的战争形式，知道如何才能让敌人丧胆。作战时他们以高音笛的啸声领导方阵前进，踩着步调一致的缓慢脚步，让大地为之震动。然后，当他们从飞扬的尘土中现身时，一道令人炫目的“青铜色与猩红色墙壁”[22]就会出现——斯巴达人习惯把盾牌擦得闪闪发亮，并穿上染成血红色的鲜艳斗篷，据说这是吕库古的规定。[23] 在缓慢踏步向前的同时，方阵士兵会高唱向古代英雄致敬的战歌，歌声雄壮威武，令人不寒而栗。直到耳上戴着马鬃毛的将领发出命令，他们才会停下。然后在一片寂静中，号角声突然爆响并响彻云霄。这时，重甲步兵会加快步伐，压低长矛，向前冲去。然而，他们不必然地以单一集团作战：两翼也许会分开，就像公牛的双角那样向敌人的两个侧面进攻。这种操作所需的纪律完全超出了业余部队的能力，也证实了斯巴达对军事演练的热衷。在其他城邦的重甲步兵看来，斯巴达方阵的万众一心近乎变戏法。所以承认训练出如此士兵的城邦了不起并不丢脸。所有人都同意："与斯巴达人打仗是很恐怖的事。"[24]

所以在公元前 6 世纪 40 年代初期，当吕底亚国王克里瑟斯按神谕指示，要找一个最强大的希腊城邦作为对抗波斯人的盟友时，他毫不犹豫地选择了斯巴达。此举对斯巴达的威望是一大抬举，同时也是对阿尔戈斯的一大怠慢。事实上，有克里瑟斯如此权大势大的国王撑腰，又有大量如同泰格亚的伯罗奔尼撒城邦充当小弟，斯巴达找阿尔戈斯算旧账的时机已经成熟了。公元前 546 年前后，当时吕底亚帝国正被居鲁士瓦解，但斯巴达人还是直接攻击了阿尔戈斯，并没有按盟约规定驰援克里瑟斯。阿尔戈斯人援引古老时代的先例，建议举办一场比武大会，双方各自派出 300 人一决胜负。热衷于古代英雄传说榜样的斯巴达人表示同意。比武接近尾声时，场上只剩 3 个人还站着：2 个阿尔戈斯人，1 个斯巴达人。阿尔戈斯人因为相信自己是胜利者，得意扬扬地回到城里去。他们的对手满身是血，但还好好地活着。他指控他们主动弃权，宣称自己才是胜利者。阿尔戈斯人高声抗议，表示愤怒，但斯巴达人力挺自己的冠军：他们在第二天全面出击，取得压倒性的胜利。阿尔戈斯具有战略重要性的边界领土被永久地并入拉刻代蒙。阿尔戈斯人剃光了头，表示不忘屈辱，但他们将有整整一代人欲振乏力。当阿尔戈斯人剃光头发时，斯巴达人立下了一个完全相反的誓言：他们要永远蓄长发并绑上发辫，如同其红色的斗篷，皆在标示自己的身份。

不过，就在他们庆祝自己的胜利时，克里瑟斯被打败的消息传来了。未按盟约规定帮助吕底亚国王，让斯巴达人颜面无光，但更糟的事还在后头。斯巴达仍不愿派出一支军队渡过爱琴海，仅派了一个小型使节团去见居鲁士，结果遭到他的小觑："斯巴达人何许人也？"波斯人当然没什么好担心。斯巴达因此被上了一课：虽然斯巴达在希腊是个巨人，但在亚细亚却几乎没人听过它的名字。这有什么令人感到奇怪的？相较于居鲁士令人眼花缭乱的帝国版图，整个伯罗奔尼撒半岛不过是弹丸之地。

不过总有一天，斯巴达人会一拳把波斯人的嘲讽打回他们自己的嘴巴。"斯巴达人何许人也"这个问题可以以轻藐的语气问出，也可以以惧怕的语气问出。斯巴达人得到天险的屏障，自足、仇外而猜疑心重，只索取不给予，只刺探别人而从不披露自身。在所有希腊人当中，只有他们不去区分希腊人和非希腊人，把所有非斯巴达人一律看成"外族人"，而且定期驱逐城邦中能找到的所有外族。斯巴达让它的邻邦又恐惧又深深好奇。它为邻邦设定的谜团就像居鲁士的问题一样，没有现成的答案。真相被想象蒙蔽，现实被幻影遮蔽。斯巴达人意识到了让人害怕的好处，晓得他们的形象会因为失去神秘感而被削弱。他们之所以令人恐惧，其实是寄托于他们自身的神秘感。

法律的奴仆

在海伦坟墓所在的那座峭壁下方，有一条湍急浑浊的欧罗塔斯河（Eurotas）。沿着它不太曲折的河道向北走，旅人很快就会看见，远远的河岸上簇聚着一批凌乱的村庄。斯巴达的乡土外观，完全让人猜不着它的公民有多么令人敬畏。诚如雅典人修昔底德日后指出的："若斯巴达有天遭到荒废，除了神庙和建筑地基以外无一物留存，我相信随着物换星移，后人将难以相信，在那里住过的人群曾拥有强大的势力。"[25]

斯巴达人对此很少担心。一个备受节制与刚毅美德磨炼的民族，很自然地会藐视宏伟的建筑。就让其他城邦的懦夫在他们城市四周修建城墙吧。斯巴达人既已拥有长矛和擦得发亮的盾牌，就用不着石头工事。当一个男人的真正本色体现于在军营度过的一生时，又何必浪费大理石建造浮华的纪念碑呢？在军营似的城市中，唯一与众不同的建筑是神庙，它们屹立于平淡无奇的建筑中，显得超凡脱俗。斯巴达人为了建造神庙，总算可以尽情挥霍他们抢劫来的财富。在卫城（Acropolis）的大神殿中，整个内部都以正方形的实心青铜块铺面。位于城市以北的另一间神庙里供奉着一尊纯金包裹的阿波罗塑像。

不过，在拉刻代蒙所有的神庙中，最令人难忘的一座却是献给阿波罗的孪生姊妹、狩猎女神阿耳忒弥斯（Artemis）的。[26]沿着欧罗塔斯河继续向北行，过了斯巴达城的市中心后，旅人很快就会经过一片开阔的操练场地，然后再进入一片沼泽低地，那里竖立着一尊黑色且古老的女神像。早在公元前 560 年左右，斯巴达人刚刚崛起，开始称霸伯罗奔尼撒半岛其余地区时，便在此地建造了一座完全用石头修筑的灿烂神庙。不过，这座神庙虽以簇新的石头打造，却散发着一股阴森的气息。这并不是因为环绕神庙的激流里有许多青蛙不停鸣叫，也不是因为薄雾有时会像幽灵那样自河流升起。神庙本身就是个会让人起鸡皮疙瘩的所在，它里头的东西不全是新的。新建的石头神庙上装饰着更早时代神庙留下的装饰品，那是一些赤陶面具，有些是没有胡须的年轻人或头发斑白的士兵，但也有些古怪和扭曲的怪物，他们眼神呆滞，嘴巴张大，像是正在痛苦呐喊或发出动物般的吼叫。[27] 他们都是斯巴达人噩梦中的素材，极少有公民的想象力不受这些东西萦绕。这是因为斯巴达人从小到老，每进入一个人生的新阶段，都要来阿耳忒弥斯神庙参拜。这些面具一直都在，黑色的眼睛盯着前来参拜的人。英雄的脸谱会激励他们，丑陋的脸谱则会提醒他们何谓失败。失败者会成为弃儿，被放逐到城市的边界外，在那里只能找到耻辱。每个斯巴达人都必须和这个真理的含义生活在一起，也必须根据它所熔铸的严峻规定来生活。

他们身为公民，在任何地方都受到跟踪和监视。每代人都像狱卒那样监视着下一代人。斯巴达人虽然欣赏“男女合唱队、跳舞和欢庆”[28]，却信不过青春的躁动。吕库古作为狼群的训练者，曾经担心幼狼不受节制地宣泄过度旺盛的精力。他教导国人，只有靠着皮鞭才能让这些年轻的掠食者得到足够训练。就像斯巴达人从自己早期历史的例子所学到的，如果任由本能和冲动自行其是，一个国家将很容易分崩离析。经历过一个变革的阶段后，他们不希望再经历另一次。绝不能给年轻人的蠢动和欲望留有余地。只有纪律——毫不留情的纪律——可能让他们受到控制。如果斯巴达有什么需要改变（例如废掉过时的习俗或法令），都必须由较年长者开会讨论，通过相关的改革。[29] 毕竟斯巴达的年长者是传统有多大能耐的活证明：他们证明这个传统能缔造出一个优等民族。

所以，不论斯巴达的名声多么可怕，它也因为民风淳朴而广受赞誉。在所有希腊城邦中，只有斯巴达年轻人才会习惯性地站到一边，给年长者让路：此举除了表示尊重年长者之外，也是在向斯巴达人的法律和习俗致敬。斯巴达人对这个观念如此执着，以至于对公共厕所的构想不以为然：在公共厕所里，年轻人无法因为年长者出现而站起来。“年轻人的长矛”也许会在城市里繁荣，但毫无疑问，“只有老年人才在那里拥有权力”[30]。就连两位名义上的国家元首—— 一切都与众不同的斯巴达人拥有两个国王——都必须尊重他们上面的权威。如果他们把自己的权力推到超过宪法许可的程度，马上就会被城邦的最高法院提审。最高法院是一个立法机关，成员除了两位国王以外，全是由年逾六十的老人所组成。斯巴达人恰如其分地称这个机构为 Gerousia——就像罗马的元老院一样，Gerousia 的字面意思是“长老会议”。它除了作为宪法的守护者之外，也有权力否定提交给它的一切动议，还可以把自己思考的果实当作有效的法律事实。所以，“长老会议”可以轻易地把斯巴达的政治掌握在手中。入选“长老会议”不仅是一个公民所能获得的最高荣耀，而且这个职位还是终身制。无怪在人类争夺的一切奖赏中，它是竞争最激烈的。就连非斯巴达人也不得不承认：“体育竞争的确可带给人很大的荣耀，但其考验的只是身体技能。而入选长老会议才是一个高贵灵魂的终极证明。”[31]

在斯巴达，长老们的权势无处不在。即使新生儿也得接受长老们的检查。如果一个婴儿被认为太过孱弱或畸形，注定无法对城邦有贡献，长老们就会下令立刻处死他。由于城邦为培养一个公民所投注的资源相当可观，这种做法被大多数斯巴达人认可。事实上，一个母亲也许可以充当优生师，因为她以葡萄酒为小婴儿洗澡——正如每个人都知道的，这是检验有没有癫痫病的最可靠方法。试问，又有哪个斯巴达父母会希望养育一个可能在一阵突然的痉挛中垮掉的儿子呢？早早经历一次丧子之痛，胜于冒着丢人现眼的风险。蜿蜒通向麦西尼亚的那条山路旁有道岩缝，被称为"阿波特泰"（Apothetae，意指"垃圾坑"），是专供杀婴之处。在那里，孱弱或畸形的小孩被丢入深渊，让他们没有机会令养育他们的城邦蒙羞。这不叫遗弃，而是斯巴达人的惯例，一次冷酷而正式的处决仪式。被抛弃的斯巴达婴儿没有活命的希望——例如，不会有传说中婴儿居鲁士的好运气。他必须死掉，被人看着死去。

毫无疑问，对那些被允许活下来的小孩来说，聚集在"阿波特泰"深处的小骸骨有着振奋人心的作用。斯巴达小孩在成长过程中，不禁自豪地意识到自己是精英，在刚出生时就被选中。不过，国家作为他们的保护人，会把严峻和令人害怕的要求加诸他们身上。据说吕库古曾表示，与其写下他的改革方案，他宁可将内容铭刻在那些根据这改革纲领生活的人的性格和身体上，好让他们成为彼此的活宪法。当然，这种社会工程要从摇篮阶段开始才最有效。柔软无助的小婴儿必须被绷紧，并被形塑为斯巴达人。不能让他们受到细心呵护或溺爱，也不能纵容他们拥有奇怪思想。"给他们食物，他们就得吃，不许挑剔。不许怕黑，不许黏着大人。任性和爱哭的毛病也必须纠正。"[32] 斯巴达人的保姆以明快及不和稀泥的方法受到广泛佩服，这并不令人意外。不过，她们虽以严厉闻名，但相较于城邦的教育官仍黯然失色。后者承担的角色在全希腊绝无仅有，斯巴达为了塑造一个完美的公民，发展出一个怪异且激进的概念，那是世界上第一个由国家主持的教育系统。

这个教育系统甚至为女孩提供服务！虽然小男婴有八成比他们的姐妹更可能被送到“阿波特泰”，但这并不表示斯巴达人对其女性后代的体魄缺乏关注。只有健康的母亲才能造就一个健康的战士人种，就像小男孩有必要为战争而接受训练那样，女孩也有必要为了将来为人母而接受训练。其结果就是，从外国人的角度来看，几乎一切既有的规范都被颠覆了。在斯巴达，养育女孩的花费并不亚于养育她们的兄弟。令其他希腊人困惑的是，斯巴达人也让女孩学习读书写字，还鼓励她们气势凌人地自我表达，好让她们在长成一个女人后，更善于教导儿女何谓斯巴达人。她们公开从事体育运动，包括跑步和掷标枪，甚至摔跤。当她们跳舞时，她们是如此投入，以至于她们会用脚踝拍击光溜溜的臀部。让外邦人难以忍受的是：斯巴达女孩受训时，习惯只穿最单薄的衣服并露出大腿。更可怕的是，有时她们甚至会裸着身体嬉戏。

在关注斯巴达的观察者的想象中，这里女性的形象就是涂油的、经过日晒的肉体。对于取笑他们的女儿为“大腿光裸者”（thigh-flashers）[33]的说法，斯巴达人会严厉地反驳：“女性裸露并没有什么好羞耻的，没有一丁点儿不道德的成分。”事实上，“裸露有助于保持清醒并且让人热爱健康体魄”[34]，反而能提升她们的道德感。尽管符合斯巴达优生学的标准无疑是最重要的，然而，色情的氛围仍笼罩着训练的场所。一名斯巴达人也许会主张，要预测一个女孩是不是具有生育力的未来母亲，最好的指标就是皮肤有光泽且乳房饱满。身体的美——拥有金色长发与优雅脚踝的斯巴达女孩最受赞赏——为判断道德的美提供了最现成的准绳。一个丑陋的女儿不可避免地会令其父母震惊且沮丧，这时他们也许会采取没办法的那个办法。据说，有一名小女婴的相貌过于平庸无奇，以至于她的保姆在绝望中抓住最后的稻草，把她带到海伦的坟墓。在那里，一个神秘的女人出现了，她抚摸小女婴的头发，预言她“将长成拉刻代蒙最漂亮可爱的女人”[35]。这个预言后来果然应验了：小女婴长大后成为知名的美女，嫁给了一名斯巴达国王。显然海伦的幽灵有时仍会徘徊于故国。

这类故事透露出一个关于斯巴达人心态的重要事实。那就是，吕库古的理想虽为平等主义，但不会促进任何平等。斯巴达女人都有强烈的竞争意识，渴望在美貌上把其他女性比下去。类似的竞争意识啃咬着这个城邦的每一个人。有一次。一名斯巴达国王问：“怎样的政府才是最佳的政府？”然后又毫不犹豫地马上自己回答：“一个最大多数公民能在美德上彼此竞争，又不会陷入混乱状态的政府。”[36]这就是为什么斯巴达的教育系统是矛盾的：既把同一个模子套在所有通过它的人身上，又快速地挑出其中的精英分子。这个现象在教育女孩子方面已经十分明显，而在训练她们的兄弟时更加凸显。那些最顺服于这个教育系统的斯巴达人，就是最优秀的斯巴达人。

这是因为教育者的目的不仅是摧毁一个男孩的个体性，更要将他推向最极端的坚忍、遵守纪律与冷漠无情，好让他可以证明自己是个有钢铁意志的人。当一个斯巴达小男孩在 7 岁离开家里，和其他男孩住在一起时，他的家庭观念便遭到粉碎与重塑，从这时起，“拥有私人身份”的观念也会不断受到攻击。这种训练的名称是“阿戈革”（agoge）——通常泛指饲养牛群。他们的指导老师被称为“派多诺摩斯”（paidonomos）——字面上的意思是“放牧男孩的人”（herder of boys）。小男孩不会得到足够的食物供应，所以被迫到邻邦拉刻代蒙的农家觅食，就像狐狸干些跟踪和偷窃的勾当一样，以这种方式磨炼偷偷摸摸的能力。[1]不论在炎热的夏天还是凛冽的寒冬，他们都只穿一件束腰短衣，除此之外便没有其他衣物，甚至连鞋子也不穿。他们的交谈受到严格限制，被训练以简洁的方式说话——全希腊都称这种方式为“拉科尼亚式的简练”（Laconic）。然而，即使一个男孩服从这些严格且统一的纪律，他仍会被反复地检视、比较和评级：“当男孩运动时，他们被鼓励参加角力和互相竞争，如此一来，年长者就能更恰当地判断他们的个性和勇气，还有最后上战场后会如何表现。”[37]就连女孩也会插一脚：男孩们常被要求在她们面前脱光衣服，被她们赞美或取笑。一个如假包换的斯巴达人，没有任何需要隐藏的部分。

当男孩年满12岁，成为合法的猎艳对象后，就会学到惊人的一课。“恋童”在希腊各地都蔚然成风，但只有在斯巴达才被制度化——甚至据说拒绝接纳情人的男孩会被罚款。另外根据传说，未婚女孩在青春期会被要求反复接受肛交。[38]这两种情况的理由都是一样的：个人没有任何领域是如此私人，以至于不容国家插手。不过，虽然顺服的经验必然导致大部分斯巴达的年轻人遭受创伤，但至少对男孩而言，他们可以获得重要的补偿。一个男孩的情人不仅

[1] 有个著名的故事，一个男孩猎杀了一只狐狸作为食物，为了不让别人发现，他把狐狸藏在斗篷下，以至于狐狸咬穿了他的胃，他都硬生生忍耐着。这个故事肯定是来自某个真实的传统，在这个传统中，年轻的斯巴达人被鼓励接受狐狸的特征——在某种意义上，变得像狐狸本身一样。当然，这个故事本身的内容毫无意义，因为即使是最饿的男孩也不会选择猎杀狐狸作为晚餐。

可以提拔他，还被鼓励这样做。一个公民的人脉越好，就越有益于其情人的前途。精英可以提拔精英：所以，当一个男孩顺服于一个满身战争伤疤的年长男人于夜间抽插时，斯巴达权力的神秘泉源也许就会为他打开。

当然，到了一个年轻人完成“阿戈革”时，他已经确知未来是否注定伟大。最有潜质的毕业生会获得参加最后一个要命考验的殊荣。他们会被选入一个叫作“克里普提”（Crypteia）的精锐队伍中，然后只带一把匕首进入深山野岭，进行野外求生。不过，这个被流放到城市之外的考验不只是耐力测试。他在单独旅行期间，不可避免地会翻越泰格托斯山脉，溜进麦西尼亚。在那里，他们会摸黑行凶，以证明自己是够格的杀手。据说在所有人之中，只有斯巴达人否认杀人必然是一种罪，因为对他们而言，选择性地宰杀奴隶完全合法。不过，为了防止激怒诸神，斯巴达人每年会对“黑劳士”宣战一次，而这种典型的残忍策略，是为了以委婉的方式解除“克里普提”的血腥之罪。[39] 毕竟，除了谨慎铲除最能干的麦西尼亚人之外，斯巴达人还有什么别的方法可以培养出天生具有奴性的农奴？就像他们将本城邦的“渣滓”丢到“阿波特泰”一样，他们也致力于扑杀他们奴隶中的任何才智之士。只有真正奴性十足的“黑劳士”才被允许繁衍后代。那些疏于压抑奴隶繁衍与能力的奴隶主会被处以罚金，这些事会招来城邦年长者的注意，然后“克里普提”就会展开行动，料理好这些事。

虽然是杀手，以匕首割断一个麦西尼亚人喉咙的斯巴达年轻人并不只是在执行处决。这种行为近乎一种启蒙的仪式，也是一种法术。当感受到手中利刃深深刺进对方的喉咙时，他就知道，自己是掌握国家最深奥秘的辅祭，任何畏缩于冷血谋杀的斯巴达人都不够格领导人民。同时，那些把任务交给“克里普提”的年长者也是在考验其成员。一个年轻人只有亲自嗅到被猎杀的麦西尼亚人的仇恨，并于其双眼中看到后，方能了解到自己的城邦正面临多大的威胁。他也只有完成谋杀后方能真正了解要用什么方法才能消除这种威胁。

对于“克里普提”的成员来说，这就是可以让他获得力量的特殊知识。所有斯巴达人都不被容许对这种知识茫然无知——不论男女。据说，当海伦还是小女孩时，她有天在阿耳忒弥斯神庙前跳舞时竟被强暴。麦西尼亚入寇者——此事发生在麦西尼亚被奴役之前——当时还侵犯了女舞队的其他成员。他们只要有半点机会，一定会再干一次。每个斯巴达女孩都知道，她的城邦的皮鞭若失灵，自己的命运将会如何。然而，却是她们的兄弟以全部的耐力测试了这条皮鞭的强度。作为训练的一部分，每个年轻人都要体会被皮鞭抽打的滋味。他们的衣服被撕裂，肩膀伤痕累累，鲜血淋漓。经过鞭打仪式后，拉刻代蒙“主人人种”的孩子有时看起来与最低贱的奴隶没两样。但他们恰恰证明了自己毫无奴性。让“黑劳士”降格的鞭打，会让斯巴达男孩显得更加高贵。“短暂的痛苦可以换来长久荣耀带来的快乐。”吕库古曾这样教导人民。[40] 毫无疑问，只有能以最坚毅的勇气忍受皮鞭鞭打之人才会入选“克里普提”，只有最能忍受奴隶所受煎熬之人才够格成为真正的主人。

这是一个支配所有斯巴达人成年生活的洞见。虽然一名受训完毕的毕业生永远不用再挨鞭子，但他的人生会继续受到一些其他希腊人觉得不能忍受的限制与约束。未满 30 岁的斯巴达人甚至不能掌管自己的财务，也不能和妻子住在一起，只能匆匆溜出军营，像动物一样和配偶交配。他们可以在战场上负伤，但如果年轻人相互斗殴，很可能会被年长者当成顽皮的小孩甚至奴隶那样教训。作为这种模糊地位的象征，一位 20 多岁的斯巴达战士会像“黑劳士”那样只蓄短发。更惊人的是，斯巴达的新娘也是如此。[41]

在希腊，女性中通常只有女奴隶才会蓄短发，因为她们的头发会被拿来做假发。不过，在很多方面都怪里怪气的斯巴达却把一个羞辱的标记转化为家庭主妇自豪的象征。在接受过生育的训练后，一名新婚的斯巴达女性—— 一个健美、健康且肛门通畅的处女——终于可以前去拥抱自己的天职了。社会会为她加油打气。她生养越多，地位就越崇高。如果她生下 3 个儿子，她的丈夫即可免除兵役。如果她在生产中死去，她的名字将被刻在墓碑上，永垂不朽。国家通过这种方式，让为人母这件事成了一种激烈的竞争。

当然，论竞争，没有比年轻人对地位的竞争更激烈的了。20 多岁的斯巴达年轻人被培养出的竞争心理，冷酷无情且近乎嗜血。每次只有 3 名毕业生能得到最高荣誉，那就是获得“希帕格瑞忒斯”（hippagretes）的头衔，其字面意义为“马匹指挥官”。这个头衔让当事人有权提名 100 名同侪成为“劲骑旅”（Hippeis）的一员。“劲骑旅”是一支 300 人组成的精锐部队，指挥方式与其他军事单位全然不同，他们在战场上会被部署于战线的正中央，充当指挥作战的国王的贴身卫兵。“劲骑旅”落选者的嫉妒心非常吓人。他们被鼓励盯着“劲骑旅”成员的一举一动，随时打小报告，巴望取代被刷下来的人。难怪斯巴达年轻人之间常常发生争执，也难怪即便他们在刚刚步入成年后仍需遵守严格的行为规范。

因此，斯巴达社会为一些令人不安的悖论所支配：受辱就是光荣，限制就是机会，臣服就是真正的主宰。即使年满 30 岁，成为一个真正的公民（homoios）——也被称为“同侪”（peer）——之后，斯巴达人仍然得继续生活在被其他城邦精英视为受奴役的环境中。每天傍晚，他们都要到公共食堂吃饭，带着定量配给的生食材交给厨师，然后把食材混入带血的黑色肉汤里。这种伙食如此难吃，以至于任何有幸试吃的外邦人一定会开玩笑说，他们终于明白为何斯巴达人不怕死。但这是一种肤浅的、难以理解的俏皮话。斯巴达人并非不懂欣赏幽默（事实上，他们甚至在自己的城邦里为笑神盖了一座神庙），但他们知道，自己的饮食攸关非常严肃的事，不能拿来开玩笑。

对一个“同侪”来说，过量是敌人。在其他城邦里，穷人是皮包骨，有钱人则脑满肠肥，但斯巴达却非如此。在其他城邦里，纵酒狂欢的是精英阶级，但斯巴达却非如此。在斯巴达，有时当“同侪”在公共食堂用膳时，一名弯腰驼背、野兽般、穿得破破烂烂的“黑劳士”会被拖进来，娱乐他的主人们。这个奴隶会被灌下大量烈酒，直到再也喝不下，酒浆自口中溢出、沾满衣服为止。哈哈大笑的斯巴达人会命令他跳舞。这个“黑劳士”双颊绯红，下巴满是唾液，步履蹒跚地摇晃一下，最后醉倒在地。这时，他的主人会往他身上扔骨头取乐。

所以我们大可以说，在拉刻代蒙“可以找到自由和奴役的精髓”[42]。毕竟一者是另一者的镜像。在阿耳忒弥斯神庙的墙上，那些年轻战士与智慧老人的面具比他们周围的老太婆、低能儿、野蛮人和怪胎的丑陋面具显得更高贵。类似地，对于坐在公共食堂的清醒“同侪”来说，看着“黑劳士”醉醺醺地倒在他们脚下，可以让他们所受的严格与残忍训练显示出正当性。斯巴达人除了是广大奴隶人口的主人，还是自己身体与欲望的主人。他们之所以是最自由的人，正是因为他们服从最严厉且最不留情的行为守则。“没错，他们也有他们的自由，但那不是一种绝对。因为就连斯巴达人也一样被一个主人统治着：他们的主人就是他们的法律。”[43]

祖先的声音

因为拥有看上去完美的制度，而这种制度又不可避免地鼓励仇外心态，大部分斯巴达人对他们城邦外的世界都抱持着猜疑、鄙夷的心态。一连串外交政策的灾难只是加深了他们的闭锁心态。在遭到居鲁士的耻笑与羞辱后，他们又在公元前 525 年遭遇了更重大的挫败。当时，斯巴达从海上入侵萨摩斯岛（一个强大的岛国，与波斯占领的爱奥尼亚隔海相望），却被完全击退。此后，大部分斯巴达人不愿继续在爱琴海从事军事冒险，觉得倒不如把重心放在巩固在离家门口较近地区的霸权。如果派太多人到海外作战，万一“黑劳士”突然揭竿而起，该怎么办？更不用说那些口口声声说是它盟友的城邦。只有以一条套索套紧它们，才可确保安全无虞。所以，就让伯罗奔尼撒半岛的天险作为斯巴达的屏障吧。

不过，这座岛虽被称为“珀罗普斯之岛”，但并不完全“四面环海”。[44] 从斯巴达向北行走 3 天，就可以到达强大的商业城市科林斯（Corinth），再过去，越过最宽处不超过 6 英里的狭窄地峡后，就是希腊大陆的各城邦与山脉了。斯巴达人虽身为伯罗奔尼撒人，却无法把这条地峡当作不存在。这不仅是因为地峡以北有些城邦是希腊权力赛局的主要玩家——其中最著名的是雅典和底比斯

（Thebes）。这除了攸关自保的本能，还攸关感情的本能。虽然斯巴达人努力把自己呈现为墨涅拉俄斯的继承人，但他们毕竟是多利安人。地峡以北的山乡是他们的祖居地。地峡之路通过雅典再通过底比斯后，就会受到群峰约束，所以只能沿着海岸线而行，最狭窄处只能容纳两辆马车并排通过。这个关隘名为温泉关（Thermopylae），它在斯巴达人之间能够引起强烈共鸣，因为从这里抬头向西望去，隐约可见一座高峰。那是欧伊铁山（Mount Oeta），赫拉克勒斯正是在这座山上用一个柴堆将自己火化，让自己化身为火焰，加入奥林波斯山诸神的行列。欧伊铁山南面不远处，是一个同样饶富意义的地区——多利斯平原（the plain of Doris）。多利安人的名字衍生自这个平原，平原以南还有另一座高山——沟壑纵横且山势陡峭的帕那索斯山（Mount Parnassus）。然后在这山的另一边，有一个最神圣的地点—— 一个对斯巴达人来说，比自己的城邦乃至全希腊的任何圣所都还神圣的圣所。在德尔斐（Delphi），空气中弥漫着预言。据说，阿波罗神一年有 9 个月住在德尔斐，这里比世界上任何地方都更能瞥见和披露未来。在神谕深处，时间的幔帐遭到撕裂。

斯巴达人特别景仰阿波罗，这并不令人意外。就像他们进入拉刻代蒙的祖先那样，这位射手神也是从北方侵入了德尔斐。离开位于奥林波斯山的殿堂后，阿波罗“带着他的远射弓，寻找一个可对凡人说话的神谕所”[45]。然后，他发现了一条食人巨蟒沉睡于冷冽的清泉旁，尾巴盘绕在帕那索斯山的峭壁上。鹰隼在它下方孤寂黑暗的峡谷盘旋不去。阿波罗一箭就要了巨蟒的命，此后德尔斐就由他当家做主。这位神明栽种的月桂净化了这片神圣的土地。后来，人们砍伐月桂树，以木材修建了一座神庙。自阿波罗的年轻时代起，人们便一再重建神庙。第二座神庙是用蕨茎建的，第三座是用羽毛和蜡建的，第四座是用青铜建的——因为阿波罗神谕所的历史充满传奇，特点就是不断改变。后来，月桂树的树叶陷入沉默，阿波罗改为通过一名出神狂喜的年轻女祭司来说话。这名女祭司被称为皮提亚（Pythia），其名称就像阿波罗那个早已化成灰烬的敌人。公元前750年前后，当德尔斐的历史开始走出神话时，一座石头神庙被修建了起来。不久后人们决定，只有老妇人才有资格充当皮提亚，不过为了象征纯洁，她还是得穿上年轻姑娘的衣服。[46]公元前548年，一场大火完全烧毁了神庙。尽管发生这种灾难，阿波罗还是继续说话。

没有其他神谕所可与德尔斐相提并论。事实上，德尔斐如此声望崇隆，以至于在希腊人建立的许多神庙中，只有它有一批全职的祭司供职。这种做法在东方没什么稀奇的，但对希腊人来说却绝对是一种重大的创新。旅行家们提到，关于埃及或巴比伦祭司古怪行为的故事总是让希腊人大感惊讶。他们对于在波斯只有祭司可以主持献祭之事特别感到不可思议，因为在希腊，无论男女（包括奴隶在内），任何人都可以主持献祭。只有德尔斐人因住在偏远的山谷，没有其他收入来源，才靠着神庙的供奉维生。阿波罗指示他们说："守护我的神庙，接待来访的人群。"[47]德尔斐人听命而行，金钱滚滚而来。其他城邦不但不嫉妒这些祭司的专业精神，反而乐于推动这样的安排。这种安排对任何人都有好处，还有什么比每个人都向祭司付一样的费用更公平的做法？当敌对双方向神谕寻求仲裁时，他们需要的是，神明的话值得绝对信任。没有人愿意看见德尔斐的中立性有所动摇。正因为如此，当邻近的城邦克赖瑟（Crisa）在公元前595年企图并吞这个神谕所时，整个希腊为之震动。[48]为了保护阿波罗神，各城邦组成联军。本来按文明行为的守则，希腊人禁止在战争中用毒，但这次这道守则却被暂时停用：联军在克赖瑟的水源中投毒，“致使守军严重腹泻，必须不断从岗位上跑开”[49]。城墙被攻破，不虔诚的城市被夷平。几百年后，克赖瑟当年所在的那个平原仍然一片荒芜，全无树木，“就像受了诅咒一样”[50]。

此后，人人都学到教训。德尔斐若不是所有希腊人的神谕所，就什么都不是。在神庙公共祭坛上永恒燃烧的圣火，正好说明了这个道理：它受到女祭司们日夜照料，以松树枝和月桂枝作为燃料，永不熄灭，并作为整个希腊的壁炉火而燃烧着。甚至连非希腊人都会来此向阿波罗寻求神谕。德尔斐的声誉彻彻底底是世界性的。据说太初之时，宙斯刚坐上宇宙王国的宝座，为了丈量自己继承的这片国土，他分别从东方和西方各放出一只鹰隼，让它们相向而飞，以此法来为世界的中心定位。两只鹰隼在德尔斐会合；时至今日，这个中心点仍有一颗“翁法洛斯”（Omphalos，肚脐石）作为标记。所以，德尔斐的祭司会欢迎外国来的那些祈求神谕的人是再自然不过了。例如，面对波斯带来的越来越大的威胁，克里瑟斯曾派出使者到世界各大神谕所寻求指引。他们带着一个问题：他们的主人某日正在吕底亚做什么？只有德尔斐的回答正确：克里瑟斯正在烹煮有羊肉和乌龟肉的炖菜。从此吕底亚国王成了德尔斐最慷慨的施主，他给神庙送去了没有其他人能给的大量黄金、盛酒器、铜锭和狮子雕像作为礼物，存放在本已堆积如山的宝库中。阿波罗回报给克里瑟斯许多外交政策上的忠告，而吕底亚国王正是在这位神明的指点下，才会想到和斯巴达人缔结联盟。

当然，从长远来看，神谕所并没拯救他。阿波罗的忠告常常明了易懂，但这种情形也非一成不变。“在德尔斐给出神谕的神不会直接明讲，也不会保持沉默，只是提供暗示。”[51]那些未能体会神谕的模棱两可性，以及凭自己的意思解释神谕的人，都会倒大霉。日益信赖阿波罗的克里瑟斯最后就是被自己的虚荣心和固执欺骗，因此走向灾难。他在考虑是否攻击居鲁士时，曾向德尔斐求教，得到的回答是：如果他那样做，一个强大的帝国就会倒下。他大喜出兵，结果看见自己的帝国倒下了。

当有人因而指控阿波罗对自己的大施主太过寡情薄义时，德尔斐的祭司则反驳说：即使是神，也不能挽回注定之事，更何况他已经让克里瑟斯比命运规定的多风光了三年。这个解释相当可信，因为国王始终是诸神的宠儿，从古代的故事便清楚可见。那时候的英雄一律拥有王族血统，不过在传说中能被接受的，却在希腊各个城邦中——首先是在贵族阶层之间，然后是在每个阶层的公民之间——变得越来越令人不快。“一个凡人可以拥有超过他同侪的特权”，这样的观念并不像在东方那样，能用作对君主制度的支持，反而会让君主制失色——因为希腊人无法想象自己与生俱来就是奴隶。有道是：“雷霆之神宙斯只要让一个人进入奴籍，就会让他顿失一半的美德。”[52]东方的奴性人民活得像个被专制君主踩着脖子的女人，这大概没什么大不了的，但生而自由的希腊人却万万不能接受这件事。除了遥远而缺乏男子气概的地区外，国王只应出现在古代的诗歌里。只有在某些希腊城邦，某些祭司的头衔才保留着国王的影子。毕竟从前的国王拥有接近诸神而且不能被轻易取消的特权，因为许多重要仪式仍有赖这种特权才能举行。不过，“国王”即使身为一名祭司，也仍然是危险人物。所以，必须对其头衔自然散发的领袖魅力严加拘束。他不被允许拥有超出宗教领域的权力。例如，在雅典这样的城邦，“国王”祭司的任期被严格限制为一年。

所以，十分奇异的是，在所有希腊城邦中，独有事事强调群体的斯巴达仍设有国王。不仅如此，它的国王还散发着神圣之光。其他斯巴达人都是“同侪”，国王却不只是“同侪”。王储也不必接受“阿戈革”，国王身为总司令，会带领国人同胞作战。身为国家元首，他在城邦中的地位无人可以取代，也无人被容许触摸他，甚至在公共场合与他擦身、碰撞也不行。最奇怪的一点，也是真正将他与国人同胞区隔开来的一点，则是他和诸神的亲密关系。显然，世界上没有任何凡人能像斯巴达国王那样，如此享受与德尔斐神谕的亲密关系。两位斯巴达国王具备一种其他城邦所没有的安排：他们身边各有两位“使者”（Pythian）随时待命，只要一得到王室的吩咐，使者就会马上奔赴北方，向阿波罗提出疑问。这是一种来自血统的特权：斯巴达国王毕竟是宙斯的远亲。

他们的国人同胞自然希望从这种血缘关系中获得好处。不过，斯巴达人对国王的尊重并非出于懦弱和奴性，而是正好相反。当其他希腊人畏首畏尾于王权的神秘性时，斯巴达人本着融合常识与迷信的一贯作风，希望好好利用这种神秘性。既然国王有阿波罗为耳目，那么国家就该交由国王统治。他们就像强大的却被困住的掠食动物那样，受到密切且不间断的监视：首先是彼此监视，然后是受到长老会议的监视，然后是人民大众的监视。即使自公元前 6 世纪晚期起国王因为要作战而经常不在城邦，但对他们的监视却从未松懈。

事实上，这种钳制反而收得更紧了。随着斯巴达势力不断增强，以及相伴而来的向外扩张的机会，一个从前不重要的行政机构督政院（Ephorate）逐渐成了国王的审查者和守护者。督政官共有五人，每年自全体公民大会中选出，所以有资格宣称代表人民。虽然国王也许可以不理会他们第一与第二次的传召，却有义务在他们第三次传召时现身与作答。国王向督政院述职——一种每个月至少举行一次的仪式——代表一种古怪的角色互换。据说起初，督政官只是充当国王的仆人，但多年来通过一个秘密且狡猾的过程，他们成了其主人的影子。相较于国王，他们虽然面目模糊，但一样拥有非凡的权力。他们会在黑夜聚会，观察天象并预测未来。一旦发现国王"有冒犯诸神的情况"[53]时，他们就有权废黜他，接着便可代行国王的职权，派遣使者前往德尔斐。他们相信得到的神谕会印证自己得自天象的判断。

但一定如此吗？在国王和督政院的生死斗争中，阿波罗和他的祭司会站在哪一边？这个问题是对宪制崩坏怀有极深恐惧的斯巴达人所不愿考虑的，他们也不太能想到自己有必要面对它：说到底，统治斯巴达的不是国王或督政官，而是习俗及其人民独一无二的性格。他们把自己最珍视的特质称为"索弗洛叙涅"（sophrosyne），这个词兼有多重意思：头脑明智、温和、审慎和节制。一位国王或督政官也许权大势大，但身为斯巴达公民，两者都被锻炼得不让自己的权力发挥到最大极限。正如一位科林斯人日后抱怨的："你们的个性总让你们做的比自己能做的少，不愿去你们的判断力也许会带你们前往的地方。"[54]但这种批评会被斯巴达人看成赞美。他们在一切事情上都表现出"索弗洛叙涅"：拉刻代蒙的革命精神已受到很好的驯化。就像一个战士会服从方阵的纪律，督政官和国王也会服从国家的纪律：不自私、不发狂，也不突然脱队。

然后在公元前520年[55]，一位新国王登基了。他不留余地地运用手中的权力，激起了诸多批评。事实上，早在他出生以前，克莱奥美尼（Cleomenes）便已被卷入沸沸扬扬的谣言中。他的父亲因为心爱的第一任妻子无法怀孕，被督政官要求离婚，另娶妻子。国王虽不愿公开忤逆督政官之意，但私底下和第一位妻子藕断丝连。让每个人都吓一大跳的是，当国王的新妻子产下克莱奥美尼后不久，他原来的妻子就一口气生了三个儿子。因为她除了是国王的至爱之外，还是他的外甥女，所以不足为奇，克莱奥美尼蒙受了父亲颇大的仇视。国王故意给他三个异母弟中的老大取名为多利厄斯（Dorieus，意为“多利安人”），又让多利厄斯接受“阿戈革”，而这位王子也以杰出的成绩通过了训练。多利厄斯以一副合法继承人与人民宠儿的姿态，彻底抢走了不被人疼爱的兄长克莱奥美尼的风头。“每个人都把他视为同辈年轻人中最优秀的人。多利厄斯毫不怀疑自己的许多才能将帮助自己赢得父亲的宝座。”[56]

但斯巴达人是墨守法律的民族，因而认定克莱奥美尼有优先继位权。他在父亲去世不久便采取夺取王位的行动。多利厄斯虽耀眼并受欢迎，却发现自己出局了。大权在握后，克莱奥美尼设法把他的异母弟赶出斯巴达。多利厄斯的流放被伪饰为一项派驻国外的任务，但这掩饰不了他的失败。斯巴达太小了，一山不容二虎。多利厄斯被放逐后，在外头越混越差，完全失去了东山再起的希望。他先是设法在非洲建立了一个殖民地，失败后去了西西里当雇佣兵，并在一次混战中死去。克莱奥美尼从此高枕无忧。

尽管如此，登基的纠纷在他心里投下的阴影并未散去。因为意识到许多国人同胞认为他的继位充其量只有一半的法理基础，他选择以作风大胆与桀骜不驯作为回应。他不理会人们传统上认为的一个斯巴达国王所应有的特质：恪守传统和谨小慎微。不论是因为想证明自己的能力还是因为想取笑国人同胞目光短浅，他自登基起就决定到处耀武扬威，深信这样做才符合自己城邦的最佳利益。他轻而易举就驱逐了多利厄斯的事实，也许就证明了他大有能力。这是自吕库古改革以来，首位斯巴达国王决心测试自己权力的极限。

这让斯巴达注定迈向多事之秋，同时他威胁到了一个距离拉刻代蒙边界很远的城邦。一个强人掌握着整个希腊最著名的战争机器，这对整个伯罗奔尼撒半岛与其外的地区来说，都是不祥之兆。公元前519年，登基甫一年的他带领军队通过“地峡”。这是一种威胁，而且时间将证明这种不祥之兆的意图。新国王不会被他后面的边界限制住，在他当政的早期，他的目标就已经是希腊中部，包括德尔斐（那里的祭司不久就陷入受贿的丑闻中），还有维奥蒂亚（Boeotia）。维奥蒂亚是一片辽阔的牧牛场，受到底比斯的支配，但其中还散布着一些较小的城邦，它们痛恨底比斯的霸凌，随时愿为闯入者提供大量的破坏空间。他还瞄准了阿提卡（Attica）——这是一个间布着小山和农田的战略要地，地峡的要道穿越其间，然后蜿蜒向北而去。他特别瞄准了雅典城，因为雅典是崛起中的强权，所以它是潜在的威胁，必须予以阉割。虽然有时克莱奥美尼行事冲动，但我们不能因为他喜欢先发制人就认为他是莽撞之人。

但他的行动所引发的震动却比他自己或任何人意识到的还要深。克莱奥美尼对雅典政治局面的干预引发了一场政治地震，那是自吕库古的时代以来，希腊城邦发生过的影响最深远的动荡。不仅整个希腊感受到了其震波，而且，震波还扩散过爱琴海，东传至波斯帝国，甚至到达大流士的宫廷。

雅典迎来了革命，而世界迎来了战争。

第四章

雅　典

土生土长的居民

在希腊，几乎所有的城邦都有古怪的起源神话。在痴迷于自己的历史根源一事上，斯巴达人绝非特例。每个希腊城邦因为总是急着把竞争对手比下去，急着凌驾于他人之上，所以都对自己的发源有一些匪夷所思的说法。有些说法比另一些更为匪夷所思，例如，虽然阿尔戈斯人像斯巴达人一样都是多利安人，因此也可宣称自己是赫拉克勒斯的后人，但他们并不满足于与自己痛恨的邻邦有相同的祖先。随着他们在战场上一次次被斯巴达人打败，他们对自己家世的想象也更加离奇。他们夸张地宣称，有一名阿尔戈斯女人是埃及人、阿拉伯人和一堆其他民族的女性祖先。事实上，世界上几乎没有哪个国家不和阿尔戈斯人沾亲带故——至少阿尔戈斯人喜欢这样宣称。

这类夸张的吹嘘并非把斯巴达人比下去的唯一办法，例如，虽然泰格亚人没有几个足以炫耀的历史名人，但他们仍可以耻笑他们可怕的邻邦为暴发户；因为不同于多利安人的是，他们自古以来就一直住在伯罗奔尼撒半岛。在希腊人眼中，“根深蒂固”是一个稳固的威望来源。阿尔戈斯人除了吹嘘自己有耀眼的海外关系外，还声称自己也是自身国土的原住民。他们的多利安人背景也许会对其原住民之说构成障碍，但他们懒得理会。希腊人的起源神话极少考虑到逻辑，特别是在伯罗奔尼撒半岛，因为那里有一堆互相竞争的传说，所以历史经常被任意改编。

最终极的吹嘘，当然是夸耀整个地区从未被征服，其风俗、习惯和自由从古代一直保存至今。“在我们的母土上，同一族裔代代相传，同样的人民居住于此。因为他们泽被后世，我们继承了这个永远自由的国家。”[1] 雅典人在他们整个历史中，不厌其烦地讲述着这一套说法。他们没有关于古代移民或民族熔炉的民间传说，相反，他们以一种让其他希腊人极厌烦的自鸣得意指出，其城邦边界是神圣不可侵犯的；“赫拉克勒斯氏族”或“多利安人”从未成功征服他们；他们就像阿提卡田野里的“小麦、大麦、葡萄藤、橄榄和无花果”[2]，直接从土里长出来，此即所谓的“原生（autochthonous）。

“本土原生”不是一个比喻，也不是装腔作势。对雅典人来说，这只是一个应该按字面理解的事实。当他们走在自己母土——阿提卡平原或多岩的山谷——满布尘埃的道路上时，他们知道自己就像丛生的牛至和气味浓烈的百里香，或众神钟爱的鬼怪般的水仙花草地，抑或偶可见于山坡灌木丛中的大理石那样，是整片风景的一部分。其中包含的奥秘，比那些主张祖先是神明的希腊人的说法还深邃。事实上，如果一个雅典人宣称自己是神明之后，那将是一种亵渎，因为被他们奉为保护者的那名女神就是雅典娜，而他们的名字也源自雅典娜。她除了是一名灰眼女战士、艺术女主人与智慧之女，也是一名处女。她崇高而神秘，生儿育女这种不光彩的事不可能与她沾上边，也从来没有任何男人占有过她，唯一差点做到的人是她的兄长赫淮斯托斯（Hephaestus）。这位铁匠之神虽跛脚，但锻造的本领举世无双。因为垂涎妹妹的美色，满头大汗且浑身煤灰的他一拐一拐地追着雅典娜跑，想把她一把抱在怀里。雅典娜冷冰冰地将他推到一旁——但说时迟那时快，赫淮斯托斯因为太过兴奋，把精液射到了雅典娜的大腿上。女神用一团羊毛擦净液体，然后丢掉了黏糊糊的羊毛团。羊毛团落在阿提卡，上面的精液就像浓重的露水那样，浸润了地母的子宫。于是，一个有着卷曲蛇尾的婴儿自这片受过精的"盛产谷物的土地"诞生了。雅典娜收养了他，给他取名为厄瑞克透斯（Erechtheus）。[3]她把他安置在卫城里"她自己富裕的新神庙里"，时至今日，在那里"每年雅典的子民都向他献祭公牛与公羊"[4]。

"赫拉克勒斯氏族"绝不会推销这种故事。雅典人乐于把他们城市的起源归因于一块被丢弃的抹布，这有力地说明了这个神话对他们的意义。虽然这个故事历经几百年的添枝加叶，但它的根源却非常古老，也反映了一个同样古老的真理。雅典人确实就像他们坚称的那样，是一个与众不同的民族。他们的边界是否如其日后声称的那样神圣固然存疑，但阿提卡在整个希腊确实是气候最好的地区，也很少出现强烈的风暴——墨涅拉俄斯的宫殿与其他许多令人自豪的都城都被这种风暴化为废墟。在后来几百年的混乱中，阿提卡的各个村社保持了一种基于共同习俗、方言与人种的一体感。他们脱离黑暗时代之后，仍记得自己从来不是无家可归的移民，而是"希腊最古老的人群"[5]。雅典确实就像斯巴达那样，直到公元前 7 世纪还是寒酸的村庄，默默无闻地蜷缩于卫城的山脚下。其他聚落的人也还没自视为雅典人，当然，更没有自视为一个单一城邦的公民。6不过，险峻而巨大的卫城是阿提卡所有社群的祭拜中心，因为所有的山谷都通向它；也没有任何其他阿提卡圣所的神秘氛围足以与之匹敌。环绕山顶一圈的巨大石墙以沉重的石块砌成，显然只有巨人才修建得起来。难以估量年代的古老废墟，见证着这里曾被过往的英雄与国王使用过的历史。[1]这里因为雅典娜的降临（此处也曾是她的居所）而神圣化，也是“本土原生者”厄瑞克透斯的葬身之地。所以，不只雅典人，整个阿提卡的居民望向卫城时，都会想起他们生长的土地，并想起那些他们共享的遗产，以及对家乡的忠诚。

其所带来的结果，是一种不见于希腊其他地方的地区性认同。在其他希腊人看来，偌大的阿提卡仅雅典一个支配性城市，着实惊人又古怪。与它邻接的维奥蒂亚面积与阿提卡相当，却被分割成不少于十个互相争吵的城邦。阿尔戈斯是伯罗奔尼撒半岛上人口最多的城市，但它统治的平原不及阿提卡的一半大。在希腊各个强权中，仅斯巴达控制的领土和雅典一样大，但这片领土是靠着刀剑赢来与固守的。雅典人从没做过如此勇武之事。在公元前7世纪，当斯巴达人完成对麦西尼亚的征服且希腊所有城邦又卷入改革狂潮时，若一名阿尔戈斯或科林斯的使者前往阿提卡，就会发现那里是一潭死水。雅典人完全不想涉足现代的洪流。他们不想搞出希腊其他地方正在进行的军事和政治变革——特别是，这些变革正将斯巴达转化为危险而崭新的城邦。为避免被卷入类似的变革，雅典人宁可享受

[1] 生活在公元前7世纪的人们，还可以在卫城的顶端看到青铜时代王宫的断壁残垣。

地域主义与怀旧心态带来的安稳。即使相较于爱琴海最小海岛上的神庙，雅典人的神庙也一样显得狭小且毫不起眼。他们的葬礼非常守旧，就连其一度执希腊创新之牛耳的制陶——雅典全城中，有四分之一的人口受雇于制陶业——也日益趋向复古风尚。希腊世界的其他居民都目不转睛地盯着新时代的曙光，雅典人却似乎要转身回归特洛伊战争的时代。[7]

事实上，从雅典人的社会结构来看，他们似乎从未离开特洛伊战争的时代。在离雅典一天路程的阿提卡的农田或小树林里，一个人要成为农奴或许比成为公民更容易，他们要向住在远处的地主缴纳六分之一的收入。地主们仍按英雄时代的传统方式生活。他们不与普通人往来，只彼此通婚，并相互举荐担任行政官职，同时对其他所有人嗤之以鼻。有些贵族世家的排他欲望如此强烈，以至于他们对普通雅典人引以为傲的那些事物不屑一顾，而是把自己的血缘追溯至特洛伊战争中的外邦英雄。例如，庇西特拉图家族（Pisistratids）就声称自己是一位麦西尼亚国王的后人；菲莱德斯家族（Philaids）则声称自己是埃阿斯（Ajax）的子孙——埃阿斯是特洛伊战争双方中个子最高的一位战士，也是阿提卡外海的萨拉米斯岛的国王。无怪雅典贵族喜欢给自己加上“世袭贵族”（Eupatrids）——字面意义为“良好血统”——的头衔了。希腊再没有谁比雅典贵族更乐于依附过去。

不过，要将变革的力量轻易拒于雅典之外也并不容易，到了公元前600年，就连“世袭贵族”都欢迎改变。世界主义之于那些具有充分潮流意识的人们，是他们紧跟国际局势的保障。这些认同世界主义的贵族不认为自己与较低阶层的国人同胞有何共同之处，反而觉得自己和整个希腊世界的上层同侪同气连枝。“我纯粹是崇拜生活中的美好事物”[8]这种声明的确不可能出自一名不修边幅的英雄之口，但也不会让那些相信“奢侈品是诸神明镜”的人有所动容。即使是一名女性，若她拥有足够优雅的品位、黄金打造的首饰、色彩鲜艳而柔软的长袍，她也许会希望一瞥神明并与之交谈：“来吧，以彩虹为宝座，不朽的爱情女神啊，若你过去曾听闻我遥远的呼唤并留心于我，那么请你离开你父亲的殿堂，坐上你的黄金马车，迅速让你漂亮的麻雀以翅膀载着你，自天空降至黑暗的大地吧。”[9]祈祷者们关于奢侈花销的描述在凡人看来确实赏心悦目，或许还会令人们乐此不疲：盛大的晚餐宴会比其他任何事物都更能彰显国家良好的秩序。上流社会的诸多诱惑看起来如此精致芬芳，对那些能够负担这些排场的人散发出一种近乎仙境般的吸引力。就像血统一样，品位成了精英的标志。

然而，精英的这层定义也对精英构成了威胁。对奢侈品的热爱不可避免地会让那些搞进出口贸易的人荷包满满，因为大部分奢侈品都要从富有魅力的海外用船运来。本来几乎与贵族的庄园完全绑在一起的资本日趋流动化。到了公元前600年，一项革命性的创新——铸造钱币——被引入爱奥尼亚的城市。接下来几十年，钱币渡过爱琴海，开始于希腊流通。不令人意外的是，贵族阶级的反应是厌恶与惊恐。他们对于生意人能拥有和“世袭贵族”一样的消费力日趋感到愤怒。他们把商人新贵称为“卡科”（Kakoi），这个字眼包含了“出身卑微”、“令人厌恶”与“骗子”等多重意思。对此，“卡科”们只是耸耸肩，尽管继续累积财富。正如斯巴达人在其城邦社会发生动荡的那段日子曾指出的：“一个人不过是他所拥有的财产的总和。”此话无疑是这个令人困惑的新时代的座右铭。因此，社会地位被降低的贵族只能嘟嘴抱怨说：“现在，黄金是造就出身的唯一标准，其余的地位准绳已不复存在。”[10]

一度有过同样抱怨的斯巴达人，当然早早就发展出自己的解决之道。在许多人看来，公元前6世纪90年代发生在阿提卡的事想必就像历史重演。如同一个世纪前的拉刻代蒙那样，整个希腊地区再次备受农业危机的摧残。财产市场从未如此汹涌过。变穷的贵族面对失去祖产的风险时，便加紧压榨其佃户，于是痛苦就从最富有家族的宅邸转移到食物链最底层的穷人身上。债权人丈量被抵押的葡萄园与田地的边界，让乡村布满不祥的界石。他们或许还可以顺道帮破产的农民丈量其坟墓的边界。

随着情况日益恶化，人们想到了一个对策。就在阿提卡南部海峡的另一边，有座名为萨拉米斯的小岛，它距离大陆非常之近，因而极度令人垂涎。雅典学者自史诗中征引复杂的证据（至少是让他们自己满意的证据），证明埃阿斯的老王国属于雅典人。这个消息对墨伽拉（Megara）的公民来说，当然是一则新闻，因为这座位于雅典与科林斯中间的小城同样宣称拥有萨拉米斯岛的主权，而且还往那里派去了开垦者。两个城邦顺理成章地为此开战。雅典战败，被迫求和。更令战败者难堪的是，墨伽拉只是三流国家，这也让雅典人陷入郁闷的反省。遭遇国内危机，还在国外饱受羞辱，他们无法再否认自己表现奇差。雅典内部显然有什么东西已然腐朽。

人们开始在街上瞥见一些鬼魅般的身影，这被视作雅典祸在眉睫的征兆。由于情况已绝望到了极点，雅典人本着希腊人惯有的对智囊人物的热忱（吕库古的传说是最佳范例），开始到处寻找圣贤。

对他们来说极其幸运的是，一名现成的人选近在咫尺。公元前594年[11]，梭伦（Solon）当选雅典的执政官，被委以拯救国家的大任。他被公认是雅典最聪明的人，也被认为是希腊有史以来最有智慧的七人之一。虽然雅典是一个阶级严重对立的社会，但梭伦的任命却得到普遍赞赏。因为他既是古代阿提卡国王血统纯正的后人，又经营贸易，而且对穷人的困境寄予极大的同情，是一名能吸引所有阶层选民的人选。

虽然他善于对不同听众说不同的话，但梭伦并非一名两面讨好的滥好人。他的智慧中不乏刚毅的一面。在他担任执政官一年前，当不敬神的城市克赖瑟打算并吞德尔斐时，正是梭伦号召希腊人前去保卫神谕所。雅典败于墨伽拉一事，激起了他更大的愤怒，让他在激情洋溢的诗篇中如此呼吁道："让我们朝萨拉米斯而去，为这个漂亮的岛屿而战，并一雪我们的耻辱。"[12] 现在身为国家元首的他，能做的事比他过去所号召的更多了。在梭伦看来，雅典面临的两大危机——农业危机与军事危机——显然出自同源：农村贫穷化让阿提卡的储备军越来越少，而且农民日益沦为农奴。事实上，如果农民真的走投无路，也许会为了还债而出卖自由，也许最终会在自己的田地上成为被锁链绑缚的奴隶。如果梭伦就像吕库古那样，精打细算而且无情，也许就会顺应这种趋势，将城邦中的穷人永远贬为奴隶。不过他选择为他们赎身，哪怕是那些被卖到国外去的奴隶，或"那些已经忘却如何说阿提卡方言的人"，都获得了解放。在阿提卡本地，凡有财产抵押之处，梭伦都下令一律宽免债务。他派人到各处的田地"挖出那些埋藏于黑土里的界石"[13]。

对此，大部分地主自然感到愤怒，但梭伦向他们指出，他的改革一样符合他们的利益。因为如果没有自由农民作为基础，怎么有希望占领萨拉米斯岛，避免雅典社会崩溃或为这个城邦赢得与其面积相称的地位？的确，梭伦尽管设法纾解穷人的困苦，但也不遗余力立法维持富人的权力："世袭贵族"仍被说服与"卡科"结盟；于是，财产而非出身成了担任官职的先决条件；穷人虽有权出席公民大会，却没有在大会上发言的权利。这是通过中间道路而非革命浴血奋战而来的一次胜利。梭伦指出："虽然他们嫉妒富人的财富，而我努力在被压迫者的仇恨中保护有权势者。我站在自己的立场上，以坚固的盾牌保护对立阶级的两边，让双方都不能占到对方的便宜，进而避免不公道的事情发生。"[14]

总之，这是一个中间派的自夸。梭伦秉持的就是那个关键的传统观念："欧诺弥亚"（良好管治）。一个社会若要达成这种符合"良好管治"的状态，应该要符合公道与自然，而且身在其中的每个人都要知道自己的位置，"所有棱角被抹平，所有欲望被驯服，放肆的行为受到约束"[15]。如果这样一个理想不是本土原生的雅典人与生俱来的权利，那什么才是？梭伦不认为自己正在发起一项新颖的政治实验，而是自认在从事一种修复与修补的工作。他凭着一种编造历史的才智——斯巴达人也表现过一样的才智——说服国人同胞相信他起草的宪章在雅典其实古已有之。他的立法被铭刻于可旋转的木板上，用来向每个阶级的公民说明这个道理，并向穷人保证，其自由不会被剥夺，法律会保护他们免于有权势者的欺凌；也向富人保证，唯有他们够格当官与管理国家。还有什么比这种安排更公道、更自然且更符合传统呢？

在即将卸任离开雅典，开始为期10年的地中海旅行前[1]，梭伦下令他的立法应至少维持百年。不过他刚起航，那些熟悉的难题就开始抬头展现出狰狞面孔了。在雅典，“欧诺弥亚”不像梭伦希望的那样易于维持。因为贵族的权力没有受到约束，他们继续如同过去那样作威作福且互相争斗。除了雅典本身之外，阿提卡也被敌对的族群瓜分得四分五裂。争夺萨拉米斯的战争虽然取得了些许进展，但也继续拖沓。虽然梭伦尽了最大的努力，但很大程度上，雅典仍是希腊的病夫。

无论如何，他的改革仍已启动了某些重大变化。由于被自己城邦的传说感动，梭伦理所当然地认定，每个雅典人都有权拥有雅典人祖先的遗产。惊见国人同胞于其祖先世代生长的土地上戴着枷锁劳动，他下令斩断他们的枷锁。无疑地，自这一刻起，雅典人和非雅典人之间更加泾渭分明。显然没有任何事情能像他人受奴役那样，如此激发一个人的自尊心：如今拜梭伦之赐，最贫穷的农民一样可以看不起奴隶，并知道自己就像最高傲的“世袭贵族”一样自由。毫无疑问，他还不是一个完全的公民，因为他无权担任公职，也不能在辩论中发言。不过，富人虽仍独占政治权力，却再也不能完全忽视穷人。穷人虽然不能在公民大会上发声，却握有选票。“因为他们握有选举与评断官员表现的权利。事实上，即使人民没有这种特权，他们仍居于比奴隶高一些的阶层。”[16]

显然在贵族永无休止的斗争旋涡中，现在多了一股新的潮流。如何和这股力量协商，将成为往后每个有野心的贵族都得面对的挑

[1] 根据柏拉图的记载，梭伦在前往埃及的旅行途中得知了有关亚特兰蒂斯的故事。

战。这当然不意味着他们要向穷人叩头，但如今他们的成败也许要取决于“举手投票制”。革匠、木匠、农夫、陶匠、铁匠——全都可能到公民大会去投票。即使精英继续可以关起门来，在他们的宅邸里制定政策，他们却无法完全忘记主权现在寄托在谁的手中。对一个本土原生的城邦来说更恰当的是，主权不只寄托在“世袭贵族”或富人手中，还寄托在所有雅典人的全体大会手中——也就是说，寄托在“人民”（demos）手中。

“我占领了卫城”

雅典娜选择卫城为居所，并不令人意外。首先，它的景观好得让人没话说。海拔比雅典城的其他地方高了500英尺[1]，即使一个凡人站在它上面，一样可以看见几英里远的地方。它南边一小时脚程之处，是雅典人用作港口的开阔海湾法里龙（Phalerum）；西边的阿哥雷欧斯山（Mount Aigaleos）挡住了萨拉米斯岛的风景；东北边则是另一座高山彭忒利科斯山（Mount Pentelikon），来自雅典的工人在上面开采大理石，把山坡挖得坑坑洼洼。对于可以闪耀着光辉飞越青空的雅典娜女神来说，彭忒利科斯山当然不会构成障碍，但对于只能靠着两条双腿走路的凡人来说，它却成了一项不小的挑战。若要绕过这座山，有两条小路可走，一条在山南，一条在山北。雅典贵族出城特别喜欢走这两条路，因为再往远处就是海滩边缘的平原地带，这是举行他们最喜爱的一项体育活动的绝佳地点。马匹与

[1] 1英尺约为30厘米。——编者注

驯马师在马拉松大受欢迎。

但卫城提供的不只有景观。在它的峭壁下，雅典城拥挤且熙熙攘攘，它那些狭窄的巷弄完全不适合女神居住。街道蜿蜒曲折、毫无规划，没铺石砖的路面总是布满脏污。鸡、狗、猪、牛、羊都为街道增添了臭气与跳蚤。吱吱嘎嘎沿着凹槽前进的手推车也更添噪声。到了公元前 6 世纪 60 年代，雅典已于落后的状态中停滞许久。城中常有大车经过，上面堆着高高的货物，其中又以陶器最为常见。在制陶方面，雅典处于世界领先的地位。城中的其中一区甚至被命名为“陶器区”（Ceramicus）——哪怕此区的墓地与廉价妓女一样有名。

雅典卫城因崇高而更显高耸。这块光秃秃的巨岩显然充满神性。在那里，最早的一棵橄榄树自石头中长出：那是雅典娜的赠礼，其历史就像雅典本身一样古老。据说，它的不朽让雅典人不愿看到它叶子掉光后光秃秃的样子，因此，雅典人禁止山羊上山，以防它们吃掉橄榄树的树叶。每年仅一次，山羊会被带到岩顶献祭给诸神。事实上，只有一只动物被允许生活在圣岩上。那是一条蛇，它住在第一位本土原生的雅典公民厄瑞克透斯的坟墓附近的一个密闭空间中，并由女祭司深情地以蜂蜜饼喂饲。据说若这条蛇跑掉，便代表雅典将会陷落。

不过，这条蛇之所以愿意住在卫城，完全堪称奇迹。这里虽然已被神圣化，却很难说得上是平静之地。多年来，这里是一片大工地。公元前 575 年前后，一条长约 250 英尺的斜坡道被修建起来，连接到卫城古老要塞的入口，自此登上岩顶变得十分容易。建筑工人随即进驻，而接下来几年，敲打声从未停过。原本一片混乱的古代废墟被改造为一座壮观不输希腊任何地方神庙的神庙，里头挤满了各种大小雕像：蓄蜗牛壳状卷发且面带挖苦笑容的年轻人；长发垂肩并身穿褶皱斗篷、紧身长袍的少女；艳丽的蛇发女妖以及奔跑的骏马与咆哮的狮子。毫无疑问，这些雕像微微透着东方的影响力——东方是一个神奇与考究之地，由一些富有且强大到超乎人们想象的国王统治。换言之，地域主义的时代已经过去，雅典人的圣所再也看不到自我陶醉的痕迹。

只不过，卫城上没有一座建筑是奉雅典人民的名义建造的。卫城上的滚滚灰尘不仅不是公民和谐的标志，反而传达了相反的信息。每个建筑计划都是不同族群奉献的礼物。毕竟一个“世袭贵族”若想炫耀，还有什么做法比美化城市天际线更好呢？对一个贵族来说，卓越除了意味着在政界表现杰出，还要再现英雄的时代，仿效不死的诸神。特洛伊战士曾经得到一个忠告：“总是当最勇敢的人，当最出色的人。”[17] 几百年后，贵族们仍自小被灌输“当最出色的人”的信条。对整个希腊世界的上层阶级而言，它实际上成了一个宣言。正因如此，如果说晚餐宴会是大都会精英的标志，那么到了公元前7世纪，另一个完全不同的精英特质发展成型，那就是对体育的热爱：贵族子弟们袒露着闪闪发光、锻炼充分的身体，在各种壮观的耐力与技巧竞赛中为荣耀而彼此竞争。据说奥运会的首位获胜者是一名厨师，后来也偶有牧羊人意外夺冠。但一般来说，只有那些有闲有钱的人才能按正式规定接受10个月训练。在公元前6世纪前半叶，除了奥运会之外，一批其他运动会也出现了，让竞赛者得以年复一年地持续与希腊世界的其他“精英中的精英”相互较量。公元前566年，连雅典人——一个世纪以来，他们都对奥运会嗤之以鼻——也搞起了类似的活动。一个尊荣雅典娜的盛大节日——泛雅典娜节（Great Panathenaea）——在雅典揭幕。得胜者除了可以得到荣誉之外，还会获得一大坛橄榄油作为奖励。卫城的庞大建筑与运动员的奖杯，两者皆道出了“胜利与盛名”的“甜美滋味”。[18]

然而，这些运动员不是在所有的地方都会获得掌声。魅惑与自我称颂适用于奥运会，但之于战场上的重甲步兵却非如此。斯巴达人是唯一会玩团队运动的希腊民族，对于奥运选手，他们表现出显著的矛盾情绪。在希腊其他地方，人们为表彰一名奥运夺冠者，可能会为其竖立雕像或赠予其奖金，甚至拆毁一段城墙来予以表彰：“既已拥有如此公民，便几乎不再需要防御工事。”[19] 但斯巴达人不搞这套，这不只是因为他们根本没城墙可拆。当然，因为关乎本邦的声誉，斯巴达的运动员仍会参加奥运竞赛，并努力争取胜利，但斯巴达人对于他们的胜利却处之淡然。得胜者回国后不会得到奖赏，反而会在作战时被放到一个特别危险的前线位置上——国王的正前方。

这是因为特别出众的人或与神相似的人都具有威胁性。宇宙万物各有位阶：不朽的诸神都住在奥林波斯山的山顶，凡人只能待在山脚，老是渴盼着爬到更高一点的地方去。但爬得太高的人会遭遇危险，他可能从高处失足坠落，造成自己甚至整个城邦的灭亡。例如，在雅典人闭关自守的那段日子，他们对国际运动会的不信任不只是地域主义的心态作祟，也从库伦（Cylon）的命运获得充分的证明。库伦是“世袭贵族”，也是雅典为数不多的奥运明星之一。这位冠军顶着胜利者的桂冠返乡后变得狂妄自大，最后居然在公元前632年纠众占领卫城，宣布自己是雅典的统治者。于是，雅典城陷入了巷战。库伦和追随者发现自己被围困于岩顶后，跑进一间神庙寻求庇护，直至执政官保证安全放行才现身，但随即被群众用石头砸死。[20] 这是一个好高骛远的人终吞苦果的有力教训。

只不过，在那些比雅典更能与现代产生共鸣的城邦里，库伦之类的人物已证明他们是未来的先锋。在公元前 7 世纪和前 6 世纪，除了向来与众不同的斯巴达这个例外，希腊世界的主要城邦少有不曾落入野心勃勃的强人手中的。希腊人称这种政权为“僭主统治”（Tyrannides），而希腊文的“僭主”不像英语中“暴君”（tyrant）一词那样具有血腥味。事实上就定义来说，一名希腊僭主必然颇得民心，否则就不可能有希望长久占有权力。出行仪仗、口号与公共工程，这些都是他们热衷炫耀的标签。在一个饱受派系斗争之苦的城邦中，人们还会期待他们建立强有力的政府。大部分僭主还会带给人民更多东西。例如，科林斯的著名僭主佩利安德（Periander）是如此完美的政治家，以至于被后人奉为“希腊七贤”之一，而梭伦也名列其中。[1] 自然，僭主在给予人民秩序与繁荣的同时，也会对人民有所要求。他也许会要求人们忽视他的一些非法措施与令人遗憾的预防手段，例如建立护卫队、限制言论自由与偶尔在深夜登门抓人。

对于这些羞辱最感到痛苦难耐的，无疑是僭主的同侪。对贵族来说，没有比忍受僭主统治更大的折磨了——那等于要他们眼睁睁看着同一个冠军年复一年地赢得每场比赛。无怪执政官麦加克勒斯（Megacles）甘愿冒着亵渎神明的危险，也要把库伦从神庙中骗出来

[1] 公正地讲，其他传说并没有将佩利安德描述为一个如此受欢迎的人物。传说他无比疯狂：他曾经杀死自己的妻子后奸尸；他阉割过敌城的 300 名男童；他曾经走过田野，用手杖敲下最高处的谷粒，以此向另一位僭主展示何为治国之道。历史记录中这些彼此矛盾的故事，很好地反映了希腊人对于僭主体制的复杂心态。

杀死——因为麦加克勒斯是阿克迈翁家族（Alcmaeonids）的大家长，绝不会忍受当任何人的奴隶。无疑，他和他的家人为此付出了可怕的代价，即使是为了维护自由，冒犯神明之罪仍不可原谅。他们拼命拖延了整整 30 年，才被送上法庭，最后整个家族在公元前 600 年前后被判永久流放。[21] 他们祖先已腐朽的骸骨被挖出，丢弃到雅典城的边界外：阿克迈翁家族成了一个受诅咒的家族。

不过，即使这个家族远离了雅典，城市中仍然长久流传着有关他们的故事。事实上，被诅咒的威胁仅仅让这个故事看上去更有诱惑力。阿克迈翁家族秉性冷静而无耻，在被放逐期间，他们与德尔斐的祭司们建立起十分可观的互利关系，这只是他们的典型作法。麦加克勒斯的儿子阿尔克马埃（Alcmaeon）表现出格外无耻的伪善天分，他曾率领联军对战亵渎神灵的城邦克赖瑟，随后又成功地当上神谕所与吕底亚国王克里瑟斯的中间人，并因此获得了丰厚的报酬。据说，克里瑟斯对这个中间人的表现非常满意，邀请他进入萨迪斯的金库，允许他拿走任何金额的黄金——只要他带得走。[22] 阿克迈翁很好地把握住了这次机会，他穿上一件松垮垮的女衫和一双他能找到的最肥大的靴子，然后往衣服与靴子里装满金沙。他走出金库时，“动作蹒跚，几乎无法迈开脚步。他的女衫鼓胀，就连双颊也几乎撑爆，因为他的嘴里含满了金沙”。[23]

尽管流放生活过得惬意，阿克迈翁家族的目光仍眷恋地盯着故国，哪怕他们返回雅典的希望日益渺茫。因为在公元前 6 世纪 60 年代，雅典被牢牢掌控在一名无比高傲的“世袭贵族”手中。此人名叫吕库古（Lycurgus），是布忒斯家族（Boutads）的大家长。布忒斯家族非常显赫，自称是厄瑞克透斯弟弟布忒斯的后人。这种血缘关系，几乎让吕库古得以声称自己拥有卫城的所有权，而他也凭着天生的经营眼光，彻底利用了这一优势。几乎可以肯定，吕库古就是建造通向卫城岩顶的大斜坡道的人，也是泛雅典娜节的发起者。他以无可争辩的资格在卫城最神圣的庙宇——“城邦守护神”雅典娜的神庙——负责主祭。[24] 雅典娜神庙虽朴拙老派，却供奉着一件无比神圣的圣物：一尊在远古时代从天而降的神像，一件雅典娜用橄榄木为自己所造的雕塑。[25] 大斜坡道、节日、神像，这一切都出自吕库古之手。泛雅典娜节于公元前 566 年首次揭幕，之后每四年举行一次，每逢佳节，一支庞大的游行队伍就会登上大斜坡道，来到雅典娜神庙里，向脖子上系着金色蛇发女妖头颅的神像献上一件漂亮的刺绣长袍——长袍由城中最高贵的少女编织而成。重甲步兵与骑兵，尊贵的长老与少女，甚至寄居的外邦人都是壮观游行队伍的一分子。简言之，那是一场为布忒斯家族狂打知名度的大秀。

吕库古并非公元前 6 世纪 60 年代唯一的头条人物。在雅典，一位名叫庇西特拉图（Pisistratus）的将军终于结束了雅典在萨拉米斯战争中的长期困局。他虽然不缺人脉——据说他少年时曾是梭伦的情人——却不敢奢望可以在吸引势利者一事上挑战布忒斯家族。不过到了公元前 6 世纪 60 年代末，随着墨伽拉被打败与萨拉米斯岛最终落入雅典人手中，庇西特拉图建立了巨大的威望。他不只是一名战争英雄，还是一名施魅者与阴谋家，而且对梭伦改革所创造的机会具有独到的慧眼。他首先把自己塑造为乡村赤贫者的代言人，然后又伪造了一出自己遭受袭击的戏码，借此向公民大会要求卫队的保护。虽然他的旧情人梭伦不顾自己已经隐退，挺身而出，警告人们将有僭主统治的危险，但庇西特拉图还是得到了他所要求的卫队——然后迅速占领了卫城。

仍然被流放在外的阿克迈翁家族立即看出这是一个属于他们的机会，便派出代理人与布忒斯家族接触。吕库古对庇西特拉图的政变感到震惊，所以戏剧性地重估了自己反对阿克迈翁家族回国的意见，然后仓促地相信他们的话。于是，两大家族达成协议。面对如此重量级的对手组合，庇西特拉图无计可施。他的形势一天不如一天。为了不重蹈库伦的覆辙，他选择了及时止损、溜之大吉，于是逃往国外。他能自我安慰的，也许是相信自己一定能东山再起。他一定盘算过，狡猾、自大且无比富裕的阿克迈翁家族绝不可能与任何人长期合作。这个家族不论和吕库古有过什么合作协议，都绝不甘愿长期充当二把手的角色。果不其然，阿克迈翁家族回到雅典后不久，就把眼光放在自我宣传的最佳舞台——卫城上。阿克迈翁家族动用从吕底亚得来的黄金，在卫城大展拳脚。一座此时期落成于卫城的前所未有的巨大石头神庙，极有可能是他们出资修建的。[26] 试问，除了他们之外，还有谁有那么多资金或动机资助这样的计划？神庙装饰奢华，绘满颜色鲜艳的蛇、公牛、狮子、带鱼尾的特里同海神（Tritons），以及拥有三个身体、蓄着整齐胡须的人像——这座华美的神庙表现出的意图再明显不过了。它把“城邦守护神”雅典娜寒酸的神庙彻底比了下去，也把布忒斯家族彻底比了下去。

不过，在雅典人心目中，新的东西不一定最好。阿克迈翁盖的那座神庙固然壮观，却缺少了旧神庙独特的神圣气息，也就是少了雅典娜庇佑的氛围。到了公元前6世纪50年代中叶，随着阿克迈翁家族与布忒斯家族关系不断恶化，前者开始设法抢走吕库古的风头，并争取雅典娜女神的眷顾。他们找到的方法就是与5年前被他们赶走的那个人结盟，双方构想出了一个精心的计谋。首先，为了巩固双方的结盟，庇西特拉图被要求与自己的太太——一位名叫提摩娜萨的、血统纯正的阿尔戈斯贵族——离婚，改与阿克迈翁家族联姻。然后，他回到阿提卡，来到彭忒利科斯山以南不远的一个村庄。那里住着一位卖花女，她是个非常漂亮、人如其名的高个子女孩，她名叫埃（Phye），这个词也有“高大”（Stature）的意思。庇西特拉图让这个女孩戴上雅典娜的头盔，穿上雅典娜的铠甲，然后让她驾驶马车载他前往雅典。报信人先行出发，宣布女神将把青睐之人亲自带往卫城。这分明是一出荒唐的闹剧，但从某些方面来说，庇西特拉图将它变成了现实。没有人会取笑这一幕，相反，所有人都拥上前来，目瞪口呆地看着马车经过。在许多雅典人看来，这是一次不可思议的神迹显现；对另一些雅典人来说，看着一辆马车飞奔向卫城是多么令人目眩的戏剧情节。毕竟连最高明的作秀者吕库古都没想过，女神会现身并前往荣耀她的神庙。无论从哪个方面来看，阿克迈翁家族都获得了极大的成功。

现在，第二次占领卫城的庇西特拉图对他们已失去用处。因此，他们开始在他背后散播一些骇人的谣言，[27] 说他不但拒绝给予妻子床上应有的快乐，甚至在这样一具血统高贵的身体上，以一种可憎且违背自然的方式发泄欲望。这个谣言流传开后，阿克迈翁家族便伪装出他们是出于责任，才对原来的搭档展开攻击，哪怕这意味着他们必须与吕库古重修旧好。庇西特拉图受到雅典两大最有权势家族联手对付，只好再次匆匆逃亡。于是雅典就像上次那样，又落入阿克迈翁家族与布忒斯家族手中。只不过，这次两个家族对于何者较占上风殆无疑义。

然而，他们出卖庇西特拉图时，却严重低估了这个人。事实上，以如此卑鄙的方式利用他后再背弃他，可以说是给庇西特拉图上了一节关于阴险政治手段的高级课程。接下来 10 年，庇西特拉图会娴熟地施展自己从中学到的技巧。他不仅说服被遗弃的前妻提摩娜萨回到自己身边，又修复了与前妻的那些阿尔戈斯亲戚的友好关系。底比斯的有钱人也被他的魅力吸引，愿意资助他。在累积了一大笔财富后，他募集了一支入侵军队，在公元前 546 年登陆马拉松的浅滩。他在那里受到热烈欢迎——庇西特拉图与平原上各村落的居民有密切的亲属关系。阿克迈翁家族没有表现出他们应有的惊恐。他们取道彭忒利科斯山山南的道路，带着一支军队，好整以暇地去到帕勒涅村（Pallene）。在那里，仿佛为了表示对自己曾经的跟班的蔑视，他们还停下来吃了顿午餐——哪怕当时庇西特拉图已然逼近。最终战斗开始，他们一败涂地：吃饭吃到一半的雅典人一遇到拥有底比斯骑兵与 1 000 名阿尔戈斯精锐重甲步兵的军队，马上作鸟兽散，逃回雅典。至少一名阿克迈翁家族的成员倒在帕勒涅村的沙地上，“在战争的最前线被杀死”[28]。其他阿克迈翁家族的成员没有带着他们被打败的部队回到雅典，当庇西特拉图的复仇降临时，他们选择告别阿提卡并再次出逃。

与此同时，庇西特拉图享受着胜利的滋味，继续向雅典推进。这一次，他用不着再找女神来宣布自己是神的宠儿。他再次登上通往卫城的斜坡道并占领岩顶。他以仁慈之姿昭告国人同胞，他们不必惊恐或沮丧，应该管好自家事，把治国的重担交给他。[29] 雅典人为了表示臣服，转过身来依照新主人的吩咐去做，并相信（大概也为此松一口气）这次僭主一定会长久地留下来。

危机中产生的戏剧

事实上也是如此，庇西特拉图从此再也没离开雅典。他以一种怀柔的铁腕手段表明，自己无须再向流亡中的阿克迈翁家族学习。通过交替运用威胁与安抚的手段，他让那些“世袭贵族”变得前所未有地温顺。他那些显赫对手的孩子被送到爱琴海的纳克索斯岛（Naxos）充当人质。来自希腊北方斯基泰（Scythia）草原的奴隶突然在街上巡逻，像警察小队一样，背着弓箭且头戴古怪的尖顶帽，让任何公民看了都大吃一惊。卫城上如今只供奉一座神庙，原先借神灵崇拜旗号而彼此较劲的政治作秀已逐渐平息。庇西特拉图虽然一手掌握雅典最重要的肥缺，但偶尔也会扔给对手一官半职或是海外的总督职务。

就连最显赫的贵人都乐于接受这些指派，例如，菲莱德斯家族的大家长米太亚德（Miltiades）被批准带领一支远征军渡过爱琴海，进入分隔亚、欧两洲的狭窄海峡赫勒斯滂（Hellespont），也就是今日的达达尼尔海峡。米太亚德乐于前往海外执行任务，积极地把握住了这个机会。他抵达赫勒斯滂后，登陆海岸欧洲一侧狭长的克索涅索斯（Chersonese）半岛，扼控通向黑海及其金黄海岸的通道。然后，他发起征服战争，除了攻打土著，还攻打那些业已落脚于此、力图阻挠他的希腊殖民者。他牢牢控制了整个半岛，在庇西特拉图的首肯下建立了自己的僭主统治。这种做法让每个人——当然除了被他征服的倒霉受害者——都成了赢家。不消说，雅典人很开心，因为土壤贫瘠的阿提卡人口不断增长，早已不能自给自足，饥荒的阴影在雅典欣欣向荣时仍挥之不去。对庇西特拉图来说，是他把米太亚德派到克索涅索斯，雅典人自然会大大感激他。至于僭主米太亚德本人，则因为保证了国人同胞食物不致匮乏，也保障了一条雅典贸易的重要商路，并解决了雅典的潜在竞争对手，应该会对自己的工作表现感到满意。

这一石多鸟之举，可谓庇西特拉图的典型手法。当他还要讨好生意人、陶匠和农夫时，他何必一味压制贵族呢？多年前梭伦曾大胆问过同一个问题，但他同样也为问题的答案而感到恐惧。他曾经这样警告："当我把大棒交给另一个人，如果他肆无忌惮且野心勃勃，你们将看到他会任由暴民肆意妄为。"[30] 梭伦以一个能抵抗僭主诱惑的人的身份说出这番话，而庇西特拉图虽然全心顺服于诱惑，却多少有道理可以宣称，他的政策只是在追随自己旧情人的中间道路。若说在许多层面上，他对贵族对手的摆布是在效法阿克迈翁家族，那么他对民众的忧虑也明显受到了梭伦的影响。这就是为何庇西特拉图明明是独裁者，却对公民大会如此尊重——有人观察到庇西特拉图在公民大会上的样子"像个公民，而不是僭主"[31]——这些不是他装出来的。他的贵族同侪纷纷捂着鼻子嫌弃劳工与工匠时，他却径直来到这些人中间，积极争取民众支持他的政权。他不知疲倦地来到乡村，与低贱的农场工人拥抱并问候他们，为最偏远的地方带来公正，"好让那些有冤苦要诉的人不必放下手边工作、辛苦跋涉前往雅典"[32]。同时，在城邦内部，他也派遣工人在卫城山脚修建一座宏伟的新广场。广场落成后，将有 9 个闪烁雪白大理石光泽的喷泉涌出叮当作响的流水。所有雅典人都目瞪口呆地看着这史无前例的光景时，怎会怀疑庇西特拉图的伟大或恩慈？现在看来，雅典真正进入了"一个黄金时代"。[33]

人们因此失去了谈论自由的兴趣。公元前527年春天，当庇西特拉图在自己的床上安然辞世时，他的两个儿子——希庇亚斯（Hippias）和希帕克斯（Hipparchus）——顺利继承了他长达19年的统治。若波斯国王派出一位使者来到这个遥远且默默无闻的城市，这位使者会轻易认出雅典所采取的政治形式。两兄弟的统治也确实散发出君主制度的气息。即使以他们父亲的标准来看，他们的品位都异常卓越。任何心存质疑的公民，只要看看雅典的东南边就可以认识到这点，在那里，希庇亚斯兄弟因为不满足于仅仅持续美化父亲的宏伟广场，而启动了一项更加野心勃勃的建筑工程：盖一座宙斯神庙。它的规模令人屏息，以至于几世纪之后，哲学家们瞠目结舌地看着这座建筑时，都会将它与金字塔相提并论。

不过，希庇亚斯和希帕克斯并非法老。虽然他们的建筑工程非常抢眼，但他们并未在城邦里担任任何正式公职。如同他们的神庙是盖在一个古老的地基上，他们在面对国人同胞的保守天性时便认识到，最好让权力扎根于传统的土壤中。他们尽管热衷于搞出大型的建筑工程，却不热衷于炫耀其权力基础与真正的本质。若对手确实冥顽不灵，最好的办法还是暗杀他们。关起门来在房里进行的事不会被宣之于众；希庇亚斯兄弟既有必要宣传其僭主统治，也有必要遮掩它。

于是，他们以梭伦的宪章掩饰自己至高无上的权力。庇西特拉图家族以外的家族仍被容许继续参选执政官，当然大部分执政官都是两位僭主的人马——但不是全部，而任何浏览了历任执政官名单的人都会特别留意到两个名字。让人大吃一惊的是，他们其中之一是米太亚德——并非和庇西特拉图同时代的那位，而是他的侄儿，不久前才成为菲莱德斯家族的大家长，他的抱负是当上克索涅索斯的僭主。在他名字上方，则是另一个更让人大跌眼镜的名字：一位名叫克利斯提尼（Cleisthenes）的阿克迈翁家族成员，他因为得到两位僭主的赏识而得以回到雅典，并成为雅典的最高行政长官。看见这个本被流放之人出现在执政官名单上时，谁还会怀疑那个将他放上名单的政权的合法性？当与僭主最誓不两立的敌人都乐于为其统治当个花瓶时，谁又会怀疑希庇亚斯兄弟不会长久在位？

不过，换个截然不同的角度来诠释克利斯提尼的回归，仍然是可行的。难道像阿克迈翁家族这样冥顽不灵地搞暗算，真有可能与敌人言归于好？信赖他们的善意绝对是一种赌博。果不其然，克利斯提尼在任执政官后不久，就因为太强势而被迫再次流亡国外。[34]这当然可被视为希庇亚斯兄弟的一场胜利。但这场胜利也特别危险，因为他们的合法性毕竟是寄托在他们有能力维持和平与公共秩序的基础上。一旦陷入派系斗争，他们对权力的掌握就会开始松动。令他们感到为难的是，他们既不愿意容许民众骚动，也不愿冒险采取镇压手段。从这个角度来看，就连宙斯神庙也非其统治自信的表现，而是一种虚张声势。

事实上，这种障眼法是希庇亚斯兄弟政权的主要标志。从某个角度来看，雅典确实像是一个君主国家。但从另一个角度来看，情况却非常不同。审视执政官名单的公民若转过身向东望去，就会看见开阔空地的边缘上，有大量金钱正在商人间不断转手；他们会听见买卖的嘈杂声，因为庇西特拉图为自我炫耀而建造的广场已被商业活动彻底占据。商人在僭主统治下大发横财。城中各个称重台堆满沉重的银子，钱币被标准化，一面印有雅典娜人像，另一面

则印了她神圣的猫头鹰，银币纯度非常高。但若说僭主统治让有钱人成为一股更加强大的力量，那些维系大生意者的人的身价也提高了——不论是“陶器区”的陶匠还是帮人榨橄榄的农夫。希庇亚斯和希帕克斯就像他们的父亲那样，竭力讨好这些人。雅典每个阶级的人多少都受到巴结。就像执政官佯装宪法不只是个美丽的幌子那样，人民仍被说成本土原生的、拥有主权与自由的公民。听多了这种话，陶匠和农人也许会信以为真。这样的错觉当然有助于僭主维持权力。演员的表演在他们相信自己的角色真实存在时最为逼真。

因此，僭主统治最具代表性的象征，大概不是宙斯神庙或任何其他浩大的工程，而是雅典人对于戴面具、说台词和扮演角色的痴迷。后来的世代在回顾悲剧的神秘诞生过程时，都会毫不犹豫地将其归功于两位僭主所促成的“城市酒神节”（City Dionysia）——这个节日的高潮是悲剧比赛。至于两位僭主为何会搞出这个新节日，其动机也不难想见。据说梭伦曾经警告：“当我们容许自己赞美伪作的事物时就会马上发现，它正静悄悄地爬入国家事务中。”[35]对希庇亚斯兄弟来说，这当然是悲剧的吸引力所在。

不过，他们同样会在自造的迷宫镜厅（hall of mirrors）里迷路，因此有时会渴望得到别人指引。要如何在一个想象与事实、宣传和真相的界限日益模糊的城市找到这样的指引，自是一大挑战。希庇亚斯兄弟害怕过于依赖任何人类代理人，宁愿相信超自然力量。据说希庇亚斯“对神谕的了解比对任何活人的理解还深”[36]。他和弟弟出资搜集大量预言，并收藏在卫城中。希帕克斯发现主管其事的奥诺马克里托（Onomacritus）篡改过预言后勃然大怒，将这名自己的熟人流放。毕竟，好的情报只会来自好的情报来源。两兄弟怀着这样的想法，变得特别重视自己梦境的征兆——这招极为有效，也让他们一帆风顺地统治了13年。

然后，在公元前514年一个炎热的夏日夜晚，时值泛雅典娜节前夕，希帕克斯做了一个他无法理解的梦。他梦见一个非常英俊的年轻人以紧急而神秘的语气对他说：凡犯过的罪都要付出代价。希帕克斯因此惊醒，本欲回想自己犯过哪些需要赎罪的过错，但当时已是泛雅典娜节的早上，他没时间多想。于是他急忙出门，穿过父亲的广场，往“陶器区”而去：他哥哥组织的大型游行队伍聚集在那里，很快就要出发前往卫城。他行经广场边缘的一间神庙时，看见两名他认得的男人推开路人，朝他迎面而来。这一刻，他大概是突然想起了自己的梦境。但已经太迟，因为那两个男人正是要来谋杀他的。他们一个名叫哈默迪乌斯（Harmodius），一个名叫阿里斯托吉顿（Aristogiton）。哈默迪乌斯是雅典最英俊的男子，拥有“全部青春的灿烂”[37]，阿里斯托吉顿是他的情人。颇具审美眼光的希帕克斯曾设法拆散这对恋人，以满足自己掠夺性的目的，因而深深地得罪了他们。这对恋人因害怕僭主的权势而暂时无计可施，只好等待时机。到了泛雅典娜节这天，他们的机会来了，因为这天人人都可以佩带刀剑。现在希帕克斯就在他们面前，而他的随身侍卫被人群分散了注意力，于是两人拔剑杀死了他。

他们的谋划仅止于此。哈默迪乌斯当场被杀死；阿里斯托吉顿虽被囚禁了几天，但没有招认出什么更大的阴谋。但希庇亚斯愿意相信这两名刺客没有别的目的吗？人们也开始传言，希帕克斯不是情感犯罪的受害者，而是死于一次争取自由的英雄式攻击。希庇亚斯开始变得疑神疑鬼，随着他自信心日益减少，他和他家人长期导演的皮影戏也越来越像个幌子。他们一直以来苦心经营的平衡——他们政权的真正本质与用来妆点政权的布景之间的平衡——终于崩溃。经历了失亲之痛的、惊恐不安的希庇亚斯开始越来越依赖赤裸裸的恐怖手段。原本仅止于暗室中执行的处决，如今都公开化了，整座城市血流成河。镇压孕育出阴谋，而阴谋又导致更大的镇压。雅典并非专制国家的说法开始变成一则大笑话。本来“总是平易近人的”[38]希庇亚斯，现在却老是躲在斯基泰人与外国雇佣兵后面，仿佛他是个外族的暴君，完全不是雅典人。

但有谁可以推翻他呢？从贵族的客厅到“陶器区”的酒馆，人们都热烈谈论着革命。革命总得有人领导。所有目光都望向克利斯提尼，他果然也不负众望，在希帕克斯死后不到一年，便出现在阿提卡北部边界。不过，雅典人面对这个可以推翻希庇亚斯的机会，却显得不那么热情：他们虽对僭主恨之入骨，却不乐见阿克迈翁家族重新掌权。当克利斯提尼的入侵部队被希庇亚斯的雇佣兵消灭后，他别无选择，只得再次溜出阿提卡。他身后的战场上留下了那些大胆支持他但为数不多的雅典人的尸体。他们都是“优秀的战士，出身高贵，血管中流淌着热血”[39]。

现在看来，一个苦涩的事实摆在雅典人面前：摆脱奴役唯一的选择不是背井离乡，就是死亡。

还政于民

永不言败的克利斯提尼没有放弃希望；陷入自我怀疑并非阿克迈翁家族的作风。即使在止痛疗伤期间，他仍是僭主最危险的敌人，并到处物色新的盟友。克利斯提尼知道，自己绝非唯一希望看到希庇亚斯垮台的人。另一名够格的阴谋家也对使雅典动荡十分感兴趣，而且他比阿克迈翁家族拥有更丰富的资源。事实上，斯巴达国王克莱奥美尼早在公元前 519 年首次远征“地峡”北部时，就已经有过这样的尝试。那一次，普拉蒂亚人（Plataeans）——底比斯以南 10 英里处一个小国的公民——寻求他的帮忙，以对抗他们强大的邻邦。诡计多端的克莱奥美尼建议他们改找雅典帮忙，而希庇亚斯兄弟因抗拒不了这个大出风头的机会，派兵帮助普拉蒂亚人抵抗底比斯，并取得压倒性的胜利。这个结果虽让雅典人赢得了小国普拉蒂亚的死忠，却彻底破坏了他们与强大的底比斯人的友谊。至少从他们的父亲第二次被放逐起，与底比斯交好就一直是庇西特拉图家族外交政策的中流砥柱，因此整件事可被认为是一项重大失误，并让克莱奥美尼暗暗叫好。

但时隔 6 年后，克利斯提尼说服得了斯巴达国王公开反对希庇亚斯吗？看起来这是个唐吉诃德式的努力。一直以来，庇西特拉图家族都小心地两面下注，除了和阿尔戈斯通婚结盟之外，又努力和斯巴达保持良好关系——这层关系是如此之好，以至于希庇亚斯被正式称为“斯巴达人民之友”。不过，克利斯提尼在接近克莱奥美尼之前，一定对他做过一些功课，应该知道热衷于干预伯罗奔尼撒半岛以外城邦事务的他，绝非一个作风死板的斯巴达国王。巧舌如簧的克利斯提尼自信能说服克莱奥美尼，让他相信一件他无疑本已倾向相信之事——从希庇亚斯那些庞大工程及他与阿尔戈斯结盟之举可见，他对斯巴达的利益是一个威胁。不过，不论他处理国际关系的方法有多不正统，克莱奥美尼都不可能在没受到挑衅的情况下攻击一个被称为“斯巴达人民之友”的人，除非有某些正当性理由的支持。但这正是足智多谋的克利斯提尼所能提供的。阿克迈翁家族对德尔斐一向出手阔绰，甚至当公元前548年，神谕所遭遇大火后也支付了大部分的修缮费用。现在，这个家族在当了几十年热心施主后，收取回报的时间到了。如今，斯巴达人无论向神谕所询问任何问题，得到的都是同一个答案：“他们有义务解放雅典。”[40]当这个惊人的消息传回斯巴达后，人们一片惊愕。也许只有克莱奥美尼若无其事——想必克利斯提尼已向他通风报信。

但不论阿波罗的神谕多令人困惑，虔诚的斯巴达人都绝不会不理会他的命令。“虽然庇西特拉图家族千真万确是他们的好友，但人类交情与神明的命令相比，又算什么呢？”[41]斯巴达对雅典发动的第一次远征——可能反映着斯巴达人对出师无名感到不安——他们态度低调且兵员不足，轻易就被击退了。第二次远征因为直接关系到他们的威望，所以势不可当。公元前510年夏天，一支克莱奥美尼亲自率领的斯巴达军队穿过“地峡”，进入阿提卡。这次，它不费吹灰之力就击败了希庇亚斯的雇佣兵。僭主带着家人躲到卫城去。克莱奥美尼迅速包围卫城，严加防守每一处可能的通道。包围如此滴水不漏，以至于当希庇亚斯想把他的孩子们偷偷送到安全地点时，小孩们就直接落入了斯巴达人手中。他们的父亲收到严厉的最后通牒：马上离开雅典。希庇亚斯对自己突如其来的垮台感到震惊，但他发现，自己除了接受放逐外别无选择。他离开他统治良久的城市时，想必会想到，流亡是任何僭主所必须面对的职业风险，就像他父亲所充分证明的，没有什么可以阻止他卷土重来。不过至少就短期而言，僭主统治结束了。雅典在毫无心理准备之下，戏剧性地获得了自由。

但这种自由意味着什么？在恢复雅典人民自由方面着力最深的两人，对此意见南辕北辙。不论克利斯提尼曾经答应过克莱奥美尼什么，他都毫不打算让他的城邦成为斯巴达的一个附庸国。然而，克莱奥美尼本人——让斯巴达人冒着生命危险打一场完全不合法的战争——期望的正是这样的回报。他即使不能让雅典正式臣服，也希望看见雅典备受党派斗争摧残，然后不再对斯巴达构成威胁。很快地，这两个同谋之间的亲密关系就瓦解了。在随后的明争暗斗中，看起来占上风的是克莱奥美尼。首先，"世袭贵族"一直不信任克利斯提尼，而且许多贵族眼见僭主倒台，都急着回到联手对抗阿克迈翁家族的旧日美好时光。反对克利斯提尼的势力开始聚集在贵族伊萨哥拉斯（Isagoras）周围——他"原是两位僭主的朋友"[42]，因此他在公元前 508 年当选执政官。这时，克莱奥美尼公开和他的前搭档决裂，举双手赞成伊萨哥拉斯担任执政官。据说，伊萨哥拉斯是如此渴望得到斯巴达国王的支持，以至于为克莱奥美尼与自己的妻子拉皮条。

反观克利斯提尼，虽然他要过许多卑鄙的手段，但从未卑鄙至此。他善于耍各种奸诈的诡计，但不像他的敌人在宣传里形容的那样是个贪婪的机会主义者。克利斯提尼下定决心不让雅典沦为斯巴达的附庸国，却不得不承认，伊萨哥拉斯和他的朋友们占了上风。也许很少有雅典人会承认，但他们城邦的性格已永远改变了。在僭主统治时期，权力变成一种模糊之物，脱离了一度将其紧握的贵族之手。现在僭主消失了，权力在谁人手上变得扑朔迷离。在少数几个世家大族手上吗，例如，阿克迈翁家族或菲莱德斯家族？也许。

不过，克利斯提尼回雅典后的感觉是，连最显赫的“世袭贵族”都因为遭遇过放逐或与敌人勾结，而大大丧失威望。他受到伊萨哥拉斯的威胁，选择不像传统那样向背景与他相同的人寻求支持，而转向一个全新的权力来源。克利斯提尼在公民大会上发言时，提出了一项革命性的建议。[43]若一切就如同希庇亚斯、庇西特拉图甚至梭伦总强调的，如果人民才是主权的真正寄托，那就应该让人民拥有统治城邦的权力。让他们辩论政策、投票与执行政策，而不考虑其阶级或财富。将权力（kratos）投放到人民（demos）之中。简言之，就是让雅典变成一个“民主政体”（demokratia）。[44]

这是一种十足惊人、极端且毫无先例的主张。他的对手吓了一跳，在手足无措的同时也显得愤怒且不敢置信。虽然克利斯提尼的主张不令人意外地“让他赢得了人民的全心支持”[45]，但它们在伊萨哥拉斯与其追随者眼中，却比克利斯提尼过去耍过的任何花招更不负责任、鲁莽和愤世嫉俗。然而，令贵族们更加不安的是真相，克利斯提尼这次不像是在耍花招，他推出的措施雄心巨大且设计精彩，一点都不像那种被逼到墙角的赌徒的权宜之计。反而，各种迹象都显示，它们经过最精心的构思。克利斯提尼流亡期间大有机会反省到，几十年来贵族们的野心只带来了内部纷争与僭主统治。雅典生病了，这是每个人都同意的。但解药何在？在克利斯提尼和他同伴眼中，解药只有一种。那就是打破旧有模式；除了利用贵族阶级的野心外，还要利用所有雅典人的野心；以雅典人民的能量为雅典创造出一个至少匹配其全部潜力的未来。这是一场令人屏息、影响甚巨的大赌博，克利斯提尼也愿意押上自己的一切作为赌注。

只不过，他的勇气却突然离他而去。公元前 507 年初夏，斯巴达派来传令官，以阿克迈翁家族自古以来就受到诅咒为由，下令将其逐出雅典。显然克莱奥美尼在和自己的两位前盟友玩猫捉老鼠的游戏时，仍有许多招数可用。克利斯提尼就像生怕有什么不测那样，夹着尾巴迅速逃走了。不久后，克莱奥美尼就带着一小队贴身侍卫进入城中，下令进一步清除反斯巴达分子：很快地，共 700 个家庭被清除了。然后，他大摇大摆去到卫城，坐下来向伊萨哥拉斯口授一部新宪法。这部新宪法当然没有民主这种胡说八道的东西。伊萨哥拉斯既已把老婆借给了斯巴达国王，现在也顺理成章地为克莱奥美尼和雅典拉皮条。

不过，当国王与卖国贼正在商议事情时，街道远处却传来了不祥且沸腾的人声：那是暴动的声音。克莱奥美尼自城垛上往下望去，只见愤怒的群众聚集在卫城入口的前方，把他与他的士兵围困于岩顶。说得委婉些，这是出乎意料的。因为试问：谁有可能领导这场暴动呢？克利斯提尼已经流亡，他的同伙已被驱逐。然后，随着时间一小时一小时过去，事情令人不快的原委终于暴露。雅典人民因为被克莱奥美尼的放肆与伊萨哥拉斯的通敌激怒，所以自发地起而捍卫克利斯提尼应许过他们的自由。他们也没表现出可被安抚的情绪。围困持续了两天两夜，到了第三天，“又饿又脏、满腮胡茬”的克莱奥美尼终于因受不了而屈服。[46] 双方达成协议，斯巴达人屈辱地被“护送”到境外。伊萨哥拉斯则不知用了什么办法逃出雅典，流亡国外。不过，他的同党被抓起来并被处死。民主在把自身的未来押在革命之火与鲜血上后，成功顶住了第一次将其捻熄的尝试。

克利斯提尼听到这个消息后，迅速返回国内。不过众所周知的是，这场胜利并非他一人的功劳。现在，就连他最死硬的反对者也必须承认，要从他承诺给雅典人民的改革方案上回头已经不可能，毕竟他们包围卫城并打败了克莱奥美尼后，改革已经是他们每个人的责任。人们对伊萨哥拉斯的同党被私刑处决之事仍记忆犹新，所以上层阶级在看见克利斯提尼重新主导大局时，甚至有点松了一口气的感觉。接受克利斯提尼及其其精心计划的改革方案，总好过再次发生街头流血事件，或贵族的尸首被挂在卫城上然后在高温下腐烂。

因此，在意义重大的公元前 507 年年中，克利斯提尼的一名亲戚顺利接替伊萨哥拉斯的执政官职位，重新把雅典转化为一个史无前例的国家。希腊以前的改革者，从吕库古到梭伦，都把“欧诺弥亚”奉为最高口号，但在克利斯提尼和他同伴的主导下，关键词变成了“平等”（isonomia）。这表示法律面前，人人平等；人人都有权参与国家管理。此后，这成了雅典人的理想。当然，实际上有些公民仍比别人享受更多“平等”，例如只有上层阶级可以竞选高等官职。不过，虽然古老秩序的某些痕迹在民主大潮流中保留了下来，但很快地，更多传统将被永远淹没。雅典变成一个梭伦几乎认不得的城市：在这里，每个公民（不论多穷或教育程度多低）都拥有公开演说的自由；[47] 政策不再是由贵族关起门来敲定，必须在公民大会上公开辩论。“不论是木匠、铁匠还是补鞋匠，不论是商人还是船主，穷人还是有钱人，贵族还是出身低微者，都一样有权参与辩论。”[48] 除非所有雅典人投票，否则公共及其策无法施行，法律无法通过。这是一项伟大且高贵的实验。历来首次，一个公民可以感觉自己正在参与及控制国家事务。经过这样的变化，雅典乃至整个希腊都已经变得不同。

对克利斯提尼及其所有支持者来说，这是绝对的重点。雅典革命的赞助者不是些秉持贫富一家观念的轻率理想家，而是一群讲究实际的实用主义者，他们纯粹想通过让国家变强大来获得个人利益。为了实现这个野心与随之而来的庞大计划，他们使出了浑身解数。他们知道，时间不站在他们这一边。不仅克莱奥美尼因为“感觉到雅典人在言行上都对他极度无礼”[49]，所以准备展开报复，克利斯提尼还担心，随着希庇亚斯与伊萨哥拉斯阴谋复辟，雅典随时可能因为陷入党派倾轧而崩溃。大家族之间的内讧曾把雅典推向毁灭边缘——这种事绝不容许再次发生。现在，就连大家族也勉强接受这种分析。

但是，该如何中和他们的力量呢？克利斯提尼的解决方案精彩且极为雄心勃勃：压抑公民对家族、邻里和当地氏族的认同。由于这些认同几乎是阿提卡每个人自然而然的本能，所以要破坏它们，需要格外巧妙与详细的措施。克利斯提尼把乡村地区划分为近 150 个不同的“自治区”（deme）。此后，新民主国家中的公民不再按家族取姓，而改为按照所属的“自治区”取姓。他们的公民身份也一样：一个年轻人成年后，只有成为一个“自治区”的一员，才可以成为一名雅典公民。这个制度适用于最高傲的贵族与最卑微的农人：他们是同一“自治区”的成员时，就必须共享一个姓氏。当然，并非所有贵族都对这种创新感到兴奋，他们之中有些人，特别是显赫到拥有庄园或村庄，使得“自治区”以他们的姓氏命名的那些人对这种新制度的不满非常明显。例如，布忒斯家族因为受不了和下等人同姓，而给自己取了一个新名：正牌布忒斯家族（Authentic Boutads）。[50]

然而，他们仍然必须小心。若对自己“自治区”的其他成员太过轻蔑，那就连“正牌布忒斯家族”这么显赫的家族也会发现，自己被排除于政治生活之外。克利斯提尼精明地规定，每个“自治区”必须选出代表，前往雅典城参加公民大会。试问哪个想自我表现的贵族会愿意因为势利眼而失去一份好差事？就像克利斯提尼鼓励贵族别在贵族的小圈子里打滚那样，他也注意到另一个相反的危险：有野心的贵族也许会利用他的“自治区”作为通向僭主统治之路的跳板。为了预防这种危险，民主的奠基者们以惯有的先见之明及爱把事情复杂化的坏习惯，做了一系列查核与制衡的安排。除了把阿提卡分割为“自治区”，他们又把“自治区”划分为一些“三分区”（third），让每个“三分区”和另两个“三分区”组成一个“部落”。由于每个“部落”的三个“三分区”来自阿提卡不同的角落（一个来自山区，一个也许来自海岸区，另一个来自雅典城附近），每个“部落”（一共有十个“部落”）都有助于打破一些历史悠久的纽带。在打破氏族古老和单一的特性之后，雅典人民现在可以尽情享受人为精确划分后的效忠方式了。“部落”、“三分区”和“自治区”构成了一个即使关系广泛的贵族也无法轻易操弄的复杂体系。

但是，这个体系能运转吗？因为以前从来没有人尝试建立民主制度，所以也没有人知道答案。雅典的邻邦抱着日益惊骇的心情看着这个革命的进展，它们不会视革命的失败为理所当然。特别有理由害怕的是克莱奥美尼。若说克利斯提尼和他的同伴在卖力深化改革的过程中，总是一脸紧张地盯着斯巴达国王，那么斯巴达国王也一样紧盯着雅典民主改革的进展，担心自己的反革命计划来不及实施。虽然民主改革的内容惊人地复杂，但在克莱奥美尼看来，其破坏性也无比清晰。一旦内部分裂从雅典消失，民主雅典的公民在面对他们的邻邦时就能形成统一阵线。阿提卡的庞大面积将给他们提供惊人的能量。雅典在当了数百年军事侏儒后，看似在一夜之间变成了一名重量级选手。

最令克莱奥美尼感到受伤的是，他因为推翻希庇亚斯政权，而无意间成了雅典"流氓政权"的助产士。他充分意识到，他的许多国人同胞厌恶他先发制人的外交政策，所以开始私下说他的坏话，嫌他扩张过度，抱怨他在雅典多管闲事只会带来灾难。暂时还没有人强大到足以公开挑战他。督政官仍不愿意触怒他，而另一个国王狄马拉图斯（Demaratus）也全被他的风头盖过——狄马拉图斯的母亲就是传说中那名显灵的海伦预言过一定会变漂亮的相貌平庸女孩。但雅典人肆无忌惮越久，克莱奥美尼威望受损就越大，也越需要密切注意背后是否有人想暗算自己。他在为了和克利斯提尼展开最后一回合角力的准备过程中，不容许自己有半点闪失。这一次，他绝不能只带少数卫队就进入阿提卡。所以，当公元前506年夏天他和狄马拉图斯终于穿过"地峡"时，率领的不仅有斯巴达人，还有从伯罗奔尼撒半岛四处召来的分遣队。另外，他们还有其他盟友。底比斯人仍记恨着雅典和普拉蒂亚结盟，故欣然加入侵略队伍，准备从西面发起进攻。同时，阿提卡北部海峡对岸的、形状长而狭窄的优卑亚岛（Euboea）上的城邦卡尔基斯（Chalcis）也准备派军队渡海而来，与斯巴达人进行精彩的协同攻击。克莱奥美尼把这次入侵行动策划得很漂亮。雅典被有效地包围起来，而它仍在襁褓中的民主看来势必遭到扼杀。

不过，当雅典人选择先迎战最可怕的敌人，向南行军去与两名斯巴达国王展开对决时，他们在路上遇到了一个吉兆。这条路不是一般的路。每年 9 月，一支雅典人的庞大游行队伍都会走上这条路，他们头戴桃金娘花冠，身穿白袍子，边走边高呼“伊阿契”（iacche），来表示喜悦和胜利。他们走的这条路之所以被称为“圣道”（Sacred Way），是因为它通往距雅典 17 英里远的厄琉息斯（Eleusis），人们在那里的圣所可以学会最深的奥秘：生命会从死亡中诞生，希望的光芒会自最黑暗的绝望中萌发。所以，很难想象还有哪个地方比这里更适合保护雅典的民主；果不其然，在雅典人抵达厄琉息斯后，他们发现一个奇迹发生了：斯巴达人与随他们出征的大军都走了。据说，狄马拉图斯因为嫉妒克莱奥美尼，而且不信任他的这次军事冒险，所以煽动异议者起来反对战争。许多科林斯领导的伯罗奔尼撒盟友军队都因此散去。克莱奥美尼对于顿失全部的军队虽怒不可遏，却不得不放弃这次侵略计划。雅典人如释重负的同时也震惊不已，纷纷猜测是诸神拯救了他们。不过，仍有些人记得克利斯提尼善于采用贿赂手段，所以怀疑雅典这次得救应归因于阿克迈翁家族的黄金。

无论如何，对雅典恨之入骨的底比斯人都不会被收买。雅典人迅速折而向北，迎战他们。这支在民主制度下产生的新型模范军队，迎来了自己首次真正的考验。克利斯提尼及每个与他勠力同心的改革者，都准备好迎接冲击。有个问题尤其有待回答。普通雅典人都习惯尾随一名显赫的贵族作战，现在他们对那个全新的人工创造物——“部落”——是否有足够的忠诚度，以至于愿在阵线中为同一“自治区”的伙伴掩护侧边，不再是为了氏族族长作战，而为了自由的理想和雅典本身作战？答案是斩钉截铁的“肯定”。底比斯入侵部队遭到全歼。同一天，另一支雅典部队登陆优卑亚岛，强迫卡尔基斯签订屈辱的和约，卡尔基斯答应割让一块领土，供4 000名雅典屯垦者殖民。

> 就这样，雅典人发现自己突然成了一个强权。他们鲜明地证明了，平等和言论自由可能带来什么成就——不只在战场上，也在他们下定决心的一切事务上。从前他们作为一个僭主的属民时，干过什么大事？没有值得一说的事。然而随着僭主垮台，他们突然间成了世界上最强的战士。从前像奴隶一样备受束缚时，他们偷懒松懈，一旦赢得自由，他们尽心尽力为自己干活。[51]

看来民主制度真的有效。

这是雅典人现在可以愉快地向全世界夸耀的事。他们回到雅典城后，在胜利的狂喜中委托人制造了一辆全由青铜铸造的四马马车，将其安放在卫城入口的正上方。这个地点以前用来安放个人自我炫耀的雕像，但这一次，青铜马车不是为了个人设置，而是"献给雅典人的子民"[52]——全体雅典人。雅典其他各处也重新响起敲打声，见证着建立民主机构的热情。本来在庞大宙斯神庙施工的泥瓦匠，如今都去到卫城以西的普尼克斯丘（Pnyx）砍劈山岩，要为公民大会建设一个巨大的会议场。新会议场落成后，可以同时容纳5 000人，这是首座为人民领导的政府竖立的恰如其分的纪念碑。同时，在普尼克斯丘山脚下庇西特拉图为自己修建的那座巨大广场上，其他工人正系统性地清除僭主统治的所有痕迹。盖到一半的宙斯神庙永久停工了，盖好的部分被保留下来，作为两位僭主胡搞瞎搞的见证。但庇西特拉图自城市中央清理出的广大空间并非那么容易被废弃，而且新民主政体中的公民也需要有如此的一个会面地点。他们开始称之为“阿戈拉”（Agora，意为“广场”）。在所有希腊城邦中，这个词都指向一个可供人民自由聚会的空间。旧的雅典阿戈拉位于卫城东北，其历史有些悠久的公共建筑已被取代。新的阿戈拉在规模和美感两方面，都更能匹配人民的尊严，并顺理成章地成为雅典民主制度的核心象征。[53]

在它的正中央，人们为了永远铭记一个历史教训，为两名杀死僭主的刺客竖立了巨大的铜像。哈默迪乌斯与阿里斯托吉顿手中握剑，表情肃杀，全身赤裸，被描绘为雅典的救星与自由的奠基者。有鉴于整个雅典城没有其他公共肖像，这两尊在阿戈拉占据显眼位置的青铜像更显震撼。不过，使其更令人错愕的是，哈默迪乌斯和阿里斯托吉顿其实不是为了争取自由而牺牲，而是为了“混乱的情欲纠纷”才杀死希帕克斯。事实上，若有谁可被誉为雅典解放者的话，则非斯巴达国王莫属，但雅典人当然不愿这么想。这就是两名刺客之于他们的用途。就像历史上任何被革命洗礼的国家一样，克利斯提尼的政权急需英雄。哈默迪乌斯与阿里斯托吉顿被封为民主最早的烈士再适当不过，因为他们都流下了鲜血——更棒的是，他们都死了。

这样的宣传还有更深一层的用意。克利斯提尼深深了解其国人同胞，他知道雅典人民虽惊讶地发现自己成了革命者，但骨子里仍是传统主义者。他们没有为了民主的新颖而高兴，反而渴望其能够根植于他们的传统。所以心思一向细腻的克利斯提尼甚至为他最大胆的实验披上了一件传统的外衣。例如，用古代英雄的名字为他所建立的十个“部落”命名，仿佛它们并非来自他的聪明才智，而就像雅典人本身一样，直接来自他们成长的土地。民主的创建者们甚至暗示，就连民主本身都不是什么新鲜之物，而是阿提卡人民与生俱来的权利，最早由传说中的大英雄忒修斯（Theseus）赐给他们。从这个角度来看，那两名刺杀僭主的刺客要不是杀死怪物的英雄，以及为重建雅典民主制度而无私牺牲的爱国者之外，还能是什么呢？这些说辞当然是一种障眼法，也因此让克利斯提尼和他的同伴未能得到本应属于他们的酬劳。然而，这也许反而可以证明，克利斯提尼有多么了不起：虽然身为不知谦逊为何物的世家大族的成员，他却看得出来，他必须以虚构的幻影掩盖自己的全部成就。在为雅典建立民主时，他除了为城邦创造出了新的未来，还对它的过去做了必要的扭曲。

因此，阿戈拉当然没有克利斯提尼的铜像。他的国人同胞也感觉不出他是他们民主的开创者。事实上，他死后不久，雅典人就患上了异乎寻常的健忘症，开始忘记过去所经历的一场革命。[1]新的政府形式在他们看来是如此自然、如此根植于阿提卡的土壤，以至于理解其真正起源的人越来越少。这无异于苦甜参半的悖论——让克利斯提尼被遗忘的假记忆综合征，正好证明了他无比成功。他不仅把国家从内战中拯救出来，还为它奠定了一个久远的基础。在克利斯提尼的同代人中，只有大流士可与他比肩。当然，他们一个是波斯人，一个是雅典人；一个是全世界的君王，一个是人民之友，看起来没多少共同之处。但事实上，他们在成就的大小与对未来的

[1] 或许最有代表性的标志就是人们突然失去了有关克利斯提尼的记忆，以至于我们无法了解克利斯提尼逝世的确切日期。不过，最有可能的日期是在公元前500年前后。

开启上不分伯仲。两人都在流血中掌权，然后带给自己的国家和平；两人都压制不安分贵族的野心，同时也都为自己的人民创造出全新的未来，但又选择把自己的原创性隐于历史的外套下。最重要的是，两人都创造出某种蠢蠢欲动而危险的新事物。

在此之前，雅典因地处偏远的世界边缘，而受到大流士相当程度的忽略，但现在却无法不引起他的注意。波斯波利斯收到雅典发生革命的报告。公元前 507 年，雅典人在紧张地等待斯巴达的袭击时，曾经派出使者前往萨迪斯。镇守萨迪斯的人，正是万王之王的弟弟阿尔塔费尼斯，他为人无情且精明；当雅典使者抵达他的宫廷，请求与他结盟对抗斯巴达时，阿尔塔费尼斯爽快地答应了。不过，他自然也提出了自己的条件：雅典要给波斯献上一坛水与一坛土。雅典使节耸耸肩，接受了这个要求。当他们回到雅典，报告自己对阿尔塔费尼斯做出的臣服承诺时，他们“受到严厉的斥责”[54]——无疑，这是雅典民主自我感觉良好使然。不过，雅典人没有拒绝与波斯结盟，也没有拒绝臣服于波斯。即使经历了公元前 506 年的大胜，天晓得克莱奥美尼哪天会再次来犯？在防范斯巴达一事上，准备好保险的策略不是坏事——哪怕这要以象征性的委屈为代价。一坛水和一坛土，算得了什么呢？

至少，雅典人乐于这样认为。

第五章

火烧波斯国王的胡子

大棋局

阿尔塔费尼斯在杀死巴尔迪亚之后，从王兄那里获得了丰厚的奖赏。从任何标准来看，萨迪斯都是个大赏赐。它位于帝国的西境，被波斯人视为该地区的首府，这里以富庶闻名，传说其河流中满是金沙。克里瑟斯尚未以金沙贿赂德尔斐神谕所，也尚未被阿克迈翁家族欺骗之时，曾以金沙铸造出世界上第一批金币，这项发明甚至让他变得更加富有，以至于 40 年后，即使克里瑟斯已死去多时，来自波斯的征服者仍可享受到他铺张奢侈的成果。

即使是见惯了巴比伦城的人，也不会轻视萨迪斯。城中的一大奇观是宏伟的库柏勒（Cybele）神庙，库柏勒是一位如山岳般古老的母神，这位神灵会鼓励信徒在膜拜过程中做出各种极端的行为，包括在山上跳舞、在狂欢中翻腾，甚至在秘密仪式中割去自己的睾丸。神庙背后隐约可见萨迪斯著名的城墙，一圈又一圈，和埃克巴坦那的城墙一样。最里面环绕着卫城的一圈如此巨大，曾经让克里瑟斯犯下致命的错误，误以为它牢不可破。卫城本身就更加令人望而却步，它像一片红色鞘翅似的突出于冲积平原上，城上一度矗立着王宫，如今则是波斯要塞的所在地。从那里可以俯瞰向四方蔓延的下城区，也可以向西远眺辽阔的长满小麦和大麦的平原，以及那条通到“苦海”的道路。阿尔塔费尼斯想必觉得，自己的权势不输给世界上任何国王。

有位国王当然是例外。阿尔塔费尼斯虽为波斯西境的主人，但他没有一刻忘记自己只是兄长的臣下与“班达喀尔”（仆人）。尽管如此，他的宫廷还是仿照大流士宫廷的设计，好让当地人感受到波斯的盛大庄严。他并非以国王的身份，而是以国王权力守护者的身份展开统治。简言之，他是以总督（satrap）的身份展开统治。[1]大流士平定了一堆叛乱后才坐稳王位，因此决心不让地方过分强大，以免再次危及他或波斯的伟大。即使只是他秘书下达的最普通命令，都会让总督们坐立不安。对一个外省首府来说，收到圣旨是非常重大与惊人的事。有些总督接旨时，甚至会俯伏在地，并亲吻地面。

这种行为是出于过度阿谀奉承还是只是常识？显然是常识。因为谁知道有没有人躲在暗处，把一切看在眼里。有些人说，国王派出的探子——人们称之为“耳目”——遍布全国各地，另一些人则怀疑事情没这么简单：

> 他的臣下要是知道谁是国王的“耳目”，就会对他们有所防备。实际的情况则完全相反：不论什么人，凡声称自己听到或看到值得注意的情况，国王都会聆听他们说话，因而有了这

[1] 希腊语中的“总督”（satrapes）来自波斯语中“xsachapava”一词的音译。

样的说法：国王有千万只眼睛和千万只耳朵。[1]

这是一种近乎极致的疑神疑鬼。一位地方长官不论身处大得难以想象的波斯帝国的哪个地方，都很难不去想象自己的一举一动会被大流士看在眼里，自己的一言一语都被他听在耳中。

即使是阿尔塔费尼斯这位备受宠爱的“仆人”，只是尽忠职守还是不够的。虽然大流士对贡赋有着不知餍足的胃口，但他想从总督那里得到的不只是贡赋而已。他提醒他们：“身为受到阿胡拉·马兹达宠爱的人，我是正义之友，对任何不正义都感到不快，不愿看见强者压迫弱者。”[2]大流士这样说话，好像这是他的特权，也好像他的话就是世界法律之源，但他的话也密切反映出波斯人如何看待自己。任何人都不会比波斯人对自己的美德更有自信。他们对正义的要求如此严峻，以至于甚至可以无视阶级和血统高贵的人。若一个农民正直不阿的个性被万王之王发现，他可能会被提拔为法官；坐上法官之位后他可能会发现，他是坐在一张风干的人皮上——人皮是从他贪污受贿的前任身上活剥下来的。波斯人向来爱听这类有益且危言耸听的逸事；这十分自然，因为这些可佐证所有他们最珍爱的成见。他们总是自满地认定，其他民族在正义感与统治资质上都难以望其项背，较低等的民族能成为波斯国王的奴隶是何等幸运！

这当然是一种将征服世界合理化的说辞，波斯国王早已将其据为己有。不过在帝国的边陲地带，这种说辞却对大流士的总督们提出了一些特殊要求：他们巧取豪夺地管辖省份，同时又必须提供正义。这项要求并不简单。如果走访一趟萨迪斯的铸币厂，人们或可窥见这项要求。萨迪斯一如在克里瑟斯的时代一般继续铸造货币，只不过如今钱币上改成了大流士弯弓射箭的图案；换言之，改成了他作为真理、正义与阿尔塔神捍卫者的形象。随后，大量叮当作响、闪闪发光的金币就被一箱箱、一车车地运送到苏撒。

某种程度的赤裸裸的虚伪，大概是任何可以胜任的总督的标志。但这也没让“波斯和平”的吹嘘完全变成空话。虽然阿尔塔费尼斯固定把贡赋源源不断地从萨迪斯运出，但他不打算完全榨干自己管辖的省份，因为如此一来会有杀死国王金鸡母的风险。如同克里瑟斯的时代，阿尔塔费尼斯统治下的吕底亚仍有为数不少的当地超级富豪。其中一人是矿场主人披提欧斯（Pythius）。他是如此善于经营自己的资产，以至于据说在帝国有钱人的名单上，他仅名列大流士之后。波斯的统治为披提欧斯之流的吕底亚人打开了全球视野，所以他们一点都不想鼓吹独立。阿尔塔费尼斯就像哥哥一样，不着痕迹地鼓励当地人配合，而且不只是有钱人的配合。就像克里瑟斯的时代，吕底亚的官员继续尽责地为新主人管理这个省份。他们的语言、习俗和神祇都受到宽容。只有那些与克里瑟斯及其王朝紧密相关，因此被作为旧政权象征的神庙被推倒或改建为火祭坛。即使如此，阿尔塔费尼斯也没有企图强迫不愿改教的吕底亚人皈依阿胡拉·马兹达。事实上，只有征服者采纳被征服者习俗之事。关于这点，最触目惊心的证据便是萨迪斯以北 8 英里、一个可以从阿尔塔费尼斯宫殿看见的奇观：玉米田里，到处是覆盖草皮的怪异石墩，就像金色大海里涌起的海浪。其中三个石墩是著名吕底亚国王的古墓；不过在它们之间，却布满了些许新一点、小一点的坟墓，这些是富有的本地人与其波斯统治者的安息之地。[3] 即使在墓地的尘埃与静谧中，阿尔塔费尼斯统治的萨迪斯也是一个多元文化社会。

然而，波斯人对外族人及其特殊风俗习惯的宽容却不代表尊重。就像居鲁士征服巴比伦后之所以敢宣称自己是所有巴比伦神明的宠儿，是因为他不信任何神明；同样地，阿尔塔费尼斯通过占有吕底亚人的传统，并按自己的目的加以扭曲，这显示出他对一个令人苦恼的真理之理解：只要征服者懂得狡猾利用，一个民族珍爱与死守的传统一样可以被用于奴役他们。这个座右铭为波斯广大地域的众多总督所信奉，也是其整套帝国哲学的基础。波斯人认为，无论哪里的精英阶级，都可以通过这种方式诱使其顺服。

精英阶级若不存在，大可从其他地方输入。居鲁士即使在通过奉承马尔杜克来讨好巴比伦人时，也没有忽略城中流亡者的期盼：这些流亡者当中的犹太人，在几十年前被掳到巴比伦。因为居鲁士明白，这些倒霉的俘虏——因其思乡病——是潜力极大的资源。犹大国位于美索不达米亚和埃及之间的枢纽位置，是具有战略重要性的土地，值得进行小小的投资。所以，居鲁士不仅批准犹太人回到他们长满野草的家园，还出资让他们重建耶路撒冷早已倾覆的圣殿。据说，犹太人的神耶和华因为感激这位波斯国王而称其为他的“受膏者”（anointed），即他的“救世主”[4]。“我必打破铜门，砍断铁闩。我要将暗藏的宝物及隐秘的财宝赐予你，使你知道提名召你的，就是我——耶和华，以色列的神。”[5]

居鲁士的强盛，是犹太人自负的上帝所赐予的——这样的观念虽滑稽，波斯人却绝对愿意纵容。因为他们非常了解一个奴隶多么愿意相信自己是主人的宠儿。没有比想象自己和国王具有某种特殊关系更能让一个臣属民族获得自我满足，并确保其被持续奴役。事情一向如此：在波斯人仍是游牧民族且无足轻重的岁月，他们对美索不达米亚的辉煌雄浑感受非常强烈。现在，他们成为世界的主人后，仍记得被财富与权力的魅力吸引是什么感受。

希腊的上层阶级也一样，他们早在波斯人出现以前，就被东方王国的金碧璀璨吸引。运动与晚宴派对并非这些时髦人士唯一的热情之所在，就像卫城上招摇的装饰所见证的，任何带有东方色彩的事物都是他们的最爱。如果连雅典这样落后的地区都如此，那爱琴海彼岸的亚细亚海岸更不在话下。几百年来，那里的爱奥尼亚人培养出对东方异国风情的热爱。“你们可以看见，人们在广场上炫耀他们的紫色斗篷，全身散发出浓浓的香水味，披散着精致美丽的长发。”[6] 尽管如此，爱奥尼亚人对其主人来说仍是一个谜团和挑战。在波斯人看来，爱奥尼亚人唯一会做的事似乎是互相争吵。他们无休止的互斗给征服他们的波斯人帮了大忙，也让他们成为一群让统治者疲累不已的民族。吕底亚人有自己的官僚阶级，犹太人也有自己的祭司，但希腊人看来只有变幻莫测与界限不明的党派。

即使波斯人擅长分析他人的心理，他们仍然为驾驭爱奥尼亚属民伤透了脑筋。有些萨迪斯的顾问的确曾对阿波罗的祭司寄予厚望，认为他们是希腊人中最像祭司的一群人，建议给他们的神庙提供丰厚的捐助，以此来笼络爱奥尼亚人。对此策略的热衷甚至传染到最高层，连大流士在听说有官员侵犯了阿波罗的特权时都会大加责难。不过，如果他希望能请来希腊的光明之神为阿尔塔神的大业服务，他就要大大失望了。简单来说，以阿波罗的个性，他不会教导信徒真理的重要性。他在德尔斐，一如他在爱琴海南部海岸迪迪马（Didyma）的神谕所，宁愿以遮遮掩掩的方式说话。但比起同为神祇的雅典娜，阿波罗至少进步多了，因为女神极爱赐予人说谎的天分。

波斯人如何看待这些神祇？事实上，没有什么比如下情形更让他们感到惊骇了：爱奥尼亚精英中的某些前卫派主张宇宙中根本没有任何神灵。第一批哲学家虽生活在波斯帝国，但很难说他们支持万王之王的主张或理念。大流士的崛起，证明他受到阿胡拉·马兹达的青睐，但一个大胆的爱奥尼亚人也许只会在其中看到自然原理的运作。这些原理的确切性质备受热烈争论。某位哲人也许会主张，由于整个世界都是源自“气”（air），所以把波斯帝国及其运作化约为浓缩与稀释的互动。另一位哲人也许会像琐罗亚斯德那样，主张“火”是基本元素，但认为“火”体现的只是不断的流变，而非真理或正义。对这样的哲学家来说，相信有任何更深邃的秩序是最愚蠢的。“万物生于火，亦复归于火。”[7]这种意见并无可供总督的政治宣传人员利用的成分。

不过，阿尔塔费尼斯依赖僭主去管理爱奥尼亚。他这么做是因为没有其他办法了，但此举也让波斯的势力没有牢固的立足点。事实上，这种措施搞不好是被设计出来说明一个颇受某些哲学家青睐的理论的（他们认为，该理论只是一个可观察到的事实）：世界的一切都处于矛盾和冲突中。毕竟，爱奥尼亚贵族不比其在爱琴海彼岸的同胞更热衷于接受僭主统治。波斯人总是支持某一派系，遂不可避免地陷入爱奥尼亚贵族无穷无尽的政治斗争中。在萨迪斯，他们可以依靠一个有效率且体面的官僚系统来管理，但在爱奥尼亚却只能依赖诡计、党争和间谍。一个波斯代理人必须能够证明自己就像任何希腊人一样，善于搞暗算的勾当。对阿尔塔费尼斯来说，他的挑战是挑选胜利者，让他们掌握权力直到他们失去作用为止，然后以最不费劲的方法废掉他们。

这些僭主非常清楚自己在总督的蓝图中所扮演的角色，相较于希腊本土的僭主，他们承受的压力多了好几倍。他们虽然少不了波斯人的支持，但也为此付出昂贵的代价；因为一名爱奥尼亚僭主除了必须应付其他贵族的嫉妒，还需应付凶暴与仇外的较低阶层的不信任。虽然贵族们已证明自己乐于配合异族主子，但他们的国人同胞却无比藐视任何异族人。一个好例子是爱奥尼亚最杰出的哲人，也是第一个哲学家泰勒斯（Thales）。他说，他要为三件事感谢老天："首先，让我生而为人而非禽兽；其次，让我生为男人而非女人；第三，让我生为希腊人而非异族人。"[8] 爱奥尼亚人好称邻邦人为"野蛮人"，讥笑他们的语言是"野蛮胡话"。不会说希腊语已够可耻，而且掩盖了更多缺陷。爱奥尼亚人对异族风俗习惯的不信任早在其被波斯国王征服之前就存在。例如，在克里瑟斯统治的时代，吕底亚人受到爱奥尼亚贵族的崇拜，却被绝大多数买不起紫色斗篷、香水或金质餐具的爱奥尼亚民众鄙视。中伤一位早于克里瑟斯的吕底亚国王的谣言热烈流传着。据说一位国王推广女性割礼以减少对宦官的需求，另一位则喜欢将自己王后的裸体展示给偷窥者观看。还有一位国王嗜吃人肉：有天早上，这位国王自前晚的狂饮中醒来后，发现自己的嘴里衔着妻子的手。

会模仿这些怪物行径的希腊人，都是怎样的人呢？贵族的批评者喜欢暗示，这些希腊人是变态与自甘堕落之人。吕底亚就像它那些臭名昭彰的老练妓女，是洪水猛兽，任何投入其怀抱者都应受到鄙夷。剥去蛮族人大受贵族赞赏的锦帽貂裘，剩下的只是无比肮脏的真相：萨迪斯宫廷被比作一个"说吕底亚语"的妓女，她跪在后巷里，一面戳着嫖客湿漉漉的屁眼，一面捏住对方的睾丸。"巷子里臭气熏天，成群的蟑螂逐臭而来。”[9] 这个画面着实惊人地恶心，也正好隐喻了一个惊人恶心的事实：贵族们都恶贯满盈，而暴君（也是最恶劣的罪犯）更是深陷泥潭。

这让僭主们只剩两个选项：若不是以卖国贼的身份进行统治，就是被愤怒的暴民以私刑处死。但如果他们有机会给自己的主子一次毁灭性打击，情况又将如何呢？这当然是一个异想天开的假设性问题。但在公元前 513 年，这个问题曾经显得异常有现实性。[10] 当时大流士刚在印度打了胜仗，带着大军取道萨迪斯进入欧洲，到今日乌克兰境内，对斯基泰人发动突袭。各个希腊僭主奉旨前来，在黑海修建跨越多瑙河河口的浮桥，等待国王的归来。这些僭主中，一个是刚被征服且心怀不满的雅典贵族米太亚德，他是菲莱德斯家族的成员，克索涅索斯的僭主。随着时间一周周过去，看着天气逐渐变冷，天色日趋灰暗，他想出了一个胆大包天的计划：切断浮桥，让大流士和他的军队被困在多瑙河冰冷的北岸。斯基泰显然没有地方可以过冬。那里的暴风雪十分惊人，而且原住民嗜饮人血。爱奥尼亚人有能力让万王之王完蛋——这样的可能不难想象。到了深秋，当波斯先头部队离浮桥仅几天路程时，这个让人心痒难耐的危险念头变得越发紧迫。僭主们举行了一次会议，会议上米太亚德大力推销自己的计划。其他僭主心神荡漾了那么一下子，差点就被说服，但在此时有人提出了一个不太光彩却很实际的反对理由。他指出，如同每个爱奥尼亚僭主所深知：“在座没有人不是拜大流士之赐才成为国家元首。”[11] 于是，他们投票决定继续效忠，并且让浮桥留在原地。他们小心翼翼地保守秘密，绝口不提曾经考虑背叛的事。包括米太亚德在内，全体僭主前往迎接主人的归来。自由的前景也许甜蜜，但经权衡权力的现实后，就显得不那么甜蜜了。

对一个希腊人来说尤其如此，就像对于任何一个吕底亚人或米底人来说那样，他特别珍视波斯人赐予他的权力。这位希斯提亚埃乌斯（Histiaeus）是多瑙河畔反对米太亚德大胆计划的一位主要人物，也是爱琴海唯一世界性城市米利都（Miletus）的僭主，并被公认为“爱奥尼亚之光”[12]。米利都是泰勒斯和哲学的诞生地，也是一部文化和经济的发电机。这座城市有4座宏伟的港口，港内帆樯林立，有来自克里米亚的谷物船，也有来自叙利亚、埃及和意大利的商船，还有万王之王舰队的战船。论富裕和热闹，希腊世界没有任何城市能望米利都之项背。波斯人对米利都作为商港和海军基地的地位极为珍视，以至于提供给它别的爱奥尼亚城市所没有的特权，让它在成为波斯的附庸之外，享有近乎波斯盟友的地位。虽然希斯提亚埃乌斯从不让米利都因享有这种地位而被冲昏了脑袋，但他很乐意利用这种优势，凌驾于其他僭主之上，以此和世界上最有权势的人建立了私人关系。

万王之王自斯基泰返回后，不免要奖赏希斯提亚埃乌斯对波斯远征军的坚定支持。他把这位米利都仆人召到萨迪斯，仁慈地问他想要什么礼物。此时大流士留在欧洲的部队正向西推进，自克索涅索斯进入色雷斯，煞费苦心地想征服爱琴海北部海岸及其内陆，因此希斯提亚埃乌斯大胆地请求可否在这片新的总督辖区赏赐他一块土地。万王之王点头同意，于是希斯提亚埃乌斯便成了色雷斯一个名为穆尔基努斯（Myrcinus）地区的主人。这可不是普通的赏赐，穆尔基努斯位于一条宽阔大河的河畔，距离帝国和马其顿王国的新边界不远，这里蕴藏着丰富的银矿和森林。希斯提亚埃乌斯自然非常高兴，此后他的势力不再局限于爱奥尼亚，他开始做更大的梦。

然而，就在他急忙赶往色雷斯，为自己的新领土建立一座城市时，波斯军方已有人对此有所非议。经过一番准备铺垫，一些人开始向国王进谏，建议大流士别过分信任希腊人，尤其不该给希斯提亚埃乌斯这样有野心的人太多权力。万王之王当然不可能出尔反尔收回礼物，也不可能承认自己做错了一个决定。作为替代方案，他把希斯提亚埃乌斯召到萨迪斯，宣布授予他更高的荣誉，即“国王进餐同伴”的头衔与希腊事务顾问的职位。因为大流士马上就要离开萨迪斯，希斯提亚埃乌斯自然获得了至高无上的可以随行的荣耀。他听到后脸上出现了僵硬的笑容，公元前 511 年他打包行李，转身离开家园前往苏撒。

虽然希斯提亚埃乌斯坐困于波斯宫廷的镀金鸟笼中，但他仍未放弃利用波斯霸权为自己的王朝建立一个爱琴海势力基地的希望。当时，他的侄儿阿里斯塔哥拉斯（Aristagoras）在米利都代他当上僭主，很快就证明有其叔必有其侄。公元前 500 年，他向阿尔塔费尼斯呈上一份确信有益于双方的计划。他口若悬河地向总督建议，何不派远征军攻取纳克索斯岛。对于任何想渡过爱琴海、入侵希腊的人来说，纳克索斯岛都是一份珍贵的礼物，因为它位于任何一条入侵路线的中途。而且这个岛国就像成熟的果子一样准备好供人采摘：因为除了党派斗争之外，纳克索斯岛还陷入了阶级战争，导致其贵族积极要求波斯介入。萨迪斯可为入侵提供船只，希斯提亚埃乌斯自己则可以提供纳克索斯贵族中间的内应。这样每个人都会成为赢家。

阿尔塔费尼斯请示过王兄后，对计划点头同意，这让阿里斯塔哥拉斯大大松了一口气。但他未向总督透露，他之所以提出这个计划，其实是想在波斯人的要求与自己人民的要求之间取得微妙的平衡：即使以爱奥尼亚人自己的标准来看，米利都的阶级仇恨仍然铺天盖地，眼看就要演变成严重的流血冲突了。这是因为米利都一如爱琴海诸岛，热切地想模仿雅典民主革命的榜样。雅典人曾经宣称，爱奥尼亚首批殖民者是他们很久以前派去的。在米利都的街头，建立民主制度、推翻僭主与终结蛮族统治的呼声日益激烈。阿里斯塔哥拉斯在随着波斯远征军前往纳克索斯时，知道自己所下的赌注极高，一旦失败，后果将不堪设想。

然而，他很快就发现，自己得面对失败的后果。远征过程中可能会出现的差错全都发生了。占领纳克索斯岛的企图彻底失败，雪上加霜的是，阿里斯塔哥拉斯与波斯远征军的司令官大吵了一架，对方凑巧是阿尔塔费尼斯的堂兄弟。消息传到萨迪斯后，总督以自己对爱奥尼亚事务惯有的果断，解除了阿里斯塔哥拉斯的僭主职位。不过，在叔叔的支持下，阿里斯塔哥拉斯已经没有什么可输的，他对此做出惊人反弹。他在解职令抵达前自行退位，宣称自己是追求民主的热忱人士，表示希望看见爱奥尼亚所有的城邦确立民主制度。这种说法无疑是把火柴丢入火药桶。革命之火随即在整个爱奥尼亚蔓延，僭主们一一被推翻，由民主政体取而代之，那些没有被民众用石头砸死的僭主都逃到阿尔塔费尼斯那里了。

总督的怒火自然惊人，高举民主旗帜的爱奥尼亚人踏出了致命的一步。他们拂逆大流士任命的总督，驱逐大流士所设立的政权，这形同选择向万王之王宣战。爱奥尼亚人在获得自由之初，正处于飘飘然的心绪中，看来没把这放在心上。但阿里斯塔哥拉斯对此十分明白，至少他没有对国人同胞所必须面对的巨大挑战心存幻想。

像波斯这样的强权并非可以轻易对付，阿尔塔费尼斯的报复一定会来得又快又猛。爱奥尼亚的反叛城邦如果不想被彻底压扁，那么就不仅需要建立联合阵线，还需要强大的舰队和盟友。

但要如何取得舰队和盟友呢？点子多多的阿里斯塔哥拉斯早就想出了一些计谋，第一个计谋尤其胆大包天。根据这个计谋，阿里斯塔哥拉斯的一个手下要伪装为阿尔塔费尼斯的下属，把船开入米利都以北几英里的波斯海军基地，将在那里担任海军将领的爱奥尼亚人集中起来，然后带着舰队返回米利都。[13] 这个计划大胆又成功，鼓励了阿里斯塔哥拉斯亲自执行一个秘密任务。公元前 499 年冬天，他登上一艘战舰，悄悄驶出城邦港口。隔着海湾，他看见高耸的米卡勒山（Mount Mycale）屹立于米利都以北。在过去，亚细亚的希腊人会在山上的“泛爱奥尼亚神庙”（Panionium）聚会并畅叙情谊，以后大概有很多机会可在那里举行作战会议并策划战略，但不是现在。另一个更紧急的任务也等着阿里斯塔哥拉斯去执行。他持续航行。随后米卡勒山以及山西端再过去一点点的萨摩斯岛开始消失在地平线上，前方只剩开阔的大海与通向希腊的海流。

十年谎言

公元前 499 年，拉刻代蒙的冬天。在斯巴达海军基地伊西翁（Gythion）外海，有座名叫克拉纳伊（Cranae）的小岛，岛上终年狂风大作，一片荒芜。然而，任何看到它的人都会不由自主地联想到炎炎夏日和闪耀的星光。在辽阔的夜空下，这里是海伦和帕里斯（Paris）首次共度良宵之处——这段情欲纠缠很快点燃了席卷东西两方的战火，让斯巴达的战船开入特洛伊的水域。这是一个吉兆吗？当阿里斯塔哥拉斯的船行将开入伊西翁，望见克拉纳伊时，他心里一定希望这是个吉兆，他的任务相当于游说斯巴达参加第二场亚细亚大战。

通往斯巴达城的路有 48 千米之遥，一路上阿里斯塔哥拉斯反复练习向东道主陈述的诱因：波斯人的梦想比最贪婪之人的梦想还大；他们涂脂抹粉而且娘娘腔；“他们作战时甚至会穿裤子”[14]。还有比他们更诱人的敌人吗？更何况其中一个斯巴达国王已经证明，自己对先发制人主动出击情有独钟。即使在厄琉息斯遭到挫败，克莱奥美尼仍然是斯巴达无可争议的第一强人。另一位国王狄马拉图斯在煽风点火导致雅典战役流产后，被彻底打入冷宫。克莱奥美尼从阿提卡归国后，公开指控狄马拉图斯破坏战争的努力，又施压公民大会通过一条法律：以后禁止两位国王同时出战，让他的对头形同被关禁闭。事实上，可怜的狄马拉图斯为了摆脱窘境，甚至跑去参加奥运会的马车赛；他想出风头，但更糟的是，他不仅赢得了比赛，还炫耀自己的胜利。这种炫耀对任何斯巴达人来说都是粗俗之举，会这么做的国王更是闻所未闻。

不过，克莱奥美尼同样因为在雅典的失败而背负创伤。当他接见阿里斯塔哥拉斯讨论爱奥尼亚的危机时，让他的客人相当震惊的是，他直接拒绝了出兵的请求。阿里斯塔哥拉斯以为克莱奥美尼想要索贿，因此在随他回家的路上一再提高贿赂价码。就连国王 8 岁女儿歌果（Gorgo）的出现也未能让他收敛。聪明的歌果突然眼睛一亮地尖声说：“父亲，这个外国人想收买你呢，不要理他。”[15] 女儿表现得如此早慧与正直，当然让父亲十足欣慰，不过即使没有女儿提醒，克莱奥美尼还是会让阿里斯塔哥拉斯空手而归。雅典战役流产的苦涩滋味还在他的心中挥之不去，更糟的是，来自北方的情报指出，斯巴达的老敌人阿尔戈斯人正重整旗鼓，密谋进行另一场决战。斯巴达需要把所有人力资源集中来对付这个逼近的危险，克莱奥美尼丝毫不愿向海外派出任何一名重甲步兵。

这倒不是说克莱奥美尼没把波斯的威胁放在心上，已是老练战略家的他当然明白，万王之王与日俱增的野心已对斯巴达构成威胁。但这个威胁并非只针对斯巴达，也不是首先针对斯巴达。看着阿里斯塔哥拉斯颓唐地离开拉刻代蒙，克莱奥美尼应该猜到他的下一站是哪里。那年冬天，爱奥尼亚人并非唯一反抗波斯国王的人，希腊本土也有一个城邦这么做了。公元前 507 年，雅典人找过波斯人帮忙对抗克莱奥美尼后，曾极度后悔自己向万王之王献出一坛水和一坛土。后来，热心赞助僭主的阿尔塔费尼斯命令雅典重新接受遭放逐的希庇亚斯，这被克莱奥美尼视为最敏锐、最富有诗意的正义之举，雅典人当然拒绝了；从这一刻起，实际上他们已对波斯宣战。在克莱奥美尼看来，雅典人是自作自受。他确定雅典必然会答应阿里斯塔哥拉斯的请求，派一支特遣部队前往爱奥尼亚。此举将承受极大的风险，会损兵折将，也可让斯巴达人借雅典人试探波斯军力的强弱。

事实上，一些懂得盘算的雅典人不安地意识到了这一点。贵族当中的聪明人了解波斯人的实力与现实政治的原则，因此在听取阿里斯塔哥拉斯煽动战争的言论时满怀惊恐。不过，现在公民大会不是由贵族支配，雅典人民因急于洗雪一度臣服于阿尔塔费尼斯的耻辱，又被跨海拯救同胞的念头所激励，所以陶醉在轻易掳获战利品的幻想里，因此踊跃投票，赞成派遣一支由 20 艘船组成的舰队，加入攻击波斯人的行列。阿里斯塔哥拉斯曾经指出，民主政体特别容易沉迷于战争的狂热中。正因为如此，“他在一个人那里得不到的东西，却成功地在3万名雅典人的集会中取得”[16]。

对于阿里斯塔哥拉斯与爱奥尼亚人来说不幸的是，这个世界除了雅典之外，再也没有其他的民主国家。事实上，除了优卑亚岛上埃雷特里亚（Eretria）这个利益长期受波斯威胁的商业港口，雅典是整个希腊唯一被阿里斯塔哥拉斯游说成功的城邦。然而，这个给人浇冷水的统计数字并没有让雅典的公民三思，反而更助长了他们的例外主义和使命感。公元前498年春天，历史上首支民主的特遣部队开出了法里龙港。它沿着阿提卡的海岸线向东航行，很快就和来自北方埃雷特里亚的5艘船会合，然后勇敢驶出雅典人的视线之外，朝爱奥尼亚驶去。但它没有离开雅典人的心。那年初夏，人们聚在“陶器区”的酒馆、阿戈拉或法里龙港，热切地等待消息。几个星期后，终于有消息传来。据说民主的士兵取得了辉煌的胜利。他们由于不屑于蜷缩在爱奥尼亚的海岸，便直接攻击了阿尔塔费尼斯势力的心脏地带：他们和爱奥尼亚、埃雷特里亚的盟友翻越拱卫萨迪斯的高山，沿着蜿蜒的偏僻小路，将波斯人杀得措手不及，然后突入平原地带。阿尔塔费尼斯躲进宫殿里；下城区被烧毁，讨伐米利都的波斯远征军被迫返回。

雅典人完成使命了，由于他们的英勇战斗，爱奥尼亚人肯定可以永远享有自由。完成使命了吗？也许看起来是如此。但过不了多久，从爱奥尼亚传回的消息却变成了坏消息。阿尔塔费尼斯被困在宫殿中，但希腊人因为人少又缺乏攻城器械，始终无法突破宫殿的高大围墙。由于下城区的大火越烧越烈，他们无法保护库柏勒神庙免遭火灾。希腊人先是因为未能俘虏阿塔尔费尼斯而感到沮丧，现在又因为亵渎神灵而感到害怕。他们疲惫不堪地回到海边时，发现自己身陷波斯骑兵的重重包围中。在距离他们的船不到 1 英里远的地方，他们被迫转过身来抗敌。在各地积极穿梭外交期间，阿里斯塔哥拉斯反复形容波斯人“很容易被打败”[17]，但现在雅典人身处敌人多如雨点的箭矢与敌人铁骑扬起的尘土中，终于发现了可怕的真相。虽然他们穿着青铜铠甲，但阵线开始被突破。埃雷特里亚指挥官竭力稳住队形，却在乱军中被杀。少数幸存的雅典人成功突围，一回到船上便立刻升帆遁逃。

雅典民众看到归航的残兵败将时，感到惊讶又困惑，他们终于明白阿里斯塔哥拉斯是一派胡言。他说波斯人娘娘腔且柔弱可欺，这是他一厢情愿的想法。雅典公民大会上的意见氛围骤然改变，从沙文主义变成畏惧不前，否决了继续参战的提议。不过，当初阿里斯塔哥拉斯提供给了雅典一些假情报，现在他却指出自己获得了一些真正的成功：萨迪斯被焚让波斯人备受羞辱，为天下所耻笑。从塞浦路斯到克索涅索斯，叛乱的星星之火已成燎原之势，让阿尔塔费尼斯的威望大受打击。

不过，雅典人中再度出现了顽固的孤立主义倾向，他们坚决不为所动。现在，他们从远征行动中瞥见了波斯的实力，并清楚地看出，阿里斯塔哥拉斯的各种计划与野心不过是空中楼阁。更重要的是，他们发现爱奥尼亚的重甲步兵在作战范围与速度上，都不能与波斯骑兵抗衡。事实上，两者实力悬殊。到了公元前 497 年夏天，即起事开始后两年，叛军便全被驱逐到海外，仅剩起事的起源地米利都仍在坚守。爱奥尼亚的舰队虽然还未被征服，却无法从海外取得任何物资和人员补给。情势如此严峻，对希腊人不抱希望的阿里斯塔哥拉斯便决定效法他叔叔，前往希斯提亚埃乌斯位于色雷斯的私人领地，弄些木材供舰队使用，并招募一些雇佣兵。不过，当地人甚至比雅典人更不支持其领主为战争所做的努力：他们不但不欢迎他，反而开始争取自己的自由，并将他刺死。煽起反抗万王之王的大叛乱的人，以及为这场叛乱提供了真正领导力和目标的人，就这样不光彩且令人费解地死去。

爱奥尼亚人获胜的希望本来就很渺茫，而今更暗淡到几乎熄灭。波斯要花上 3 年，才能重建他们在叛乱初期被拐走的舰队，并从叛军手中夺回制海权。但在这段时间，没有人接替阿里斯塔哥拉斯的位置，爱奥尼亚人投入战争的努力开始遭到瘫痪。各个派系的领袖、各个阶级和各个城市互相争斗。这时，波斯的黄金比任何骑兵中队更具有威力，开始发挥了效用，失败主义者与劝和主义者的声音转高。爱奥尼亚舰队仍停靠在被围困的米利都的外海岛屿，坚守着阵地，那里共有逾 350 艘战船。这个数字听起来很庞大，但这些船只历经好几个寒暑的风吹雨打与暴晒，都散发着一种带有恐惧与绝望的臭味，就连身在远方的焦躁的雅典人也闻得到。

雅典人意识到，爱奥尼亚人无论如何防卫都注定会失败；另一方面也预见到，万王之王无情的目光很快就会盯上他们，于是他们开始恐慌起来，这个民主国家打的头几次胜仗所产生的醉人自信也快速消退。在爱奥尼亚打败仗并非雅典人最近吃到的唯一苦头，10 年来雅典深受埃伊纳岛（Aegina）海盗的骚扰。这个海盗窝位于萨拉米斯岛以南仅仅 15 英里处，在萨龙湾（Saronic Gulf）的中心，直接控制着雅典航道的咽喉。政策一向被地主左右的雅典本能地根植于陆地，从未想过要建立一支海军。即使面对海盗不停的骚扰，雅典也没这样的打算。谁会支付海军的建军经费呢？答案显然不是穷人。但有钱人一定不会买单，因为他们认为，站在陆地上手持长矛与盾牌作战，才是理所当然的。这种对海权的蔑视虽然让重甲步兵阶级无须气喘吁吁、汗水淋漓地划桨，但对打击埃伊纳岛的海盗没有帮助。事实上，雅典人对敌人束手无策，只能眼睁睁看着他们的港口陷入火海。当然，海盗在陆上并非雅典人的对手，他们只构成骚扰而非威胁。但事实上，这完全无法减少雅典人的烦躁。有个问题特别令雅典人困扰：如果他们连自己外海的一个弹丸小岛都无法打败，又怎能抵抗一个超级强权的狂暴进攻？

随着爱奥尼亚上空的战云变暗，一个来自过去的阴影开始萦绕在雅典。公元前 496 年夏天，雅典人民选出了一名新的执政官，但他的名字却暗示着自由即将崩溃。希帕克斯（Hipparchus）不仅是庇西特拉图家族政权中著名官员之子，还是被放逐的僭主——希庇亚斯的妻舅。看来他是为姐夫回国铺路、与阿尔塔费尼斯议和以及让万王之王宽恕雅典人火烧萨迪斯行为的理想人选。在此事件中，民主仍站得很稳：虽然爱奥尼亚不断传来坏消息，但希帕克斯在执政官任内并没有私通外国的行为。然而，投降的诱惑——求和派喜好称之为现实主义——仍持续侵蚀人心。有人“阴谋出卖”雅典的谣言在城中四处流传，就像 100 年前以投机分子著称的阿克迈翁家族受到强烈质疑那样。克利斯提尼是雅典民主的开创者，却少有人怀疑，他的家族一旦获得充分诱惑，就会出卖雅典。虽然人们一直找不到证据反对这些怀疑，但这些怀疑助长了人们对雅典民主的偏执。人们肯定万王之王的黄金已通过某些渠道进入雅典，而这些黄金若不是去到一个阿克迈翁家族成员的口袋，就是落入另一名雅典人的口袋。政治人物互相怀疑，日益不安地等待着来自爱奥尼亚传来的消息，同时也要手段为自己牟利。

当然，对世袭贵族来说，这只是老把戏，他们天生是投降派。就像爱奥尼亚的贵族，雅典贵族宁可和万王之王妥协，也不愿让自己的城邦有被消灭的风险。民主的热忱之士明白这点，因此越来越不信任精英阶级，也怀疑他们的忠诚。当然并非所有的贵族都是潜在的通敌者，例如，米太亚德虽是显贵中的显贵，但从爱奥尼亚大起义开始，就是克索涅索斯最积极的自由斗士。但即使如此，他仍是以僭主的身份统治自己的采邑——在雅典那些神经过敏的民主主义者眼里，这并非好事。

然而，他们要到哪里寻找领袖呢？大概要往新一代与新类型的政治家那里寻找吧。此人不会像世家大族的子弟那样，对于谈论人民的权力感到不自在，反而会受到这种谈论的激励。让“世袭贵族”惊恐万分的革命，才会为才智野心双全的公民提供罕有的机会。例如，雅典进入民主才10年，一位名叫地米斯托克利（Themistocles）的年轻人就够格争取雅典最高的官职，即使他生于一个不那么显赫的家族。他的父亲虽出身贵族，但对担任公职毫无兴趣，更要命的是，他的母亲不是雅典人所生。在更早之前较为沙文主义的时代，有这样的母亲就足以让地米斯托克利得不到公民权。后来，由于克利斯提尼的改革与十个“部落”需要充实人口，法律才得以变更。因此，地米斯托克利对雅典民主的忠心尤具个人色彩，也让他对公职的渴望就像一个陷入精神错乱的病人渴望得到医治那样。他认识到，在一个由人民统治的国家中，才有衡量名声的牢靠指标。他曾问过自己的朋友：“当我还不能让别人嫉妒我时，你们又凭什么评价我？”[18] 新秩序开启的时代正在他面前初露光辉，这让他激动不已。

公元前 494 年，这位杰出而雄心勃勃的年轻人年满 30 岁，经过多年的等待，他终于符合竞选执政官的年龄了。来年，他下定决心争取这个官职，而且大有获胜的机会。他虽无从事政治事务的相关经验，也没有后台，但拥有明日之星的所有特质。他脖子像公牛一样强壮，头发短，身材结实，面容刚毅——后人形容他拥有“真正英雄”的外表，[19] 看起来战无不胜、无法毁灭且充满力量。不过，他绝非四肢发达、头脑简单的类型。他的头脑极其灵活与机智，最终会让他的国人同胞大吃一惊并警觉起来。虽然在雅典的新民主制度中，政治人物用不着要手段，但地米斯托克利却擅长此道：他懂得如何内斗以及如何笼络与引导人心。最重要的是，他懂得争取能见度。例如，他没有住在家族的庄园，而选择住在“陶器区”的下风处——“绞刑手门”附近。那是丢弃遭处决的罪犯与自杀者尸体的地方，所以是个有害健康的地点，但这里距离阿戈拉只有几步之遥——这正是吸引地米斯托克利之处。为了让大人物不致对这个不吉利的地方望而却步，他邀请著名音乐家在自家彩排。因为急于交朋友并产生影响力，他当上律师并成为雅典民主政体中第一位通过担任律师来为公职生活进行预演的候选人。最重要的是，他天性和蔼可亲，爱好社交，也百般讨好穷人，因而赢得了穷人的热爱。地米斯托克利把目光放在一批崭新的选民身上，并经常走访酒馆、市场和码头这些以前没有政治人物想去的地方，务求做到记住每个选民的名字。

他不只因为野心勃勃才这么做。虽然他所做的一切都攸关自己的利益，但他不仅把穷人看成选民，还将他们看成是拯救城邦未来的力量。这是一种令他的同侪吃惊的想法，但“地米斯托克利的过人之处在于，他可以预见未来，洞悉一切的可能性——无论好坏”。[20]这位平民政治家比任何一位前辈都更能清楚看出，城邦未来的生存依赖海洋而非陆地，战船的力量又依赖桨夫的集体肌肉。也许有人会认为，这种想法太不现实，当时雅典连一个像样的港口也没有，遑论战船。不过，把眼光放得极长远的地米斯托克利却毫不动摇。他在一个宣言中力主在比雷埃夫斯（Piraeus）兴建新港口，取代其他不入流的旧港口。比雷埃夫斯是法里龙港再过去一点的地岬，其海岸线能提供的不是一个而是三个天然良港，足以容纳任何舰队，而且坚固易守。相较法里龙港，它与雅典城的距离多了2英里，但地米斯托克利强烈主张，在比雷埃夫斯设立新港有巨大好处，这个缺点只是小小的代价。其中的好处包括：让雅典不断扩大的商船船队拥有一个安全的港口；让雅典得到一个足以匹敌科林斯和埃伊纳的贸易枢纽；避开埃伊纳岛的海盗。若假以时日，有足够经费并视情况需要，这里还可以成为一个海军基地……

地米斯托克利不想吓到地主，当他论及海权时，他没在这最后一点上更多地发挥。但到了公元前494年春天，整个雅典都被来自海上的阴影笼罩。从东方传来的消息一天比一天糟。波斯舰队终于开动了。据报，爱奥尼亚人的领袖偷偷在米卡勒山上岸，又像难民一样地偷偷摸摸爬上山，在荒废已久的“泛爱奥尼亚神庙”聚会。在清除那里的杂草后，他们决心和波斯人一战，把希望寄托于孤注一掷。正如这些领袖痛苦地意识到的，他们的起义已经到了生死存亡的关头：“一方面是自由，另一方面是奴役——而且是逃亡的奴役。”[21] 爱奥尼亚人别无选择，只好把所有最后的储备投入舰队之中。然后他们绕过米卡勒岬，向南朝离米利都港口 2 英里的小岛拉德岛（Lade）驶去，在那里建立基地。他们的四周环伺着 600 艘敌人的战船，决战一触即发。整整数日，仿佛被即将爆发的大战的巨大规模吓到一般，双方都不敢轻举妄动。整个爱奥尼亚、雅典乃至希腊世界都绷紧了神经；僵局仍在持续，人们在各处港口焦虑地等待消息。

当夏天临近时，消息终于传来了，但消息却像人们一直害怕的那样可怕。爱奥尼亚人因为在他们的小岛基地上挨饿，轻易就被波斯人分化。他们的舰队出动迎战波斯的突击时，却在驶入米利都海湾时，其战线迅速被击破。有些来自萨摩斯岛——一座面对米卡勒岬的小岛——的船长私下和波斯人达成协议，他们虽保住了性命，但也让那个长期带给他们商业荫庇的城市走向灭亡。随着其他仿效者掉头离开，爱奥尼亚舰队战败的命运不可避免。港湾中漂满尸体，疾病开始在街道上散播，一切取胜的希望都在拉德岛四周的水域消失了。米利都人很快就屈服于波斯人的攻城机器下。阿尔塔费尼斯占领这座城市后，展开疯狂的报复，行为近似亚述人。米利都这颗爱琴海的明珠曾经是波斯国王最喜爱的盟友，如今已被付之一炬，城里的男人遭到屠杀，女人被强暴，男孩被阉割，女孩沦为奴隶。剩下的幸存者被捆绑起来装上一辆辆马车，连同堆得高高的战利品，一起踏上前往劳动营与波斯后宫的漫漫长路。一路上，他们遇到朝反方向而去的屯垦者，这些人都是获得阿尔塔费尼斯赏赐土地的忠心之士。这就是万王之王曾发誓要加诸造反者的命运。

下一个被他目光盯上的人将会是谁？他的愤怒有终点吗？若说米利都被摧毁的消息带给雅典与埃雷特里亚的是全然的恐惧，那么它们的邻邦一样会感到不寒而栗。虽然之前一直忙于彼此争吵，现在连闭关锁国最严重的希腊城邦都不得不抬起头来，认识到波斯是他们不可轻视的一股势力。但这会有什么样的效果？他们有许多不同的选项，但并非都很光彩。例如，阿尔戈斯人——对斯巴达人的痛恨远多于对自由的热爱——他们早在米利都陷落前就做出了决定。[22] 炫耀杜撰出来的世系本来就是他们外交政策的一部分，而这次阿尔戈斯人更是派遣使者前往萨迪斯，指出波斯人其实是古代一位阿尔戈斯国王的后人。尽管这个说法十分牵强，但光看名字，那名被阿尔戈斯人挖出来当波斯人祖先的英雄——波修斯（Perseus），的确有几分可能是波斯人的祖先。由于阿尔戈斯和波斯都能从这种想象出来的亲戚关系中得到好处，双方于是签订合作协议。基于这项协议，波斯人可望在伯罗奔尼撒半岛取得一个立足点，阿尔戈斯人则可看见他们的远亲——万王之王——把斯巴达夷为平地。

斯巴达人在被居鲁士奚落后，便开始敌视波斯，但对于阿尔戈斯人和蛮族攀亲的做法，他们觉得很可悲，而非视之为一种威胁。然而，随着爱奥尼亚被摧残的消息传来，情况有了一百八十度大转变。胜利的波斯与寻仇的阿尔戈斯联合起来，成了斯巴达人最大的梦魇。克莱奥美尼曾回绝在爱奥尼亚与蛮族作战的机会，现在却决定通过攻击阿尔戈斯，来间接打击波斯人。公元前 494 年夏天，当波斯人仍在爱奥尼亚粉碎叛军的力量时，克莱奥美尼带着军队北上，展开一场歼灭战。他不容许任何人阻挡去路。当他的占卜师指出他的军队渡过阿尔戈斯的河流会惹怒河神时，克莱奥美尼拒绝改道，只语带轻蔑地说了一句："这个河神可真爱国啊！"[23] 接着，他在西皮厄村（Sepeia）旁边的战场上击溃了阿尔戈斯人的军队，当看见幸存者逃入一座圣树林时，他大声喊出几个阿尔戈斯人的名字，说他们的赎金已缴付。这些人从树林走出来后，他便一个个将他们处决了。其他阿尔戈斯逃亡者识破这个诡计后，他干脆下令烧毁圣树林。

当然，这是一起令人发指的罪行，对希腊人来说，可怕程度不亚于米利都被屠戮。克莱奥美尼为了逃避亵渎神明的罪名，假手"黑劳士"放火，但滚滚浓烟从大火中冒起，夹杂着油脂和血肉的气味，向其他城邦警示：斯巴达绝不容许任何对拉刻代蒙的威胁。一整代阿尔戈斯人被屠杀，其领土遭分割，国力变得非常衰弱，以至于连迈锡尼那样的小国都能摆脱其桎梏。这是敢于挑战斯巴达权势的国家之下场的血淋淋例子。波斯人应该引以为戒，任何入侵都会遭遇坚定的抵抗。斯巴达誓言，不惜任何代价也要保卫国土。

由此可知，雅典在对抗愤怒的万王之王一事上，并非完全孤单。爱奥尼亚人曾因其优柔寡断而遭受致命的折磨，然而在公元前494年冬天，雅典人似乎因为同样的犹豫不决而陷入瘫痪。他们大概对于不断自爱琴海对岸传来的噩耗感到麻木了。据说，爱奥尼亚这片曾经欣欣向荣的乐土变得一片荒芜。波斯人所过之处杂草丛生，逃入山中的幸存者疲于躲避猎狗和撒网人的追捕，少数没被掳走的米利都人对已化为焦土的哲学诞生地哀痛不已。雅典人想到雅典也许会遭遇同样的命运时，便悲不自胜。公元前493年春天，当观众看到"城市酒神节"所上演的悲剧未如预期取材自神话，而是直接取材自米利都的命运，"剧院中每个观众都感动得落泪了"[24]。这出悲剧很快就被禁演，剧作家也被重罚，罪名是煽动民众、扰乱民心。现在看来，雅典人响应波斯威胁的方式，就是把头深深埋在沙土地里。

然而，他们心底深知，万王之王的军队正在追近，他们也知道自己只剩两种有效的选项：求和、通敌和投降，不然就是战斗。一切迹象都表明，任何决定都不能拖太久。看戏的观众擦干眼泪不久，东方战云积聚的另一个鲜明信号出现在法里龙港。米太亚德顶着光环回来了，他比任何雅典人都更英勇地和蛮族人作战。在回国的路上他遭到波斯舰队追击，虽然侥幸逃脱了一支专门拦截他的分舰队的追赶，但也被一直追到了雅典。不过，他在雅典也有很多敌人：他被同侪憎恨，人民也害怕他，他四射的魅力看似与雅典四面楚歌的民主格格不入。登岸没多久，他就发现自己遭到起诉，罪名是“在克索涅索斯实行僭主统治”[25]。这个官司将在当年稍晚开庭。

判决结果所影响的，远远不只是米太亚德个人的命运。雅典人在面对这位首屈一指的反米底人斗士时，是否有勇气让他们长久以来所害怕的潜在僭主被无罪开释？或者他们会选择继续陶醉于党派斗争的乐趣之中？每个公民一定会有自己的意见，但最有影响力的意见来自年度的国家元首——首席执政官。这就足以让公元前 493 年的执政官选举变得特别重要。当胜利由一名坚决反对求和政策的候选人赢得时，米太亚德想必大大松了一口气。地米斯托克利确实极度嫉妒米太亚德，而且毁掉一个充满魅力的对手的诱惑一定十分巨大。但他坚拒这种诱惑，被起诉的米太亚德获无罪开释。不久后，米太亚德被选为自己“部落”的军事首长，即负责为雅典的最高指挥官——军事执政官——提供建议与支持的十位将军之一。在波斯间谍眼里，这就像斯巴达人在西皮厄村火烧圣树林一样极具挑衅意味。它带给米太亚德左右城邦防务政策的关键性影响力，民主似乎终于拿定了主意。现在看来，雅典已下定决心，像斯巴达人一样背水一战。

通往马拉松之路

所有的雅典人都不会怀疑万王之王摧毁民主制度的决心。据说，大流士收到萨迪斯遭焚毁的消息时，便命人取来象征王权的弓箭，向天空射出一支火焰箭，而且心中向阿胡拉·马兹达祷告，发誓要让雅典人受到罪有应得的惩罚。他极为愤怒，胃口一直没有从震惊中完全恢复。此后，据说他要求仆人在他每次用膳时都在他耳边低语："主人，勿忘雅典人。"[26]

如今在波斯波利斯的内廷，人们每天都会提到一个原本默默无闻的偏远民族，这当然不是一桩简单的事。雅典人尽管每次想起自己是万王之王的心头大恨时都会毛骨悚然，但对此又有几分自豪。不过，从大流士并未立即从亚细亚席卷而来，这反映出雅典人也许过于为自己的脸上贴金了。波斯帝国的规模如此庞大，以至于需要万王之王费心的地方多到超过大部分希腊人的理解。克莱奥美尼从阿里斯塔哥拉斯那里打听到苏撒离大海有三个月的路程时，不敢置信地跳了起来。只不过在苏撒以东，万王之王统治的版图还要走三个月才能走完。雅典人如果知道这件事，在等待自己的末日时理应会得到一些小小的安慰，但同时他们也知道，自己并非大流士唯一关心的对象，甚至不是大流士最关心的。

但这并不代表他毫不关心，万王之王的心思兼顾天下、无远弗届。他总是可以知道任何遥远边界上所发生的危机的最新进展。大流士统治的疆域大得惊人，但他臣下的巧妙设计却让这个疆域大大缩小。没有人不对波斯人的通信速度啧啧称奇，万王之王通过一个个烽火台传递信息，几乎在一个事件仍在酝酿时便已得知该事。在帝国更多山的地区，特别是波斯本身——那里的山谷有很好的传声效果——更详细的情报可以通过声音接力传递。波斯人“学过控制呼吸以及有效利用肺部的技术”[27]，其声音是出了名地洪亮；通过峭壁和沟壑的回声来传递，很多靠走路要一个月才能传达的信息，可在一天内传递完成。波斯人比之前任何人都明白，驾驭信息就是驾驭世界。

因此，波斯强大的终极基础既非其官僚系统，甚至不是军队，而是道路系统。这些由尘土构成的珍贵路径，是帝国庞大身躯的神经系统，消息沿着它们从一个节点流向另一个接点，川流不息地传向大脑，或从大脑对外传出。让克莱奥美尼大惊失色的距离，已由不断往返的朝廷大臣化为无形。每天黄昏，送信的人在辛苦骑马疾驰一整天后，都会找到一处可供休息的驿站。驿站为他提供床铺、饮食与第二天早晨用的新马匹。最紧急的消息可以在风雨交加与日夜不停赶路下，两周内从爱琴海海岸传送到波斯波利斯。这种速度快得不可思议，而且前所未见。无怪乎万王之王控制的高速信息公路网让人民高度敬畏，并被认为是波斯势力最可靠的指标与展现。

驿道的管理非常严格，任何没有“通关文书”的人都不许涉足其间。由于每份“通关文书”都是从波斯波利斯或总督府发出，拥有这种证件的人都拥有一种特权。事实上，波斯帝国主义的两大狂热——人员流动与严格的社会层级制度，便是在通行证制度中完全融合的。一个官员若想知道自己在帝国位阶系统中的确切地位，最好的方法莫过于晚上抵达一处驿站时，看看自己的“通关文书”能换来多少物资配给。若是帝国中最重要的人物——比方说当初与大流士一起刺杀巴尔迪亚的 6 位同谋之一，那么他和他的随从人员可以得到100夸脱葡萄酒。如果他是位于食物链的最底层，也许他会发现，自己得到的葡萄酒配给令人蒙羞，还不及一匹好马。波斯人对于以“通关文书”作为管理世界的基础感到非常满意，不仅官员和士兵，就连妇女、儿童乃至禽鸟，都能通过所得的配给知道自己在帝国架构中的明确位置。例如，如果一只鸭子被养来作为国王的菜肴，那么它每天都可得到1夸脱的葡萄酒。相较之下，一名年轻女孩也许每周才获得1夸脱葡萄酒的配给。

男人、女人、小孩、马匹、水禽，这一切都一丝不苟地受到大流士官僚系统的管理。除了各个总督府有万王之王的“耳目”一直监视追踪外，驿站的每一笔交割也都需要填写记录，由管理人员和收受者共同盖章，然后送往波斯波利斯的中央档案库存档。如此严密地监控通行于驿道的人员，让那些因事耽搁的行程与未能准时到达目的地者，可能会在抵达驿站当晚得不到原定的配给额。那些没有“通关文书”的旅人不仅会挨饿，还会很快遭到追捕并被处死。就连没有得到国王或总督批准而递送的邮件，一样会被烧毁。只有最狡猾的人可望逃过驿道巡逻人员的监控。例如，在公元前499年时，希斯提亚埃乌斯为了和远在米利都计划造反的侄儿联络，剃光了一名最信任的奴隶的头发，在他的头皮上刺字。“等奴隶重新长满头发，希斯提亚埃乌斯派他到米利都，让阿里斯塔哥拉斯剃光他的头，读出上面的内容。”[28]这就是没有“通关文书”的人所必须具备的巧思。

然而，万王之王的敌人要如何与大流士庞大的情报资源竞争？答案是没有好办法。例如，身处亚细亚最边陲的爱奥尼亚叛军，对波斯军队的动静往往只有极其模糊的概念。这和大流士惊人的灵通形成鲜明对比：他虽然离战争舞台远达1 500英里，却仿佛人在现场，对局势的最新发展了如指掌。例如，在公元前 494 年开头几周，大流士就亲自制订了一场决战的进攻计划——数周后这个计划让波斯人在拉德岛大胜，并且洗劫了米利都。大流士详知这次战役的所有细节，因为他主要的希腊事务专家—— 一位名叫达提斯（Datis）的将军——亲自从爱奥尼亚为他送来情报，让他能够知道前线的最新消息。没有比像达提斯这样地位如此高的人长途跋涉前往波斯波利斯报告一事更能反映出万王之王对情报的无比重视了。就像爱奥尼亚的最早征服者哈尔帕哥斯一样，达提斯是米底人，但他在竞争性配给系统里的地位不输给任何波斯显贵，可谓重量级的人物。他每日的葡萄酒配给量为 70 夸脱——连国王的妹妹都会满意的配给量，这是为有特殊军事才能或功绩的人提供的奖励。

波斯人的情报功夫的确非常到位，但这不代表大流士没有误判的时候。其中一个重大失误发生在达提斯到波斯波利斯服务的两年前，当时大流士派希斯提亚埃乌斯前往萨迪斯担任钦差大臣。阿尔塔费尼斯非常不喜欢这个狡猾的米利都人来到自己的地盘，但又不愿触怒兄长，故希望这位不速之客尽快投向敌人。他指出："我们不要转弯抹角了。直接作案的人虽是阿里斯塔哥拉斯，但你才是真正的主使者。"[29] 希斯提亚埃乌斯听到后脸色发白，当晚就从萨迪斯开溜，但未因此停止捣乱。他以最高的技巧在间谍圈浑水摸鱼、鼠首两端，又把阿尔塔费尼斯的阴招还施彼身，大胆在总督的宫廷内部煽动叛乱。看来，喜欢内斗的不只有希腊人，这次危机对阿尔塔费尼斯构成极大的威胁，让他被迫对国人同胞进行大规模的清洗。幸而这种无情的手段刚好让他可以恢复秩序，从那时起，希斯提亚埃乌斯成了被追捕的对象。在整个平定爱奥尼亚人叛乱的过程中，没有什么比抓到他更让阿尔塔费尼斯高兴；在拉德岛的战争得胜一年后，阿尔塔费尼斯终于逮住了这位背信忘义的王兄过往的最爱。当希斯提亚埃乌斯被锁链绑着拖到总督面前时，他镇定自若地坚持，他要回到万王之王身边。阿尔塔费尼斯满足了他的要求：他把希斯提亚埃乌斯钉死在尖桩后枭首，将其头部腌渍于盐罐里，快马送到苏撒。

希斯提亚埃乌斯被处死与米太亚德逃回雅典，这两件事都标志着爱奥尼亚人抵抗的结束。然而，阿尔塔费尼斯的工作仍未结束。赢得战争后，他现在得面对同样艰巨的任务——赢得和平。爱奥尼亚已经在战火蹂躏中挣扎了 6 年。田亩荒芜，船只在海港的死水中渐渐腐烂，道路荒草丛生，村庄和城市沦为焦土。幸存的爱奥尼亚人因为挨饿，不可避免地围绕少数未布满荆棘与荨麻的农田发生争斗。为此，他们几乎用尽最后的力气，重新武装。阿尔塔费尼斯不允许这样的事情发生，马上进行干预。各个爱奥尼亚城邦的代表被召到萨迪斯，迅速发誓相互之间永远和睦。此后，所有边界纠纷都不是由武装冲突解决（这是希腊人的传统），而通过有波斯武力为直接后盾的中间人进行仲裁。就连爱奥尼亚人自己都承认，这种发展对他们并非全无好处。[30] 保护属民不受其最坏的本能引导、促进稳定与贡赋的正常缴纳—— 一如既往，这些都是总督预设的政策。在使用恐怖手段达到他的目的后，现在阿尔塔费尼斯可以松一口气，改为争取人心了。因为意识到爱奥尼亚人有多厌恶僭主统治，他甚至在某些情况下，纵容他们搞民主。毕竟只要帝国的和平获得保障，希腊人选择如何管理自己也就不那么重要了。

这种纵容当然不涵盖那些仍保持武装的人，甚至在阿尔塔费尼斯在为爱奥尼亚——这个往后长期被视为公平与正义楷模之地——流血的伤口敷药时，桀骜不驯的雅典人仍然是揭开的伤口与持续的威胁。对雅典的惩罚拖延越久，恐怖主义国家在希腊多山与难抵达的偏远地区滋生的危险就越大，这样的前景对任何波斯战略专家来说都是一场梦魇。不过，万王之王考虑的远远不只是地缘政治的问题。阿胡拉·马兹达并非白白把世界交给他统治。他所肩负的最神圣职责，莫过于捣毁"谎言"的要塞。雅典当然是叛乱者的巢穴，但更险恶的是，它还是魔鬼的家园，所谓魔鬼就是假神祇；他们选择背叛阿胡拉·马兹达，"追随愤怒的道路，腐蚀人的生命"[31]。只有火焰——曾经清洗并净化爱奥尼亚各神庙的同一种火焰——才可能拯救赎雅典，把它从"谎言"中解救出来。为了宇宙及爱奥尼亚未来的稳定，必须把整个爱琴海转化为一个波斯内海。此事不容拖延，火烧雅典将成为帝国扩张与"圣战"的里程碑。

但如何才能实现这个目标呢？为此，波斯推出了两项政策：完成对爱琴海北部海岸的占领，同时用威胁手段迫使希腊城邦投降。为了实现第一个目标，公元前492年春天，一支舰队与一支生力军被派往色雷斯，任务是向西扩张波斯的领土，征服马其顿甚至更远的地方。远征军主帅是一位年轻的贵族，名叫马铎尼斯（Mardonius），是大流士最亲密的朋友戈布里亚斯的儿子。马铎尼斯因为娶了万王之王的女儿，才与王室建立了亲密关系。但马铎尼斯不仅背景显赫，还是一位真正有才华与勇气的将领。马其顿王国国王亚历山大很快屈服了，马其顿被正式纳入万王之王的统治下，现在他的特赦令可以传送到奥林波斯山山脚下。这次胜利的确有些美中不足，马铎尼斯的整支舰队都在阿索斯山（Mount Athos）外海被一场风暴摧毁，而他本人也在攻击一个难缠的山区部落时受了重伤。然而，这些小挫折不足以掩盖波斯的强大，马其顿仍被牢牢掌握在万王之王手中。这位马其顿的亚历山大像个老练的风向标，总能准确知道当下的政治风向。

但对波斯的战略专家来说，关键问题在于：处于南方的希腊人是否对政治气候同样敏感。公元前 494 年，也就是马其顿被征服一年后，一个使节团被派到希腊各邦，索取土和水作为礼物。大多数城邦表示服从，波斯为此感到满意。但也不是人人都如此。其中两个城邦特别执迷不悟，它们依附于“谎言”与魔鬼的势力，甘于充当“邪恶目的之走卒”[32]。在雅典，人们不但一口回绝了万王之王的要求，还公然违反国际准则，对使者展开公审，并于定罪后将其处死。也许，有鉴于雅典已被证明是一个恐怖主义国家，提出处决外交官建议的人又是万王之王手下的叛徒米太亚德，这样的结果大概不让人意外。更令人震惊与困惑的是，斯巴达人选择用一种比亵渎神明还恶劣的做法支持雅典人。他们根本没有审判万王之王的使者，而直接把他们推进一口井中，并在他们淹死前表示“你们会在里面找到你们想要的土和水”[33]。

这种赤裸的挑衅、野蛮的幽默感与罔顾宗教成规的态度，显然是克莱奥美尼的手笔。现在看来，雅典的民主政体已和两次试图摧毁它的斯巴达国王达成和解。雅典人发现埃伊纳向波斯人献出土和水时，便向斯巴达报告了这件事。克莱奥美尼亲自前往埃伊纳并对其加以谴责。尽管如此，埃伊纳的贵族因为依赖国际贸易，仍不愿触怒东方的超级大国，即使严责他们的人当中有一位是斯巴达国王。为了顶住克莱奥美尼的压力，他们向另一位斯巴达国王狄马拉图斯求助。狄马拉图斯乐见有机会再一次暗算他痛恨的对手，于是热烈提供支持。在他撑腰下，埃伊纳人坚定回绝了克莱奥美尼的要求。

虽然狄马拉图斯没有为这件事情出面，但克莱奥美尼不难嗅出这是他搞的鬼。这位斯巴达国王一回斯巴达后就展开反击。为了一次解决让人忍无可忍的同僚，他接触了狄马拉图斯的亲戚利俄提基德（Leotychides），向这个恶毒的无名小卒保证，如果他能帮忙把狄马拉图斯拉下台，就让他当国王。利俄提基德当然忙不迭地答应了。如同狄马拉图斯的敌人所知，他有一件见不得人的丑事等着被挖出来。他的身世和克莱奥美尼一样，有点复杂曲折。如前所述，他的母亲是那位本来相貌平庸，但因为得到海伦灵魂祝福而变漂亮的女孩。斯巴达国王被她迷倒，以国王的权势勾引她离开丈夫。7个月后，新王后诞下一个儿子。这个婴儿的生父到底是国王或普通百姓？人们也许会认为，这个问题早已解决，因为到了公元前491年，这位王子已登基满24年。这看似一件小事，但当利俄提基德对狄马拉图斯当国王的合法性提出质疑，建议交付德尔斐仲裁时，神谕所的祭司早已得到丰厚的贿赂，并保证阿波罗会与他们串通一气。

求得的神谕当然不利于狄马拉图斯，得到消息后，几位督政官正式废除狄马拉图斯的王位，利俄提基德则通过圆滑与贿赂的手段取而代之。克莱奥美尼在新同僚陪伴下立刻回到埃伊纳，这次埃伊纳人不敢拒绝两位斯巴达国王的要求，于是当场就范。他们甚至同意向最誓不两立的敌人雅典人送去人质，保证自己行为良好。于是，波斯远征军抵达阿提卡后，无法使用埃伊纳为基地。这次，一向遭邻邦痛骂的克莱奥美尼发现自己突然备受赞扬，被认为“对希腊的共同利益”做出了无私的奉献。[34]波斯的间谍断定，斯巴达国王是他们最危险且最能干的敌人，也是万王之王西征计划的主要障碍。

但是，万王之王距离被打败还远得很。如同波斯人一向知道的，希腊人的统一战线没有不能被瞬间瓦解的。看来，就在克莱奥美尼树立起一个新的良好形象时，他贿赂德尔斐的消息突然被揭发。这个丑闻让整个斯巴达为之沸腾，人人怒不可遏。克莱奥美尼被迫流亡，但他当然不甘于接受流亡的命运。他也不屑于乞求国人同胞允许他回国，故设法以威吓的手段胁迫他们。克莱奥美尼向来善于在人群中制造混乱，但如今的情势却导致他公然背叛。他在位期间一直厉行分而治之的策略，但这次却把伯罗奔尼撒半岛北部的势力集结到自己的旗帜下。这招极为有效，令他的国人同胞大为恐慌，赶紧把他请回国内。不过，斯巴达人并没有原谅他的打算，在克莱奥美尼回到斯巴达后，他的命运就注定了。开始有谣言盛传说他发疯了，斯巴达人将此归咎于酗酒。阿尔戈斯人认为，克莱奥美尼心智衰颓是他触怒诸神的明确证明。无论如何，几乎每个人都同意，一年前才被誉为希腊中流砥柱的国王现在发疯了。所以，当他两个还在世的异母弟弟列奥尼达和克里昂布鲁图斯（Cleombrotus）在公元前 491 年年底宣布他精神失常并将他关入牢中时，没有人表示反对。第二天早上，他被人发现死了，大腿、臀部和腹部的肉被一片片地割下，一把沾满血渍的刀子搁在旁边的地板上，而他蹙起的眉毛十分稀疏。死因调查的结果是自杀。这个结果完全说不通，却被普遍接受。

万王之王在希腊最顽强的敌人就此死去，一种无所顾忌但果断地先发制人——也是天性谨慎的斯巴达人从未完全信任的风格——也和他一起结束了。事实上，克莱奥美尼的不堪死法，更坚定了斯巴达人对强势领袖的怀疑。新国王列奥尼达在许多方面都继承了哥哥，还娶了哥哥的独生女——年幼时就十分早熟并继承了父亲庞大遗产的歌果。尽管如此，身为刚登基且有弑兄嫌疑的人，他还必须花一段时间才能站稳脚步。然而，面对波斯的巨大威胁，还有谁能够起来当领导？难道是利俄提基德吗？他太忙于修理倒霉的狄马拉图斯，没空管这件事。或者是长老会议、督政官？两者都是天性保守的机构，不太可能像克莱奥美尼那样，愿意为一种积极的防御政策背书。那年冬天，波斯的间谍给萨迪斯捎去许多好消息。斯巴达的派系斗争被大流士的谋士视为典型的希腊作风，也是大好机会：趁雅典孤零零的时候将它一举消灭。

这种机会不容错过，在公元前 490 年的头几周，等待已久的入侵命令终于颁布。一支“强大且装备精良”的军队（总人数约为 2.5 万）从苏撒出发。[35] 因为马铎尼斯仍在养伤，此次远征的指挥权便交到另两位将军手上，他们都对西线的情况了如指掌：一个是萨迪斯总督的儿子，名字也叫阿尔塔费尼斯；另一个是攻打爱奥尼亚的老将，米底人达提斯，他极了解敌人，可以结结巴巴地说上几句希腊语——这种能力在帝国精英中极为罕见。两位将军按万王之王亲自制订的作战计划行事，率领庞大的舰队渡过爱琴海，把波斯的统治与和平的福祉带给各座岛屿，并在完成这个目标后，“夷平雅典和埃雷特里亚，把奴隶献到国王面前”[36]。这次征服计划虽然没有把斯巴达、伯罗奔尼撒半岛和希腊其他城邦涵盖在内，但仍极其雄心勃勃。显然，作为一次水陆联合作战行动，其规模自波斯 35 年前入侵埃及以来所未见。另外，这项计划不是沿着海岸线前进，而是以一个个岛屿为跳板，直接进攻希腊，这也是大流士一次大胆而新颖的战略尝试。

达提斯和阿尔塔费尼斯都深信自己胜券在握，大军西行的每一天，都可见万王之王资源无穷的新证据：大量劳工维护道路，有时整批劳工都是从世界最远处的角落迁移至此地的；每座桥梁、每艘架浮桥的小艇与每个山口都有士兵守卫；殿后的部队不仅有波斯人和米底人，还有从更遥远东方召集而来的巴克特里亚人、粟特人和挥舞斧头的斯基泰人。对这些人来说，雅典人算什么，他们什么都不是。然而，他们还是继续前进，受到人在远处且无所不知的国王的意志支配。每晚，不论在何处扎营，这些来自大草原、山区或伊朗村庄的人都能够分配到大量补给品，包括酒、面包与喂马的大麦。最后，在他们穿过"叙利亚关"（Syrian Gate），并下到西里西亚平原（今日土耳其东南海岸）后，那里有一支庞大的船队等着他们——有些是战舰，有些则用来运输马匹的。在人和马都登船之后，达提斯便下令起锚出海。

波斯舰队出航的消息很快传到了希腊，但没人对此太过担心。这支庞大舰队开向爱琴海，连神经质的雅典人都不认为它会是直接的威胁。波斯舰队自爱奥尼亚出航本来就很常见，一般都是往北航行，朝赫勒斯滂而去。没有理由认为，这次舰队会采取不同的路线。舰队继续航行，经过米利都港口的废墟，朝米卡勒山与萨摩斯岛之间的海峡前进，至少看起来是如此。不过，到了萨摩斯岛旁边时，它却出人意料地突然转向。所有人在海岸上看到这一幕都不敢相信自己的眼睛，并为此感到不寒而栗。波斯人没有继续北上，而是掉头西进。只有一种解释：达提斯和他的特遣部队要航向开阔的大海和希腊，并航向阿提卡。

波斯舰队经过爱琴海的沿路上，它的指挥官为世人上了一堂打造帝国艺术的高级课程。第一堂课是震慑。当舰队开入令人震惊的纳克索斯岛港口时，达提斯报了10年前远征失败的仇，对这座城市进行迟来的报复，放火烧城并把居民掳获为奴。第二堂课是争取民心。达提斯抵达希腊圣地提洛岛（Delos）时，得知岛上居民因为害怕而逃光了，因此感叹道："你们这些被神明光照的人啊，必然对我有奇怪的看法，否则怎么会这么逃走了呢！"[37]他这个抱怨也许被认为很不真诚，因为波斯人在米利都陷落之后，不是洗劫了迪迪马的神谕所，还把阿波罗的巨大青铜像运到了埃克巴坦那吗？然而，如果提洛人认为，波斯人对叛军的神庙如此严厉，表示他们对阿波罗有任何不敬，那就是大错特错了。其实对光明之神表现出最严重不敬的人就是叛军自己，因为他们投向"谎言"的阵营，也因此任由太阳神的神谕受到假神的污染。达提斯为了让希腊人不致看不出来这个神学上的微妙之处，适时地表演了一出向阿波罗表示忠诚的壮观大戏，他走到阿波罗的祭坛前，亲自奉献了几个手推车的乳香。他完成这项昂贵的表演后，便回到舰队，继续航行于岛屿和岛屿之间，接受它们的顺服、带走人质并强征壮丁。没有人试图反抗。两团烟云发挥了作用：一团是黑色的，来自纳克索斯的焚城之火；一团是白色与芳香的，来自阿波罗的祭坛。看来，航向埃雷特里亚与雅典的舰队是航行于两团烟云的影子之下，而且这个影子正慢慢地往西飘移，要将整个希腊笼罩其中。

7月底，达提斯抵达优卑亚岛的最东端。[38]现在，阿提卡已经在他的视线范围内了。不过雅典得再等一等，因为他没有直接渡海，而决定先将矛头对准大流士打击名单上两个目标中实力较弱且较小的那一个。波斯舰队在阿提卡与优卑亚岛之间的狭窄海峡中航行45

英里后，终于看见掩映于群山之下的埃雷特里亚。狭长的平原上长满橄榄树，它的卫城就位于平原上的崎岖小丘上。达提斯紧张地打量了海岸，然后松了一口气。埃雷特里亚人没有选择在滩头与波斯人决战——滩头战暴露出波斯人最脆弱的一面——而是选择躲到城墙后面。波斯人发动了攻城，战事持续长达5日，战况血腥惨烈。城市在第6天被出卖，两名叛徒向围城者打开城门。就像达提斯早已料到的，两人都是贵族，而且是“所有埃雷特里亚人中最受尊敬者”。[39]威吓大众并拉拢贵族——这项波斯人最喜爱的政策再次自证了其有效性。在优卑亚岛，一如在爱奥尼亚，断垣残壁见证了希腊人酷爱出卖国家与阶级仇恨的天性。

波斯队伍中有一人，当他从埃雷特里亚的熊熊烈火与等着被押上船的奴隶转身而去时，自然会认为，眼前所见预示着他自己城邦与人民的命运。他们除非恢复理智、打开城门并欢迎他回国，才有可能避免这种命运。现在，希庇亚斯这位出亡的雅典僭主年逾八旬，已整整20年没看见自己的故国，他仍殷切地相信，自己是雅典人最后与最好的希望。唯有他有望平息万王之王的合理怒火，唯有他可挽救自己那注定灭亡的城邦，让它重新成为大流士青睐的光明高地。

所以，当登上一艘波斯战舰并为舰队带路时，年老的希庇亚斯不但毫无罪恶感，反而充满爱国热情，并深信自己是天命所归。海峡对岸，优卑亚海湾的背面，阿提卡的崎岖海岸延伸于海面上。此处为阿提卡的北部海岸，没有可供登陆之处。绕过岬角后，便有一个完美的登陆点：那是一片新月形的海湾，海域宽阔，可供躲避风浪，而且容得下一整支舰队停泊。海岸过去是一个平原（最适合达提斯的骑兵驰骋），然后是绕过彭忒利科斯山、通向雅典的两条道路。希庇亚斯有很好的理由记得这里。50多年前，他和父亲及弟弟一同登陆此地，当时庇西特拉图第三次企图成为雅典的僭主，也成功了。现在，随着波斯舰队向同一个登陆地点开去，希庇亚斯深信历史即将重演。就像他弟弟的梦境曾预告了未来一般，他也做了一个隐约预兆未来的梦：前一晚，他梦见自己和母亲睡在一起。当舰艏碰触到泥泞的沙地时，这位老人已准备好登岸，以证明预兆为真。他终于回家了。

此时，他四周的海湾黑压压一片，停满了船只。人们手脚并用爬入水中，涉水走向长满海草的沙滩。他们的人数不可胜数，规模之庞大为希腊人所未见。此时在遥远的远方，波斯先头部队的马蹄在马拉松的平原上扬起漫天沙尘。

希腊人可以继续保持自由

战场上，重甲步兵可能遇到的最致命敌人是恐慌。要让恐慌发生，唯一的条件是一名士兵对胜利失去信心，丢弃盾牌并开始向后推挤，拼命想往后走。恐惧的战栗很快就能感染整个方阵，一个士兵的逃跑可能在几秒内导致整支队伍溃败。对于这种令人不安的现象，希腊人倾向不归咎于人类的软弱天性，而归咎为超自然力量作祟，例如，也许某个神灵把一口寒气吹送到士兵之间，或某名被激怒的英雄突然自坟墓中显灵，大步走过战场。不过，这种理论虽可为一支溃败军队受伤的自尊提供些许安慰，但也包含了另一个令人不安的理由：方阵总是容易因少数胆怯者而变得脆弱。“人们戴头盔和穿胸甲是为了保护自己，但他们手持的盾牌却可以保护队列中的每一个人。”[40] 如果一名重甲步兵出征时不能完全信任战友，那么他大可想象自己正步向死亡。

雅典人从城墙上望见彭忒利科斯山上的烽火台升起烟火时，知道他们多年来最害怕的事情终于发生了。但大家对于要怎样应对这个威胁却莫衷一是。有关敌军规模的惊人谣言已传遍整座城市，对头脑最清醒的雅典战略家来说也同样明显的是：无论这个民主国家投入多少兵力，强弱都绝对悬殊。此外，入侵者拥有骑兵这项极大的优势，而且 50 年来，从来没有一支希腊军队在开阔的战场上打败过波斯人，留在城里固守不出的主张看来无可反驳。

然而事实上，人们已经决定出城正面迎战入侵者。波斯人登陆马拉松的消息被证实后不久，雅典的重甲步兵约 1 万人便已准备好带着粮食出发。[41] 他们的指挥官是军事执政官卡利马科斯（Callimachus），但作战计划却出自米太亚德。在公民大会上，这项计划被激烈讨论了数日，最后被投票通过。米太亚德是城邦里数一数二的反米底人斗士，其意见自然不会受到轻视，而他也有反驳主张闭城不出者的论据。入侵者确实数量惊人，也拥有可怕的骑兵，但这正好是雅典应该正面迎战的理由。自马拉松有两条绕过彭忒利科斯山的道路可通往雅典，只要波斯人控制了这两条路中的一条，他们的骑兵就可长驱直入阿提卡。若雅典人快速行军，坚守住平原的两个出口，他们也许就可以把波斯人拦在滩头上。一场恶战将在所难免，而方阵里的胆怯并非唯一能引起灾难的方式。毕竟，只要两名叛徒就能把埃雷特里亚的城门打开了。10 年来，有雅典人收下万王之王黄金的谣言不绝于耳，谁又能保证在围城战中守得住雅典？如果坏事终究无法避免，那么死在战场上终究比被人在背后捅一刀来得光彩。

不过，雅典人民虽然投票赞成米太亚德的进取政策，仍不敢相信自己能够独力对付可怕的入侵者。当雅典军队刚开始向着马拉松进发时，一个公民就朝着反方向而去，向南直奔伯罗奔尼撒半岛。他名叫菲迪皮德斯（Philippides），是城邦中最有名的长跑运动员，拥有不可思议的毅力和速度。不到两天他便跑了 140 英里的路，在第二天傍晚通过拉刻代蒙北部的崎岖山区，进入欧罗塔斯河谷地。当太阳落到泰格托斯山脉的背后时，菲迪皮德斯抵达无城墙包围的斯巴达。

他发现这里的情况与雅典天差地远，整个拉刻代蒙都在欢庆。菲迪皮德斯抵达时，斯巴达最神圣的卡尼亚节（Carneia）正如火如荼地进行。年轻人结束了一天的野蛮比赛后正在休息，较年长者则在仿照战场营地布置的帐篷中饮宴。但这种布置并非意味着，斯巴达人随时准备好一跃而起去作战，恰好相反，卡尼亚节是强调和平的节日。斯巴达人遗憾地告诉菲迪皮德斯，他们不可能打破节日期间必须保持和平的神圣规定。只有等到 8 月满月的银辉再次照亮夜空时，他们才可能开赴马拉松。这个时间距离当时还有一星期，加上行军时间，雅典人至少还要等上 10 天，才可望盼到斯巴达的军队。毫无疑问，假如克莱奥美尼还活着，这名波斯的顽固敌人、视禁忌如无物之人一定会坚持立即出兵，可惜他已经死了，而斯巴达仍然对于他的凶死感到震惊。而且斯巴达仍处于内斗中，利俄提基德和狄马拉图斯斗得尤其凶狠，新国王不放过任何取笑他前任的机会。斯巴达人已陷入这些烦恼当中，他们当然不愿意进一步触怒诸神，即使菲迪皮德斯苦口婆心地央求他们说："雅典人恳求你们的帮助，恳求你们别在整个希腊最古老的城市面临灭顶之灾时袖手旁观。他们恳求你们，别让雅典遭受野蛮入侵者的奴役。"[42]

对雅典人来说，等待10天实在太长，但菲迪皮德斯注定不会空手而归。[43]在返回雅典的途中，经过泰格亚外部的高地时，他听到有人喊他的名字。他停下来一看，只见一名长着一双羊腿、头上顶着双角且阳具巨大的人。这可能只是在失望和疲惫之下所产生的幻觉，但菲迪皮德斯毫不怀疑对方是一个神明。这位神明以爱恶作剧闻名，潘神（Pan）有一种幽默感，如果他对哪座城市不满，就有能力让城墙内的每个公民痛苦地勃起。但这一次，这位神明只对菲迪皮德斯说了些鼓励与安慰的话。他告诉这位长跑者，他对雅典人很有感情，保证很快就会出手帮助他们。潘神没有谈到细节，正如其名所示，他是一位恐慌之神，只要降临战场，就会让军队不寒而栗，并让另一支军队勇气倍增。他的这番话让菲迪皮德斯大受鼓舞，充满希望。

当他回到雅典，看见自己的城市并未在滚滚浓烟中燃烧时，情绪更是乐观。事实上，从前线传回来的消息十分正面：雅典重甲步兵行军迅速，已赶在入侵者到达前占据了通往雅典城的两条道路。锦上添花的是，800名来自普拉蒂亚的重甲步兵加入了他们的阵营——那是该小城邦所能派出的所有重甲步兵。虽然这些不算太有力的增援，但这番出于感恩的友好表现，让雅典人感动且气力倍增。现在他们开始相信，他们也许能够坚守到斯巴达援军到来，而他们的城市也许能幸免于波斯战火的蹂躏。

当然，对于失去战士保护的人来说，这种乐观的情绪不可能完全无阴影，可怕的想象与疑问充斥于情绪紧绷的大街小巷。万一波斯舰队在雅典重甲步兵仍待在马拉松时，绕过阿提卡海岸，突然在法里龙港登陆，该怎么办？万一叛徒与希庇亚斯联络上，计划打开城门，又该怎么办？最受猜疑的莫过于阿克迈翁家族，但没有任何证据可以指控他们；再者，虽有诸多谣言，但也没有证据可以证明，其他人有背叛的意图或信奉失败主义。雅典城的城门仍紧紧关着，当菲迪皮德斯前往马拉松时，他不仅准备带给将军们斯巴达的消息与潘神的话，还准备告诉他们，后方士气坚定。

不过，当这位长跑者抵到雅典人的阵营，看见他的国人同胞所面对的挑战时，想必他的决心已开始动摇。马拉松平原上的场面令人胆战，大概只有特洛伊城墙上的守军所看过的景象可以与之比拟，自从遥远的古代以来，何尝有过如此浩大的入侵，其规模能与达提斯的入侵相匹敌？在海湾远处尽头，一个被当地人称为“狗尾巴”的岬角下方，波斯人的船只停满海滩，绵延数英里。这些亚细亚人穿着鲜艳的奇装异服，在平原上散开来，脚下践踏着雅典农夫自神圣阿提卡土壤中种出的庄稼。他们的兵马多次向雅典人的阵地冲过来又转过身去，以飞扬的尘土取笑对方缺少弓箭手。

不过，他们也不敢贸然冲入对方的阵线，因为雅典人扎营在高地上，背靠着陡峭的山崖，前面还有一片献给赫拉克勒斯的神圣小树林，可帮助他们阻挡波斯骑兵的攻击，可以说是占了非常有利的防守位置。现在，随着菲迪皮德斯来到他们的阵地，雅典人可以精确估算出，在斯巴达援军到达前他们需要固守一周的时间。大多数的将领认为，这绝对可能办到。不过，其他人听到菲迪皮德斯带来的消息时，都清楚了解到，危险将提早到来。米太亚德尤其了解波斯人，知道他们擅长运用间谍。毫无疑问，达提斯已将斯巴达人变幻莫测的时间表算进来，也确知自己所剩的时间不多。截至目前，雅典人没有如达提斯期望的那样，因为背叛与纷争而瓦解，而波斯指挥官势必很快改变战略—— 一种米太亚德不难想见的战略。由于雅典人封锁了两条向南的道路，若达提斯要赶在斯巴达人抵达前痛击雅典，只有一个方法，就是取道海路。当入侵者起锚扬帆，雅典军队得面对两难的抉择：罔顾敌军骑兵自海路进攻雅典的风险并留守原地，或者冒险进入开阔的平原与波斯人决一死战。米太亚德主张的两个选项都让人害怕，但只有第二个选项有一丝机会。

一天、两天、三天过去了。现在，距离斯巴达人预定到达的时间只剩 4 天，僵局仍持续着。波斯船舰虽虎视眈眈，但仍毫无动静地停泊在沙滩上。太阳渐渐从环绕马拉松平原的群山背后落下，浑圆的月亮终于升起于 8 月的夜空中。在遥远的拉刻代蒙，斯巴达人应该已整装待发。那么波斯人正在做什么呢？平原上洒满幽灵般的月亮银辉，难以看清几英里之外笼罩于“狗尾巴”阴影下的敌军船舰有何动静。突然间，一阵喧闹声清楚传来。那是数以万计的脚步声，一开始非常微弱，随后变得越来越响亮，逐渐靠近雅典人的阵地。侵略者终于开始行动了，这是一次全面进攻还是转移视线？答案很快就揭晓了。不仅达提斯晓得情报的重要性，雅典人这边也有人——很可能是米太亚德——在侵略者当中安插了耳目。就在这个月圆之夜，有些敌人阵营里的爱奥尼亚人悄悄溜过平原，进入圣树林，来到雅典人的阵地。他们带来的情报无比紧急，消息很快被上报给由卡利马科斯与十位部落将军组成的最高指挥部。“骑兵已经开拔了！”[44]

这是米太亚德一直等待的一刻。如果间谍的情报准确，波斯军队正在分兵：一部分军队向前推进以转移敌人的视线，后方的骑兵则悄悄上船。[45] 雅典人立刻召开作战会议；会中，米太亚德请求战友投票赞成立刻发动进攻。他指出，敌军兵力分散，而且主力骑兵几乎全走了，再也不会有比现在更好的取胜机会。9 位将军中有 4 人同意此提议，但另外 5 名将军却害怕在开阔的战场和波斯人交战，因为雅典人没有弓箭手与骑兵，人数又完全处于劣势。决定性的一票操在军事执政官手中。卡利马科斯一向非常看重米太亚德这位著名反米底人战士的意见，这次也不例外，命令下达了，破晓时分出战。

整个雅典军营的人全被叫醒，得到通知说一小时内就要出击，与一支从未被重甲步兵击败过的敌军对战——这支敌军“光是名字就足以令任何希腊人毛骨悚然”[46]。如果通过把力量和勇气集中起来，就有机会保全自己的家人和城市，此时雅典的重甲步兵必须奋起抓住这次机会。负责维护甲胄的奴隶纷纷为主人穿上战服，赤裸裸的雅典人立刻变装成可怕的铜甲人。束上胸甲与护胫甲，手持盾牌和长矛，然后头戴头盔，这些重甲步兵组成战斗队形，与来自同一“自治区”“三分区”“部落”的伙伴并肩站在一起。雅典人习惯将方阵排成 8 列，但米太亚德担心这样会被波斯人机动性更强的轻步兵包抄，于是下令拉长方阵中的中央部分，让雅典队伍与侵略军队伍的大小完全相等。随着晨曦初露，站在 1 英里外的敌军越来越明显可见。当第一束阳光照射在远处优卑亚岛的灰色山丘上时，雅典人向诸神献祭，占卜结果为吉兆。将军们直接站在队伍的最前列。依照惯例，军事执政官指挥军队的右翼，普拉蒂亚人被部署于左翼，地米斯托克利与另一位民主政府的后起之秀阿里斯提德（Aristeides）在方阵中央率领自己的“部落”——这是整个方阵中最脆弱的部分。[47] 负责指挥全局的米太亚德则站在全军都听得见他的声音之处。最后他高举手臂，指向波斯人并大声喊道：“取他们的性命去！”[48]

重甲步兵低下头举起盾并挺出长矛，举目望去一片金光闪闪。此时已无法回头了，因为他们的头几乎完全包裹在头盔里，方阵中的每个人都觉得自己的眼睛和耳朵接收不到战场上的信息，几乎看不见前方的敌人，也听不到指挥他们冲锋的号角声。只有两边战友突然晃动或身后行列向前涌动的力量，让他们获得一些真切的感觉。向下往开阔的平原走去，方阵的移动沉重缓慢而且队形坚固。这是可怕又令人迷醉的时刻，虽然盾墙后面只要有少数人胆怯便可能连累多数人，但反过来看，前进过程中即使有人因害怕而颤抖，甚至被吓得屁滚尿流，他也会因为意识到自己身在一大群全副武装的自由人之间而坚强起来。事实上，若不是有这样的自觉，雅典人怎敢于在这个 8 月的黎明组成方阵，前去对抗一个被广泛认为是战无不胜的敌人，然后走进一片想必被许多人认为是死亡地带的平原呢？

关于雅典方阵的推进，日后出现了许多匪夷所思的说法。其中之一提到，雅典人冲锋了整整 1 英里的路，好像第一次胆敢攻击波斯人的人必然具备超凡的体能。事实上，没有人全身穿着铠甲跑了 1 英里路后还有力气继续作战，因为这套铠甲以青铜、木材和皮革制成，重达 70 磅[1]。就连在凉爽的清晨穿成这样跑步，汗水也会很

[1] 1 磅约为 0.45 千克。——编者注

快涔涔而下，与上万双脚踏起的尘土混在一起，让前进中的重甲步兵双眼模糊与刺痛，越来越看不清楚眼前的敌人——那些奇装异服、伸手拿箭的弓箭手、试图投石的人，以及波斯战阵中欢欣与怀疑的表情。很快地，当雅典人继续深入无人之境后，第一批箭矢向他们呼啸飞来，他们立刻举起沉重的盾牌保护自己的胸膛。就在此时，他们终于跑起来了。就像“被逼到角落的凶猛野兽向敌人竖起刚毛”[49]，前3排的人在同一时间俯下身体，将长矛向前瞄准，准备迎接即将发生的碰撞。到了约剩150码[1]时，漫天的矢石向他们落下，击中他们的盾牌和盔甲，偶尔刺穿一名重甲步兵的大腿或喉咙。尽管如此，雅典人不把这种黑雨看在眼里，反而加快脚步继续冲锋。这时，敌军才开始惊恐地意识到，他们的弓箭手与他们的预期不同，无法阻止盾墙与尖锐长矛的前进，于是纷纷举起藤条盾牌自卫。100码、50码、20码、10码，然后随着雅典人发出震耳欲聋的喊杀声，他们的方阵嵌入了波斯人的阵线。

这个冲击极具杀伤力，雅典人曾在对抗其他方阵的战斗中磨炼自己的战技。在那些战争中，他们以自己的木盾牌砸烂敌人的木盾牌，以长矛的铁尖刺穿敌人的青铜胸甲。现在，虽然碰撞的头几秒令人害怕，但随之而来的是金属刺穿肌肉和骨头的声音。然后，雅典军队像海潮一样，卷过只穿着棉布无袖上衣、握着弓箭或投石器的敌人。重甲步兵的白蜡木长矛并没有像每次方阵对战那样断成数截，而是可以反复使用。至于那些逃过长矛猛刺的敌人，也很容易被铜甲人沉重的撞击撞死。很快地，波斯军队两翼的士兵吓破了胆

[1] 1码约为0.91米。——编者注

并向后逃跑，雅典人继续向前推进，对敌军狠刺狠劈。只有在中军之处，因为方阵冲击力量较弱，侵略者顶住了重甲步兵的冲锋，缓慢地逼其向后退。部署于此的是敌人的中坚部队，由波斯人与斯基泰人组成。波斯人的盔甲比其他大多数部队的厚，来自遥远东方大草原的斯基泰人擅长使用斧头，可轻易劈开一个重甲步兵的头盔或胸膛。然而，雅典人的两翼部队开始收拢，袭击敌人侧翼，以支援承受了巨大压力的地米斯托克利与阿里斯提德，波斯人的中军不久后便开始崩溃。屠杀变得越来越血腥，然后少数波斯人与斯基泰人展开突围，跑过几英里的战场，逃向停泊于沙滩的战船。希腊人继续追击敌人，他们因得胜而狂喜，却对于潘神帮助他们赢得的辉煌战果半信半疑。

虽然雅典人打赢了仗，但他们的胜利却远非决定性的。雅典军队的两翼要解决敌人的中军，从而给了波斯舰队水手足够时间，把船驶离并救走被困在浅海的大批波斯士兵。许多战友在互相践踏中被踩死，或在波斯舰队停泊处以北的大沼泽里被淹死，死亡人数多到使此地像是“发生最要命大屠杀的地点”[50]。不过，控制着舰队的达提斯和阿尔塔费尼斯仍然构成威胁。米太亚德和他的人马对那些已经离岸的船只束手无策，只能拼命占领或焚毁仍停留在沙滩上的那些。海滩上的战斗就像战争中的任何阶段一样激烈，对雅典人来说，这样的战斗也一样致命。一名重甲步兵企图爬上一艘船的船艄时被斧头砍掉手臂，因失血过多而死，军事执政官和10位将军中的一位也战死沙场。最后，7艘波斯战船被俘虏，其他的人则成功逃走了。波斯人通向雅典的陆路虽遭封锁，但海路并没有被封锁。

开战前载着骑兵出航的舰船到了哪里？这个问题一直让雅典的

将领记在心上。当疲惫的重甲步兵在漂满尸体的浅滩涉水往回走时，他们看到彭忒利科斯山的山坡上发出闪光。[51] 那是打磨光滑的平面反射的阳光，显然是预先安排好的信号，要向海上的波斯舰队通报信息。其确切意思不得而知，但所有的雅典人马上都猜到，那是雅典叛徒发给波斯人的信号。

所有的人都心头一紧，他们在 26 英里外的家人与家园毫无防卫能力。虽然此刻他们已经筋疲力尽、大汗淋漓且血渍斑斑，但他们别无选择，只得用两条腿跑出的最快速度赶回雅典。[52] 他们离开战场时还不到早上 10 点，但表现出惊人的韧性与耐力，黄昏前便回到雅典城。[1] 他们回来得正是时候，因为不久之后，波斯舰队的第一批战船就驶向法里龙港。它们停在港口入口外几小时，一动不动。随着太阳下山，它们起锚转向东方航去，消失在夜色中。入侵的威胁消失了。

就这样，雅典逃过了米利都和埃雷特里亚的悲惨命运，也证明了自己——用米太亚德掷地有声的话来说，就是“理应变成全希腊最伟大的城邦”[53]。它的公民曾在马拉松直面他们最害怕的噩梦：养育了他们的古老的家园被连根拔起，被迫背井离乡，甚至血脉可能彻底断绝。那天作战的每个重甲步兵都知道，万王之王因为雅典人违誓而震怒，发誓要以“已知最可怕的方式对他们展开报复”[54]，即阉割他们的儿子。雅典人是否暗自担心，诸神也许会赞成这种可怕的判决？雅典确实违背了自己忠于大流士的承诺，而希腊人习惯于在起誓时踩烂自献祭畜生身上割下的睾丸，以表示如果食言，自

[1] 受这段行军过程的启发，法国教育家米歇尔·布雷亚尔（Michel Bréal）在 1896 年的奥运会上建议设立“马拉松赛跑”项目，赛跑路线之一是雅典战士当年从战场返回雅典城的路径。至于马拉松赛跑是为了纪念菲迪皮德斯而设之说（相传他把马拉松大捷的消息带回雅典，并在上气不接下气地说出“我们赢了！”后死去），虽然富有诗意且说得通，但可惜只是杜撰。

己后代的睾丸也会被压碎。当雅典人冲锋于马拉松时，他们相当于把自己最大的恐惧付诸测试，并以惊人之举将其消除。

不论当初是谁在彭忒利科斯山给波斯人发送信号，此人现已噤声了。当消息传来，希庇亚斯因为失去希望而在回程途中死去，这印证了大家都已经知道的东西：自马拉松大捷后，没有人应该以自己的未来为赌注，赌僭主统治可能随时在雅典复活。现在，人人都偏好由人民来统治，至少偏好由那些赢得著名胜利之人来统治，包括拥有铠甲的农夫和有地乡绅。经过统计后，共有 192 人战死沙场。这些为雅典争取自由而牺牲的英雄被赐予殊荣，他们的坟墓不是设在“陶器区”，而是设在战死之地——在城邦的历史上是头一遭。“为了表扬他们的勇气”[55]，他们的尸体被埋葬在一个 50 多英尺高的大陵墓中，墓旁有大理石板铭刻阵亡者的姓名，就连最高傲的世家大族也没有类似荣耀。死者被葬在一起，没有任何阶级或家族的区别，与自己努力捍卫的土地融为一体。他们都是公民，人人平等。还有什么头衔比“公民”更能让一个雅典人引以为傲？没有，雅典本身就是一切。

历经 3 天急行军后抵达马拉松的斯巴达人，都不得不对独力打败波斯人的雅典人致上敬意。他们察看战场后，看见无数倒卧于平原泥土上及半沉于沼泽里的腐烂尸体，明白了雅典人击退的是一次规模巨大的入侵。这里共有 6 400 名入侵者死亡，尸体喂肥了苍蝇——这还只是达提斯率领的远征军的一小部分。万王之王在亚细亚的腹地有几百万大军可供调遣，这是雅典人和斯巴达人不敢想象的。看着这些战死的波斯人并欢庆此次胜利时，每个希腊人仍会不由自主地感到忧虑与害怕。不过，斯巴达人按部就班检视过战场和尸体后，有了不少可以让自己放下心头大石的发现。这是他们首次有机会研究传奇东方主人的盔甲和武器，看来他们未对眼见之物过于刮目相看。虽然达提斯把一支大军带到了马拉松，但这支大军却无法让斯巴达人觉得他们算得上是对手。

正当斯巴达人还在审视战场时，一条大壕沟已于沼泽地的南面边缘挖出。侵略者的尸体被一股脑儿丢入坑中，下葬的地点没有墓碑。[1] 虽然他们的坟墓默默无闻而且不光彩，但对这些人来说，还有更适合的坟墓吗？他们生前从来不知道公民的情谊或方阵的纪律为何物，只是像野兽一样被人喂养，发出一些毫无意义的喊声。爱奥尼亚人一向把波斯人贬称为“蛮族”，获得大捷后的雅典人也起而效仿。这个字眼完全可以让人联想起雅典人在马拉松平原上看过并感到害怕的事物：多如蝗虫般的异族，奇装异服而口齿不清。不过“蛮族”一词还可以表达出更丰富的含义，传达出说话者的优越感乃至不屑。当然，在那个事关重大的 8 月黎明之前，没几个希腊人敢用这种态度看待波斯人。

马拉松为雅典乃至整个希腊上了重要的一课：遭受超级强权羞辱的命运并非不可避免。雅典人展现出打败万王之王大军的可能，这也是他们孜孜不倦地提醒每个人的。万王之王的大军也有致命的弱点。

总之，自由是可以被成功捍卫的。

[1] 直到 19 世纪，一名德国测量师在这里发现了一个乱葬岗，波斯人坟墓的位置才被得知。

第六章

黑云压城

天堂里的杂草

马拉松战役被雅典人视为史上最重大的胜利，但万王之王对此看法不同。波斯帝国的鼓吹者不想让人们留意到帝国的挫败，因此对他们来说，把这场战争描绘成小型的边界冲突，并不算扭曲事实。当然，可恨的雅典人成功逃脱了他们原本应得的惩罚，这确实让人遗憾，但未能拿下雅典这一小小的失败，无损于整个远征行动的重大胜利。对此存疑的人，只要看看匍匐在苏撒街上的埃雷特里亚人就很清楚了。大流士眼看着这些可怜的俘虏趴伏在自己面前，非常宽宏地下令给他们解开锁链，将其安置在今天巴士拉（Basra）以北的地区。该地区因从其沙漠地下涌出的神秘黑色液体而广为人知，那里的空气中弥漫着被波斯人称为“rhadinake”的重浊气味，这可比爱琴海的海咸味浓烈多了。就像犹太人曾在巴比伦的河边哭泣，现在轮到埃雷特里亚人在伊拉克南部的油井间因思念故国而流泪了。“永别了，最可爱的埃雷特里亚，你已不再是我们的家园。永别了，雅典，这个曾与我们隔海相望的邻居。永别了，挚爱的大海。”[1] 在大流士看来，流放已经是足够严厉的惩罚了。

当然，这种宽宏大量不过是在万王之王的正义风暴后才会出现的阳光。对待雅典这种遍地异教信仰与谎言的顽固据点，就应该永远判处它死刑。但该死的不只是雅典。斯巴达人谋杀万王之王使者的罪过不会被忘记，也不容宽恕。因此，大流士在马拉松之战后重新制定他的西方战略时，决定要以摧毁雅典的方式一同摧毁斯巴达。大流士的运气不坏，他的情报头子（他们总是走在万王之王军事计划的最前沿）最近取得了可观的成果：在神秘而封闭的斯巴达招募到一名间谍，更重要的是，这名间谍原本是位国王。原来，当着斯巴达人民的面，狄马拉图斯多次遭受了利俄提基德的公开羞辱，终于忍无可忍。起初他偷偷摸摸地行事，后来索性公然逃到苏撒的宫廷。他受到极奢华的礼遇，也被当作大肆汲取情报的信息源。[2]这名叛逃者仿佛已经开始思念故乡，所以对波斯人刺探的所有问题都毫无保留、发泄式地全盘托出。

尽管狄马拉图斯鼓励他的波斯庇护人入侵伯罗奔尼撒，他的情报也提供了重要的契机，但大流士的征服计划却没那么轻易就立刻实现。达提斯的远征可以说只是一次华丽的劫掠，而完全平定像希腊这样遥远又多山的地区，则是难度全然不同的挑战。波斯的官僚行政体系行事又极其缓慢低效。公元前 486 年 6 月，也就是大流士下达帝国动员令的 3 年后，埃及人因受够了波斯人对谷物与兵丁的无休止索取，突然起而叛变。万王之王的目光立即从雅典转向南方。埃及富有、肥沃且珍贵，为贫瘠的希腊而承受失去埃及的风险实在不划算。所以，原本计划被派往雅典的特遣部队，现在转而被派去攻击尼罗河的土地。夏去秋来，这支部队做好了从波斯出征的准备。

万王之王也准备御驾亲征。

宫廷里的人都意识到，这个计划有着致命的风险。大流士此前常常东征西讨，但现在他已65岁，不再年轻，而且传言说他如今身体虚弱。廷臣们还铭记着上一位出征埃及的波斯国王的惨痛下场。而且冈比西斯到尼罗河作战时，他只有一个弟弟留在波斯；而精力旺盛的大流士却有许多野心勃勃的儿子。如果过去的历史能留下什么教训，那就是国王亲自去外省作战会引起继嗣危机。手足相残足以严重威胁波斯统治的根基，而这样的事已经使王室血脉断绝过一次，谁又敢断言，这样的事不会再度发生？

毕生辛勤为世界建立真理与秩序的大流士，不会坐视这一切成果在他死后毁于一旦。他一直相信，一大群有才能的儿子不仅不会威胁到帝国的生存，反而能巩固帝国的统治。波斯人民不必对他子嗣众多这件事感到忧虑，反而应该为此感到欣慰。毕竟波斯人一直信奉这样的准则："除了在战场上的勇气，衡量男子气概的最可靠标准就是他的子嗣够不够多。"[3]大流士事事谨慎，更不可能忽略对儿子们的教育。波斯人从不会溺爱孩子，就连一向认为裤装滑稽而且缺乏男子气概的希腊人，也不得不承认这一点。一位波斯王子可能会穿着颜色鲜亮的花哨裤子，但他的性格绝对够强悍。

当然，波斯王子的幼年很可能也是在后宫女性的温柔呵护中度过的，但也唯独如此，宦官们才能更好地塑造他，"赋予他婴儿的美丽，在他蹒跚学步时锻炼其双腿，让他的腰杆挺直"。[4]这些王子自5岁起，就要像斯巴达人一样接受严格的课程训练：在破晓前被嘹亮的号角声唤醒，起床后的第一件事是进行8千米长跑，随后是令人疲惫的繁重课程，包括发音练习、武器训练，以及在冰冷的急流中潜行。王子们会被要求领导 50 个男孩，以此来提升领导能力；会跟随父王外出打猎，学习如何像帝王那样使用长矛和弓箭；还会接受祭司的教导，学习公正的原则、波斯的辉煌历史，以及如何敬奉阿胡拉·马兹达。波斯的王子或许生在奢华的环境中，但这种奢华只是为了让他们的属民目眩神迷，而不是为了让这些帝国精英变得软弱。即使是那些从出生起就有整个城镇专门为她们制作精美拖鞋的公主，也不会被允许无所事事、游手好闲，她们必须在家庭女教师的指导下练习骑马，甚至要证明自己像其他兄弟一样能够"娴熟地使用弓箭和长矛"[5]。因此，万王之王的子女都被寄予厚望。他们拥有的特权无可比拟，但伴随着这种特权的责任也一样惊人，毕竟大流士的子嗣要继承对世界的统治。历史上再没有其他孩子能含着这样的金汤匙出生。在大流士的精心策划下，整个帝国都成了王室的家族事务，但他的子嗣们并不用自己去争夺战利品。只要他们能证明自己值得父亲恩宠，就有望统治古老的王国、强大的总督领地和军队。他们越是出众，就越有可能奢望更大的奖赏，而最高的奖赏——继承大流士统治世界的权力，当然是归最值得嘉奖的王子所有。

关于这个人选，大流士早在几年前就决定好了。[6] 他的儿子中有一位格外出众，那就是薛西斯（Xerxes）。薛西斯虽不是长子，但很早就成为万王之王理所当然的继承人。他能赢得这个头衔，是许多因素综合导致的结果，其中最重要的因素或许是他与众多异母兄弟不同，他的血脉最为正统：他的母亲阿托萨是王国中人脉最广的女性，她是冈比西斯和巴尔迪亚的遗孀，也是居鲁士大帝的女儿。这样的血统当然是一大优势，但薛西斯若不是拥有其他许多品质，也

1. 居鲁士大帝在帕萨尔加德的陵墓。其铭文说：“凡人们！我是居鲁士，我建立了波斯人的统治，我是亚细亚的霸主。如果你们有怨恨就向我发泄吧，但不要针对这座古城。”

2. 一枚铸有火坛图像的钱币。对波斯人来说，熊熊燃烧的火焰非常神圣，波斯全国都将火焰看作伟大国王权力的象征

3. 19 世纪艺术家欧仁 · 弗朗丹（Eugène Flandin）绘制的贝希斯敦山。大流士和他的同谋们就在这座神山以南 10 英里处刺杀了巴尔迪亚，然后沿着呼罗珊大道平息了米底国王的叛乱，最后在峭壁上镌刻铭文来纪念自己战胜“谎言”的伟大胜利

4. 贝希斯敦山峭壁上镌刻的表现大流士胜利的铭文。高墨达匍匐在他的脚下。9 名胆敢挑战他的“谎言国王”被锁链套住脖子，左起第二个被绑住的人是巴比伦叛王尼丁图贝尔，第三个是米底叛王弗雷奥尔蒂兹，第六个是波斯叛王瓦希兹达塔，塞种人叛王戴着与众不同的尖顶高帽站在最后一位

5. 希腊最恐怖国家的面孔。一位斯巴达战士头戴长缨盔，身上裹着大氅，从头盔中向外望

6. 哈默迪乌斯和阿里斯托吉顿雕像。在雅典建立民主制度之后，人们为两位刺杀僭主的英雄铸造了青铜纪念雕像，当时它们是整个城市中唯一可见的公共雕像。图中是原作的复制品。争风吃醋导致的恶劣罪行导致了为自由而抗争的英勇行为

7. 波斯波利斯浮雕中刻画的爱奥尼亚人向伟大的国王进贡

8. 公元前 4 世纪希腊画家笔下的大流士和他的朝臣。在马拉松战役后一个世纪，大流士仍然是王权的象征

9. 希腊重甲步兵

10. 马拉松战役中某个士兵佩戴的铜头盔。得胜的雅典人将它作为战利品供奉到奥林匹亚的宙斯神庙中

11. 端坐在宝座上的万王之王，这很可能表现的是大流士。如此说来，站在他后面头戴王冠的王子也许就是薛西斯。还有一种说法认为宝座上的国王就是薛西斯本人。波斯宫廷艺术家一般用理想化的形象而非真实形象的写照来表现王权的威严

12. 入侵希腊并不仅仅是一次军事征服行动，而且还是在王权统治的范围内进行的一次全面阅兵

13. “希腊狡猾的蛇”——地米斯托克利

14. 发现于苏撒宫廷墙壁上的波斯步兵浮雕。这些人穿着的精致的长袍表明他们属于护卫国王的 1 万人精锐部队——长生军

15. 公元前 4 世纪的钱币，铸有西顿战船的形象。船体细长，挂满盾牌、气势逼人的三列桨座战船行动迅速，任何希腊船只都无法与之匹敌

16. 这件斯巴达战士的半身雕像一直被认为是列奥尼达的雕象，这位国王带领 300 名贴身护卫在温泉关进行了殊死的英勇搏斗。无论这件雕像是否是列奥尼达——答案极有可能是否定的——它仍然有力地表现出斯巴达人通过毕生的训练而培养出来的决心和勇气

17. 这件浮雕制作于萨拉米斯海战之后8年，刻画了希腊战船的中段，图中一排疲惫的桨手正在划桨

18. 被击倒在地，几乎丧命。波斯人在普拉蒂亚的失败终结了伟大国王一举征服希腊的愿望

19. 19 世纪画家鲁道夫・穆勒（Rudolph Muler）绘制的普尼克斯丘

不足以赢得父亲的青睐。他受过世界上最独特的严苛教育，证明了自己在骑射方面的成绩，又从祭司们那里获得了许多智慧——“如果没有在这方面得到正确的教导，就不足以成为波斯国王。”[7] 另外，不论是狩猎还是打仗，薛西斯总是一马当先，充分显示了他过人的勇气。他或许还有一项绝佳优势，那就是外形高大英俊，有王者气概。这一点为他大大加分，因为波斯人极注重外表，每个贵族即使在行程中也会携带造型师，厚底的鞋子是必备的时尚行头，贴在嘴唇和下巴上的假胡须昂贵到财政部门会对这种商品征税。就连大流士也不及自己的儿子长得好看：他虽是公认的美男子，却有一双长臂猿般的及膝手臂，[8] 而薛西斯没有这类异样的身体特征：“不论是从身材还是从高贵的仪表上来看，都没有人比他更适合坐在王位上发号施令了。”[9]

公元前486年的晚秋，身体抱恙的万王之王还未动身前往埃及，便“离开了宝座”[10]。这是波斯人对国王去世的委婉说法。薛西斯顺利继承王位，没有受到任何反对。大流士登基时充满争议，他的儿子登基时却一帆风顺，或许这种反差恰恰彰显了他在广大领土上建立起的稳固秩序。国王的遗体被涂上蜡，安置在一辆装饰豪华的马车里，拉车马匹的鬃毛全被精心修剪过。载着国王遗体的马车从波斯波利斯出发，所到之处尽是令人难受的哀号。全国百姓在薛西斯带领下，跟随在灵柩之后号啕大哭、捶胸顿足。最终，万王之王被安葬在峭壁上凿出的王家陵墓中。大流士在位期间，波斯波利斯、波斯乃至整个帝国，凡是得到了阿尔塔神庇佑的地方，不断燃烧36年的圣火也被肃穆地熄灭，红热的余烬化成了灰。

新国王的统治正式开始后，祭坛上的圣火才被重新点燃。在这之前，薛西斯往北去了一趟帕萨尔加德，参加了一场只有最具智慧的祭司与国王才能出席的神秘仪式。作为仪式的一部分，薛西斯先“脱下自己的衣服，穿上一件居鲁士登上王位前穿过的袍子”[11]，然后吃下祭司事先预备的污秽混合物——由变质的牛奶与神圣的药草制成。接着，祭司把权杖递到他的右手中，并为他戴上王冠。随后，薛西斯被带到波斯的晴空烈日之下，接受万民朝拜。各省总督、高官，以及所有为等待这一刻而聚集于帕萨尔加德的人立刻匍匐在地，仿佛这一举动是出自责任与荣耀。身兼居鲁士继承人与马兹达神选中的国王，薛西斯在波斯人眼中显然光芒万丈。

他没有太久地沉浸在欢呼声中，还有紧急的国事等着他去处理。执起大流士曾经握过的指挥大权，薛西斯很快离开了节日气氛浓厚的首都赶往埃及。他直扑叛军，像他父亲期待的那样，很快就显示出了父子二人的相似之处：他不仅迅速地敉平叛乱，还表现出和父亲一样善用亲族关系的统治策略，从自己为数众多的兄弟中选出一位担任埃及总督。这位新任万王之王甚至比大流士还要好战，他认为自己不仅战胜了人间的敌人，也挫败了宇宙间的邪恶力量。凡是敬拜“假神”的都必须予以根除，受“谎言”控制的地区都必须重新被奉献给真理之神，这也成为薛西斯统治期间指导波斯人民的宣言。为了避免疑义，他派人把这些话铭刻在波斯波利斯以昭告天下，只有国王制定的道路才是正义的：“尊敬阿胡拉·马兹达所定法律、敬拜阿胡拉·马兹达与阿尔塔的人，将在此生得到幸福，并于死后蒙福。”[12]薛西斯一刻没有忘记，自己被授予无可比拟的权力，是为了实现一个神圣的重大目标。落在他宽阔肩膀上的责任不容许他随意推卸，他绝不能让挑选他来肩负重任的神明失望。薛西斯承认："我父亲大流士有很多个儿子，但他选择我作为继他之后最伟大的人物。"这又体现了一个更高的目的："一切都依照阿胡拉·马兹达的愿望达成。"[13]

一旦埃及被平定，就没有什么足以妨碍他完成大流士未了的心愿。薛西斯一回到波斯，许多不同的利益团体便游说他发动新的远征：更深入地推进欧洲，惩罚雅典并征服希腊。其中最积极的是薛西斯的妹夫马铎尼斯，他在色雷斯受的伤已经痊愈，现在一心一意想回到爱琴海。他不是唯一想要追求功名的人，薛西斯虽把一个兄弟送进了法老的宫殿，但这位万王之王还有为数众多的亲戚都巴望着出风头、展现自己的勇气并享受最高指挥官的荣耀。毕竟波斯人的使命就是征服远方的"非雅利安人"。

薛西斯在听过负责西线情报的情报首长的报告后，高兴地得知那边的情况令人满意。雅典和斯巴达仍然桀骜不驯，但希腊其他地区，包括位于维奥蒂亚和底比斯以北的色萨利（Thessaly）的贵族阶层却张开双臂欢迎波斯。色萨利一旦陷落，底比斯与更南面的许多城邦一定会归顺。即使斯巴达和雅典都不一定能独力支撑，在苏撒受到礼遇的狄马拉图斯以及被波斯供养了30年的庇西特拉图家族，仍有可能为万王之王争取到一些门客。事实上，希庇亚斯的几个儿子曾向薛西斯进呈预言，"描述了一位波斯人注定在赫勒斯滂架桥，及其随后取得胜利的各种细节"。[14]这些自信满满的断言来自奥诺马克里托这个江湖骗子，他曾经是雅典僭主希帕克斯的朋友，后来因篡改预言而与后者关系破裂。他可能不是最可靠的信息来源，但被放逐的庇西特拉图家族太思念故国，于是迫不及待地相信了他说的每一个字。

波斯最高指挥部对于奥诺马克里托是否值得信任还抱有怀疑，不过这并不重要，因为薛西斯从埃及返回苏撒几个月后，出兵希腊的势头已不可挡。少数反对入侵的鸽派发现自己无力制止，他们若说出心中的想法，就会被讥笑为懦夫。不过，他们的担心虽被主战派嗤之以鼻，却无法被轻易忽视。以下这些忧虑很难被认为是失败主义者的杞人忧天：雅典人已经在马拉松证明他们不是等闲之辈；为远征军提供后勤补给，会让波斯最有经验的官僚体系都感到十分为难；希腊多山的地形是出了名地崎岖难行。然而，即使这些风险偶尔会让薛西斯心生犹豫，但它们最后反而坚定了他出兵的决心。如果在风险面前畏缩，承认波斯的力量也会因为过度扩张而被削弱，或是放弃雅典并将其背后那个大陆永远留给“谎言”统治，都是对大流士的卑劣背叛，也是对马兹达神不可原谅的背叛。这次入侵确实充满风险，但若非如此，它也就配不上万王之王的关注了。

但要如何克服这个挑战呢？在波斯波利斯最幽深的宫廷中——穿过雕刻着人首牛身鹰翼兽的宫门，穿过满是趾高气扬的宦官、装饰鲜亮的庭院，最终进入上千名禁卫军（他们的长袍上装饰着各色宝石，手持的长矛上点缀着黄金）时刻驻守的国王房门，在这里，薛西斯最信赖的顾问各抒己见。虽然他们身处波斯最隐秘的内廷，讨论的内容当然不会被他人知晓，但凭借着各类传言与历史事件的进展，我们还是可以猜到几分。[15] 归根究底，会议是要决定一件事：该派出什么军队讨伐与征服希腊？

马铎尼斯主张只派出精锐部队，包括波斯人自己、米底人、斯基泰人和东部埃兰人。他认为只有这样的军队才能快如闪电，击溃敌人的笨重步兵团，而这种可怕的快速战斗，已在与爱奥尼亚的希腊人的战斗中多次奏效。[16]此一战略虽然有辉煌的先例，却存在着一个无法克服的缺点。时代已经变了，从区区几个总督辖地征召的军队，又怎配得上指挥官的荣耀？当年，随着居鲁士出征的山野村夫，已经不足以彰显他的外孙身为世界之主的威严。薛西斯不仅是以波斯国王的身份，也是以世界上一切领土之王的身份出征，即使是最遥远角落的属民，都有义务派出子弟为他作战。他们的顺服，反映出万王之王无上的威严。

最后，事情就这样敲定了。此时正在薛西斯的会议大厅外雕刻石像、装点楼梯墙壁的工匠，或许可以从庭院中模模糊糊地听到御前会议的一些讨论。[17]楼梯虽然逐级升高，但每一级阶梯都很矮（这是为了让身穿宽大袍子的贵族可以不失体面地登上楼梯），楼梯墙壁上的装饰极为精细，工匠得到的命令就是要一排排地刻画出万国使者向万王之王进贡的场景。对于其中的不少属民，薛西斯都是在接受进贡时才接触到，这些人来自远离波斯、近乎荒蛮的土地。随着薛西斯的使者飞奔到帝国的每个角落下达动员令，万王之王将会看到各种习性不同的属民在他面前集结起来，手持武器准备作战。缠着棉质腰布、手持藤弓的印度人，身披豹皮、使用石镞箭的埃塞俄比亚人，头戴木盔的莫斯科伊人（Moschians），头裹狐皮的色雷斯人，裹头巾的奇西亚人（Cissians），身穿亚麻盔甲、挥舞着狼牙棒的亚述人——这些人像是从波斯波利斯的浮雕画面中走出来的一样，聚集在主人面前，跟随着他向西方进军。

不可否认的是，突然涌入的大批装备简陋的士兵让这支部队的体量迅速膨胀起来，必定会给万王之王军队的后勤供应带来无数麻烦。问题逐渐凸显出来：这支薛西斯所预期的大规模部队显然是无法乘船穿越爱琴海的，因此，前往雅典的唯一方法就是取道陆路。但这个新选择也需要惊人的准备工作，其中包括设法在赫勒斯滂架设桥梁，在色雷斯与马其顿的森林中修路，以及种植大量作物并进行收割、储藏。承担这些任务的后勤部门几乎不堪重负，但对万王之王来说，这些后勤准备工作就像战争胜利一样，也是其权力的辉煌展示。驯服荒野地带，在生机勃勃的大地上创造出一副秩序井然、收获丰饶的面貌——对于他的世界使命来说，还有什么比这更完美的景象呢？波斯人生活在群山和荒原环绕的环境里，因此认为政治人物最重要的特质，就是具备将沙漠变为田园的能力。凡是凭借“在自己的辖地内培育土地、广植树木、广种庄稼”让万王之王大为满意的总督，升迁之路都会变得无比顺畅。[18] 即使是最低微的园丁，只要能够为薛西斯献上一株珍贵的植物，也很可能会立刻得到升迁。据说，薛西斯的一位继承人在得到一个巨大的番石榴后表示道：“在我看来，能种出这么大果实的人，也能让一个小城市发展壮大起来。”[19]

就连万王之王本人也以园艺才能自夸。我们有理由相信，薛西斯在很小的时候——尚未学习弓箭，也未曾在冰冷急流中训练游泳之时，曾经在花园里度过了许多愉快的下午，他会“种树、采集草药的根茎”[20]。事实上，就波斯宫廷的风尚而言，大概只有打猎的热情能胜过人们对园艺的热情。波斯人一向认为，两者的结合可以造就真正圆满的人生。极少有总督不设私人园林，除了豢养珍禽异兽，他们还会在湖泊与潺潺的溪流旁、在凉亭边、在修整过的草坪上，遍植各类奇花异草。草药园圃与花坛、梨树与苹果树、松树与柏树都深深扎根于泥土中，散发出异国情调的花香。波斯帝国一向对植物学怀有狂热的偏爱，大流士即使日理万机，仍不忘随时留意最新的园艺创新，又孜孜不倦地鼓励各个总督从事农业实验，搜集稀有的秧苗。据说，为了挑起薛西斯对战争的热情，马铎尼斯告诉他说欧洲是最大的园艺中心，那里拥有“世界上所有树木的苗圃”[21]。随着即将出征希腊的消息在波斯波利斯传开，王家园丁们也开始摩拳擦掌，他们内心的振奋毫不逊于那些准备收获战利品的士兵。

波斯人把精致美丽的花园称为“paradaida”，希腊人将这个词转写为“paradeisos”，即“天堂”[22]。当万王之王在晶莹清凉的小溪旁散步，观赏从帝国各个角落送来的珍禽异兽和奇花异草时，他大概真会有置身天堂的感觉。然而，这个“天堂”不只是一处圣地，也为他提供了一个可以逃避尘世生活烦恼与平庸的地方。这里每一件让他感到愉快的事物——“漂亮的树木、正确种植树木的方式、树丛的笔直线条、规律的排列角度，以及混合、弥漫在空气中的无数美妙芳香”[23]都可以依照他的喜好进行调整安排。因为整个世界都在他的掌握之中，他或许可以让自然也听从他的号令。

就像他只需要挥一挥手，园丁就会按他示意的那样栽种一排柏树；同样地，他只需要在地图上移动手指，就可以重塑大海与陆地的面貌。在赫勒斯滂，他用一条巨大的（铺上树枝与压紧土壤的）浮桥连接起亚细亚和欧洲；在爱琴海更西边的海岸上，波斯人正在阿索斯山脚下的地峡挖掘一条大运河，好让波斯舰队不用绕行山峰高耸的险恶半岛。马拉松战役的两年前，马铎尼斯就是在这里失去了自己的舰队。这场灾难更让人感到恐惧的是，人们传说造成灾难的是奇怪的生物：有人目睹了在汹涌浪涛中出没的水怪，它会吞噬落水的人，从浪花中诞生的白鸽则在这场大屠杀的上方盘旋。“这是希腊第一次出现这种鸟类，以前没有人在这里见过它们。”[24]而如今，帝国不会再允许类似的怪事发生：这种怪事如今就像一只被关在花园的豹子，不会对隔着金色牢笼观赏它的游人造成任何威胁，同样地，无论多少波斯舰队通过这里前往爱琴海，阿索斯山下的海怪也只能白白垂涎，却无法染指。

整个希腊都为之震动了。要修建一条宽度可容纳两艘战舰并排通过、深度能保证船底不会碰到河床、长度达到1.5英里的运河，此任务并非凡人能力所及——却有一个人例外。劳工队伍日夜不停地劳作，敲击石头的声音不停地自阿索斯山传来，对外喧嚷着一个迫切而恐怖的消息：万王之王就要来了。

开始行动

有人只要拍拍手，就可让一条运河修建起来或动员整个大洲的军事力量，这种事让雅典人极陌生而且震惊。在希庇亚斯被迫流亡后，宏伟宙斯神庙便停工了，如今，它那蒙尘已久的柱子见证着雅典人有多么不信任领袖。无论何时，雅典贵族只要见到地位超过自己的人，本能的反应都是将其除去。“因为他们不喜欢歌颂别人，这会让他们觉得，自己被剥夺了什么东西。”[25]这种情感同样见于任何时代、任何地方的希腊人。于此意义下，民主没有带来多少改变。据说，地米斯托克利的父亲曾试图阻止儿子从政，指着被拖到法里龙港沙滩上的腐朽的战船残骸说，任何野心勃勃的政治人物最终都会落到如此下场。“因为在雅典，凡失去利用价值的领导人，都会受到这种对待。”[26]

毫无疑问，精英之间的斗争就像民主建立前那样野蛮无情。就连像米太亚德那样声望如此崇高的人，都被迅速推向毁灭。公元前489年，距离他把雅典自毁灭边缘拯救回来不到一年，他突然身败名裂。此前，他率领远征军征伐爱琴海上一个与波斯勾结的城邦，结果大腿受伤，不得不返回雅典。一如既往，鼻子特别灵的阿克迈翁家族嗅出了可乘之机。他们把克利斯提尼的侄女嫁给了野心勃勃的年轻政客克桑提普斯（Xanthippus），教唆他控告米太亚德“欺骗雅典人民”。米太亚德被抬到公民大会受审，被判有罪。他本应被从担架上拉起来，处死后拖到“绞刑手门”后丢到一个乱葬坑中，但陪审团不愿像从前对待波斯国王的使者那样对待马拉松的英雄，只对他处以巨额罚款。没想到判决过后几周，他的身体快速恶化，腿上的坏疽腐蚀了这位落魄英雄的腿部，并要了他的性命。他年轻的儿子客蒙（Cimon）千辛万苦地凑足罚金，然后继承了菲莱德斯家族族长的地位，当然也继承了对阿克迈翁家族的深仇大恨。

若说雅典人民因为“害怕见到任何人拥有比同侪大得不成比例的权力”，而乐于看到伟大的米太亚德受贬抑，[27]那么他们对其仇家也不会有太多热情。在这件克桑提普斯提出控告的诉讼案中，究竟谁是帮凶？公民大会上的投票者或阿克迈翁家族？答案很快就揭晓了。米太亚德死后两年，公民聚集在阿戈拉。当天，那里特别竖起了巨大的投票围栏，官员们仔细检查过往的人们，以确保没有人投两次票。10个入口——每个“部落”一个——都放了一堆破陶片。每个雅典人弯腰捡起一片陶片后，都清楚自己手中掌握着可怕的权力。在民主制度建立之前，流放曾经是某个党派领袖以武力威胁强加于某个敌人的毁灭性残暴打击，如今它首次成了作为最高主权的人民所做出的判决。每个公民都必须把一个知名政治人物的名字写在陶片背后。当天投票结束后，所有碎片——希腊人称之为“奥斯特拉卡”（ostraka）——会被点算，得票最多的人在 10 天之内必须离开阿提卡，他不会像从前的被放逐者那样失去财产或公民权，但在 10 年内不许回国，在这期间他就了“陶片放逐者”（ostracised）。

这个致命的武器被设计出来是用来对付豪族的野心的，但它在 20 年前由克利斯提尼发明以后，就一直没有被使用过。[28] 雅典人之所以在米太亚德受害后投票通过使用它，显见他们多么不想被互相倾轧的家族摆布。曾经击退万王之王的城邦自然不愿活在狂暴贵族的阴影下。第一个被从台面上清走的是希帕克斯，这个恶名昭彰的庇西特拉图家族成员在 10 年前担任执政官期间，被怀疑和希庇亚斯与阿尔塔费尼斯勾结。次年，即公元前 486 年，不出意外地轮到阿克迈翁家族成员中箭落马。两年后，克桑提普斯因盛名之累，也遭到放逐。在马拉松战役的几年后，菲莱德斯家族、庇西特拉图家族和阿克迈翁家族都形同被斩首。若说民主制度的建立是一场和平革命，那么陶片放逐法就是一座不流血的断头台。

在所有的革命中，主要的权力掮客被扫地下台，都会让更灵活、适应性更好、更投机的对手有上场的机会。阿克迈翁家族不是唯一自觉为马拉松胜利者光芒所遮蔽的人，也不是唯一巴望得到公民大会垂青的显贵。有个人对米太亚德取得的荣耀特别感到苦恼，因而夜夜失眠，一放下酒杯就无法入睡，他已准备好利用陶片放逐法铲除对手。地米斯托克利当然不乏敌人，他清楚地意识到，继续追求自己的政治野心，可能毁掉自己。自从第一次陶片放逐投票开始，他就成为被放逐的热门人选，每年都有好几堆碎片写着他的名字。尽管如此，他仍有一个关键优势：一切针对其他流放人选的辱骂，如“叛徒”、“达提斯的红人”或在陶片上画的头戴米底人帽子的弓箭手形象涂鸦——都不会被用在地米斯托克利身上。他与大部分遭陶片放逐的人不同，反对万王之王的立场始终如一。在他担任执政官期间动工的比雷埃夫斯港落成至今已近 10 年，是希腊最大、防御工事最严密的港口，可作为他敌视波斯人的铁证。事实上，他公开主张，雅典想脱胎换骨成为顶级强权，只差一支舰队。

对较贫穷阶级的人来说，这也许是诱人的前景，但前不久才在马拉松得胜的地主和农民却不这么想。地米斯托克利要争取兴建的战船约有 200 艘，如此庞大的舰队需配备大量海军，将导致传统使用长矛和盾牌作战的重甲步兵所剩无几。难道他指望重甲步兵阶级投票赞成让自己被清盘吗？也许更迫切的问题是，谁为他的海军建军计划买单？战船一点都不便宜，一支舰队大概是任何城邦所向往的最昂贵的地位象征。听闻地米斯托克利建议的有钱人都知道他打算让谁付钱。无怪乎在反动派的传统代言人一一被放逐的情况下，世家大族拼命环顾四周，想找出替代的勇士，但他们用不着往太远的地方去找。公元前 5 世纪 80 年代中叶，曾经在马拉松脆弱的中军与地米斯托克利并肩作战的将军阿里斯提德，已成了与地米斯托克利针锋相对且最有力的头号反对者。两人连个性都南辕北辙；地米斯托克利被归类为机会主义者，极度口是心非而且狡猾；反观阿里斯提德，他被追随者誉为正直与简朴的楷模。地米斯托克利以不错过任何捞油水的机会而闻名，但他的对手却是出了名地安贫与诚实——马拉松的雅典军队正绝望地徒步赶回法里龙港时，曾留下他看管战利品。他的仰慕者好称他为“正直者”，而阿里斯提德也毫不难为情地以这个绰号自许。[29]

这位表面的道德楷模有个强而有力的重要见地：在民主制度中，形象之于一个政治人物的重要性，不亚于实质。撇开他的绰号不谈，事实上阿里斯提德和地米斯托克利一样擅长政治谋略。虽然自称“不拉帮结派，坚持踽踽独行”[30]，他却是笼络关系的高手。例如，当地米斯托克利不得不和不怎么有名的政治新贵结交时，阿里斯提德早已将目光锁定最高层，设法成为克利斯提尼的密友。甚至他的安贫乐道也只是一种姿态。他不像地米斯托克利那样热衷于搞钱，但他是法里龙一个大庄园的主人，又与雅典一些最富有的人关系密切，实在用不着去搞钱。

为何他会获得陶片放逐投票选民的特别关注，这该如何解释呢？他的对手喜欢拿一件事情大做文章：他是阿洛佩克（Alopeke）自治区的成员，而“阿洛佩克”是希腊文中“狐狸”（alopex）的谐音。不过，这可能过于夸大了对阿里斯提德的欺诈指控。事实上，我们甚至有理由主张，伪善是民主制度的活力泉源。可以肯定的是，这个城邦日益增强的平等观念，并没有让势利心态消失。阿里斯提德富有而且节俭，有野心而且热心服务大众，出身名门又信赖人民的意志，这些都让雅典人无比宽心，感觉他们的旧日理想与其新政体可以并存不悖。他似乎承诺，从阿提卡古老土壤中冒出的古老确定性，就像根植于雅典卫城的神圣橄榄树一样，会持续指引雅典人度过前方的危机与不确定性。相较于“正直者”令人安心的重甲步兵的美德，在很多人看来，地米斯托克利建立海军的就如同汹涌的大海一样，显得很不雅典。

然而，这种看法可能误解了雅典的天命所在。在卫城之巅，那棵雅典娜当年亲手种植的橄榄树旁，有一个蓄满咸水的蓄水池。一个公民跪在它旁边，也许会听见自它深处传来“南风刮起引起的海浪叹息声”，并在岩石上看见“三叉戟形状的叉痕”。[31]据说，叉痕是海神波塞冬在远古时期留下的，当时他正在和雅典娜较量，争夺雅典守护神的宝座。后来波塞冬虽不敌女神，但在雅典最神圣的圣所石头上留下了叉痕，作为他持续不变的恩赐。[32]不过，卫城并非雅典人向海神波塞冬祈求保佑的唯一地点。在每艘自阿提卡前往公海的船只都必须绕过的苏尼恩岬（Sunium），人们在悬崖上修建了一座供奉波塞冬的神庙。[33]达提斯率领运送骑兵的舰队前往法里龙港，途经苏尼恩岬时，想必已看过神庙的立柱。说不定当时就是波塞冬以三叉戟搅动水流，从而拖慢了波斯舰队前往雅典的速度。无论如何，没有任何神明比海神更青睐地米斯托克利提出的抵挡波斯人二度进攻雅典的计划。苏尼恩岬位于地米斯托克利的“自治区”以南8英里。当置身于海神神庙的阴影下，下方是汹涌海涛的喃喃声，地米斯托克利也许常到波塞冬神庙走走，祈求奇迹发生。

他也一定知道，若真有奇迹发生，最可能发生的地点就在波塞冬神庙不远处。构成岬角尖端的峭壁没有延伸到很远的地方，苏尼恩岬以北是一片名叫劳里乌姆（Laurium）的平地，此地荒凉肮脏，清风吹不到这里。此段海岸地带的空气炙热污浊，充满有毒的臭气。但有几千人住在这里，他们不是公民而是奴隶（有男人、女人和小孩）。厄运笼罩下的他们生活悲惨，被迫在尘土飞扬与饱受污染的环境中工作，好让民主的雅典能持续富有。从坑坑洼洼的靠海斜坡与无休止的挖凿声可知，劳里乌姆的银矿储量极其丰富，此地虽在特洛伊战争以前便被人开采过，但至今人们仍可在这里的岩石里挖到银。过去 20 年来，采矿技术有了重大提升：大石块自断面上被挖掘出来，通过清洗来提取矿石，然后在熔炼前去除各种含量很高的无关元素。这个简单的创新让白银可被提炼到前所未有的纯度，也打开了一个诱人的前景：若能找到新的银矿脉，那将是劳里乌姆历史上最有利可图的开采。其所需要的，只是幸运之神的一次眷顾。公元前 483 年，幸运之神果然降临了。

“一个银的泉源，一个埋藏于地里的宝库。”[34] 这个矿脉让雅典人眼花缭乱。究竟要如何利用这笔飞来的横财呢？一听说发现了新银矿，地米斯托克利马上跑去公民大会要求一支舰队。但他的建议遭到愤怒的抗议，阿里斯提德马上表示反对。向来善于将保守主义（conservatism）与民粹主义（demagoguery）融为一体的他，以流利的口才指出，依惯例，采矿的利润是平分给雅典人民的。这种说法既可利用大众的自利心理，又可挟传统以自重。地米斯托克利正面还击，但不再危言耸听，甚至完全不提波斯人的威胁。他反而挑了一个比万王之王更有直接威胁性的敌人大做文章，“尽情煽动选民讨厌与嫉妒埃伊纳人的心理”[35]。公民大会在贪婪与沙文主义两种诱惑的拉扯后，最后决定采取折中的办法：同意造舰，仅限 100 艘。力争 200 艘战船的地米斯托克利拒绝妥协，阿里斯提德也一样，但双方都没能得逞。秋去冬来，争论一直没停止，从而导致雅典的民主陷入瘫痪。来年 1 月，公民大会开会表决当年是否要举行陶片放逐投票，结果显而易见。为了打破僵局，地米斯托克利与阿里斯提德两人当中必须有一人离开雅典，最后结果将在初春时由陶片放逐投票来决定。

虽未经过刻意安排，公元前 482 年的陶片放逐投票，其实是历史上的第一场公投，也是历史上影响最重大的一场公投，因为其结果将直接影响雅典与整个希腊世界的未来，甚至攸关更多的事。随着陶片放逐投票的日期逼近，雅典人民逐渐意识到这个问题的严重性。波斯人在阿索斯半岛开挖运河的谣言已成为事实，波斯国王正在进行战争动员的消息，也开始以令人惊恐的语调传遍大街小巷。地米斯托克利的敌人虽继续反对给予城市一支舰队，并宣扬阿里斯提德是“正直者”，但也开始感受到人民紧张的情绪——阿里斯提德自己也将很快感受到。投票当天他站在投票场内，一位不识字的农民不认得这位大人物，将陶片交给了他，请他帮忙写上“阿里斯提德”几个字。他感到不知所措，于是询问对方原因。农夫回答说：“因为我受够了他老被称为‘正直者’。”阿里斯提德没说什么，就在陶片上写上自己的名字，然后交还给对方。[36]这个故事可以说明何谓风度，而其来源当然也只能是“正直者”本人。就其本身来看，这个故事颇有降低失败带来的负面影响的用意。也许他还看过，有些陶片上甚至写着“达提斯的兄弟”。当投票结果公布，阿里斯提德得知自己即将流亡时，他清楚不论自己将失去什么，都必须保留诚实的声誉，说不定哪天他还用得着这种声誉。虽然他遭到流放，但离开前他已为归返准备好了基础。

无论如何，这次投票达成了其所设定的目标。反对意见受挫，地米斯托克利获得胜利。雅典将建造200艘战舰，事实上不止200艘。因为雅典人先前虽然百般犹豫，现在却突然被一种相反的紧张情绪攫住，生怕自己做得太少且太晚。负责采购的人带着劳里乌姆的白银，前往爱琴海各地购买木材。在比雷埃夫斯的船坞，敲打声与锯木声夜以继日、不绝于耳。自夏天的投票以来，建造战船的工作便高速展开，现在更加快到一周生产两艘的惊人速度。这些战船当然都是杀伤力最强且最新型的三列桨座战船，船头装有细长的撞角，两边各有三排桨座。这种战船需要最精准的制造工艺。地米斯托克利一如往常，坚持实验一种新的设计，目的是“增加速度和灵活性”[37]，因为高生产率固然重要，但质量一样不可忽视。“让敌人心惊，让朋友高兴。”这是每艘三列桨座战船必须达到的质量要求。[38]

然而，雅典人清醒地认识到，建立舰队的最大挑战不在于造舰，而在于配备胜任的人员。在三列桨座战船上操桨是出了名的难以精通的技艺。“驾船术是一门艺术，你不能只用空闲时间去学习。事实上，它根本不能用空闲时间来学习。”[39]尤其是时间紧迫，而且看起来越来越紧迫。有必要对阿提卡所有的人进行紧急动员，派他们到划桨座位。但地米斯托克利担心，即使如此，仍找不到足够的公民来装备不断膨胀的舰队。随着公元前482年夏天过去，冬天逼近，包括来自最遥远橄榄树树林的农夫、从未离开过“陶器区”的陶匠、将盔甲丢在牛棚任蛛丝缠绕的“重甲步兵阶级的中坚力量”[40]，所有人全被抓去练习划桨。他们不断地练习，忍受起水疱与浑身肌肉酸痛之苦。即便如此，他们也只是把座椅垫拿出来放到长凳上，然后又归队继续练习。这当然是一种野蛮的速成课程，但又非如此不可。随着公元前481年的春天降临雅典，很少人相信他们接受训练的目的是要对抗埃伊纳的舰队，此时关于万王之王计划攻打这座城市的谣言从四面八方涌入。更让人惊恐的是，有谣言说薛西斯和他的军队准备在这个春天从苏撒出发。雅典笼罩于阴影中，人人都在疑神疑鬼中巴望获得确切的消息，哪怕是最坏的消息都好。然后，确切的消息从预期以外的地方传来了。

这个消息写在两块写字板上，收件者为斯巴达人。直到国王列奥尼达聪明的妻子歌果建议刮去木板上的封蜡后，一头雾水的斯巴达人才看到木板上刻了字。内容是狄马拉图斯所写，叙述了万王之王的计划。斯巴达人坦言，他们不知道狄马拉图斯的通风报信是“对其人民的善意提醒还是恶毒的玩笑”[41]。这件事如此离奇，如此引人警惕，而这个叛国者究竟是什么动机人们也不清楚。不过，两块写字板能顺利通过波斯驿道每个检查站，让收件者的血液为之凝固，也强化了人们的这样一种想象，即有一个被波斯控制的傀儡国王在操纵，这一切都带有波斯搞诡计部门的手迹。斯巴达人虽不像雅典人那么热衷于将内讧示人，却也不乏内部分歧，狄马拉图斯的信息一定是为了扩大这种内部分歧而设计的，要在鹰派与悲观派之间制造更大的分裂——鹰派有信心打败包括万王之王在内的任何敌人，悲观派则担心诸神已经判了斯巴达死刑。

狄马拉图斯和波斯的情报部门都知道，斯巴达的悲观派为数不少。10年前被克莱奥美尼杀死的大流士的使者仍在拉刻代蒙阴魂不散：很多斯巴达人都担心他们会向诸神申冤，寻求报复。有些斯巴达人饱受良心煎熬，以至于他们之中有两人跑到苏撒，自愿成为万王之王的献祭品。精明的薛西斯当然宽恕了他们，因为减轻斯巴达人的罪恶感究竟有何必要呢？狄马拉图斯这封信的用意就是要加强这种罪恶感，也是为了增加他们的恐惧。大部分斯巴达人都诅咒这个叛徒，抹黑他是他母亲和一个“黑劳士”苟合所生的野种，应该成为亚细亚人的奴隶。不过也有人认为，狄马拉图斯是唯一可以拯救斯巴达的人，应该承认他有功于制衡克莱奥美尼的跋扈。他们也散播关于他身世的谣言，但这次，人们不再说他是奴隶之子，他的父亲被描述成传说中的英雄形象，拥有半神半人的身份。[42]

若万王之王入侵伯罗奔尼撒半岛，斯巴达人当然会站出来阻止他。不过，如果连他们——世界上最勇敢的战士——都在自我怀疑中饱受折磨，又怎能指望那些意志力不及他们的人鼓起勇气？春去夏来，希腊每个城邦都不可避免地要在抵抗与顺服之间做出抉择，不能再不重视波斯入侵的可能性，不能仅视之为地米斯托克利等有野心的政客的危言耸听。各种证据让那些最顽固的怀疑者不得不相信，薛西斯已经离开苏撒的传言是真的——他确实向西进发了。到了初秋，来自爱奥尼亚的消息指出，薛西斯已经抵达萨迪斯，其庞大的帝国继续在他的命令下被动员起来。万王之王与他的千军万马正在逼近中，等到翌年春天，有史以来集结起来的规模最大的一支军队将渡过赫勒斯滂并进入欧洲，然后像狼入羊圈那样扑向希腊。现在，住在那里的人相信这是他们度过的最后一个自由的冬天了，他们不寒而栗，对于万王之王的目标为何再也没有疑问了。

擅长打心理战的波斯最高指挥部趁势加强施压，就像10年前马拉松战役爆发前那样，他们派遣使者前往希腊各地，要求献上一坛土和一坛水。唯有两个地方没有使者前往，即雅典和斯巴达。对希腊的其余部分来说，没有比这更清楚的威吓信息了。为了避免被打上同样的毁灭记号，许多城邦匆忙顺应了波斯使者的要求。就连那些拒绝献上土和水的城邦也出现了亲波斯派系，或开始首鼠两端。在那个阴郁且被阴影笼罩的秋天，看起来不无可能的是，整个希腊将会像熟透的水果一样，掉在薛西斯的大腿上。

当然，对作战之外别无选择的斯巴达人和雅典人来说，这是最大的噩梦。为了巩固力量并振奋精神，他们也急匆匆地派遣使者前往各地，号召希腊同胞拿起武器参加在斯巴达举行的作战会议。以斯巴达为举行作战会议的地点，是一个符合逻辑的选择，任何希腊联军都将以“伯罗奔尼撒同盟”（Peloponnesian League）为中坚。但斯巴达人担心，这会让不属于“伯罗奔尼撒同盟”的城邦有疏离感，因而谨慎地把会议中心称为“海列尼昂”（Hellenion），即“希腊城邦联盟大厅”。[43]这种称呼也非空洞的口号，许多派代表到斯巴达的城邦本来还在相互攻伐，但令人惊讶的是，当大会提议与会国都放下恩仇时，所有代表都当场同意。例如埃伊纳就决定改变立场，决定重新对抗侵略者，与雅典言归于好并同意与雅典联合组建一支舰队。

这样的和谐氛围也并非全然无瑕，例如，当地米斯托克利指出自己的城邦将为联军舰队做出超乎比例的贡献，并因此要求得到舰队的指挥权时，许多传统的海军强国（如科林斯和优卑亚岛上的国家）都大声表示反对。地米斯托克利见状便放下自尊，撤回要求。他的虚荣心固然巨大，但他拯救雅典的决心更大。他从不会让自我的睿智被自负蒙蔽，或让自己读懂他人心思的奇异本领被自负影响。他看出希腊人只有一个生还希望，就是“停止内斗，调和彼此，一起加入对抗波斯的大业”[44]。考虑到各城邦舰队都无法接受来自其他城邦的舰队将领的指挥，他提出了一个高明的建议：把联军舰队的指挥权交给完全没有海军背景的人。因此，获得陆军指挥权的斯巴达人同时也获得了海军的指挥权。这对雅典来说可谓不是滋味的权宜之计，但地米斯托克利知道，对一个城邦来说，还有比自尊心受损严重许多的打击。

指挥系统成功建立以后，联军便开始制订作战计划。他们面临两大挑战，第一个挑战对在“希腊厅”开会的代表来说再明白不过，那就是设法增加联盟成员的数量。希腊本土的700多个城邦只有不到30个派代表到斯巴达参加会议，他们必须设法说服一些重要的缺席者（如阿尔戈斯）参加，并为一些骑墙派城邦（如底比斯）的亲联盟派系提供支持。会议决定采取“胡萝卜加大棒的策略”，一方面遣使到阿尔戈斯与其他游离于联盟之外的城邦进行游说，另一方面则是向任何可能通敌的城邦发出警告，将征收其全部收入的十分之一作为背叛的惩罚。再者，联盟必须获得神明的支持，与会代表一致同意，所有什一罚款（proceeds of the tithing）都要献给德尔斐的神明。[45]

这种孤注一掷企图收买阿波罗的做法绝对称不上幼稚，反而透露了联盟的一些忧虑。各个与会代表都是精明实际之人，知道波斯间谍遍布各处，秘密地以黄金收买某些人，或向另外一些人承诺万王之王的恩典，试图从内部瓦解希腊人的决心。面对这种间谍战，联盟必须找出反击的方法。这就是他们面对的第二个挑战——渗透万王之王的阵营。

除了各种荒诞不经的传言，希腊人完全不知道波斯军队的规模。只有以确实的情报为依据，他们才能制定战略，因此他们用得着隐藏身份的间谍。于是，3名间谍被正式选中，并被派往萨迪斯打探敌情。如果他们能够完成任务而且没有被抓到，那么同盟各国可以更好地了解自身处境，从而可以在春天再次召开会议时制订计划。

开完会后，代表们互相告别，各自回国。3名间谍前往最近的港口，搭船前往爱奥尼亚。这时距离春天和战争季节还有几个月，但至少希腊联盟感觉得到，他们对万王之王及其入侵部队的第一记打击已经展开。

欧罗巴之劫

在波斯人出现之前，爱琴海原是希腊人的内海。当3名希腊间谍在公元前481年冬天自伯罗奔尼撒半岛东行穿过爱琴海时，他们形同进入了敌人的水域。饱受摧残的爱奥尼亚仍在盘点叛乱所造成的损失，米利都过去的辉煌只剩一个烧焦的空壳，纳克索斯和其他岛屿已在10年前臣服于达提斯的舰队。随着3名间谍日益接近亚细亚，人们越来越感到不安。各种迹象显示，薛西斯准备发动的战争规模空前浩大。冬天已接近，但爱琴海的航线却异常繁忙。在爱奥尼亚海岸，来自东地中海每个角落的船只挤满各个港口。甚至希腊人的后方也聚集着大量船只。13年前，“自由爱奥尼亚”（free Ionia）最后一支舰队在拉德岛的海域被消灭。现在，距离波斯入侵希腊的日子只剩下几个月，曾为万王之王取得决定性胜利的海军支队回到爱奥尼亚的水域。任何希腊人看到它们都会心里一沉，他们的三列桨座战船船身修长且挂满盾牌，机动性极强，构成了薛西斯舰队中的核心打击力量。操纵它们的是世界上公认最优秀的水手，一如犹太先知以西结（Ezekiel）所说：“你们的国界在海中央。”[46]他说的是推罗（Tyre）这座城市，但同样适用于比推罗更富有的邻邦西顿（Sidon）或比布鲁斯（Byblos），也适用于在今天黎巴嫩海岸的岛屿上或岸边的任何一个强大商业城市。这些城邦彼此独立，但彼此的差别在许多外人眼中却极不明显。希腊人以一个单一的、具有背信弃义意思的称呼——腓尼基人（Phoinikes）——来称呼他们。

可以肯定，Phoinikes 一词衍生自希腊文单字“phoinix”（紫色），反映了希腊人对任何有威胁性的民族既仰慕又鄙夷的矛盾心理。说是仰慕，是因为腓尼基人以贝类提炼的紫色染料既高雅又特别，是国际抢手的奢侈品，让推罗与西顿赚翻了。而鄙夷，是因为一个民族竟要倚靠一种商品来定义，实在庸俗得无可救药！“可以说，爱财如命是腓尼基人的一大特征。”雅典贵族喜欢这样说。[47] 这是所有希腊人的共同偏见，这种偏见不但容易引起鄙视，也容易引起仇视。推罗与西顿的商人不是唯一爱赚钱的人，很多希腊人也如此，他们对来自腓尼基人的竞争愤恨不已。不论他们走到多远，不论他们在哪里寻找新市场、原料或作为贸易据点的土地，“这些海上流浪者，这些狡猾的掮客，他们的黑色船只载满各种庸俗华丽的小玩意儿”，似乎总是抢先了一步。[48]

双方的竞争可以追溯至好几个世纪以前，范围及于已知世界的尽头。腓尼基人的城市就像希腊人的城市那样置身于群山环抱之中，但他们的眼光总望向开阔的海平面。据说早在公元前 814 年，推罗的公主伊莉萨（Elissa）离开故乡，带着一批庞大的殖民队伍，沿着非洲北部海岸航行，然后抵达西西里岛对岸，在那里建立了“新城市”（qart hadasht）迦太基（Carthage，即“新城市”之意），而它注定要成为西方世界最大的都市。抵达优卑亚岛的希腊殖民者在几十年后开始向西探索时，腓尼基人的贸易触须已伸到了西班牙。没多久，他们又进一步进入大西洋并抵达赤道一带，在丛林边缘的沙滩上以便宜的小玩意换取当地原住民的黄金。

希腊人听着腓尼基旅人的传奇故事，眼中流露出嫉妒，大概是意识到自己来得太晚，无法打入非洲市场。他们虽然被对手的商业网络阻挡在非洲和西班牙之外，但仍在西方发现了一个充满发财机会的前沿地带。虽然他们在那波利湾的伊斯基亚岛（Ischia）建立的第一个殖民地最初吸引到的投资者是腓尼基人，但两个宿敌并未自然地发展出伙伴关系。不久后，双方就在整个意大利和西西里公开竞争。随着越来越多希腊屯垦者前来建立新的人生，希腊人在数量上开始超过腓尼基人。这些新移民从优卑亚岛、科林斯、墨伽拉和爱奥尼亚不断涌入，然后到处建立海上殖民地，其数量之多，要到2 000多年后发现美洲新大陆才被超过。到了公元前9世纪与前8世纪之交，几乎每年都有一座新城市在意大利或西西里建立，甚至原住民口中也开始出现“大希腊”的称呼。

显然到了公元前6世纪中叶大规模移民潮停止时，西方世界大半已被驯服。为了震慑那些他们无法奴役的原住民，殖民者刻意虚张声势。他们做的事规模都很巨大：这里的城墙比希腊旧大陆的高大许多，庙宇更为宏伟，色彩更加悦目丰富。就连希腊人在西方的享乐生活，都带有威吓的意味。意大利南部的脚背城市锡巴里斯（Sybaris），即使相较于其邻居，都是魅惑力十足的目标，这里的花花公子懒洋洋地躺在铺满玫瑰花瓣的床上，病恹恹地抱怨自己长了一颗水疱。作战时，他们的战马一听到笛手吹出提示敌人方阵已进入战场的笛声，就会整齐地迈开舞步。就连锡巴里斯的毁灭都让人叹为观止。公元前510年，这座城市的敌人联合起来将它夷为平地，半点痕迹也没留下来。在西方，成与败充满了同样耸人听闻的夸张色彩。

“希腊厅”的会议在决定向东方派出3名间谍的同时，也朝反方向派出一个使节团。西方的希腊人虽热衷于玫瑰花瓣及午夜的舞蹈，但凶狠起来也是可怕的士兵。4 年前，格隆（Gelon）这名残暴且精力充沛的冒险家攫取权力，成为西西里大港叙拉古（Syracuse）的僭主，看来他特别胜任希腊救星的角色。他的干劲令人刮目相看；在消灭了三个邻邦后，他把他们的人口掳到叙拉古去，但不像亚述人那样把他们卖为奴隶，而是将其组成规模堪与东方舰队相比的叙拉古舰队和陆军。在黩武一事上，他也许可和万王之王并驾齐驱。

问题在于，公元前 481 年的冬天，叙拉古也面临一些危机。事情的缘起是，当格隆大张旗鼓向西扩张想称霸整个西西里岛时，他与岛屿另一边的一个权力集团发生了碰撞。该集团主要由腓尼基人的聚落组成，而当它左顾右盼，急于寻找一个盟友时，很自然地把目光投向势力最大的腓尼基人聚落——迦太基。迦太基的商人亲王们精打细算，一直以惴惴不安的心情看着格隆的势力坐大；这时他们当然张开双臂，热烈欢迎西西里岛的族人同胞。一起推翻惹是生非的叙拉古僭主，并可扩张自己的势力，这么好的机会不容错过。所以公元前 481 年秋天，当推罗与西顿的三列桨座战船向北航向爱琴海时，迦太基人已开始装备一支舰队并招募一支可怕的雇佣兵部队，准备在来年春天和格隆摊牌。东西两方的腓尼基人都在集结，不论在东方还是西方，首当其冲的都是希腊人。

这是巧合吗？希腊人没人可以肯定。即使迦太基人和万王之王之间真有联系，希腊人派出的间谍也无法查出。不过，大部分希腊人自然会认为这是腓尼基人在搞鬼。如果迦太基指挥部和薛西斯确实有联系，企图让双方的入侵同步化，那么最有可能的中间人就是腓尼基人的母城推罗。但有些阴谋论者甚至认为，腓尼基人的恶毒不止于此。万王之王的整个入侵行动、亚细亚部落的大规模集结，以及毁灭希腊自由的威胁是否是古老得多的宿怨的产物？战后有人就大胆宣称："知道内情的波斯人把引起争端的责任归到腓尼基人的头上。"[49]根据这个理论，东西方之间的仇恨、欧亚之间的仇恨、蛮族和希腊人之间的仇恨，都来自同一个源头。

想象薛西斯只是推罗全球化阴谋集团的工具，其实是一种极致的疑心病。万王之王只会为了自己发动战争，而腓尼基人就像其他属民一样是他的奴隶。他们需要向他进贡，听命于总督，甚至在出海作战时接受毫无经验的波斯大臣的指挥。但这并不是说，腓尼基人对波斯最高指挥部毫无影响力。除了米底人之外，波斯帝国全境大概没有任何属民比腓尼基人更有资格在国王耳边说话。推罗与西顿的国王都清楚，如果他们的舰队没有积极参与，万王之王的远征将存在隐忧。情况向来如此，例如冈比西斯建立帝国海军后很快便发现，这款新玩具无法任由自己去玩：当他下令准备出征迦太基时，他惊觉自己的计划遭到腓尼基人否决。腓尼基人所持的理由是："与自家的孩子兵戎相见太不正常。"[50]波斯战略家很快就从此次犯颜直谏的惊人演出中吸取了教训。波斯虽然可以把其他属民强行拖到战争中，但以较圆滑的手段处理腓尼基人才较明智。他们虽为奴隶，但强行牵着他们的鼻子走有时适得其反，最好是让他们以积极参与者而非被征召者的身份，参与万王之王的行动。换言之，更好的方法是让他们相信，事情攸关他们的利益。

讨伐希腊当然攸关他们的利益。腓尼基人曾经在拉德岛提供给了波斯人许多舰队，并从米利都的毁灭中获得巨大的利益，因为米利都原为与西顿或推罗规模相当的贸易枢纽。若以同样的方式夷平雅典，并压制科林斯和埃伊纳，腓尼基人的商业前景将无比光明。所以，推罗与西顿对万王之王的远征邀请兴致高昂。腓尼基人派出300艘船前往爱琴海，数量比整支雅典舰队还多。这些战船并不是匆忙拼凑出来的：西顿一直和科林斯争夺三列桨座战船诞生地的头衔，几个世纪来在海军技术的创新上走在前端。雅典的桨夫受训仅数个月，他们在初上战场时便碰上了世界最强的对手。

而且是碰上了人数比自己多很多的对手。腓尼基人绝非唯一响应万王之王号召而派出舰队作战的属民，埃及人与爱奥尼亚人派出的桨夫人数几乎与西顿人派出的相当。这两个总督辖地都有过背叛的前科，当3名希腊间谍在港口刺探情报时，也许也对此寄予希望。但如果他们真的这样想，那么他们其实是在寄希望于虚幻的救命稻草。由于波斯海军在爱奥尼亚人造反初期曾吃过亏，现在明白要防着自己的背后。所以，埃及和爱奥尼亚的舰队都由薛西斯两个兄弟直接指挥，而且每艘战船都配备了绝对忠诚的水手。在这种情况下，万王之王的舰队中怎会有人甘愿冒着生命危险发动兵变，为注定灭亡的雅典人谋利呢？那个冬天，所有挤在爱奥尼亚各港口的人都毫不怀疑雅典人注定完蛋。庞大的舰队很快就向爱琴海的海岸浩浩荡荡地开去，所有敢阻拦的人都要被摧毁。3名希腊间谍计算出，共有1 207艘战船，而这个数字应该相当正确。[51] 这么多的战船是否全驶向希腊？如果是，它们全能在夏季风暴中毫发无伤吗？这个问题有待战争开打后才能回答。不过，即使万王之王在风暴中失去四分之一甚至一半的舰队，他的战船数目仍占绝对的优势。对3名希腊间谍来说，这个简单且残酷的事实再明白不过了。希腊联军将在夏天迎战的海上敌人，其规模是历来所未见。

那么，陆上兵力的规模又如何呢？这个问题的答案只有到萨迪斯走走才会揭晓。3 名希腊间谍匆忙赶路，他们从海岸往内陆走了 3 天，看见东边的银色山脉笼罩着一团烟云，若隐若现。很快，他们在走近目的地时，便开始看见一些巨大的土丘——那是古代吕底亚国王的坟墓。逐渐地，萨迪斯卫城的红色峭壁自薄雾中显现，四周为高耸的城墙，顶上是克里瑟斯的巨大宫殿。城垛上旗帜摇曳，一面旗上绣着“镶嵌于水晶里的太阳”，另一面旗帜则绣着金色的雄鹰，[52] 而这些图案都象征那位权力远胜于克里瑟斯的君王。军营在平原上连绵数英里，可视为这位君主势力壮盛的证据，3 名间谍都看得目瞪口呆。先前他们在远处所见到的烟云，原来是营火的烟雾所构成的：这些营火不可胜数。不论是窝在帐篷里操练古怪的外国武器，还是七嘴八舌地说着难懂的外国话，看来万王之王的这支多民族部队是从一个远远超出希腊人想象的世界召唤来的，而 3 名间谍最不祥的预感已获得证实：亚细亚和非洲最遥远的地区都倾巢而出，不用几个月，数百万人就会涌入希腊。

至少情况看起来是如此。事实上，要点算或大致统计这样庞大部队的人数，着实不易，而 3 名间谍在进行统计之前就被发现并遭到逮捕。逮捕他们的是士兵而非情报官员，所以毫不犹豫地给俘虏上刑，然后处决他们。不过，就在他们即将被处决时，万王之王贴身侍卫的一名队长赶到，下令饶了俘虏的命。3 名间谍被带上卫城，并被领进宫殿深处。他们惊讶地发现，审问他们的竟是万王之王本人。然后，他们被带去军营绕了一圈，待他们写下一大堆笔记后，才被遣返希腊。

他们提交的报告就像万王之王期望的那样，极尽恐慌之能事。

他们先前所见的一切，不啻是万王之王统治世界的全景图。在这幅图画的正中央，是万王之王和他精锐的贴身卫队，其中 1 000 人手持长矛，矛柄末端装饰着金苹果；这些人之外还有 9 000 人，全是百里挑一的勇士，手中长矛的矛柄末端装饰着银苹果。这支勇士部队又被称为“长生军”，“只要他们当中有一人战死或生病，便立即有替代者走上前去，取代其在行列中的位置”。[53] 图画中的第二圈是骑兵队，有波斯骑兵，也有来自米底、巴克特里亚、印度和斯基泰大草原的骑兵。最后，万王之王由于没有能与斯巴达或雅典身着青铜铠甲的重甲步兵相匹敌的步兵团，只有作为炮灰的各民族所组成的轻步兵。在正常情况下，这些外国武装人员也许会让希腊人看不上眼，不过他们仗着数量惊人且来势汹汹，也许可以扫平任何挡在前进道路上的盾墙。这就是 3 名间谍返回希腊后所报告的内容，他们倚靠自己眼花缭乱的观察，并参考波斯人所提供的记录，指出波斯远征军的兵力共有 100 万——精确来说是 170 万，这还不包括万王之王计划在路过色雷斯与进入希腊后招募的军队。

这样的数字一定是夸张到了极点，大部分做过估算的历史学家认为，薛西斯指挥的军队人数接近 25 万。[54] 即使如此，这支侵略军的人数仍远超过此前任何一支军队。无疑，波斯宣传机关为了让希腊人闻风丧胆甚至彻底投降，故意提供给他们假情报。在统计数字上要点小把戏，也许是一个天才的官僚机构在睡梦中就能做到的。不过，在万王之王的思考模式里，这种统计花招算不上欺骗，因为它只道出了一个简单的真理：全世界都站在他的旗帜后面，只有最冥顽不灵的恐怖主义国家才会桀骜不驯。

宝座上的薛西斯所要捍卫的当然是真理，除了地缘政治上的考虑、对父亲的责任感与自己的个人野心外，他必须消灭雅典和征服希腊还有更深一层的理由。一如大流士，薛西斯喜欢宣称：“我所做的一切都是为了讨阿胡拉·马兹达的欢心。每逢有任务摆在我的面前，阿胡拉·马兹达都会帮助我，直到任务完成为止。”[55]当帝国军队出发迎向主人的最大挑战时，他们的头上都顶着神圣的光环。人们认为，光明之神总会出现在战场上。波斯人当然不能像其他民族那样，以庸俗的木偶或画像来表征阿胡拉·马兹达；然而，空白一样可以表达神明的神秘和值得敬畏。于是，在一名徒步驾驭战车者的引领下，一辆装饰精美的战车随着军队进入希腊。车上空无一人，“因为有资格坐在马车宝座上的凡人并不存在”[56]。战车由 8 匹高大俊美的白马拉着，为此它们特别被带到萨迪斯。还有一些骏马在军队开向希腊时担任前驱，其他则为薛西斯本人拉车。这些马匹恰如其分地受到神圣感召，它们正是来自尼赛亚平原。而大流士统治至关重要的第一天就从那里开始：他在那里刺杀了篡位的祭司，手中高举血迹斑斑的匕首，走出西基阿沃提什要塞，宣布波斯及其所有的疆域已被从“谎言”的统治下解放出来。如今在远离尼赛亚的地方，同一品种的骏马为大流士的儿子拉车，准备见证饱受魔鬼折磨的雅典与整个希腊重回“真理”的怀抱。

薛西斯从小就相信，自己除了将征服整个世界，还要修补世界。因为热衷于园艺，他知道一个天堂要完备，必须先清除其中的杂草，整理出秩序并加以美化。值得注意的是，即使在即将展开一场致力于摧毁的残酷战争时，薛西斯对自然界的爱以及从中发现美丽的眼光片刻不曾减少。例如在萨迪斯附近，当经过一棵无比漂亮的悬铃木时，他下令军队停止前进，并驻足欣赏，然后，又派出一名“长生军”加以保护。他还从远征军移动的金库中取出黄金珠宝，装点这棵树的繁茂枝条。毋庸置疑，万王之王拿走了一些东西，但也不吝于付出。

他不仅对树木慷慨，还把自己庞大的帝国当成花园来照顾，凡是忠心服务他的仆人，都将和悬铃木一样获得丰厚的赏赐。“有什么袍子比国王送给朋友的袍子还漂亮？还有谁的礼物——不论是手镯、项链还是套上黄金马具的骏马——如此独一无二？”[57]万王之王的欧洲远征行动，除了向那些不尊重国王的傻瓜展示力量外，还有另一个目的：让那些因地处偏僻而无缘得见万王之王真容的总督辖地获得亲自向他致敬的最高殊荣。当他行经他们的城镇时，他们会夹道欢迎，向着尼赛亚骏马嗒嗒马蹄前方抛撒鲜花，然后匍匐于地上致敬。跟随在主人后面的侍从会接过礼物与请愿书，卫兵们则以鞭子抽打呻吟、啜泣的群众，以确保他们在狂喜中仍知道分寸。当然，任何万王之王的属民——不论是农民还是富豪——所能献给主人的事物早已归其主人所有，不过薛西斯喜欢对那些在他面前谦卑的人宽宏慷慨。他夸口说：“我将慷慨回报每一位对我好的人。”[58]即使是希腊人，只要他们愿意臣服于万王之王的庄严之下，一样可望像狄马拉图斯那样获得荣耀和赏赐。这是全球君主制的共生现象。即使是薛西斯，除了收割，一样要播种。

为了花园的好，有时园子里的花需要加以修剪。但仆人不同于植物，偶尔会过于放肆。在路过一棵美丽得令他惊艳的悬铃木后不久，他就受到有世界上最富有平民之称的吕底亚人披提欧斯的招待。大约在30年前，这位财主因得知波斯主人的品味，曾把一棵黄金打造的悬铃木献给大流士。现在他招待薛西斯时，不仅为万王之王的整支军队提供饮食，还发誓资助远征行动的军费。薛西斯虽回绝了他的好意，但深受感动。整个冬天，披提欧斯和5个儿子都深蒙王恩。他自己获赠大量奢华的礼物，几个儿子则获派军事要职。然后，随着春天降临萨迪斯，当薛西斯的大军终于要出发时，一件令人惊呆的大事突然发生了。天空出现日食，大地陷入黑暗。虽然祭司们迅速安慰焦虑的主人，称这个预兆不是预示他的远征军将遭到灭顶之灾，而是预示反叛的希腊人将遭到毁灭，但萨迪斯仍笼罩着一种不祥之感。年老的披提欧斯就像任何人一样，“对来自上天的警示感到震惊”[59]，跑去乞求万王之王允许他的长子不必出征希腊。这是天大且致命的错误，当时薛西斯已准备和“所有的儿子、兄弟、亲戚、朋友”迎向任何危险[60]，在这样的情况下，没有什么比披提欧斯的请求更让人无法忍受。兼具仁慈与公正严厉品性的万王之王，虽然饶了这名过往宠儿的性命，却不能完全原谅这个吕底亚人的冒犯。披提欧斯珍爱的长子因而被捕，遭到处决并被锯为两截。最后，大军向北开拔前往赫勒斯滂时，两截尸体分别被放在大道两旁。“因此，军队里每个人都从这名年轻人的两段身体中间穿过。”[61]

也许有人认为，这种告别的仪式实在令人不快。然而，这种血祭虽恐怖（也有越来越多苍蝇附着于上头），但可让战战兢兢走过的军队得到安心的保证。对仪式与公正的要求注定了披提欧斯的儿子非死不可的命运。以人献祭之举具有可怕的魔力，薛西斯希望以这种魔力净化他的军队。万王之王本人听信了祭司的判断，相信日食是一个吉兆，但仍不免私下怀疑是否存在着必须阻挡的邪恶。况且他知道，在萨迪斯人人都被一层阴影笼罩着，所以最好买个保险。如此一来，当他的部队准备冒险闯入一个新大陆的荒野时，他们将充满信心，知道没有什么是他们的国王对付不了的。

接近欧洲时，万王之王也未忽略用敌人的迷信大做文章。他敬拜阿胡拉·马兹达，但他也有传统波斯国王的智慧，懂得利用外国人的宗教情感来达到自己的目的。这就是为何他在靠近赫勒斯滂时，绕道去了一个看似青青小土丘的地方。他去的是对希腊人来说具有浓厚意义的所在——特洛伊。通过命令祭司向特洛伊奠酒，薛西斯刻意扮演一个处于恐惧中的希腊人派给他的角色——阿伽门农实施的大屠杀的复仇者。万王之王将亲自为在特洛伊漫天尘埃中被屠杀的亚细亚人复仇。就像特洛伊曾遭遇过的那样，雅典和斯巴达很快就会被焚毁。

然后，想必是受到庇西特拉图家族的怂恿，薛西斯下令将 1 000 头牛驱赶到小山上，焚烧后作为给雅典娜的祭品。这位女神一向以厌恶特洛伊人闻名，此举也许会让人觉得十足愚蠢。然而，薛西斯以如此铺张的方法向雅典的守护神致敬，可谓向雅典人发出了一个非常公开的信息：在他们的城市里受到膜拜的雅典娜并非奥林波斯神明，而是一个假扮成她的魔鬼，一个“谎言”的仆人。万王之王虽曾发誓要一把火烧毁卫城，但他不是真实的雅典娜女神的敌人。在庇西特拉图家族的主持下，对她的祭拜很快就会恢复。只有波斯统治下的雅典，才能让雅典娜回到自己的家。在公元前 480 年春天，那一刻越来越近了。

万王之王站在特洛伊的山顶上，终于可越过当年无数希腊人与特洛伊人互相厮杀的平原，看见闪烁着致命光芒的赫勒斯滂。在这个分隔亚细亚和欧洲的仅两三英里宽的海峡上，两座浮桥正等待他的驾临，它们巨大的缆索连接两个大洲，印击着海流和风浪的冲击。那年冬天，先前架好的两座浮桥的确曾被狂风吹断，在波斯最高指挥部砍掉了几个工程师的脑袋以儆效尤，又动用了大量剩余的船只和人力后，浮桥很快被修复了。就连赫勒斯滂在受教后也变乖了：波斯人象征性地鞭打了水面，又把一副脚镣投入水中，海面从此变得风平浪静。现在，随着薛西斯从绿草青青的特洛伊山丘下山，万事已经俱备。他的军队集结在阿比多斯（Abydos）的海岸和平原上（阿比多斯是最接近桥头的城市）。他的舰队正驶出海峡，船桨大量拍动，弄得鱼虾不宁。当地人正确猜到了怎样的礼物可以让世界主宰高兴：他们在一个岬角上设立一张白色大理石宝座，供万王之王把海峡中的景色尽收眼底。

“从他所在的地方远眺海湾，全部的陆军和海军一览无余……当他看到整个赫勒斯滂布满船只，还有阿比多斯的滩头与平原到处是人时，薛西斯认为自己深受上天的眷顾。”[62] 整个世界就在他眼前：那是一幅真正统治世界的景象，从来没有一位国王如此搬演过。那也是一幅可怕的景象，这支由从世界各地刻意征调而来的兵员所组成的军队虽浮夸，却也袒露出可怕的尖牙利齿。万王之王陶醉在壮盛的军容中，仍不忘证明自己重量也重质，于是派遣使者到不同的海军支队，通知他们举行划船比赛。不用说，胜利者是西顿人。比赛结束后，渡海行动的准备工作便告展开。

准备工作花了一整个下午和晚上，最后随着第一线曙光出现在右侧地平线，头戴花冠与倒持长矛的“长生军”于东侧浮桥旁列队；远处另一条桥那里传来了阵阵驮畜的声音，有驴嘶和驼鸣。在它们当中，无数火盆燃烧着焚香，袅袅烟气升向天空，迎接黎明。万王之王穿过“长生军”的队伍，踩在桃金娘枝条上走到桥头。现在，欧洲的轮廓在海峡对岸逐渐清晰起来。然后，当东方第一束曙光照射到赫勒斯滂时，薛西斯便将黄金酒杯中的葡萄酒倒入大海，他喃喃祷告，祈求远征成功。祷告完毕后，他把酒杯投入黑色的海水中，然后再投入了一个金碗和一把剑。仪式结束后，军队开始过桥渡海。当“长生军”在吱吱作响的浮桥上前进时，太阳光反射在长矛上的金苹果和银苹果上，让他们看起来就像一粒粒前进的光点。[1]

大军共花了 7 天才从亚细亚走到欧洲。军队走东侧浮桥，辎重部队走西侧浮桥。没有人准确知道薛西斯本人是何时过桥的。有人说是在第二天，也有人认为他是最后一个过桥的。无论如何，可以确定的是，全体远征军在过桥的过程中没有出现任何差错。目击过程的人都觉得，只有神明才能够达到这种成就。一名当地人在看到万王之王经过时惊呼：“宙斯，你为何要费事地假装成一个来自波斯的凡人，还为自己取名薛西斯，并号召整个世界跟随你？你不过是想消灭希腊吧，你明明靠自己的力量就可以轻易办到的啊！”63

制定方针

大约在薛西斯离开萨迪斯的同一时间，一个斯巴达代表团北上到“地峡”参加联军的会议。它的心情绝不像万王之王一样愉快，斯巴达人即使在好年头也不喜欢旅行，更何况公元前 480 年春天绝对不是好年头，近 200 万蛮族人冲着他们的城市而来的消息，也许就够让他们高兴不起来了。然而，连这个消息也没消减他们更传统

[1] 没有任何细节比此处更能证明希罗多德对薛西斯渡过赫勒斯滂记载的可信度了：“长生军”行军时是矛尖向下。亚述人的壁画（希腊人不可能看过这些壁画）就是这样画的。这些细节也表明了波斯传统和其更早的帝国传统之间的连续性，同样也展现了希罗多德作为历史学家的严谨细致。

的忧虑。一如既往地，他们最害怕的是自家后院失火。“黑劳士”懵懂无知，即使在那年春天，他们也对波斯国王步步逼近毫无所知，但很少人像他们这样浑浑噩噩。一些长期被斯巴达压制且对斯巴达满怀怨恨的城邦敏锐地发现，它们可利用一个全球性的超级强权赶走一个地方强权。甚至斯巴达代表团在前往科林斯地峡参加会议的途中，一样会经过一些据说充满通敌者的城邦。其中一个是卡律埃（Caryae），它和泰格亚接壤，与拉刻代蒙其他地方的关系极为密切，以至于斯巴达女孩经常到那里参加舞会。近几年，泰格亚也表现出令人担忧的不臣服的倾向，甚至有时会和斯巴达公开争执。[64]然而，这不过是小麻烦。相较之下，斯巴达有一个更难缠且势不两立的敌人，对方的力量哪怕在西皮厄大屠杀后大为削弱，但仍渴望报仇并恢复古老的权力：称霸伯罗奔尼撒半岛。斯巴达代表团在前往科林斯的途中，很难不向阿尔戈斯的方向投以不安的一瞥。

当然，阿尔戈斯人还未公然投入万王之王的怀抱，但斯巴达人痛苦地意识到，他们也未加入希腊联军。斯巴达的代表团曾经在冬天到过阿尔戈斯，邀请他们加入联军，但对方却提出一个明知斯巴达不可能答应的条件：双方签署一纸30年的和约，并分享指挥权。会谈不欢而散，斯巴达使者被押送至边界，并遭到警告：如果他们胆敢再来，就会被认为怀有敌意。“因为阿尔戈斯人宁可被蛮族统治，也不愿丝毫让步。”[65]

对斯巴达来说，阿尔戈斯的中立就像威胁一样险恶。联军在“希腊厅”开第一次大会时，就对阿尔戈斯有了最坏的怀疑——也有很好的理由如此怀疑。当时，阿尔戈斯人祭出德尔斐神谕来为自己可耻的骑墙政策辩解，说是按照阿波罗的吩咐，他们应该“照顾好自己，将刀枪入库”[66]。斯巴达人“在战争刚开始的时候”，同样向遥远的阿波罗寻求预言。使者从神谕所回来带给两位国王列奥尼达和利俄提基德的，则是一则最惊人的信息：

> 斯巴达辽阔土地上的居民啊，你们注定要看着你们伟大且著名的城市毁于波修斯子孙之手。要不就是，拉刻代蒙边界内的每个人都必须为一位国王之死哀悼——他是赫拉克勒斯的后裔。[67]

这番话的确耐人寻味，它不但判了列奥尼达或利俄提基德其中一人死刑，还提到若非如此，斯巴达就会覆灭。这是德尔斐神谕典型的模棱两可特征。“波修斯的子孙”究竟指谁？波斯人、阿尔戈斯人或两者都是？联军的春季会议在“地峡”举行，此处位于伯罗奔尼撒半岛与北希腊的中间地带，让解决“波修斯的子孙”是谁这个问题变得更加急迫：在使者们的前方，集结在亚细亚前沿的波斯人正逐渐逼近；在使者们后面，阿尔戈斯人的眼睛似乎正盯着他们的背部。两者都是“波修斯的子孙”，无怪斯巴达的代表们会坐立难安。

列奥尼达和利俄提基德是否为斯巴达代表团的一员，我们不得而知。一般来说，斯巴达国王不会担任自己国家的使者，但列奥尼达是资深王族的代表，所以是联军的最高指挥官，他也许会想亲自了解最新的情报。假如他确实在“地峡”听取简报，将发现它特别让人感到气馁。虽然去年秋天曾寄予厚望，联军却并未网罗到新成员。接触过的许多城邦就像阿尔戈斯那样，都推说阿波罗交代他们别管闲事。最大的失望来自联军最寄予厚望的叙拉古的僭主格隆。格隆由于即将与迦太基开打，故抽调不出一兵一卒，但又因为怕没面子而不承认，于是用了比阿尔戈斯更恬不知耻的方法脱身。首先，他要求拥有希腊联军全部的指挥权，然后又假意说愿意妥协，表示只要拥有陆军或海军的指挥权即可。当联军的使者如格隆所料那样拒绝他的要求后，他便轻蔑地取笑说："我的朋友，看来你们不缺领袖。你们需要的只是找一些人来给领袖们领导。"[68]

这个打击似乎摧毁了希腊人想同时进行海陆两线作战的希望。陆军的重甲步兵如果找得到适合的关隘进行封锁，仍有希望把蛮族大军阻挡在外，但如果少了格隆的200艘战船，就没有任何在海上与波斯人抗衡的可能。地米斯托克利当然不同意这种看法；但在那个春天，他甚至说服不了自己的国人同胞上船作战。不只斯巴达人在冬天经历了一次心理转折，雅典人在花了一大笔钱、时间和努力来建造舰队后，一样开始重新检讨他们的整个战略。许多人开始重新怀念马拉松的大捷，准备迎接即将到来的严峻考验。随着万王之王的脚步越来越近，经历过那次著名胜利的老兵——都是一些勇敢、坚毅且保守的重甲步兵——就越想把自己手中的船桨砸碎在地米斯托克利的头上，然后在陆地上再次重创蛮族。地米斯托克利在妄想这个烦恼也能像阿里斯提德一样被陶片放逐法放逐时，他自己也几乎快被解除指挥权了，只有靠着贿赂对手退选才勉强凑足票数，并通过年度选举，继续担任将军。他的威望正逐渐消退，而他雅典的敌人以及在"地峡"的代表同人也知道。就目前看来，地米斯托克利没有大声说话的本钱。

这时，就在军心一片动摇、沮丧无望的情绪中，一群来自色萨利的牧场贵族抓住机会发表意见。这些不速之客呼吁士气低落的联军望向北方，虽然色萨利地势平坦且开阔，非常适合波斯骑兵驰骋，但这片土地的四周为群山环绕，是绝佳的天然屏障。其中，气势最雄伟的山脉位于北方，毗邻波斯所控制的马其顿。色萨利的牧场贵族建议联军驻守于此。与会代表们深受吸引，他们就像大多数希腊人一样生活范围狭窄，而色萨利之于他们则是一片未知之地，不但遥远，而且邪恶——除了盛产家畜与玉米，还以出产女巫闻名。显然每个人都听过奥林波斯山与旁边的奥萨山（Mount Ossa），这两座山构成了色萨利的北界。许多代表也应该都听说过坦佩（Tempe）这个位于奥林波斯山和奥萨山之间的峡谷，它只有 5 英里长，两旁壁立千仞。人们猜想，只有波塞冬的三叉戟才能劈出这样的峭壁。色萨利人向联军保证，所有南下的军队都必须穿过坦佩峡谷，希腊人只要派兵前往色萨利堵住坦佩峡谷，就可阻止万王之王挺进。这个构想听起来简单可行，连斯巴达人都被说服了，哪怕这意味着，他们必须把军队派到远离伯罗奔尼撒半岛舒适圈的范围之外。于是，各城邦集合了 1 万名重甲步兵，准备远征——这个数目与在马拉松对抗蛮族的部队相当。被任命为全军主帅的自然是斯巴达人，名叫乌艾涅托斯（Euainetus）；雅典支队则由地米斯托克利率领。

几周后，远征行动不光彩地流产了。事实上，当初侃侃而谈说服联军的色萨利人未提及一些不利的因素。首先，色萨利内部有一个派系已投靠波斯人。其次，坦佩峡谷并非穿越希腊北部山区的唯一通道。最后，整个地区布满波斯人的间谍：几年前，色萨利的主要派系打算一次性消灭对手，于是主动找上薛西斯的间谍头子，建议他们的主子发动侵略。所以，联军不仅找不到牢不可破的阵地，反而会落入陷阱。因为看见一场内战就在自己背后酝酿着，又不可能同时防守进入色萨利的所有关隘，乌艾涅托斯和地米斯托克利决定匆匆撤军。毫无疑问，这是正确的决定，可让1万人不致送死，但撤军仍是个耻辱，还让整个希腊不寒而栗。现在，眼看着色萨利被联军抛弃，它所有的派系开始抢着向波斯人靠拢。这也让更南边城邦的投降派更振振有词，主战派则陷入无助的绝望当中。面对不断增强的威胁日益逼近，联军似乎只剩下最后一个策略——撤退。关于不可能战胜波斯人的声音越来越响亮，甚至在主张抵抗的城邦中，也可听闻这样的说法。然后在5月底，万王之王的大军安全渡过赫勒斯滂的消息，如晴天霹雳般震撼了整个希腊。[69]

最受震惊的是雅典人，面对如此不吉利而且致命的僵局，他们对于要采取什么对策举棋不定。他们不仅像其他城邦一样可能被打败，还可能被彻底消灭。于是，他们在不知所措中向阿波罗寻求指引。[70]雅典使者离开阿提卡，越过帕那索斯山的山麓，很快踏上通向德尔斐的盘旋曲折的道路，沿途是犬牙交错的山岩。到达德尔斐后，使者先是被带到卡斯塔利亚圣泉（Castalian spring），在沐浴于冰冷的泉水并向永恒的圣火献祭后，才回到圣所。女先知在神庙深处等着他们，她的小房间塞满各种宝贝，包括那颗被罩在网子里的“肚脐石”、神圣的月桂树和阿波罗的七弦琴。女先知是一名年老的女人，却穿着年轻女人的服装，看起来十足古怪，而且和阿波罗代言人的身份毫不相称。雅典使者在祭司的指引下，就座于门边的椅子上。女先知坐在一口大锅上，当锅中冒出的蒸汽穿过这名未婚女子的短袖束腰外衣与裙下时，她没等他们提出问题，就因神灵附体而开始抽搐。然后，她忽然用可怕的声音喊道：“倒霉的人啊，你们为什么坐下？赶紧离开这里逃走吧。逃走吧，逃到天涯海角去吧！”接着，屠杀、焚烧与灭绝等意象从越来越高亢且战栗的声音中倾泻而出：战神来了，他的叙利亚战车轮声辘辘，所到之处高楼倾塌。雅典的神庙将被焚毁，黑血将淹没整座城市。“走吧，赶紧离开圣所，尽情地悲伤吧！”[71]

雅典使者跌跌撞撞地走回阳光下，不知所措，只能依女先知指示的那样沉浸于绝望的情绪中。这么说来，事情已经定调了，雅典被毁灭的时刻即将到来。但情况真的如此吗？一名祭司看起来就像雅典人一样，对女先知的预言深感震撼。他追上使者，劝他们再求一次神谕。在一个抱持怀疑态度的人眼中，这种做法也许像是两面下注。或许真是如此，祭司们毕竟也要考虑自己的未来。他们当然不想和万王之王作对，但也不能把全部筹码押在赌波斯人轻易取胜这一种可能上。每种可能的结局，甚至包括希腊人得胜这种几乎不可能的事，都必须照顾。所以，祭司允许他们的雅典客人至少还有一线希望。

不过，就像克莱奥美尼的致命例子所证明的那样，不信任的态度有时会过度。并非神谕的所有模棱两可的话语，都能被解释为人为安排而不必加以重视。轻视德尔斐就是轻视神明，那名祭司劝雅典使者再求一次神谕，便是根据以下这样的假设：阿波罗在做过一个全然悲观的预言后，有可能会被说服，再给出一个相对乐观点的预言来平衡一下。这个假设太牵强，就定义来说，一个神明的智慧是神秘而无限的。在阿波罗这里，事情极少与其表面看起来是一样的。如果德尔斐真的就像大多数希腊人认定的那样，是通向超自然能力的大门，那么通过它所窥探到的未来，也可能忽明忽暗、摇曳不定。

所以，当雅典使者接受祭司的建议，第二次询问女先知，看见她重新进入出神恍惚的状态并说出新的预言时，他们不会感到太意外。一开始，她的话还是一样令人沮丧："雅典娜用尽一切雄辩与机敏的方式祈求，仍不能抚平奥林波斯山上宙斯的怒气。"然后，一线希望却闪现于她接下来的话中：

然而，我要给你们一个坚定的承诺：
阿提卡境内的所有事物都将倒下，
包括神圣的山谷与附近的群山。
但唯独木墙例外——木墙将保持挺立。
这是宙斯给雅典娜的保证，也是给你们和孩子的帮助。
骑马的人与徒步的人，正从亚细亚席卷而来。
撤退吧，因为你们很快就会和他们面对面。
神圣的萨拉米斯啊，在播种或收割之时，
你将让许多母亲哀悼儿子。[72]

说完这段谜样的话语后，女先知突然自出神恍惚的状态中清醒过来，于是阿波罗圣所又重新陷入静默。

她的话到底是什么意思？对此，雅典使者全无头绪。不过第二个神谕明显比第一个神谕乐观，这让他们松了一口气，因此高兴地把它记下来带回雅典。雅典人反复对神谕进行推敲，他们争论不休，仍然茫然如故。"木墙"一语尤其能引发意见对立。地米斯托克利的对手表现出按字面思考的出色能力，主张"木墙"指的是厄瑞克透斯时代，围绕卫城山顶所建的一圈藤条篱笆。地米斯托克利则更加善辩地主张，那指的是船只，不然神谕怎么会提到萨拉米斯岛呢？他的对手反驳说：是的，不过女先知没有提，哀悼儿子的母亲究竟是希腊人还是蛮族人的母亲。地米斯托克利则回说：话是没错，但神谕不是把萨拉米斯岛称为“神圣的”吗？争论一直持续着。

只有公民大会的投票才能作为最后的仲裁，这就是阿波罗的智慧：不仅给雅典人一个可反映其内心最深处疑惑的神谕，还迫使他们自行解决疑惑。作为民主政体的公民，雅典人面对着他们的最高考验；也是作为民主政体的公民，他们决定该如何对付这样的考验。对于神谕意义的正式辩论定在 6 月初，这场辩论也将决定他们如何打这场即将到来的战争。此时万王之王距离他们的城市只有几周的路程，雅典人无法继续当一只鸵鸟。在长久的延宕后，他们最后被迫做出决定：支持地米斯托克利与他的战略，或完全反对这两者。

举行这场重大辩论的场地是在雅典民主为自己建立的第一座也是最堂皇的纪念碑——25 年前在普尼克斯丘挖出的会议场。人们在尘土与百里香的香味中就座，整座城市的全景呈现在投票者眼前，风景无可匹敌。远处是一片被阿提卡之光染白的色彩，还有彭忒利科斯山与两条通往马拉松的道路的轮廓。前景处是阿戈拉与刺杀僭主的英雄的两尊铜像，右手边则是最壮观的、最神圣的卫城，山顶上还保留着各种贵族政治的遗物——宗祠、人像、奉献用的盾牌和青铜器。然而，即使在这个最神圣的地点，同样有新秩序的堂皇标志。例如：那座古老、寒酸的“城邦守护神雅典娜”的神庙——曾经是布忒斯家族的标志——早已被拆除，并被在民主头 10 年所兴建的一栋堂皇建筑取代；它更能体现女神与雅典人民的尊严。公元前 6 世纪中叶，阿克迈翁家族修建的浮华神庙也被拆除——该家族的政治根基逐渐被陶片放逐法摧毁。在它原有的位置上，一座华美的新神庙正在动工，用以纪念马拉松的辉煌胜利，并表达对雅典娜的感激之情。从普尼克斯丘望去，可看见覆盖在未完工的建筑外侧的脚手架。如此充满热情的工程，如此意义重大的地点，如此一座城市：一切都绝不容许抛弃，对吧？

不过，在展开希腊史上（大概也是欧洲史上）最重要的一场辩论当天，地米斯托克利建议抛弃城市。他再也无法掩饰其海军政策的含义了。即使每个身强体壮的公民都坐在划桨板凳上，雅典舰队的人员仍严重不足。因此没有任何有战斗能力的男人可守卫城上的“木墙”，或雅典其他任何地方。老弱妇孺必须全部疏散，城市本身必须交托给“雅典的女主人雅典娜和其他神明”[73]。当然，地米斯托克利无疑主张，在阿提卡北部仍有可能把蛮族拦住，但因为所有的雅典人都在舰队服役，陆上的防线只能靠斯巴达人和他们的盟友守住，而这些伯罗奔尼撒人是否愿意再次从他们的城市冒险出兵到“地峡”之外，只有时间能够揭晓答案。然而，雅典人若希望说服斯巴达人别放弃阿提卡，那就别无选择，只能表现出自己准备好放弃阿提卡。放弃雅典，但发誓永不投降——这个大胆且吊诡的政策，就是地米斯托克利呼吁雅典人采取的策略。

他的演讲雄辩到怎样的程度？他说过如何激动人心的语句？我们无从得知，因为演讲内容没有流传下来。不过，根据它对公民大会产生的效果来判断，我们有理由猜想，这次演讲具有振奋人心和充满活力的特质，因为地米斯托克利的建议在表决时获得通过。雅典人民在面临其历史上最巨大的危机时，决定把自己的命运交付给海洋，以及他们始终害怕其野心的人。看来，再也没有几个雅典人怀疑地米斯托克利拥有“在对的时机用对的办法来解决危机的无上才能”[74]。或许只有在灾难边缘，他们才愿意承认，他拥有异乎寻常的洞见。在一般环境下，民主无法宽容天才，但在那个夏天，环境却截然不同于往日。所以，雅典人没有因为地米斯托克利持续夸大波斯的威胁而惩罚他，反而决定让他随心所欲。在危险时刻，雅典再也负担不起不信任天才的后果。因此在地米斯托克利的坚持下，公民大会同意紧急召回各个被陶片放逐法放逐的人，“以便全体雅典人万众一心对抗蛮族”[75]。比起其他任何人，米太亚德的儿子客蒙更堪称马拉松传统的继承人；他带着一支由富少组成的游行队伍穿过“陶器区”并前往卫城，然后在那里把自己的马辔献给雅典娜。接着他拿起一面盾牌，与同伴们一起往比雷埃夫斯走去。“他要以此向整座城市宣布一个简单的信息：现在需要的不是马上功夫，而是海上战斗。”[76]

雅典人终于团结在一起，剩下的是说服盟友扮演好自己的角色。地米斯托克利回到“地峡”做这个工作，他身上的本钱比原先多出无数倍。他发现，在经历过坦佩峡谷丢脸的撤退后，伯罗奔尼撒人并不完全排斥第二次出击。毕竟雅典舰队已承诺会保护伯罗奔尼撒与阿提卡的海岸线，而地米斯托克利也已物色好拦截波斯舰队的绝佳地点。他在远征色萨利时注意到，在优卑亚岛北端和希腊大陆之间，有条宽度仅 6 英里的海峡，非常适合封锁；另外，这个海峡位于另一个更狭窄的关隘——温泉关——东边仅约 40 英里。如果舰队和陆军互相呼应，即使面对数量庞大的敌人，仍有希望守住海峡和关隘。在地米斯托克利的鼓吹下，雅典人先前已投票通过派出 100 艘船前往优卑亚岛。现在，在“地峡”的各国代表——毫无疑问是在地米斯托克利游说下——也投票支持这个策略。科林斯、埃伊纳、墨伽拉和其他较小的海权城邦，都答应派舰船支持雅典人的舰队，斯巴达人会带领一支特遣部队前往温泉关。至此，虽然先前有种种不顺利，但计划终于被确定了。现在，在暴风雨来临前的宁静中，除了耐心等待蛮族来到，联军已无其他事情可做。

他们等了又等，时间自 6 月迈入 7 月，但仍不见万王之王的踪影。坊间流传着许多关于其大军的夸张传说，例如这支军队会喝光整条河流的水；人们在大军路过之处，如何抢着向万王之王献上土和水；他所举行的赛舟会、宴饮和娱乐是何等豪华；等等。就目前来看，他在欧洲的推进更像悠闲的游行而非入侵。未几，7 月也过了，最适合作战的时日正快速流逝。过不了多久，随着爱琴海地区变得酷暑难耐，以及北方较冷的空气变得不稳定，夏季的狂风就会刮起——希腊人称之为"赫勒斯滂风"（Hellesponters）。德尔斐的祭司在给联军最后的忠告中曾说："向风祷告吧，因为风会成为希腊的好朋友。"[77] 每个准备好跟随希腊舰队出海的人都将这个忠告铭记于心。

然而，有个城邦的人民已由于万王之王的行动迟缓，而开始失去热情。对斯巴达人来说，他们一想到要在 8 月防卫温泉关，就感到难以忍受。距离上次奥运会已过了 4 年，月亮正逐渐变圆；等到满月，就是新一届奥运会开幕之时。让斯巴达人更苦恼的是，卡尼亚节也即将到来。这两个大日子的结合，意味着一段异乎寻常的偃兵期的到来。斯巴达人怎能破坏偃兵的规定呢？谋杀波斯使者的事已让他们非常内疚，所以他们绝不愿意以更大的不敬冒犯神明。伯罗奔尼撒半岛充满潜在的通敌者，阿尔戈斯也一直在嗅着风向的变化，万王之王完全不是诸神用来执行惩罚的唯一代理人。斯巴达人绝不可以在8月北上，那样做不仅是犯罪，还是失心疯。卡尼亚节的偃兵规定神圣不可侵犯。

但蛮族没有这种顾忌。8月一到，那个让全希腊害怕又在意料中的消息传到了“地峡”：波斯人开始在奥林波斯山的山脚开辟道路。联军会议马上就结束了。雅典的码头已经因撤离的要求而乱成一团，人们完全不会考虑偃兵的问题。相反，全体能战斗的人员都被动员起来。因为人手不够，有些船——最可有可无的那些——甚至被交给来自普拉蒂亚的志愿者操控：“人们希望，他们以自己的勇气和精神来弥补自己对海洋的完全无知。”[78] 雅典人虽然留有够多的战舰来保护自己的水域，但仍可派出战船前往优卑亚岛，而且数量比原来说好的100艘还多——共127艘。其他城邦，特别是科林斯和埃伊纳，派出了它们所能派出的所有船只。任何人只要在联军舰队绕过苏尼恩岬向北行进时，看到一艘艘三列桨座战船搅动出的巨大浪花，都会感到一阵激动。前往优卑亚岛的战船共有271艘，虽然和万王之王的舰队相比只是零头，这仍可谓勇气可嘉，振奋人心。

按照前一年在“希腊厅”会议上达成的协议，联军舰队司令由一位名叫欧律比亚德斯（Eurybiades）的斯巴达贵族担任。对他的国人同胞来说，这是一个苦涩的讽刺。虽然害怕违反卡尼亚节的偃兵规定，但看到其他城邦为战争付出的努力，他们自己的荣誉感难免受到刺激。像其他人保护海路一样保护陆路，斯巴达人责无旁贷。无论如何都要找到折中的办法，既不使神明生气，也可让自己信守会议上的承诺。既然势必要在奥运偃兵期派出一支大军，那么可否改派一支先头部队守卫温泉关？若从拉刻代蒙到温泉关200英里的路上有其他城邦愿意派兵助战，那么斯巴达人即使派出很少的兵力，也有望守住阵地——特别是，如果这支队伍是从最精悍的将士中选出，而这支队伍又由一名国王率领，那么斯巴达人便可将作战到底的决心昭告天下。

承担这项艰巨任务的人是列奥尼达，身为资深王室世系的代表人物，他应该会觉得这是自己必须承担的责任，但他未尝没有个人动机。那年夏天，被谋杀的波斯使者的鬼魂也许不是唯一在拉刻代蒙作祟的阴影。10多年前，人们发现克莱奥美尼的大腿和腹部被匕首切开，痛苦地死在干草堆上。他是死于自己之手——作为对他收买神谕、不敬神明的惩罚，还是死于一个残忍的阴谋（一个可能是，斯巴达最高指挥部导演的阴谋），至今仍是个谜。不论答案是两者中的哪一个，列奥尼达必然感觉到，自己和前任国王的可怕结局有着撇不清的关系，毕竟克莱奥美尼是他的亲兄弟。虽然血渍早被清洗干净，但被诅咒、压迫和威胁的感觉就像8月的酷暑那样，仍笼罩在斯巴达上空。列奥尼达在为出征打包行李时，应该不会忘记德尔斐神谕中不祥的预言：要么是斯巴达被铲平，要么是“拉刻代蒙边界内的每个人都必须为一位国王之死哀悼——他是赫拉克勒斯的后裔”。他一定也注意到，赫拉克勒斯是死在温泉关上方一座山峰上：在那里，他以火烧尽自己的血肉，以便升天加入诸神的行列。无怪乎列奥尼达在挑选部下时没有挑“劲骑旅”（由300名年轻人组成的精锐部队），而专挑那些久经沙场的老兵——“全是一些有儿子的人”[79]。这清楚地宣告了他的意图，不论是辉煌的胜利还是彻底的败北，列奥尼达都将忠于自己的使命。无论如何，他都将确保自己的城邦得到救赎。列奥尼达决不会从温泉关撤退。

第七章

走投无路

浩大的准备工作

公元前 514 年，僭主希帕克斯这个花花公子因感情纠纷遇刺，雅典人民后来将此事视作为追求自由而进行的搏斗。但这位僭主于在位期间向来热心于革新。希帕克斯不仅像其他王公贵族一样热衷于赞助各类建筑，对文学也抱持罕见的热情。今天的旅人还可以在阿提卡那些形似男性生殖器的惊人路标上，读到这位庇西特拉图之子所创作的扼要有力的诗句。雅典人还在其他方面受惠于这位以好学著称的僭主的统治，例如，正是因为他的热心支持，那些曾经嗤笑雅典落后的希腊文学精英才逐渐将雅典视作文化胜地，并纷纷来此定居。希帕克斯坚持将那些著名诗人延揽到他的宫廷，甚至租下了拥有 50 支船桨的奢侈游船，载着诗人们出游。

像希腊世界绝大多数人一样，比起同时代的文学作品，希帕克斯对两部超凡绝俗的史诗——《伊利亚特》(*The Iliad*)和《奥德赛》(*The Odyssey*)——抱有更强烈的热忱。两部作品都写成于几个世纪以前，故事被设定在特洛伊战争的时代，作者是一位名叫荷马的诗人。关于荷马，我们所知甚少，但在希腊人看来，他的精神世界广阔无垠、无穷无尽，也是希腊人那些最深邃的思想与理念的源头，只有环绕世界的海洋才能与之相比。因此，一心想让自己的城邦在文学地图上占据一席之地的希帕克斯，想方设法要把荷马说成雅典人也就不奇怪了——不过令他沮丧的是，人们通常认为荷马生于爱琴海东部地区。据说希帕克斯的父亲庇西特拉图在赞助荷马史诗的整理工作时，曾在歌颂雅典及其古代英雄的诗篇中偷偷加入了关于自己的内容。希帕克斯没这么庸俗，他把史诗朗诵比赛引入了泛雅典娜节。不过这种朗诵活动并不是纯粹的文艺表演，而是像节日中的其他体育竞技项目一样，选手间会展开激烈的竞争。更不必说，“永远做最勇敢者，争当最优秀者”的格言本来就出自《伊利亚特》。

尽管希帕克斯煞费苦心地将荷马追认为雅典人，但其他地方的希腊人莫不把荷马当作天然的同胞。例如，斯巴达人——海伦和墨涅拉俄斯的国人——用不着搞史诗朗诵比赛来突显他们与荷马价值观念的密切关系。若说他们的军事准则出于吕库古，那么他们宁愿以死亡来换取“永垂不朽之荣誉”也不愿苟且偷生的决心便生动体现在荷马所歌颂的英雄身上。[1] 其中又以一个英雄为最，那就是阿喀琉斯（Achilles）。这位历来最伟大、最英勇的战士曾经来到特洛伊，并在那里展现出耀眼的光芒，他也明白所有这些荣耀最终只会让自己早早殒命。事实上，阿喀琉斯的确沉迷于追求个人的荣誉，这使他为了一个女奴与阿伽门农发生争执，在战友们遭受屠杀之时躲在营帐里生闷气，随后返回战场也只是因为和自己情感深厚的表兄被杀害——这些任性的行为对斯巴达士兵而言是绝不容许的。不过长久以来，那些始终与阿喀琉斯相关的观念都被希腊人认为是斯巴达人所独有的：死在战场上可以是崇高优美的，战死沙场可以让战士赢得庄严的纪念，即使他的灵魂陷入死后世界的灰暗阴影、失去言语的能力，他仍然会保有灿烂的金色光环，即他那不朽的光荣（kleos）。其他人也许会向往这些理想，但只有斯巴达人生来就浸淫在这种价值观中。

所以，当列奥尼达率领小批军队于8月初到达温泉关时，几个世纪前曾在欧亚两大洲之间的第一场大战里战斗的英雄身影，想必会在他脑中不断浮现。他从荷马那里得知，诸神“就像喜欢腐肉的鸟类或秃鹫一样”，很快就会在他的士兵身上投下看不见的阴影。因为无论何时，只要凡人鼓起全部的勇气准备作战，“汇聚成一拨又一拨的人潮，紧挨着排列成密集、闪动着刺眼光芒的盾牌、长矛与头盔”，他们便知道自己正在走向神圣之所。[2]确实，我们很难想象还有比温泉关更古怪的关卡，这个地点因为流淌着冒蒸气的泉水而得名。从嘶嘶沸腾的热水中浮现的岩石看起来苍白而扭曲，如同熔化的蜡。8月炎热潮湿的空气中飘浮着浓重的硫黄味。这里一切都炽热滚烫，而且尘土飞扬、令人窒息。温泉关小径非常狭窄，首尾两端分别被称为“东关”和“西关”，仅容一辆马车通行。道路的一旁是马里亚湾的浅滩，另一旁是卡利德罗谟山（Mount Callidromus）“险峻而难以攀越”的峭壁。[3]卡利德罗谟山峭壁的低处被丛生的树木掩映，高处则裸露呈灰白色，直指苍穹。这里地形怪异而神秘，仿佛其天然就是为军事防御而存在。

当地人早就认识到了这一点。福基斯（Phocis）是温泉关和德尔斐之间的一个山谷小国，该国人民在此修建了一处可以封锁道路的防御墙体，但防御墙并没有被筑在小径首尾两端的狭窄处，而是位于被称作“中门”（Middle Gate）、宽约 18 米的地方。这里的峭壁最为陡峭也最难包抄。列奥尼达在此扎营后，立即下令修葺福基斯人的防御墙：这并非难事，因为除了贴身侍卫，他还带了 300 个“黑劳士”，以及 5 000 多个士兵。[4] 这些士兵是通过威逼利诱才募集起来的，大部分（尽管并非全部）来自伯罗奔尼撒半岛，其中有 700 人是来自塞斯比阿（Thespiae）的志愿兵。塞斯比阿是位于维奥蒂亚的小城邦，像普拉蒂亚一样，这座城邦长久以来都对底比斯仗势欺人的行为怨恨不已，因此愿意为联军提供人力支持。联军队伍中还有 400 名士兵来自底比斯。列奥尼达不太愉快地意识到，希腊中部的城邦早已被妥协派渗透腐蚀，因此在前往温泉关的途中，他直接向这些统治者发出要求，执意要他们出兵支持。底比斯的统治阶层不敢断然拒绝这位斯巴达国王的要求，便以巧妙的手段予以回避：他们深信列奥尼达执行的任务无异于自杀，于是愉快地准许国内那些反对与波斯和谈的“敌对派系”跟随列奥尼达一同作战。[5] 对援兵原本已经不抱希望的列奥尼达，欣然接受了这批前来效忠的人马。尽管如此，当望着温泉关前方空旷辽阔的平原，等待万王之王庞大的部队来临时，他毫不怀疑后方有许多人乐见他一败涂地。

他的焦虑还不止于此。当他的手下忙着修葺防御工事时，附近的城邦特拉基斯（Trachis，也是温泉关所属的城邦）派来的代表团带来了一个坏消息：温泉关不像地峡会议上那些战略专家所认为的那样固若金汤，有一条小路可以绕过温泉关直通山脉。虽然骑兵和重装步兵无法在这条小路上通行，轻装上阵的士兵却可以来去自如。如果蛮族人发现了这条路线，一定会加以利用。因此，温泉关的守军不得不分兵把守。把守小径看似不难，然而即将应对波斯国王雷霆之势的列奥尼达，实在抽不出任何重装步兵。最后他别无选择，只能采取折中的办法：让 1 000 名自告奋勇的福基斯人守卫小路。这些福基斯人因为不满色萨利人对波斯人妥协，于是积极地加入希腊联军志愿作战。列奥尼达听本地人讲述了路况，相信只有轻装士兵才能取道小路，因而接受了福基斯人守卫小路的作战请求，甚至没有派遣任何斯巴达军官去领导这群缺乏作战经验的本地士兵。列奥尼达决心把所有精英力量都留在身边，以应对即将到来的风暴。这样的选择不难理解，即便如此，这仍是一场豪赌。

觉得战事棘手的并非只有斯巴达国王。在温泉关以东约 64 千米处，横跨马里亚湾、将优卑亚岛与希腊大陆分隔开来的狭窄海峡中，希腊联军的海军将领们也在为战线的侧翼发愁。诚然，他们选择的防守地点看起来像温泉关一样坚不可摧。大海另一侧的海岸线阴暗荒芜，被灌木覆盖的斜坡从海边向上蔓延，就像是从裸露岩石的牙床上冒出的橄榄色牙齿，而优卑亚岛的北端则大不相同，这里的海岸上多是些鹅卵石和肮脏的沙子。这片沙滩长而平坦，让希腊人能够轻易把成百上千艘战船拉到岸上。另外，这里临岸的海域中也没有浅滩或礁石，一离开岸边，海水就会骤然变深。因此希腊人一旦看到波斯舰队，便可以轻易启动舰队。然而，蛮族人的大军会往哪个方向开去？这个问题让希腊人忐忑不安：如果波斯舰队径直向西，想要穿越海峡前往温泉关，那么希腊联军的舰队就可以像关起大门一般挡住他们前进的路；但如果波斯舰队朝东走，沿着优卑亚岛的海岸外侧航行，不论他们直接进攻阿提卡和“地峡”，还是迂回绕到希腊舰队后方进行攻击，都会让希腊联军陷入险境。波斯国王麾下的三列桨座战船如此之多，他可以毫无压力地兵分两路，而任意一路都足以对希腊联军构成压倒性的力量优势。因此，希腊联军舰队的将领们要面对的风险，是他们不但封锁不了优卑亚岛与陆地之间的海峡，反而会被困在这里、腹背受敌。无论是在陆上还是沿岸，联军的防御前线都有被歼灭的危险。

8月的前两周就这样过去了。北方的航道上依旧风平浪静，身处优卑亚岛北端的联军舰队日益焦躁不安。他们的对面是一座名为马格尼西亚（Magnesia）的多山半岛，这里林木茂密，有野兽出没。大家都明白，入侵者一定会沿着这个半岛的荒凉海岸悄悄袭来，避开优卑亚岛上希腊联军的视线，直到穿过半岛最南端外海的斯基亚索斯岛（Sciathos），才会突然出现在人们的视野中。只有斯基亚索斯岛上的人才能提早发现波斯人侵袭的征兆，于是联军派遣了三艘巡逻船驻守该岛，岛上群山间的烽火台也准备就绪。然而，海面上仍旧不见船只的踪影，优卑亚海岸上不断传来嘎吱声——希腊舰队的士兵在鹅卵石滩上来回走动，他们一边抹去额上刺眼的汗水，一边焦急地注视着斯基亚索斯岛的方向，等待着战争的开始。直到黄昏，太阳从远处的卡利德罗谟山背后落下，他们紧绷的神经才会松弛下来。因为人们在穿越爱琴海时，通常都是跳岛航行，没人会在夜间航行穿过整片海域。此时的希腊士兵也许会感觉自己被带回到了过去的时代，那时他们的祖先也是紧挨着船只，在孤独的海滩上宿营。毕竟，除了背后的矮丘上伫立着的阿耳忒弥斯神庙（这里的岬角因而被命名为阿耳忒弥斯岬，即 Artemisium），海滩上就只剩这些士兵了——

于是，他们情绪高涨，

在通向战场的道路上纷纷就位，
他们彻夜不眠，篝火在人群中熊熊燃烧。
数百名勇士，被月亮的光辉笼罩着
像是在海风突然沉寂的夜空中
清晰闪耀的星辰……[6]

8月中旬的某天早晨，天刚破晓，在这个最让人意想不到的时刻，斯基亚索斯岛上突然亮起一道火光：敌军出现了。敌我双方已交过一次手，希腊联军的巡逻船遭遇了羞辱性的溃败。天空中还闪耀着星星，10艘不知从何而来的西顿三列桨座战船直扑斯基亚索斯岛——原来，不同于他们的希腊人对手，腓尼基人早已掌握了在夜间穿越开阔海面的航行本领。[7]希腊联军的巡逻船全部遭遇伏击，纷纷败北，其中一艘几乎是立即就投降了。敌人将长相最英俊的战俘献祭给神灵，在船首割断了他的喉咙，这是西顿人的第一场胜利。相较之下，第二艘巡逻船经过激烈的战斗才被俘虏。其中一位希腊海兵的英勇使敌兵都为之折服，于是敌人在俘虏他后还用没药为他疗伤，给他的伤口缠上绷带，用对待战争英雄的方式款待他。第三艘巡逻船是雅典的三列桨座战船，它成功地摆脱追击，随后却在河口附近的泥滩上搁浅了。这场保卫希腊自由的战争，开幕显然不太光彩。

此时，阿耳忒弥斯岬已经陷入惊乱与恐慌。由于不清楚斯基亚索斯岛上点燃的烽火是否意味着蛮族人的整支舰队都已开到，将士们跌跌撞撞地穿过鹅卵石滩，挣扎着把浅滩上的全部船只都推入海中。但几个小时过后，并没有更多敌舰来袭的迹象，可见那几艘西顿战船并不是先头部队，只是执行侦察任务而已。西顿人的战船虽然取得了最初的胜利，却碰上了意想不到的麻烦：巡游于斯基亚索斯岛和希腊大陆之间海域的希腊船只发现，三艘敌船误触暗礁沉没了。尽管如此，阿耳忒弥斯岬的希腊人还在继续将战船拖到水中，船一入海，就立刻惊惶失措地飞速驶向优卑亚岛和大陆之间的海峡。更让人觉得希腊士兵胆小懦弱的是，他们完全没有试图去解救被西顿人俘虏的同袍，甚至在敌船沉没的暗礁地带竖起路标时也毫无救人意图，厚颜无耻地展示着他们的冷酷。希腊人仿佛在炫耀自己颓废败坏的一面，巴不得让波斯的最高指挥部也见识到这一点。

也许他们真的已经颓废不堪了。当然了，一想到即将受到波斯大军的全面冲击，他们会产生某种程度的恐慌也不意外。这样的心理甚至蔓延到了舰队的最高将领。指挥官欧律比亚德斯并不是擅长鼓舞士气的将领。身为斯巴达人，在船上作战、远离伯罗奔尼撒半岛这两点都让他感到很不安。除了一直哀号着“波斯人在海上战无不胜”[8]，他对联军的战略决策几乎没有别的贡献了。身为最高指挥官，欧律比亚德斯却几乎没怎么指挥作战。联军舰队的指挥实权落在地米斯托克利手中，他一直主张坚守前线。那么地米斯托克利又为何会下令从阿耳忒弥斯岬撤退呢？他的勇气在任何方面都毋庸置疑：他曾在马拉松作战，他懂得直面敌人，决不做逃兵。他一定也记得希腊如何赢得了那场著名的胜利：当时，他和他的战友正坚守脆弱的中军，敌人步步进逼，但他们尽力顶住攻势，拖延敌人好让希腊军队的两翼顺利收拢，从而彻底包围并击溃了波斯人。希腊人如果能巧妙地利用敌人那自诩不可战胜的傲慢，便有可能把对手看似压倒性的人数优势转化为不利条件——这就是地米斯托克利在上一次与敌人交战的过程中获得的经验。这可能是他选择从阿耳忒弥斯岬撤退的原因：他想故意示弱，引诱波斯舰队进入优卑亚岛附近狭窄的海峡中，让它们难以腾挪转身，然后再大举进攻敌舰，这样或许还能将其全歼。这招施展起来要费些功夫，但希腊人用这个策略战胜过米底人。

然而，这一招如今不管用了。陷阱已经布下，却没有人上钩。一整天过去了，优卑亚岛高处的瞭望员仍报告说，马格尼西亚方向的海域没有敌舰的踪迹。希腊舰队没有返回阿耳忒弥斯岬，反而撤退到更南边的地点。最后，在优卑亚岛西海岸的中途点卡尔基斯，疲惫的桨手终于能停下来休息了。现在希腊人所处的位置非常理想，不论是开赴相对安全的阿提卡海岸，还是回防列奥尼达的侧翼，这里都很便捷——至于如何选择，将视瞭望员对波斯舰队动向的报告而定。现在，优卑亚岛的巨大山脊将希腊人与开阔的海域、日益升级的酷热阻隔开来，使他们不用再暴露于阿耳忒弥斯岬的沙滩上，他们想必也松了口气，因为夏季的极度闷热往往是“赫勒斯滂风”的前兆。爱琴海一带的水手都知道，在 8 月 12 日以后天气将迅速变化——而此时已经过了 8 月 12 日。日子一天天溜走，海上仍未有波斯舰队的踪影。酷热依然持续着，盘踞在卡尔基斯的希腊人丝毫不敢松懈，他们的双眼紧盯着优卑亚岛上的烽火台，脚趾浸在清凉的海水中，按照阿波罗的指示对海风祷告着。

他们亦服膺于那坚守并等待之人。若说率领孤军把守温泉关的列奥尼达已准备好随时赴死，那么地米斯托克利则是下定决心求生。在希腊的传统中，背井离乡、奔赴遥远的战场并英勇战死固然是光荣的，但能保全生命的人也不会被认为是缺少英雄气概的。阿喀琉斯在他母亲给出的两个选项——晚年在幸福中默默无闻地死去，还是带着不朽的名声早逝——中毫不犹豫地做出了选择；然而荷马在其第二部史诗巨著中，却歌颂了奥德修斯（Odysseus）这位人生抉择截然不同的人。奥德修斯就像地米斯托克利一样，身形健壮且“心思灵活聪颖”，他在洗劫特洛伊后别无所求，只想回家与妻子团聚。在为回家而不懈努力的过程中，奥德修斯没有使用过任何诡计，也从不蒙蔽或欺骗他人。这也是雅典娜在众人之中最欣赏他的原因。她对奥德修斯说：“在凡人之中，你最擅长谋略，富于辩论的才能，而我在诸神之中也以智慧和机敏著称。”[9]这也是她偏爱雅典人的原因，后者被认为是希腊人当中最聪慧的群体。每当原本不可能的事情突然具备了可能性，或是看似无解的难题突然变得可解时，凡人们就会知道，这是因为雅典娜站在了自己这一边。地米斯托克利反复衡量战争的胜率，在脑海中不断琢磨着新的计谋——他当然不是只会对着北风祷告的人。

谚语有云：“一旦与雅典娜结盟，就尽管放手干吧。”[10]但目前看来，主动权已从地米斯托克利的手中溜走了。他的下一步将取决于波斯人的举动，乃至风神的旨意。然而，此时仍无波斯人的消息，气温也持续升高。最终，在希腊舰队放弃了阿耳忒弥斯岬大约 10 天之后，警钟突然被敲响了。一艘三十桨小艇在地米斯托克利的密友阿布罗尼库斯（Abronichus）指挥下，快速穿过海峡来到了卡尔基斯。阿布罗尼库斯在战役开始之时就被任命为列奥尼达和希腊舰队之间的联络官。现在，他给他的朋友捎来了紧急消息。他们预想中的海战看来已经不会发生，万王之王的大军正逼近温泉关，米底人已来到门前。

暴风来袭

万王之王逼近的消息，几乎用不着瞭望员报告。早在第一批波斯侦察部队出现在马里亚湾沿岸的平原时，列奥尼达就已经知道，数量惊人的军队正向他开来。8月的天空万里无云，北方的地平线却被笼罩在灰尘的阴霾之中。灰尘日益浓浊、厚重，旋转着向前蔓延，大地也在成千上万只脚的践踏下开始颤抖。这就是万王之王的力量：他可以让世界震动。多年来，他的间谍一直策略性地在希腊散布着悄无声息的恐怖。如今，恐怖终于来到希腊人的门前。

温泉关的守军看着海湾对面可怕的景象，晓得万王之王的大军比他们最黑暗的想象还要骇人。蛮族部队不断逼近，前进的喧嚣声有如雷鸣；令人窒息的滚滚尘土被扬起，士兵在尘土中时隐时现。希腊人不断擦去泪眼中的沙土，感觉大地在他们脚下一刻也不停歇地震动了数个小时，3名希腊间谍从萨迪斯带回来的情报得到了恐怖的证实：整个亚细亚倾巢而出，上百万人被动员前来攻打希腊人。恐慌的情绪开始在这支人数有限的军队里蔓延，只有斯巴达人还保持着一贯的镇静。列奥尼达为了稳定军心，命令自己的贴身的卫兵也前去把守防御墙外的岗位。很快，波斯先头部队的马蹄声已经穿过了“西关”。300名斯巴达士兵中无人表现出丝毫异常。一些士兵在梳理自己的长发——这是斯巴达人为殊死搏斗做准备的习惯举动。一些士兵则赤裸着涂满油脂的身体，进行赛跑或是格斗。队伍中的气氛丝毫不紧张，因为“战场上的真枪实战还没有斯巴达人的日常操练辛苦……所以斯巴达人是世界上仅有的可以借战争来放松的人群”[11]。此情此景让波斯的侦察兵感到震惊。他们火速掉头跑掉，斯巴达人也丝毫没有追击他们的意图。

当天稍晚，薛西斯的使者来到温泉关。列奥尼达想必是在防御墙外接见了使者，以免使者发现他所率领的守军少得可怜。使者向列奥尼达转达了万王之王开出的条件：守军若放下武器，就可以平安回家；他们可以成为“波斯人的朋友”；“那些接受了薛西斯友谊的人，会获赠比他原本拥有的更多、更好的土地。”[12] 伯罗奔尼撒人本来就想退回科林斯地峡，波斯人的这番承诺更坚定了他们撤退的决心。但是福基斯人（对他们来说，“地峡”就像埃及一样遥远）强烈反对放弃温泉关。毫无意外，列奥尼达的态度也是如此。列奥尼达既是主帅又是斯巴达国王，他的决心足以稳住动摇者的立场，因此，联军最终决定坚守温泉关。当万王之王的使者再次来到，要求希腊人放下武器时，列奥尼达用简洁的话语表达了他的蔑视：“自己来拿（Molon labe）。”[13]

他的同胞一向看重这种冷峻的风格，斯巴达人所受的训练要求他们在面对越不利的环境时，越应该表现得沉着冷静，而且列奥尼达非常清楚：唯有泰然自若，才能稳住盟友动摇的军心。他自然希望身边的卫兵也能表现出全不在乎的态度来支持他，而他们也没让他失望。当蛮族开始放箭时，一个本地人惊恐地指出，波斯人的箭矢浓密得足以遮蔽太阳。斯巴达人一向把射箭看作缺乏男子气概的懦弱举动，表现出一副若无其事的样子。他们中的一人还慢条斯理地说：“这是个好消息。要是米底人挡住了阳光，我们就可以在阴凉中战斗，那可真不错。”[14]

虽然这种俏皮话肯定可以振奋人心，但这对列奥尼达来说，也是在死亡边缘打转的黑色幽默。他知道他的人马所面临的处境比大部分人所了解的更危险。留守卡尔基斯的地米斯托克利及其希腊舰队仍祈求着风暴来临。随着阿耳忒弥斯岬被弃守，一旦波斯舰队绕行优卑亚岛北部的外海，直接开向温泉关附近的浅海，没有什么能够再阻挡它们。万王之王已在温泉关前扎营，离开战已经不远了。列奥尼达扫视东方的海平面，搜寻远处的桅杆踪影时，或许也曾怀着沉重的心情，注视着海湾上逐渐深沉的暮色与隘口处燃烧的营火。夜晚已经来临，而波斯舰队仍未抵达。温泉关还在希腊联军掌握之中，但他们能守住关卡多久？人们紧张地望向海面。这一晚，近乎满月的月亮在无风无云的天空中照耀着。它也曾这般闪烁在遥远的奥林匹亚与拉刻代蒙的天空中。当天下午列奥尼达派出使者赶往地峡请求增援斯巴达人，但他也知道自己几乎不可能收到答复，因为奥林匹亚赛会和卡尼亚节至少还要一周才结束。时间已经来不及了。

破晓已至。关隘仍然没有被攻击的迹象。万王之王的各支军队与辎重部队，陆续沿着海边的道路缓慢地开向驻营地点。除了马里亚海湾，其他各处仍不见波斯舰只的踪影。帝国舰队一定就在不远的某处，正从北方开过来，准备与万王之王会合。但它们到底在哪里？答案或许今天之内就会揭晓。在清晨阳光的照耀下，大海平静而清澈地延伸到远处，勾勒出优卑亚岛的蓝色轮廓。在东北方向的更远处，马格尼西亚半岛的山峰耸立着。此刻万物俱静：一种奇异、明亮，又令人不安的寂静弥漫着。懂得辨识爱琴海情绪的老练水手，也许可以读出此刻的预兆，但温泉关这里并没有那样的水手。然后，天气骤然发生了变化：突然刮起呼啸的狂风。对联军而言，这风来得十分诡异，不像凡间事物而像是诸神的鼻息。不知从何而来的大风突然席卷了海湾，掀起滔天巨浪，浪花直扑温泉关的守军。黎明的光亮即刻消失，一切都笼罩在幽暗之中。爱琴海的上空响起隐隐雷声。[15] 人们期盼与祈求已久的“赫勒斯滂风”终于来到，“整个大海像锅里的水一样开始沸腾”。[16]

暴风怒号了两天。整整两天，当大风从海上吹来时，联军都瑟缩于“中关”，斯巴达人用猩红色的斗篷把自己紧紧裹住。这两天里，蛮族人不慌不忙，并没有攻打温泉关。双方都密切关注着天气的变化，并扫视东方海面，等待着各自失散舰队的消息。到了第三天早上，风势终于减弱，渐渐地，许多船只的碎片从优卑亚岛的海峡漂来，布满了马里亚湾，在水面上随着波浪上下起伏。随后，在远方灰暗的海面上，一队船只驶入人们的视线，费力地向北迎风航行而来，那是挺过风暴的希腊舰队。看到舰队回到阿耳忒弥斯岬，温泉关的守军大感宽慰。防御的阵线再度完整了起来。至少目前看来，联军是可以守住前线的。而敌人的舰队此时仍无踪影。

当天傍晚，阿耳忒弥斯岬的联络官捎来了报告，说明了敌舰消失的缘由：蛮族人的舰队在开往斯基亚索斯岛途中遭遇暴风，被席卷至广阔的深海。马格尼西亚半岛也被狂风吹袭，尸体、桅杆和黄金纷纷散落在海岸上。究竟有多少船只在暴风里沉没，人们也无法获得准确数目，希腊舰队中的一些人却大胆声称“敌军的船只已经所剩不多”。[17] 当然，列奥尼达是很难认同这个猜测的，因为在“西门”外的平原上，仍有无数蛮族人的营火熊熊燃烧着。舰队在马格尼西亚海岸折损的情报也传到了万王之王那里，波斯人或许已经接受了这一现实：从海路包抄温泉关的计划已宣告失败。万王之王要迅速制订新的计划，因为他麾下成千上万的士兵都在不断消耗粮草，局势不容许他放缓脚步。对列奥尼达与他的小部队来说，局势非常明了，危险已经来临。他们等待万王之王的正面攻击等了4天，到了第五天早上，形形色色的亚细亚人一定会向他们扑来，他们的决心和勇气将受到空前的考验，这是史诗时代特洛伊战场上的士兵们也不曾经历过的严峻考验。斯巴达人梳理头发，磨利武器并擦亮盾牌，准备迎接黎明，以及他们毕生为之训练的活动——施展杀戮的艺术。

太阳升起了，蛮族人也抵达了。被派出来打头阵的是米底人，这些人具备山区作战所需的各种技巧，他们的装备也十分精良，盔甲如钢铁质地的鱼鳞一般闪闪发光，他们尚武的名声长久以来都让希腊人闻风丧胆。不过，列奥尼达选择阵地时很谨慎，米底人虽擅长攀爬扎格罗斯山脉的狭隘小道，却发现自己爬不上"中关"的峭壁，无法包抄守军的防线。由于距离关隘太近，他们也无法施展自己的必杀技——浓密到足以遮天蔽日的箭雨。因为急于进攻，别无他法的米底人只好直接冲击盾墙，试图将其突破。然而这种作战方式却是重甲步兵格外擅长的；何况米底人的盾牌都是用藤条编成的，他们的长矛也比希腊人的短很多。

米底人虽然在人数上占压倒性优势，却没能取胜。斯巴达人此前从未和蛮族人交过手，却在首次交手后的几秒钟内，就迅速找到了对付敌人的办法。毫无疑问，米底人非常勇敢，随时准备好舍身扑向敌人竖立起的盾牌与长矛，尽管他们身穿鱼鳞铠甲，但这样的英勇举动也只会让他们轻易葬身于身披铜甲的专业杀手刀下。不过几分钟，两军相接的前线就成了屠宰场。斯巴达人会用矛尖和匕首剖开敌人的胸腹，他们"近身肉搏"[18]的战斗技能，甚至会让其他希腊人也感到害怕。如今，在地狱般拥挤的温泉关，米底人也领教了这种战斗的可怕之处。倒下的士兵身上都是豁开的伤痕；还站着的士兵好像泡在血浆里，他们踩在内脏上，不断打滑，跌跌撞撞地穿行在越堆越高的尸体堆中。

然而，对希腊人而言，他们也要竭尽全力才能坚守阵地，顶住洪水般涌来的敌人。他们需要举起沉重的盾牌抵挡攻击者，尽力重复着戳刺、下劈、削砍的动作，忍受着太阳对他们身上铜甲的无情炙烤，被汗水与鲜血完全浸泡——在最前线作战的这些士兵很难全天坚守阵地。事实上，他们也不用全天作战，因为列奥尼达冷静而高效地安排了轮值的士兵，定期替换前线的作战人员。撤下来的人可以脱去盔甲，喝点水，包扎伤口。即使是斯巴达人，有时也需要喘口气。

列奥尼达尤其需要让他的精锐部队保持体力，因为不知道万王之王还会采取什么战术，他需要确保自己的队伍可以应付突发状况。战斗持续了一整天，米底人刚刚撤退，来自苏撒的波斯增援部队就赶到了，增援的队伍远远看来甚至比米底人的更长，希腊人这才感到自己已经陷入了危险的局面。这些敌人的武器上镶嵌着闪亮的珠宝，反射出鲜亮的色彩，这正是波斯大军中最精锐的部队“长生军”。他们在波斯人中的地位犹如斯巴达人在希腊人中的地位。为了迎战这些人，列奥尼达命令所有亲兵回到前线——“在那里，拉刻代蒙人以令人无法忘怀的方式开始战斗。”[19] 正如人们所料，斯巴达人表现出了勇气、力量和决心。除此之外，他们还展现了战术上的杀戮天赋：接收到某个信号后，他们会突然转身，装作恐慌的样子跌跌撞撞地逃走。当敌军以为胜券在握，一时忘记保持阵形而去追击逃兵时，斯巴达人就会突然回转，列起盾牌重新组成队形，大肆砍杀追击者。这种战术让敌军的士气变得格外消沉，因为这不但造成了波斯军队的大量伤亡，还表明斯巴达人经过一整天的交战，饱受酷热、血腥、恶臭和蚊蝇的折磨后，仍然能够保持战斗力。万王之王不想白白损耗自己最精锐的部队，最后只好命令“长生军”从温泉关的“西关”撤退。夜色笼罩下的关隘，只剩下杀戮的痕迹与驻守的希腊人。

这天晚上，自遥远的马格尼西亚传来滚滚雷声，战场上暴雨如注，地面逐渐被覆盖上血污与烂泥的混合物。在成堆垒起的尸体中，薛西斯那些阵亡精兵的颈上珠宝，在希腊哨兵摇曳的火炬的照耀下闪烁着，像是在嘲笑屠戮过后的污秽。它们也在嘲讽着万王之王的自命不凡吗？列奥尼达也想相信薛西斯不足为惧，但他也明白，自己并不能得意忘形。虽然事实已经证明他的阵线无法被正面攻破，但整个阵形的实力最终取决于侧翼力量的强弱。来自卡利德罗谟山坡上福基斯人营地的信使，跌跌撞撞地来到温泉关，向列奥尼达保证说山路上没有敌人出现。但是由于当晚天气恶劣，温泉关无法与驻扎在阿耳忒弥斯岬的舰队取得联络。就像上一场暴风时一样，列奥尼达只能听着怒号的风声，用红色斗篷将自己紧紧裹住，祈求一切顺利。

对于内心尚且平静的列奥尼达来说，这一天还算不坏，可以被温泉关守军视作得胜之日，但驻守在阿耳忒弥斯岬的海军将领却有着截然不同的心情。[20] 令人不快的意外状况一再出现。他们先是发现，波斯舰队完全没有像一些乐观的希腊人猜想的那样被暴风雨全部摧毁。波斯舰队或许受到了风暴袭击，但刚过正午，一支又一支波斯分舰队缓慢地驶过斯基亚索斯岛，绕过马格尼西亚半岛的岬角，开始在阿耳忒弥斯岬对岸集结时，希腊人带着越发绝望的心情看着这一切。他们从未看过海面上布满如此之多的船只。即使遭到暴风雨的重创，波斯舰队仍集结起大约 800 艘三列桨座战船，几乎是联军舰队的 3 倍。即使有 15 艘敌舰误闯希腊联军基地，战船与船上全员都被轻易俘虏，也无法让希腊人振奋起来。现在，波斯舰队就在他们眼前仅 16 千米外的开阔海面上。许多人开始主张再度撤退，而且要赶在蛮族修好船只前抓紧逃走。这样的呼声越来越高，让当地人惊惶失措，害怕自己被联军抛弃后落入米底人手中。于是，他们立刻组成代表团，先是乞求欧律比亚德斯让联军坚守阵地，被拒绝后又去乞求地米斯托克利。地米斯托克利和优卑亚人一样不想让希腊舰队撤离，却愉快地利用这个机会索贿。他把大部分贿款纳入囊中后，再用剩下的钱打点欧律比亚德斯。这当然不是列奥尼达欣赏的硬派作风，但十分奏效。欧律比亚德斯和其他海军将领都同意继续留在阿耳忒弥斯岬坚守阵线。

不过，就在做出这个决定后不久，最高指挥部又陷入了新的恐慌。下午稍晚时，大约就在"长生军"在陆上进攻温泉关的同时，波斯舰队在阿耳忒弥斯岬对岸声势浩大地举行了一场威胁性的检阅活动，在此期间，希腊联军从敌人的舰队中捉住了一个名叫锡利亚斯（Scyllias）的希腊逃兵。他是一位职业潜水员，声称自己在水下游了 16 千米才游到阿耳忒弥斯岬。不过，他带来的消息却比他的自我吹嘘更可信。事实上，这个消息让在场的联军将领心惊胆战。根据锡利亚斯的说法，敌人舰队虽然大部分还在整修，却派出了 200 艘适宜航行的战船沿着优卑亚岛的东海岸悄悄南下，绕过岛南端后转向西行。这正是希腊人最担心的——被敌人前后夹击，瓮中捉鳖。锡利亚斯的一番话自然引起了希腊人的恐慌，但正如地米斯托克利立刻指出的那样，希腊舰队面对的既是危险，也是转机。因为他们可以派出一支具有相当规模的分舰队，穿过优卑亚岛和希腊大陆之间的海峡南下，祈盼神灵能让阿提卡一带的希腊巡逻船一发现这 200 艘波斯战船就展开追击。如此一来，或许就轮到蛮族人发现自己被前后夹击了。

这当然是一场豪赌，希腊人若想阻止波斯人挺进就别无选择，只能相信冒险带来的偶然机会与运气。人们最终通过了决议："立即出海，迎击绕行优卑亚岛的敌舰。"[21] 这支海军分遣队当然不能让对面海岸的蛮族人意识到希腊海军的主力已经被削弱，只能在夜幕低垂后出发，而且希腊人最好先设法向敌人证明自己没有分兵或逃跑的打算。于是他们大胆把舰队开出海面，挑衅波斯人并吸引他们前来攻击。波斯人占有人数上的优势，海员技术也更娴熟，因此马上响应出战。虽然太阳已经开始向着海峡西岸的群山落下，波斯人还是立即起锚，穿过海峡直扑过来，想包围希腊舰队那较短的阵线，然后一举粉碎希腊舰队，终结战争。不过希腊人早已料到，专门准备好了应对策略：他们让船队围成一圈，每艘船的撞角朝外，像只紧缩成一团的刺猬，然后突然发动攻击。在接下来的近距离战斗中，波斯人发现自身原本高速、灵活的优势都失灵了，大约 30 艘船被希腊人俘虏。暮色最终降临之时，爱琴海上的战事也结束了，希腊人惊奇而愉快地获得了这场战斗的胜利。看起来，希腊人在航海水平上是可以抗衡乃至击败蛮族人的。对那些将要面临夜间危险航行的水手来说，没有比这更好的激励了。

随后狂风突起。雨水敲击着希腊舰队的船只，呼啸的东南风横扫过阿耳忒弥斯岬的荒凉沙滩，希腊人不得不迅速放弃在午夜派出分遣队的计划。然而对联军舰队来说，他们因此幸运地避免了更多损失：黄昏战斗留下的残骸很快就被吹过海峡，漂向敌人的阵地，牢牢地缠住波斯巡逻船的船桨，波斯海军的港口也被桅杆与尸体堵塞了。再度遭到暴风雨袭击后，仍沉浸在受希腊人意外暴击伤痛中的波斯人如今也陷入恐慌，“他们感到自己的末日已经来临”。[22] 事实证明他们的想法是错误的，因为在前一天，波斯舰队栖身的港口为船只提供了庇护，使其避开了狂风的正面吹袭。然而，那 200 艘被派去绕行优卑亚岛的船只却找不到这样的避风港。该岛东岸满是陡峭嶙峋的岩石和崖壁，舰队若在那里遇到风暴袭击，下场会凄惨无比。据说，波斯分遣队“在风雨的吹袭中盲目逃窜”，纷纷在一个名为“无底洞”（Hollows）的险恶地点触礁。无论他们是否像希腊人后来所说的那样全军覆没，风暴都已经让他们的任务搁浅了。[23]

第二天下午，波斯舰队沉船的消息传到了阿耳忒弥斯岬。确信自己向后方撤退的路线不再受到波斯人威胁后，希腊将领们大大松了一口气。他们现在不打算放弃前线的阵地了。前一天人们还并不看好守卫阿耳忒弥斯岬战线的前景，现在却突然乐观了起来。好消息自四面八方传来：有 53 艘战船从雅典前来增援；在一次夜间突袭战斗中，一支西里西亚船队被消灭了；联络官阿布罗尼库斯来报，列奥尼达和他的战士在温泉关守住了第二天的猛攻。如果万王之王没能迅速攻破关隘，他的军队就要开始挨饿。适宜行军的季节已接近尾声，蛮族人也离乡太远。希腊人只要避免打败仗，把米底人困在原地，就堪称胜利。

不过，联军舰队是否能扛住敌人的攻击，这个真正的考验才刚刚开始。波斯人正在全力修理船只，暂时还没有打通优卑亚岛与希腊大陆之间海峡的企图，这条关键的通道一旦被攻破，波斯舰队就能直抵温泉关。第三天破晓，希腊人从阿耳忒弥斯岬向外望去，知道真正的大战已经来临了。一支又一支蛮族人船队（有腓尼基人的、埃及人的，还有爱奥尼亚人的）开始在开阔的海峡处集结起来。这次不再是小型冲突，也不是预演，万王之王的海军终于要对希腊人的阵地发起第一次彻底的正面攻击。希腊联军的士兵出发前去阻挡敌舰，尽管他们在战前几个月才开始学习划桨，其中普拉蒂亚人只学了几周。

由于机动性不如敌人，希腊舰队堵住海峡后，选择等待波斯人发起攻击。桨手们紧紧握住船桨，握得指关节发白；他们紧紧皱起鼻子，对抗着汗水与粪便的恶臭；他们蹲坐在木头凳上，紧张地听着船身的吱嘎声、海浪声以及同袍之间紧张谈论眼下战斗的话语声。不久之后，甲板上的水手叫喊起来，蛮族人接近了："战船数量惊人，船首装饰着华丽的人像；蛮族人肆意呼喊着，唱着粗野的战歌。"[24] 这就是波斯舰队倾巢而出的画面与声响，而他们带来的后果将是毁灭性的。整整一天，希腊人拼命阻拦敌人，他们"呼喊着不要让蛮族人突破，在波斯人试图清理通道时设法消灭他们"[25]。虽然希腊人受到了可怕的攻击，但他们成功守住了海峡，不过也只是守住而已。许多船只被击沉或俘虏，这些损失是规模本就有限的联军舰队难以承受的。还有不少船只失去了战斗力。在战斗中一直受到敌人主力攻击的雅典人损失最重，有一半舰艇失去战斗力，这让希腊联军在第二天守住海峡的前景变得暗淡起来。黯然的希腊人打捞起船只碎片，将其堆在沙滩上，当作木柴用来火化死者。在葬礼的火光中，希腊联军的将领满脸焦虑，争论着下一步该做什么。当地人看到希腊舰队受到如此重创，对战争的前景也不抱希望，于是纷纷将牲畜赶到海边，想要一起撤离。这时，地米斯托克利意识到必须放弃阿耳忒弥斯岬了，但他又不愿让这些刚经历了战争疲惫的桨手夜里饿着肚子划船，因此下令举行牛肉烧烤宴会。

这天晚上，在篝火点点的沙滩上，每个人都感到疲惫和失望，但他们的情绪还不至于完全绝望。他们与万王之王的舰队交手后幸存了下来，这已经是一个奇迹了。他们在阿耳忒弥斯岬取得了一些重大成果，这些并非都是大风的功劳。联军舰队仍然保持着战斗力，即使撤退，也是出于战略考虑而且井然有序。不过，在获得温泉关的最新消息之前，他们无法做出最后的决定，因为和列奥尼达的军队同步作战仍是整场战役的关键所在。海军中还没有人知道温泉关的情况。随着夜幕低垂，海军将领们只能耐心等待。他们在海滩上走来走去，闻着烤牛肉与焚烧人类尸体的混合气味，不时眺望海峡对岸波斯营地的遥远火光，等待着阿布罗尼库斯从温泉关送来的每日简报。

这天晚上，信使的小船比平常更早抵达阿耳忒弥斯岬。水手们仍在围着篝火吃晚餐，舰队还没准备离开，营地没有丝毫紧张的气氛。不过，当阿布罗尼库斯从浅滩上跌跌撞撞走来时，人们一看到他脸上的表情，就会明白事情有变。他还没开口，但脸上已经写明：温泉关有祸事发生了。

国王的盛宴和斯巴达人的早餐

虽然万王之王薛西斯身处“苦海”旁偏远的蛮荒之地，被困在尘土飞扬、难以通行的平原上，但他仍是其世界帝国赖以运转的轴心。他无法从首都波斯波利斯指挥对希腊的入侵，于是干脆下令带上首都去远征希腊。每到夜晚，不论万王之王驻跸何处，仆人们都会急忙地从骡子与骆驼队伍中卸下无数行李，在地上清出一片空地，然后搭起一座让许多宫殿都黯然失色的豪华营帐。由于波斯国王们总是不安久居，习惯了随着季节变化从一个首都迁移到另一个首都，这些伟大国王手下的工匠在王室旅行的各项工作上都身经百战，他们深知该如何预备行宫中的奢侈项目。即使在温泉关这样荒凉的环境中，国王的各种奢华享受也一样不少，这体现在地毯、靠垫、皮革华盖与彩色挂饰上。到达万王之王的住所需要穿过一个个房间，每一扇房门外都有“长生军”把守，严防任何意图行刺的“克里普提”中的老手。[1]这和温泉关的环境判若云泥：列奥尼达必须在恶臭腐烂的尸体中扎营，而万王之王指挥作战时，则是端坐在香气缭绕的会议厅中。到了晚上，需要养精蓄锐的波斯国王会在一张有着银质凳脚的长榻上休憩，一位训练有素的奴隶专门为他整理床铺，他“懂得如何把亚麻布打理得又漂亮又柔软，因为波斯人是世界上最早将这项本领视为艺术的民族”。[26]

希腊人像是抓住了救命稻草一样，嘲笑说波斯人在战场上的奢

---

[1] 行刺可能真的发生过。好些材料都声称，列奥尼达在斯巴达人坚守温泉关最后一天的前夕，对万王之王发起突袭，却失败被杀。我们不知道该如何理解这个故事，但它也许是把列奥尼达之死与一起行刺薛西斯的失败事件混淆后的结果。

侈做派说明他们缺乏男子气概，但这种言论只能可悲地证明希腊人自己缺乏文雅修养上。薛西斯在年轻时就已充分证明了自己的勇气，现在他无意亲自上阵——尤其是他要负责领导庞大的海陆联军，并指挥一场空前复杂的战争。国王的营帐非常宏伟，但这里毕竟要承担起一个世界超级大国中枢的职责。就像在波斯波利斯一样，虽然身处通向温泉关的道路旁，万王之王不会忽视任何人的建议，反而更需要建议。因为他明白一个道理：最有智慧的主人就是能够把奴隶做最佳利用的主人，无怪乎他名字的字面意义就是“统治英雄的人”。

万王之王的追随者像斯巴达人一样非常严守纪律。即使是在战场上，即使是对英雄来说，礼仪仍是严格与神圣的。不论营帐外的狂风有多猛烈，也不论前线传来的消息有多骇人，万王之王仍会像人在波斯波利斯一样，坐在实心黄金的宝座上主持作战会议。虽然军方最高层大都是皇亲国戚，但蒙其召见者并非全是波斯人。例如：达提斯有两个儿子负责指挥骑兵；其次，当然还有希腊事务的关键顾问狄马拉图斯。万王之王除了不断派兵攻打温泉关，还一直在研究守军是否有任何心理上的弱点，也为此向狄马拉图斯打听斯巴达人的心理。压倒性的兵力及各种数据，这两者始终是波斯人作战时所依赖的。综合各种信息之后，才能解决类似目前温泉关守军所造成的问题。这个挑战只有在万王之王的营帐里才可能克服。在这里，王家贵胄、情报人员、后勤主管和希腊叛徒都可能被召见，所有的意见都会被汇整起来。

薛西斯被温泉关的坚守激怒了，却没有因此乱了方寸，继续认真分析各种情报，冷静地布置任务并保持耐性。既然他是一群山民的国王，自然不会不知道，一道狭窄的关隘可能是正面攻击无法攻取的。“叙利亚关”（Syrian Gates）——达提斯率军前往马拉松时，曾从这个关隘通过——就是一个例子。它的防御工事比温泉关还可观，在发生紧急事件时可成为王家大道的止血带。它是“天然形成的门道，机巧性不输于任何人工设计的防御措施”[27]。即使如此，诚如波斯军队清楚知道的，它仍然包含致命的弱点；因为几乎所有峡谷都可以通过一条穿过高峰的小道绕过。不论是“叙利亚关”、“西里西亚关”（Cilician Gates）还是“波斯关”（Persian Gates），皆可通过山路加以包抄。但为什么温泉关是个例外？

随着希腊守军一次次顶住正面进攻，这个问题也越来越有紧迫性。毫无疑问，即使在万王之王抵达前，波斯间谍便已大举出动，到欧伊铁山和卡利德罗谟山的山麓观察地形，并试图以黄金收买农民充当向导，但没什么收获。大部分本地人不是逃进山区，就是投向列奥尼达。不过，还是有些人留了下来。所以，所需的只是一名希腊人被万王之王的威仪震慑，并将一切和盘托出。

薛西斯的威仪特别彰显于辽阔军营正中央的巨大营帐，营帐上方的旗帜装饰着威严振翅的老鹰。这里不仅是作战的指挥总部，而且是王权的动态展示——拜它对波斯波利斯宫殿的精确复制所赐。希腊人因身处世界边缘，对这一切毫无概念，所以一看到这样的场面，就只有目瞪口呆和不胜惊恐的份儿。狄马拉图斯尝试向万王之王解释吕库古律令（Lycurgan code）的重要性，不知分寸地指出，斯巴达人对这个律令的害怕“尤甚于陛下属民对陛下的害怕”[28]。对此，万王之王并没有露出“愠怒之色”，只笑了笑，“然后非常温和地将他屏退”。[29] 这大概是因为思乡流亡者的井蛙之见不值得世界帝国的主宰生气。不过，薛西斯应该不会不相信斯巴达人的傲慢——不然，他们怎敢杀死他父亲的使者，又只派300人来抵抗他的大军？在多方观察希腊人后，波斯最高指挥部得出了一个高高在上却也不能说不正确的结论："典型的希腊人会嫉妒别人的好运气，仇视势力比自己大的人。"[30] 这样的说法也曾适用于米底人、巴比伦人和埃及人，所有这些古老民族都已经得到严厉的教训，知道自己的想法有误。

万王之王自觉有责任让欧洲睁开双眼，从他离开赫勒斯滂后从容的步伐中，看见自己在世界新秩序中的位置。正因为如此，他要到战争季节快结束时才到达温泉关。不过薛西斯认为，有必要明确地教会他的新属民应该顺服他。当一连串游行、赛船与赛马大会持续用来夸耀万王之王所拥有的全球规模的资源时，各地原住民也在为这些盛事奔忙；原住民们被明确告知，大王仁慈地允许他们向主人展示自己。整个冬天，征途上路过的每个城市都被要求为万王之王举行盛宴。一连数月，所有当地人都为这顿大餐伤透脑筋，因而无暇他顾。对任何主人来说，要依照波斯波利斯的标准办一席晚宴已够令人头痛了，但这还是各种责任中最不棘手的一项。其他责任包括喂饱万王之王的将士、马匹、骡子和骆驼，为御厨提供大量木柴，为万王之王的餐桌准备金制、银制的餐具等。桌布要用最细的亚麻布，还要以可怜的公民所能负担的最奢侈的材料来制作各种地毯和靠垫。不要指望这些东西用完后还可变卖换现金，因为波斯人是最差劲的客人，离开时"会把一切打包，不留任何东西在后头"[31]。无怪乎一名"有幸"接待波斯军队后大失血的人事后开玩笑说，市民同胞应该感谢诸神，薛西斯"并没有要别人也为他准备早餐的习惯"。[32]

这也难怪，马其顿的亚历山大国王在5月得知希腊联军准备在其王国南部边界附近的坦佩峡谷布防时，便急忙派人提醒联军坦佩峡谷守不住。当然，这种说法绝对正确，联军自己也得出了同样的结论。不过，亚历山大之所以提出警告，并非关心联军特遣部队的安危，而是为了确保波斯军队留在马其顿的时间尽可能地少。身为万王之王的附庸，亚历山大痛苦地认识到，他的主子把整个帝国视为自己的食品储藏室。"各地不同的美食，千挑万选的最好的水果"，无不被专门奉献到国王的餐桌上。[33]这些耗费巨资并极尽辛苦准备的饮宴被形塑为一份礼物，但不是准备者送给万王之王的礼物，而是薛西斯慷慨送给追随者的礼物，是"国王的赐宴"。据说万王之王拒绝品尝任何希腊特产，只要看见它们出现在餐桌上，就会下令撤掉，他只吃自己属民土地出产的作物。占领雅典后，他便可把阿提卡的无花果吃个够。

所以，他的军队可能会挨饿，甚至国王自己的餐桌也可能空空如也，这绝不只是后勤供应的危机，还会动摇帝国威信的根本。连万王之王都没有甜点可吃时，军队的士气也许会骤降。然而，这并非波斯官僚系统容易陷入的困境，因为这个官僚系统一向非常注重细节——以至于会为鸭子制定旅行配给品的数量。他们为预防在温泉关酝酿起的这类危机，已做了大量准备。王家辎重车队当然会带着水禽，但也包括国王喜欢的其他大量佳肴——卡尔曼尼亚（Carmania）的莨菪油、巴比伦的椰枣、埃塞俄比亚的小茴香。就连万王之王的饮用水都是来自苏撒附近一条河流，被装在大坛子里带去战场。

然而，不论波斯的后勤人员多么无与伦比，食材供应——特别是新鲜食材的供应——总有限度。到了在温泉关受阻的第六天，除了国王营帐的范围内，各支战斗队伍的饮食供应开始吃紧。大胃口的伊朗人特别无法忍受勒紧裤带。在肉食食量上，希腊人倾向只吃掉首次献祭给诸神的兽肉，而他们谈到敌人的肉食食量时，也为此感到震惊。据说，一个波斯人为了庆祝生日，会毫不犹豫地把整头驴子拿来烤——手头特别宽裕的人更会把整头骆驼烤来吃。作战的士兵每天会固定获得“阉牛、驴子、鹿、各种较小动物、鸵鸟、鹅和鸡”的供应。[34] 不过，在通往温泉关的道路上，鸵鸟本来就不多，其他家畜与家禽也因为战争拖长而逐渐缺货。波斯厨子虽以头脑灵活且具有巧思著称，但面对光秃秃的田亩时，也只能大叹巧妇难为无米之炊。

虽然薛西斯也为军队咕噜咕噜响的肚子感到担心，但他知道有人的情况比自己困难。波斯军队出现在自家门前让当地地主面临破产的危险。由于这样可悲的事态显然是列奥尼达和他的一小撮军队所造成的，而当地人让自己免于破产的唯一办法就是帮万王之王打通温泉关的障碍。虽然波斯军队战无不胜的威名仍未为薛西斯吸引到一名向导，但本地人自利的心态可使之实现。

结果，情况果真如此。当波斯大军经历了第二天令人失望的战斗后，希腊人窝里反的天性带给波斯最高指挥部一丝希望。帝国军队在温泉关前面扎营将近一周后，一个告密者终于来了。他名叫厄菲阿尔特（Ephialtes），是波斯军队扎营所在平原的当地人。他告诉盘问者，卡利德罗谟山确实有个秘密。“为了得到丰厚奖赏，他告诉了国王那条翻山越岭、通向温泉关的小路。”[35] 更要命的是，他竟然自告奋勇充当入侵者的向导。

虽然天色已晚，但事不宜迟。当晚最高指挥部发出攀登卡利德罗谟山的命令，而获派这个任务的不是轻步兵——列奥尼达一直认定，只有轻步兵能通过山上的小路。在伊朗崎岖山地长大的“长生军”，是承担这次任务的不二之选。由于当天在温泉关的战斗中损失惨重，他们都急着利用这个机会报仇。对他们的指挥官来说，这个任务特别令人感到痛快。他名叫叙达尔涅斯（Hydarnes）,41年前，他父亲——名字也是叙达尔涅斯——曾经把守呼罗珊大道，为大流士镇压造反的米底人。现在，小叙达尔涅斯有了为家族增添战功的绝佳机会，但这次不是要坚守要道，而是打通重要关隘。

他带着1万人在薄暮时分出发。山路的起点位于温泉关以西几英里，在特拉基斯及其下方的阿索波斯峡谷（Asopus gorge）西边。[36]当他们开始攀登时，星星营火开始出现在下方平原上，但很快军营就从他们的视线中消失了。如同厄菲阿尔特所言，小路很好走。天空万里无云，一轮满月令8月的星星显得暗淡。“长生军”在银色的光影中走了数小时，向左穿过特拉基斯峭壁上的广阔平原，进入一座山谷，然后渡过阿索波斯河（River Asopus）。在河的对岸，路终于变陡了。即使此时，他们都没有被盾牌和铠甲的重量所拖累，攀登的队形仍然整齐划一。一小时后，他们走出一片栎树与松树树林的边缘，到达另一片宽阔台地的边缘。前头是更多的树林，偶尔有一片开阔的绿草地，然后是上坡路，但地势比较平缓，以至于“长生军”可以加快脚步，开始绕过一个介于他们和温泉关之间的山峰。这座山峰也挡住了他们对东方地平线的视线。星星逐渐暗淡下来，清晨即将来临；很快，代表阿胡拉·马兹达永恒光辉的太阳在温泉关上升起。道路逐渐变得平坦。“长生军”走进了一片栎树林，虽然走在树林中间，前方的道路仍然清晰可见，这不只是因为天色越来越亮，也因为最近几场大风将树顶上的枝叶吹落不少。干枯的落叶在脚底下嘎吱作响，然后一阵清脆的声音突然盖过1万双前进脚步的沙沙声：那是金属的声音。

向树林的边缘走去时，“长生军”的指挥官惊见，一批重甲步兵堵住了他的去路。对方显然也吓了一跳，因为希腊人还在忙着穿铠甲。叙达尔涅斯以为他们是斯巴达人——他见识过斯巴达人的厉害，原本打算在温泉关才和他们再次交手，没想到在山路上就相遇了。不过厄菲阿尔特指出，这批敌军没有披猩红色斗篷，不是斯巴达人，应该是其他城邦的战士——很可能是福基斯人。叙达尔涅斯立刻下令进攻。“长生军”向没有完全摆好的方阵万箭齐发。福基斯人也许因为没有斯巴达军官指挥，缺乏战略意识，又想当然地以为蛮族夜间发动进攻就是为了要消灭他们，故立即作鸟兽散，逃到附近的山上。在那里，他们重新鼓起作战的勇气，却看见“长生军”没理会他们，继续沿着山路往下走。

下山往温泉关走去时，叙达尔涅斯猜想，应该有一名福基斯人跑在前头，去向列奥尼达通风报信。不过他不担心这件事。让希腊人预知自己即将遭遇灭顶之灾，也许正是波斯最高指挥部的策略。日出不久前，也就是“长生军”遇上福基斯人时，一名波斯阵地的叛逃者溜进了温泉关，带去“长生军”包抄温泉关的消息。他是一名爱奥尼亚人，名叫堤尔塔斯提阿德斯（Tyrrhastiades），自言其动机完全出于对希腊同胞的关爱之心，只不过这件事极富波斯情报部门的做派。先不说有老鼠会上一艘即将沉没的船这种事太不寻常，从各方面来看，堤尔塔斯提阿德斯跑到希腊阵地的时间点都经过了精心计算。以这个时间来说，列奥尼达要增援福基斯人已经太迟，但仍来得及撤退，这当然是万王之王要他相信的。如果希腊人继续坚守温泉关，那么即使腹背受敌，他们或许还可以撑上几天，但如果希腊人选择撤退，波斯骑兵则可轻易追上他们，把他们大卸八块。如此一来既可打通温泉关，又可一举消灭 5 000 名希腊重甲步兵，万王之王的胜利堪称彻底。

但列奥尼达会上钩吗？身为联军总司令，他绝不想看到自己的部队全军覆没，但身为斯巴达国王，他又曾经发誓不弃守温泉关。不过在这两难之外，他还有第三个选择。自献祭公羊的内脏占卜出灾难即将降临的预兆后，他召集各分队睡眼惺忪的指挥官举行作战会议。会议的气氛混乱而惊恐，少部分人反对撤退，但大部分要求马上撤离。列奥尼达在让大家安静下来后宣布，不论情势有多凶险，他和他的亲兵都会继续抗敌，但他鼓励其余部队尽快离开，越快越好，以保存实力伺机再战。以固执出名的塞斯比阿人拒绝离开岗位，忠于希腊的底比斯人也一样，因为他们的城邦已被投降派控制，如今无家可归了。[37]列奥尼达命令“黑劳士”也留在温泉关帮助斯巴达人准备作战，并充当轻步兵，为主人争取自由的大业而死。这些“黑劳士”约有 1 500 人。他们以汗津津的手抓住破损的武器，感到曙光照射在脸上，看着他们的战友收拾行囊、向南撤退，竭力避免流露出鄙夷、无奈或嫉妒等情绪。[38]等军队撤走的脚步声渐渐消失，飞扬的尘土被清晨的微风吹散后，只剩一小支守军留在臭气熏天且局促的温泉关内。卡利德罗谟山的西坡一片宁静，哪怕叙达尔涅斯和他的“长生军”战士正从这里下山。“西关”也没有任何动静。列奥尼达对他的人马说：“我们好好吃一顿早餐吧，因为到了今晚，我们只能在阴曹地府里吃饭。”[39]

这时，在万王之王的营帐内，人们也在用早餐，但气氛愉快得多，也比较不急不忙。薛西斯虽然早早就起床向太阳祭酒，却打算等叙达尔涅斯到了温泉关后再发起攻击。终于在9点左右，他向将领们点点头，庞大的军队便向前推进。甚至在他们抵达温泉关以前，尸体的腐臭味就已经随着食腐尸苍蝇的嗡嗡声扑鼻而来；他们进入关隘后，将看见堆积如山的死去战友的尸体：有的腹部肿胀，有的被开膛剖腹，各种内脏器官遍地横流。这一次，斯巴达人不像前两天那样躲在防御墙后面，而是站在开阔的地面上迎敌；他们也没有采取接力的方式作战，而是组成一个长矛四竖的单一集体。某个刹那，万王之王的部队被这样一支铁血战士吓住了，纷纷向后退缩。不过，他们的军官却挥舞皮鞭，迫使他们前进。虽然波斯的人海战术后来被希腊人取笑，但它无疑有效。波斯最高指挥部估算后，认定至少利用大批未受过训练的新兵打头阵，才是抵消希腊人长矛作用最划算的方法。这些倒霉的新兵被夹在自家宪兵与令人生畏、身着青铜铠甲的希腊方阵之间，只能别无选择地硬着头皮向前冲，结果他们不是死在盾墙上就是溺毙在浅滩上，而且是成百上千地倒下。饶是如此，希腊人的长矛也逐渐裂为碎片。

当所有长矛都折断后，波斯的精锐部队终于出场。接着，一场如《伊利亚特》所描述的战斗发生了：孔武有力的战士彼此砍杀，“尖叫声与胜利的欢呼混合在一起”[40]。战死的人当中，包括大流士的两个儿子和一个弟弟，还有列奥尼达本人。双方为了争夺国王的尸体，展开一场殊死战，直到斯巴达人用尽一切方法，将尸体拖到一个暂时安全的地方。但很快，就在他们背后，温泉关东面出口上方一点点，山坡的灌木丛中闪现着矛尖的反光：“长生军”已经抵达。陷入四面包围的希腊人退守到防御墙更后面、“中关”阴影下的小山丘上，在那里，斯巴达人和塞斯比阿人做出最后一搏，而底比斯人被冲散了，再也没有回来。虽然人人身中多箭且浑身是伤，但他们仍然抵抗到底。要是手上的宝剑折断了，他们就以剑柄为武器，甚至用牙齿、拳头和指甲攻击敌人。直到最后一个斯巴达人与塞斯比阿人死去，大地浸满鲜血，尸体堆积如山，战斗才终于结束，温泉关才终归万王之王所有。

薛西斯在中午时分进入温泉关，一方面为波斯旗帜终于飘扬在战场而高兴，一方面对大屠杀的场面感到反胃。他有责任安葬为他牺牲的人们，因此下令挖掘沟渠，将士兵的尸体掩埋，然后铺上泥土和树叶。希腊人的尸体则被弃置一旁，任其腐烂。选择投降的少数底比斯人被锁上锁链并被打上烙印。这时，万王之王没心情表示宽宏大量，这一点也不令人惊讶。虽然他只花了两天半就成功摧毁了希腊人看似牢不可破的阵地，但那么多守军逃过被歼灭的命运却不在他的计划当中。然后，另一件小憾事紧接着便来了。第二天下午他收到报告称，希腊舰队成功撤退了，靠着夜色掩护逃到了安全的水域。早上，波斯舰队行驶到阿耳忒弥斯岬后，除了一堆堆仍在冒烟的营火灰烬与被啃得一干二净的牛骨头，没有发现任何敌人的踪迹。希腊人在陆上和海上都不光彩地逃走了，但看来他们仍决心继续战斗。

当然，他们很快就会像小鸡那样被扭断脖子。那天下午，万王之王读着送来的温泉关后续情报时，不禁对于敌人狗急跳墙的心理战哑然失笑。例如，根据报告说，希腊海军在沿着优卑亚海岸逃走时，一名希腊海军将领还在各处海滩上留下信息，呼吁爱奥尼亚人开小差——至少是消极怠战。这是多么可笑的做法。当波斯大军刚取得两场重大胜利时，当维奥蒂亚的城邦忙不迭地打开城门投降时，当欧洲指日就要落入万王之王的股掌时，他的属民如何胆敢兵变？虽然他的舰队因为受到暴风雨的打击，甚至因为希腊人从手心溜走而闷闷不乐，但一个可以振奋他们精神的方法近在眼前。舰队收到一份正式邀请："来看看我王薛西斯如何处理那些自以为可以打败他的疯子。"[41] 据说太多人想要前往，以至于没有足够的船载他们到温泉关。

人们不光看到希腊人的尸体，不光看到堆积如山、布满刀痕的马鬃冠羽头盔，也不光看到斯巴达人引以为豪的猩红色斗篷与短上衣，现在都已破烂不堪。其中，有一件尤其令人惊骇的战利品，格外让爱奥尼亚水手意识到他们主人的权势：路旁竖立着一根尖桩，桩上插着一个人头。虽然波斯人"比世界上任何民族更习惯尊重在战争中表现杰出的人"[42]，但他们对列奥尼达却没有表示出任何尊重。对于一个受诅咒城邦的国王，还有什么比现在这个下场更恰如其分？这是万王之王对待所有"谎言"仆人的方式。

联军总司令那双看不见任何东西的眼睛已然缩小并爬满苍蝇，直勾勾地盯着通向雅典的道路。现在，这条道路已经洞开，而且毫无防卫。

鬼城

每年冬去春来、冰雪开始融化的那一天，雅典人都会成为自己城邦的陌生人。他们的神庙会被绳子围起来，并严禁入内。他们的家门会被涂上厚厚一层沥青，他们的亲戚、孩子甚至奴隶都会被禁止上街。在每家每户的房子里，人们坐在各自的桌子前面，竞相喝光罐子里的酒，喝完前不能说话。雅典人就是以这种方法庆祝新酒节（Anthesteria）的。这一天是雅典家庭最欢闹的日子，小至3岁的孩童都可以头戴花冠，手拿小酒壶，加入喝酒比赛的行列。“到处都是躺椅、餐桌、枕头、餐具、花环、香水、妓女、开胃菜，还有纵酒者、煎饼、油酥点心、舞者和其他各种好东西，以及所有最受欢迎的歌曲。”[43] 除了有妓女之外，雅典所有节日中大概只有新酒节的氛围更接近今日的圣诞节。

然而，当黑漆漆的门后传出模糊的嬉戏声时，街道上并非空荡荡的。人们认为，喻示灾难的魔鬼恶灵“克蕾丝”（Keres）正四处游走，那是来自城墙之外的幽灵。直到日落，雅典人才放心大喊：“走吧，克蕾丝，新酒节已结束了！”[44] 涂上沥青的大门会重新开启，男人们涌到街上，围着神庙的绳子被解开了，日常生活的韵律也会回到雅典。

万一这个韵律一去不返，该怎么办呢？自从夏天地米斯托克利劝说雅典人撤离家园时，这个问题就一直萦绕着这座城市。或许有些异邦人比“克蕾丝”还可怕。一种令人不安的模糊性影响了新酒节。由于阿提卡方言的发音特点，“克蕾丝”很容易被念成“卡里斯”（Kares），让人联想到“卡里亚人”（Carians）。卡里亚人与爱奥尼亚人为邻，住在今日土耳其西南的角落，是最早闯入希腊人意识的蛮族之一，而且多个世纪以来都被当作异类与亚细亚的象征。据说他们曾参加东西方的第一场大战，并站在特洛伊人的那一边作战。他们不同于自己在爱奥尼亚的族人，从未臣服于希腊殖民者。当初卡里亚的大都会哈利卡纳苏斯是由来自伯罗奔尼撒半岛的殖民者所建，但接下来几个世纪，希腊人只是这个民族大熔炉城市的一部分。在雅典人眼中，这座城市是个令人困扰的混血儿。奇风异俗盛行，甚至由一个女人——女王阿提米西娅（Artemisia）——统治。这位令人望而生畏的女人像男人一样“充满冒险精神”[45]，她也报名参加了波斯帝国舰队。虽然她佩戴着金银珠宝，身穿紫色长袍，浑身喷洒昂贵的香水，但她作为海军将领的指挥能力却毋庸置疑。事实上，她的三列桨座战船船队在波斯帝国海军各支队中的名气仅次于西顿的。若不能在蛮族舰队进入阿提卡前加以拦截，阿提米西娅和她的舰队也许很快就会驶进比雷埃夫斯港。届时，“克蕾丝”和“卡里斯”这两个字将变得没有差别，因为异族将游走于雅典的大街小巷，而且不会在太阳下山时消失。

也许不令人意外的是，虽然有些国人同胞在阿耳忒弥斯岬苦战，为他们撤离阿提卡争取时间，但许多雅典人仍裹足不前。这反映出来的，显然不是在流亡期间他们能得到的物资供应质量欠佳。例如，从危机一开始，特罗曾（Troezen）就为雅典难民敞开大门——这个城邦隔着萨龙湾，与比雷埃夫斯相隔 30 英里，安然坐落于伯罗奔尼撒半岛内。无家可归虽可怜——对土生土长的雅典人来说特别如此，但特罗曾人已证明他们是异常慷慨的东道主。每个来到他们城市的紧张母亲都会得到社会福利，每个孩子都可获得免费教育，甚至可以任意摘取小树林和果园中的新鲜水果。不过在雅典，疏散成功却引起了新一轮的难过情绪。看着越来越多的家庭将自己房子的窗户钉上木板，把堆着行李的手推车推到海滩和码头，那些不愿加入他们行列的人就更加苦闷或愤怒，感觉世界就这样被颠覆了。

所有的妻子和母亲——雅典人可敬的主妇们出现在街头，是多么不吉利的预兆！至少自特洛伊战争的年代起，希腊的丈夫就对于女人可能会趁国际危机之际行为不端而感到忧心忡忡。这种焦虑在雅典造成的回响特别大。与希腊其他地方相比，雅典女性生活在更加隔离的环境中。她们“自小受到各种最严格规矩的规范，不能多看多听，只被容许询问最少的问题”[46]，而民主制度的出现也未带来多少改变。在公元前507年的革命以前，有思想的改革家一直对女性制造混乱的能力相当警惕。为了培养精英阶层自我节制的美德，梭伦认为女性的爱炫耀特别让人受不了，因而投入极大的努力加以约束。为防止贵族之家的千金公开炫耀自己的财富和品味，他曾发出一个简单但激烈的命令，规定凡是“在大街上行走的女人”都应该被视为妓女。[47]雅典的男人们——或者至少是那些拥有足够楼层，能够将妻子安置在不同居住空间的人——对这条法律拍手叫好。几十年来，在法律的推波助澜下，人们开始认为，只有那些不让外人看见的女人才算得体，这当然也让性交易繁荣起来。

这正是梭伦在去世100多年后仍受到雅典人民感念的原因。基于平等主义的原则，他下令以国库补贴妓院，让每个人都能享受到妓女的服务。这项传统——正因为这位伟大的改革者对女性如此严苛而且不在乎她们的处境——无疑是一种扭曲，它表明许多公民确实将嫖妓的权利视作民主的基石。就像广场上两个刺杀僭主的刺客的铜像或普尼克斯丘凿出的一排排座位那样，雅典的红灯区是新秩序的无上纪念碑。“陶器区”里处处可见妓女，有的赤裸上身在妓院外头晒太阳，有的在后巷打架，或在城市边缘的坟墓拉客。看到妓女们如此招摇，那些体面的贵族女性更不敢抛头露面。久而久之，人们甚至不会公开提及已婚妇女的姓名。的确，基于雅典政治中的肉欲色彩，即便是那些德行最好的妻子，对丈夫的事业也只会是一种负担。对政治人物来说，比自己不被人谈论还糟的只有一件事，就是自己的家人被提到。许多公民因为看见主妇和妓女互相推挤着走向海滩而大惊失色，于是干脆禁止自己的妻子参加撤离行动。

当地米斯托克利率领受创的舰队自阿耳忒弥斯岬安全返航，艰难地开进比雷埃夫斯后，他惊恐地发现，雅典市民离完全撤离还很远。当然，他一向是个“心思九弯十八拐的人”，例如，他虽然张贴呼吁爱奥尼亚人海军支队发动兵变的传单，却深知不能指望帝国舰队发生内讧。而这一次，他也知道不能指望伯罗奔尼撒人前来拯救雅典。雅典社会中有许多上层人士不肯撤离，因为他们对斯巴达人会前来防卫雅典寄予希望。然而，地米斯托克利却不这样想。在一个远离伯罗奔尼撒半岛的关隘中，一位斯巴达国王和他的所有亲兵都死了，现在雅典人将没有其他办法可劝说斯巴达人派出更多的部队来守护一片外国土地。从各国代表在科林斯听到温泉关消息后的反应来看，这显然再清楚不过了。伯罗奔尼撒人一致投票同意看好自己的家门就好。即使万王之王的前锋部队已逼近阿提卡，列奥尼达的弟弟克里昂布鲁图斯所率领的一队工人仍忙着在“地峡”修筑一道 5 英里长的防御墙。他们“运来大量石块、砖头、木材和沙袋，一刻不停地日夜赶工”[48]。其他工人已动手破坏通向墨伽拉的道路，而这条沿着海岸峭壁凿出的狭窄道路是军队进出“地峡”的必经之路。随着这条路一段段在底下的小湾中垮落，伯罗奔尼撒人任由阿提卡自生自灭的意图也越发明显。

现在，就连诸神都似乎抛弃了雅典。地米斯托克利在公民大会上紧张忙乱地重申，撤离命令发布后不久，卫城上就传来了奇怪的消息。看守人报告，那条生活在厄瑞克透斯坟墓旁的圣蛇——它被雅典人视为其城市不会陷落的保证——突然丢下蜂蜜饼不吃，消失不见了。有种说法迅速在恐慌的人群中散播开来："雅典娜本人已经遗弃了这座城市，指示市民向大海逃命。"[49] 这种说法当然帮了地米斯托克利大忙。另一件同样可疑的事也驱策雅典市民带着行李涌向海岸——不仅圣蛇不见了，就连"城邦守护神"雅典娜神像脖子上的蛇发女妖黄金头像也不见了踪影。地米斯托克利大声谴责这种亵渎神明的行为，下令搜查那些特别富有的公民的行李。如果发现行李中有黄金，就会马上被充公。这些被没收的黄金加上当过执政官的人的捐献，让地米斯托克利筹到了很大一笔钱。雅典人民即将背井离乡，他们也许很快就别无选择，只能靠政府救济。

在这个过程中，哭泣的孩子一直躲在父亲身后，而母亲们则号啕大哭，面色苍白，紧紧抓住自己的头巾，步履蹒跚，各种各样的船只挤满了法里龙港和比雷埃夫斯港的水面。时间快速流逝，自温泉关被攻占已过了 6 天。随着雅典日益变成一座鬼城，挤在海滩上的人们也越来越焦虑地回头打量地平线，想看看是否有尘土、金属闪光或火星的迹象，但仍然没有什么动静。到了晚上，雅典终于撤离一空，偌大的城市只有狗在走动，突如其来的寂静让它们困惑不已。许多忠心的狗追踪主人的足迹到海滩，跑过沙地对着渐行渐远的船只吠叫。据说，克桑提普斯——他是被召回雅典的陶片放逐法受害者之一——撤离时从船上回望，只见自己的狗跟在船后拍水。

这只小动物最后筋疲力尽地爬到岩石上，哀号一声后便断气了。[50]

克桑提普斯与其他公民同胞的目的地都是萨拉米斯岛。在这座与阿哥雷欧斯山隔着狭窄海峡对望的岛屿上，雅典人民营造出一个雅典城的假象，即使那座他们刚遗弃的城市已经变得贫穷无比，而且鬼影憧憧。一些妇女和小孩就地扎营——前往特罗曾的道路，对这些落后于大队的人来说，已变得太危险了。对那些宪法的象征和守护者——民主政府的行政官员——来说也是如此。此时，那些拥有应付危机智慧的老年人是无价的资源，他们打从撤离开始，就被安置于此。同时落脚此地的还有城邦的金库和谷物储备。现在最激励人心的是，停在萨拉米斯港湾里的 180 艘三列桨座战船尽管历经风雨、饱经战火，尽管它们的木材上有人们疯狂劳作留下的痕迹，它们仍然整装待命，确实筑成了一道“木墙”。无怪乎地米斯托克利指着这些船告诉国人同胞：他们即使背井离乡，仍是“全希腊最伟大城邦的公民”。[51]

这项宣言是他抵达萨拉米斯岛后的几小时所必须坚持的，有如救生筏一样重要。从岛上望去不仅可见雅典人的船只。过去两天随着地米斯托克利和阿提卡的难民们渡海前来的还有其他盟友的舰队。伯罗奔尼撒的海军将领愿意在这里待到撤离行动结束，就可说明他们在阿耳忒弥斯岬与雅典人建立了匪浅的交情。其实，不论是从收到的命令来说还是从个人意愿来说，他们都宁愿立即赶往“地峡”。自萨拉米斯越过蓝色的海湾遥望陆地，不难看见在天空的衬托下，一座孤零零的巨岩矗立在远处，这个明显的地标就是科林斯的卫城，也是整个伯罗奔尼撒半岛的瞭望塔，位于“地峡”防御墙仅 5 英里外的南边。也许不难预见，地米斯托克利回到联军舰队后，主持作战会议的是一名年轻且脾气火爆的科林斯指挥官，名叫阿德曼托斯（Adeimantus）。他要求欧律比亚德斯和其他海军将领马上起航前往“地峡”，与那里的陆军会合，如此才能把海陆两军的资源集中起来。科林斯有足够的海湾可以掩护战列线的侧翼。即使舰队不幸被消灭，伯罗奔尼撒人“仍可望在自己的同胞中找到避难所”。[52]

雅典的海军将领当然不会对这种主张感到愉快，埃伊纳和墨伽拉的海军将领也是如此。也许有人认为，既然这三个城邦大约掌握了联军舰队310艘三列桨座战船的四分之三，它们的反对意见将是决定性的。[53] 其实情况并非如此。地米斯托克利和他两位同僚面临着从战事开始便一直存在的风险——联军可能会分裂和瓦解。现在，希腊舰队仍处于以一敌二的劣势下，雅典人不可能单独对抗敌人，任何自联军中分裂出去的做法，都可能让胜利的希望破灭。

地米斯托克利要争取胜利，不能只是像阿德曼托斯设想的那样守住阵地而已，还要决定性地把万王之王的海军力量打成残废。他想说服同僚相信，这种野心不只是走投无路的流亡者的狂想，他还祭出了大家对阿耳忒弥斯岬之战的共同回忆。地米斯托克利知道，在开阔海面上交战对敌人有利——如果希腊人把阵地设在“地峡”外海，情况就会如此。“但如果是在密闭的环境作战，就对我们有利。”[54] 他指出这是联军舰队在优卑亚岛和大陆之间的海峡——历经最猛烈的战斗并在被追击后——成功抵抗全部蛮族舰队那天所得到的经验。那一天，充当战场的海峡约为2或3英里宽，但如果把蛮族引诱到萨拉米斯，此地海峡的最大宽度不过半英里。“如果一切顺利，没有发生任何不合情理的事，我们应该能够取胜。”[55]

地米斯托克利本人非常清楚，自己的说服力无人可及，因为他就是靠着说服力打造出自己的政治事业。民主制度在起初头几十年被证明是一所严苛的学校。现在，没有人比一个成功的雅典政治人物有更多练习三寸不烂之舌与贯彻自己意志的机会。从一件事可以看出地米斯托克利的说服力。作战会议开到一半时，探子前来报告一则可怕的消息：有人看见蛮族进入了阿提卡，“把整个乡村地区变成火海”[56]。会议并没有在恐慌中中断，伯罗奔尼撒人也没有因担心波斯舰队随时可能会开到雅典水域并截断希腊舰队的退路，而要求立即撤退。相反，每个最高指挥部的人都同意，舰队应留在它目前的所在地——萨拉米斯外海。地米斯托克利成功地说服了狐疑者。

哪怕他在其他海军将领眼中已变成了世界上最令人鄙视的生物——“一个没有国家的人”[57]。这个标签当然不完全正确，毕竟萨拉米斯岛仍在雅典人手中。虽然波斯骑兵正冲向雅典城，这个城邦也还未完全投降——阿提卡最神圣的心脏仍固守着。就连喜欢捣毁偶像的地米斯托克利也从未建议放弃卫城。公民大会投票决定：“司库们和女祭司们应该留在原地，保卫诸神的财产。”[58]其他因为太顽固而不愿逃亡的雅典人，也到卫城避难。准备防守卫城的人储备了可以吃数周的粮食，并在斜坡道四周竖起防御工事——木墙，深信自己挺得住长期围困。

不过，他们的斗志一定会在第一眼看到敌人时就大打折扣。没有比在圣岩上可以更清楚地看见万王之王抵达时的情景了。为了迎接薛西斯，阿提卡沿路的田地和小树林都遭到纵火。卫城的守军自西侧的城垛眼睁睁地看着波斯旗帜在他们的城市升起。万王之王的大军散布开来，在大街小巷破坏房屋。在卫城和普尼克斯之间，有工程兵在阿戈拉和战神山（Areopagus）的山坡上打井——蛮族显然信不过雅典人，不敢喝他们的水。其他部队忙着把城市劫掠一空。最令卫城守军难以忍受的是，两座象征雅典民主的刺杀僭主的刺客的青铜像被从底座上拆下，准备运走。这显然是因为回到故土的庇西特拉图家族向主子说明过这两尊青铜像的意义。它们完全值得成为战利品，被运回苏撒并装饰那里的宫殿。

同时，在阿戈拉上方的战神山上，万王之王还建立了作战指挥部。弓箭手得到命令后登上山丘，向围绕卫城斜坡道的防御工事发射火焰箭。木墙很快就“出卖了防守者”[59]，着火燃烧，但岩顶的人仍然坚守着。万王之王因急于把消灭魔鬼巢穴的好消息带回波斯，开始变得不耐烦了；因此，庇西特拉图家族的人奉命到斜坡道与他们倔强的国人同胞展开谈判，但他们的示好遭到拒绝。攻击斜坡道的行动再次展开，箭矢漫天飞扬。抵抗者也从防御工事边缘推下大石头。战场一片混乱。

正当雅典人全力抗击时，万王之王的军官到卫城的背面勘察。这里太过陡峭，守军甚至懒得派人驻守。不久后，敌人的精锐部队成功爬上了峭壁。就像在温泉关时一样，历经扎格罗斯山脉磨炼的万王之王的人马自背后捅了希腊人一刀。卫城被攻破，很多守军不愿死在敌人刀下，纷纷从城垛上纵身往下跳。其他人则躲进雅典娜神庙寻求庇护，波斯人当然不会理会神庙内不能杀人的禁忌，在那里大开杀戒，然后依主人的命令，纵火烧毁岩顶的一切。凡不能烧毁的，他们就推倒、砸烂。不过几小时，累积几世纪的回忆便化为乌有。

滚滚浓烟自此地狱般的场所翻腾而起，染黑了阿提卡的天空。站在船上或萨拉米斯山坡上的雅典人，一动也不动地看着这种情景，都为之惊呆了。对他们的盟友来说也是如此，他们看着阿哥雷欧斯山自黄昏到深夜被熊熊的烈火映红，士气因而大大受挫。对其他人来说，虽然同样处在夜幕中的海上，心情却截然不同。万王之王的海军将领不愿在确认雅典的港口绝对安全以前靠岸，所以不慌不忙地，慢慢驶向他们和陆军预定的会合点。不过，从苏尼恩岬到卫城的整条阿提卡海岸，如今都被燃烧神庙的火光照亮了，以至于波斯人得胜的消息得以传到海上。当晚，波斯舰队若要驶入港口，他们的桨手完全不需要星星指引方向：他们的船桨搅动海水，搅起了被火光照亮的海浪。

黎明时的卫城是个焦黑且冒着烟的废墟。这里本来是魔鬼的巢穴，现在被火焰净化，终于可以摆脱“谎言”了。阿尔塔的原理（principles of Arta）获得重大胜利，马兹达神的仆人薛西斯对真理已尽到他应尽的责任。为了见证这点，万王之王召来庇西特拉图家族，命令他们登上卫城，“按照本地的风俗向神明献祭”[60]。万王之王之所以选中他们，是因为在所有的雅典人中，只有他们坚决拒绝“谎言”的哄骗。这些回归故国的流亡者满怀感激地走过破碎的神像，以及被推倒的圆柱、被杀国人同胞的烧焦的尸体，来到荒凉一片的岩顶，那个最神圣的地点——也是栽种着雅典娜赠送给这座城市的那棵橄榄树的地方。围绕橄榄树的神庙已被系统性地夷为平地，但很快，一截树桩被从瓦砾堆中挖出。树根还活着，一如既往牢牢抓在岩石上。

奇迹发生了：树桩上吐出一条长长的绿色嫩芽，迎向太阳。

第八章

复仇女神

突袭

奇迹也出现在了萨拉米斯。

“你将葬送许多母亲的儿子。”随着联军舰队停泊在萨拉米斯岛水域，波斯海军驻扎于法里龙港，这句神谕的意义究竟为何，这个问题变得越发紧迫了。然而，并非只有希腊最高指挥部才会反复揣摩阿波罗含糊话语的意义，波斯人一样如此。由于波斯人把情报工作做得非常周到，他们一定已经听说过这个神谕。大流士曾经这样形容弓箭手之神：“他是向我祖先揭示真理之人。”[1]虽然波斯人总是尊敬阿波罗，但他们对于德尔斐神谕的信仰当然不像他们的敌人那样发自本能。许多万王之王的幕僚想必对“神圣的萨拉米斯”(divine Salamis)一词感到困惑，曾经争论其真正的作者是谁。大概是站在神明身旁的人悄悄把这话送进女先知的耳朵里，譬如一名祭司。德尔斐毕竟是巨大的国际事务网络的中心，而且阿波罗的仆人对时局异常了解，很有资格预言战争可能的发展方向。

他们当然没忘记上次企图打败波斯舰队的希腊人的下场。14年前，约350艘爱奥尼亚三列桨座战船以一比二的劣势在米利都外海的拉德岛与波斯人作战，结果全军覆没。当时的米利都就像今日的雅典一样，是反抗波斯的中心。在阿提卡外海，唯一能对应拉德岛的只有萨拉米斯岛。不论波斯的战略专家认为，德尔斐的预言真的出自神明还是只是出自凡人的盘算，他们一定都相信，有一位比阿波罗伟大无数倍的神灵正指引着他们的行动。毫无疑问，阿胡拉·马兹达以无比精准的方式推动着时间的巨轮。曾有一支希腊舰队在更强大的波斯舰队的威胁下因背叛与内讧而分崩离析，现在出于神定的历史对称性，历史注定重演。

当然，薛西斯的一些随从都劝他别太信赖这种思路。例如，狄马拉图斯非常了解自己的国人同胞最害怕万王之王会采取何种行动，曾大力主张对拉刻代蒙发起海陆两路的进攻，并指出如果这么做，“你不用担心斯巴达人了，当战火烧到他们家门口，他们还有心思去拯救希腊其他地方的人吗？”[2]这种意见非常正确，只不过帝国海军因暴风雨与敌人的行动而大为受损，如果只从舰队主体派出一小支分遣队，希腊人将可能对付得了分遣队和剩余主体舰队的任何一方。因此，狄马拉图斯的建议被否决了，同样被否决的还有令人望而生畏的阿提米西娅女王的建议。在万王之王摆驾法里龙后的作战会议上，她是唯一反对打一场翻版拉德岛之战的海军将领。她指出，作战是一种没有必要的冒险。波斯既已占领雅典，而且秋天正在逼近，维持对峙之势，才为上策，就让希腊舰队挨饿或“作鸟兽散，各自回家去吧”[3]。薛西斯应该深知这是一个精明的分析，但快速流逝的时间不容许他采纳这个建议。因为万王之王不可能在偏远的西方前线过冬，雅典已经化为废墟，不适合作为他统治世界的地点。既已御驾亲征欧洲，他必须在战争季节结束前为这场战争收尾。只有在天气仍许可时取得胜利，万王之王才挂得住面子。

当情报首长向他报告，敌人的阵营仍像往常一样争论不休时，万王之王一定非常舒心畅意。就像在拉德岛水域的爱奥尼亚舰队曾经相互仇视、猜疑与惧怕那样，在萨拉米斯岛与大陆之间海峡的希腊舰队看来也处于瓦解边缘。希腊舰队的失败主义情绪非常明显。卫城被纵火那天，许多水手都惊慌地飞奔上船，扬帆准备逃走。据报，当天晚上希腊最高指挥部也分裂为两派，一派是伯罗奔尼撒人，另一派是雅典人和他们的支持者。双方互相辱骂，据说阿德曼托斯取笑地米斯托克利是“难民”，又在他说了不该说的话时警告他：“赛跑时抢跑的运动员会被鞭打。”地米斯托克利则狠狠地回敬道：“没错，但那些落后的人永远无法赢得桂冠。”[4]直到他威胁说，要马上将全部雅典舰队开向意大利，接受永远流亡的命运，大家才愿意听他的。但这种情形不知道能维持多久，如果伯罗奔尼撒人因为害怕被包围在海峡中，最终决定和地米斯托克利翻脸的话，该怎么办？届时，雅典人和他们的舰队还剩什么选项？

整整 60 多年，波斯情报首长利用他们对希腊人爱闹分裂的性情的了解，深知如何才能得知问题的答案。自从法里龙的作战会议之后，万王之王的臣下都知道，他想让拉德岛之战的历史重演，于是一支波斯舰队的分遣队被派往“地峡”。而通向墨伽拉的峭壁道路已被摧毁，“地峡”本身又有坚强的防御工事，这次远征能攻破伯罗奔尼撒半岛大门的机会微乎其微，但这不是分遣队的任务。离开雅典之后，分遣队绕过阿哥雷欧斯山，沿着通向厄琉息斯的圣道，向阿提卡的南部海岸前进。他们手上的武器闪闪发亮，嘹亮的军歌传到几英里之外，他们的双脚——3 万人的双脚——敲击道路，扬起万千尘土。尘土在微风吹送下飘过海峡，直达萨拉米斯岛。

一如波斯战略专家所预期的，萨拉米斯岛的人对分遣队的出动惊恐万分。兵变的耳语再度于伯罗奔尼撒人的海军间流传。一个下午过去，傍晚来临时，随着焦虑的水手包围他们的舰长并要求扬帆前往“地峡”，万王之王下令进一步施压。于是，一些帝国舰队的支队“兵临萨拉米斯岛，好整以暇地摆好阵势”，直接在岛屿外海巡逻，摆出要切断希腊舰队撤退路线的态势。[5] 随着落日光芒逐渐消逝于萨拉米斯到“地峡”之间的海面上，许多伯罗奔尼撒人已处于造反的边缘。

> 他们之所以感到恐慌，是因为他们为了防守希腊人的领土，不得不驻扎在萨拉米斯。如果被打败，他们就会困守岛上。哪怕这时他们的城邦毫无防卫能力，而蛮族连夜直向伯罗奔尼撒半岛推进。[6]

打从波斯人与希腊人接触的最早时期开始，他们就总是和希腊人玩猫捉老鼠的把戏。萨拉米斯岛上发生的争执被间谍传到万王之王那里，完全印证了他对敌人性格的判断。现在，随着整支希腊舰队内部剑拔弩张，收网的时候到了。当太阳几乎完全落下时，在萨拉米斯外海巡逻的波斯舰艇奉命回港。[7] 这个撤离行动在联军瞭望员的眼前进行，也明显诱人地让通往“地峡”的逃跑路线大开。波斯海军部曾在阿耳忒弥斯岬发现，希腊水手在危机突然出现时，会毫不犹豫地在夜间匆忙撤退。那天晚上，伯罗奔尼撒人不知道还有没

有逃回老家的第二次机会，一定觉得自己正面临一场危机。若是如此，不论雅典人是否同意和他们一道起航，他们都很可能把握机会逃离海峡。希腊舰队就像过去在拉德岛发生的那样，眼见将要分裂。

不过当晚，薛西斯在衡量过自己的胜算后，仍希望获得更多胜利的保证。伏击只有一次机会，光靠敌人分裂是不够的，还需要投诚者积极地自内部响应。最理想的情况是，在希腊最高指挥部内找到一个人充当双面间谍。可喜的是，波斯情报部门有在敌人高层招募叛徒的经验，而且成果丰硕。毕竟他们当年就是贿赂了萨摩斯人船长，才让拉德岛的爱奥尼亚舰队覆灭。由于这个令人愉快的先例，很难想象波斯间谍携带的黄金与加官晋爵的承诺，在萨拉米斯岛无用武之地。如果如此，他们的目标又会是谁呢？以波斯人对希腊各个派别发起心理战的熟练手段，他们一定会双管齐下。他们即使威胁伯罗奔尼撒人，迫使伯罗奔尼撒人逃跑，也一定会意识到被丢下不管的埃伊纳人、墨伽拉人和雅典人的焦虑和怨恨。

“与我合作的人将会得到丰厚的馈赠。”[8]这句话向来是波斯君王的口头禅。然而，那名有能力背叛整支希腊舰队、为万王之王赢得战争甚至整个西方的人，究竟能得到什么样的赏赐？毫无疑问，一定是璀璨得无与伦比的赏赐。虽然地米斯托克利一直生活在魔鬼控制下的“谎言”要塞，但现在这已不重要，因为这个要塞已历经火焰的净化。现在雅典人若能以足够的顺服匍匐于万王之王的脚前，他们将有希望获得原谅。他们如果能好好效劳万王之王，甚至会获得巨大的赏赐，毕竟在这个世界上没有人有能力比他更慷慨、更恩慈。“我赐予的赏赐，视我所获得帮助的大小而定。”[9]

没有史料公开提到地米斯托克利与波斯间谍接触的经过。背叛与间谍活动经常被一层迷雾所掩盖，2 500 年的距离让这层迷雾更难以被拨开了。不过我们倒是知道，巡逻的波斯舰船返回法里龙后不久，当希腊各个指挥官互相指责时，一艘小船悄悄自雅典舰队中开出，驶向海峡对岸。坐在船上的是地米斯托克利信任的奴隶，名叫西金诺斯（Sicinnus），他也是主人儿子们的老师。由于西金诺斯的名字源于弗里吉亚（Phrygia），而弗里吉亚是吕底亚东部一处总督辖地，他可能会说一点波斯语。[10] 那些在大陆上看到他前来的人可能也没有太惊讶，因为西金诺斯一上岸，就被匆匆带到波斯最高指挥部。他带来的信息当然非常紧急：希腊舰队打算在当晚逃走。他也向波斯人传达了地米斯托克利的忠告："只要堵住他们的逃逸路线，你们就有绝佳的取胜机会。"同时，按西金诺斯的说法，地米斯托克利出于对盟友背信弃义的愤怒，"全心全意支持国王，殷切渴望波斯人取得胜利"[11]。如果波斯情报部门真的和地米斯托克利接触过，很难有比现在这个更好的消息。

这是一个重大的胜利。消息马上被报给万王之王，他早有预感今晚将取得突破性的情报，所以已制订好备用计划。现在计划马上付诸实行。舰队得到准备作战的命令；桨夫们丢下晚餐，匆匆跑回桨座；水手们在甲板上各就各位。"自港内第一艘船到最后一艘船，欢呼声在每艘船上轮流响起。"[12] 然后，船只一一开出法里龙，迎向等待它们的漆黑大海。接着，欢呼声沉寂了，因为最细小的声音都可能惊动敌人。只有统一的划桨声显示它们在不断前进。各个支队在夜色中驶入他们的主人所指定的待命位置。200 艘埃及战船组成的支队奉命绕过萨拉米斯整个南岸，向海峡最西边的狭窄瓶颈开去，其目的是将它堵住，以防希腊舰队从那里逃走。其他支队则形成三列，聚集在海峡东面的出口，准备好攻击随时从那里冲出的伯罗奔尼撒人的舰队。离这个前往开放海域的出口不远处有座小岛，希腊人称之为普斯塔利亚岛（Psyttaleia），是奉献给潘神的圣地。万王之王以无与伦比的效率在此部署了 400 名步兵，好让他围歼希腊人的计划滴水不漏。他们的任务是在午夜的战争打响后，“对付所有被海水冲到岛上的人员和破损船只”[13]。没有半个希腊人被容许逃出万王之王所布下的死亡陷阱。

同时，西金诺斯也回到了地米斯托克利身边。他的勇气着实惊人，他原本料想自己会受到更多盘问。事实上，很难想象他为何会被放回来——除非是波斯的情报机构需要他向他的主人传达信息。[14]我们不难猜测这个信息的可能内容：应该是万王之王开出的最后条件，保证未来阿提卡成为万王之王受宠的仆人。无论具体内容为何，地米斯托克利读后想必大大松了一口气，因为他知道自己已经让女儿免于为奴，让儿子免于被阉割，让国人同胞免于被屠戮的命运。即使第二天早上希腊舰队被全部消灭，雅典人仍可得到万王之王的开恩。

不过西金诺斯回来时所带的第二种前景，比第一种还光辉灿烂无数倍。即使在波斯舰队开始秘密行动时，希腊海军将领依然在开紧急会议，据说“争执仍然非常激烈”[15]。在午夜来临前某个时刻，地米斯托克利虽然忙得不可开交，不断进出会议室，但还是站了起来，找了理由离席。他在门外看到昔日的对手阿里斯提德站在阴影中等着他。“正直者”与克桑提普斯等其他陶片放逐法的被害人一起被召回国，回国后很快就恢复了在民主政府中的核心地位。那个晚上，阿里斯提德从埃伊纳执行任务回来，在返回萨拉米斯途中，他看到波斯舰队已在海湾散开，堵住了海峡的两个出口。地米斯托克利听到这个消息当然不会感到惊讶，他随后向阿里斯提德坦承，这一切都是他的杰作："因为我们必须逼我们的盟友采取一种——若他们自己决定的话——肯定不会采取的立场。"然后他拥抱自己的对手，请对方把这个消息告诉其他海军将领："如果由我来说，他们会以为这是我捏造的。"[16]

当然，这一切让伯罗奔尼撒人沦为提线木偶。无怪乎多年后雅典人说起这段往事时，仍然兴高采烈。然而，其中仍有怪异之处。阿里斯提德虽然告诉其他希腊海军将领他们的舰队已被包围，却没提及这是他们一个同僚所玩的把戏。有人也许会觉得，这种略而不提可以理解，但奇怪的是，后来斯巴达人和其他伯罗奔尼撒人即使都知道事情是由地米斯托克利一手策划的，也没有对这位智力远胜他们的人表现出任何愤恨，反而一致称赞他聪明且有远见。况且，希腊海军将领们自阿里斯提德那里得知海峡被封锁后，也没有陷入恐慌。恰巧相反的是，他们早上的表现看来是经过了最缜密的计划。他们仿佛对舰队遭到波斯人包围的消息一点都不意外，仿佛从一开始便和地米斯托克利串通一气。

也许他们真是如此。现在我们看萨拉米斯之战时，只能通过一层迷雾观之。它的细节不是已然散失，就是过于混乱，让人可以以多种不同的方式加以诠释。这当然令人觉得沮丧，然而在一片混沌与灰暗中，又隐约透出另一场隐藏的战争——影子战争，与战争的喧嚣、冲突和激烈形成了鲜明对比。波斯人堪称搞阴谋诡计的专家，他们的情报首长来到阿提卡时，也一定带着世界统治阶级成员的优越感。然而，就像万王之王的海军将领应该以之前希腊人在阿耳忒弥斯岬的表现，提醒自己不要过于自负，他的情报机构也该保持类似的心理警惕。联军业已显示，他们善于运用假象和假情报。在萨拉米斯，一贯具有心理洞察力的地米斯托克利，给波斯间谍的主人提供的不仅是他想听的东西，还是他亟须信以为真之物。若不是伯罗奔尼撒的海军将领们非常公开地表现出士气低落，万王之王一定不敢奢望招募到雅典叛徒。他们是真的发生争执了，已成为无心恋战的乌合之众，或者说只是装装样子，对此我们永远无法确知。唯一可以确定的是，伯罗奔尼撒的海军将领们不论当晚是否企图逃走，都能以异乎寻常的镇定自若来对待舰队在海峡内被包围的消息。隔天黎明，人类历史上最有决定性的黎明之一，希腊舰队的各支队无不斗志昂扬，准备背水一战。

在人们的回忆里，当时在海峡上空突然弥漫着一种神秘感，一种近乎触手可及的紧张气氛。在所有雅典水手登船前，地米斯托克利对他们发表了即将永久流传的演说，呼吁他们思索“人性和人类事务中，所有最好的部分和最坏的部分，并选择前者”[17]。但即使是这番话，也没有以下的异象振奋人心：整支舰队仿佛都看见古代守卫希腊神庙、圣岩、圣林的神之子就在他们之间。后来有人表示看见一条大蛇的幻影滑行水面；有人表示听见海峡中回荡着并非尘世间的喊杀声。死去已久的古代英雄自坟墓中站起来，抵抗入侵的蛮族——这是一种受到希腊最高指挥部鼓吹的信仰。事实上，阿里斯提德之所以到埃伊纳一趟，十之八九是带来了一些埃伊纳英雄的遗骨——他们都是宙斯的后嗣。这项任务无疑非常紧急，可以衡量它的效力的是这样一件事：前一晚，伯罗奔尼撒人还差点发生兵变，但隔天黎明却和别人一样充满信心，准备好战斗。

空气中弥漫怪异的氛围已不是一两天的事，就连万王之王阵营中的希腊人都感觉到，上天似乎开始抛弃他们的主人。战争开始前一天，狄马拉图斯走过厄琉息斯外头荒废的田垄时，看见海岸道路腾起滚滚烟尘。这股烟尘只可能是派往“地峡”的波斯分遣队所造成的，但一名与狄马拉图斯同行的通敌的雅典人却马上听出，“圣道”上传来了微弱的呼喊声：“伊阿契（iacche）！”每年9月，前往厄琉息斯朝圣的信徒队伍都会发出这种欢呼声。当时虽然是朝圣的月份，却不可能有任何朝圣队伍——除非那不是由活人，而是由死去已久的人组成的。通敌的雅典人走过被焚烧的家乡土地，凝视着海岸道路的烟尘，慢慢说：“恐怕这是国王军队将遇上大灾的预兆。”狄马拉图斯听到这个想法后感到惊愕，却没有反驳。他奉劝同伴：“保持缄默。若你这番话传到国王耳里，你一定会掉脑袋。”[18]

这是一个明智的忠告，因为铁了心取胜的薛西斯绝容不下失败主义。在他看来，他在阿耳忒弥斯岬之所以消灭不了希腊舰队，绝对是因为他的仆人缺乏骨气。为了纠正这个问题，他向每个船长发出无商量余地的警告：“如果希腊人逃过为他们设定的命运，溜出包围网，那所有要为此负责的人都要掉脑袋。”[19]反之，英勇作战的人重重有赏——这是一个在阿耳忒弥斯岬时所没有的诱因。然后，当希腊桨手们正匆匆前往他们的海滩时，万王之王则在大群将领、官员和侍从的簇拥下乘坐战车，登上阿哥雷欧斯山南岭，前往“可以眺望萨拉米斯海域的山头”。在一座赫拉克勒斯神庙上方，他下令勒住他的尼赛亚神马的缰绳。自车上走下时，他先站上一个黄金脚凳——因为国王的高底鞋不能直接踩在光秃秃的地面上，仆人们匆匆铺开红地毯并设置宝座。万王之王选择了一个绝佳的观景点。在他下方，一幅无与伦比的全景图展开了：萨拉米斯岛、海峡、再过去的海湾还有远处的“地峡”，尽收眼底。不过，那个关键的早上，随着太阳在他背后升起，在海面上，薛西斯在他期盼、谋划已久的决战终于到来时，究竟看见了什么？

至少可以肯定的是，他并没有看到他希望看到的：希腊舰队因为遇到伏击而崩溃，桅杆随波漂浮，尸体堆满普斯塔利亚岛的岩石。万王之王前往萨拉米斯岛对岸之前已接获通知，伯罗奔尼撒人并没有如预期那样逃跑。看见希腊舰队在海峡内纪律井然的模样，他极度失望。他自己的舰队在哪里？这是一个关系重大的问题。因为联军的战略是在海峡中开战，而万王之王的海军将领则一直打算在开阔的海域迎敌。这个僵局已维持了三周。除非相信敌人是一群乌合之众，帝国舰队的指挥官才有可能打破僵局，派战船进入海峡。这个决定是战争史上影响最重大的决定之一，不但关系到战争胜负，还关系到欧洲和西方文明的未来。令人生气的是，我们完全不知道这个命令何时下达或为何下达，只知道战役最后打响时，两军确实是处于波斯人最不希望的地点——萨拉米斯的海峡内。

历史学家通常假定，波斯人在夜色掩护下悄悄潜入海峡内。但这不太合理。[20] 万王之王对各个舰长下达的命令非常明确：“守住通向波涛翻滚的大海的出口。”[21] 这些人不太可能冒着掉脑袋的危险，鲁莽地在晚上突发奇想，轻敌冒进。希腊人没有掉入他们精心设下的埋伏，这让波斯的海军将领更加不敢轻举妄动，而且他们的桨夫也完全没有夜间作战的准备。这可能是因为国王在破晓时驾临萨拉米斯海湾的上方，从而鼓舞了一些船长，他们因急于邀功而命令自己的船只开进海峡，导致其他船只跟进。不过，更合理的情况是，舰队在主人注视下只会更守纪律。船长无论如何努力站在自己的船头张望，都无法看得太清楚海峡里究竟发生了什么事。他们也知道，万王之王所处的位置可以让他纵览全局，又有谁比薛西斯更适合做最后的决定，更有权下令展开这场关系重大的赌局呢？

所以，波斯舰队会在一日出就进入海峡和敌人交战，最有可能是万王之王直接下达命令。我们不知道他如何发出信号，也不知道他如何向他的海军将领传达他突然看到的令人兴奋的一幕——希腊人的阵线看似解体了。只见大约50艘三列桨座战船突然掉头，开向厄琉息斯的方向，没命地逃走，想前往萨拉米斯岛西北方的海峡——而他们的指挥官有所不知，埃及人正潜伏在那里。所以，曾经发生在拉德岛的事正在重演，情况也如同地米斯托克利所说的那样。收网的时候到了，彻底消灭希腊抵抗力量的时候到了，开入海峡的时候到了。

可怕的号角声响起，声音经海峡两岸山丘放大后，更为震悚。大批波斯战舰加快划桨的速度，绕过萨拉米斯南面的山岭，沿着普斯塔利亚岛前进。腓尼基人在右翼，爱奥尼亚人在左翼，西里西亚人、卡里亚人和其他支队则位于中路。在发起冲锋的前十几分钟，他们无法看清敌人，因为海峡的角度遮蔽了他们的视线，也因为初秋的雾气弥漫于海上。但很快，最前排的战船看到了近在眼前的希腊阵地。他们还听见了歌声，声音如此嘹亮，以至于“岛屿峭壁都发出了隆隆的回响声”[22]。这种声音显然不是惊惶的撤退者所发出的，但现在万王之王的舰队没有回头的余地了——哪怕有些位于战列线前排的舰长突然感到胃部一阵抽搐，预感落入埋伏的其实正是己方。他们后面跟随着一长串的船只，海峡内因而船满为患，每艘船都大费周章地运作，避免互相碰撞。现在，各个波斯舰长在背靠大陆、望向萨拉米斯岛方向时，无人不怀疑是万王之王上了大当。希腊的三列桨座战船不但未在他们逼近时逃跑，反而沿着萨拉米斯岛的海湾与岬角，组成一条绵长的战列线——雅典人在战列线的最北端，埃伊纳人则在最南端，每艘船的撞角都正对着波斯舰队。

直到交战前最后一刻，波斯海军将领们仍希望敌人是软脚虾，因为希腊战舰似乎一直在战战兢兢地不断向海岸方向后退。但就在它们看来要搁浅之际，一艘船突然自战列线之中猛冲出来。后来船上的人声称，他们被一位显灵女人的语言所刺激。这名幽灵般的女人突然现身于希腊水手面前，以银铃般的声音挖苦说："你们这些疯子还打算退后多久？"[23] 船员们立刻以行动回答。他们奋力划动船桨，让船高速穿过两军之间的水域，挺着闪闪发亮的青铜撞角，直冲一艘落单波斯战舰的船尾。一阵箭雨落在甲板上，然后是撞击与木头碎裂的声音，这是战役的第一场交战。但胜负并未清楚分出，因为两艘船的船桨很快就纠缠在一起。其他船长见状，立刻下令赶上前去支持自己的战友。很快，所有船都动了起来，希腊人"纪律严明、队伍整齐地"往前冲[24]，高唱战歌，迎接即将来临的杀戮。

不久后，海峡各个位置都发生了战斗。战斗场面如此混乱，以至于人们在事后激烈争论是哪艘船最先对蛮族发起了攻击——埃伊纳人和雅典人都将这份荣誉归诸自己头上。公正的仲裁并不存在。这两支支队分别处于连绵 1 英里的战列线的两头，没有人可将海峡中的战斗全景尽收眼底。无怪乎人们对这严酷且光荣的一天的记忆，主要不是落在战略或各支队的表现上，而是落在个人的英雄事迹上。在一片喧嚣、血腥和混乱的背景中，这些英雄事迹显得更加光辉璀璨。

最为脍炙人口的事迹，都和某些战船的王牌战斗员有关。他们当中最著名的是雅典人阿墨尼亚斯（Ameinias），他来自帕勒涅村。战役开打时，他大胆攻击腓尼基人舰队的旗舰。那是一艘巨舰，由万王之王的一名兄弟指挥。这位有着王室血统的海军将领对于攻击者斗胆来袭自然勃然大怒，于是下令发射箭雨，并率领一队人马登上敌舰，却在跳过甲板时被阿墨尼亚斯一杆扫落海中。这位雅典人也攻击了万王之王的另一名海军将领——阿提米西娅女王。看着阿墨尼亚斯的船向她冲来时，女王大为恐慌，却发现退路被自己附庸国的一艘战船堵住了。她别无选择，只好将它撞沉。阿墨尼亚斯看到她的作为，以为女王放弃了和波斯的联合阵线，于是没有再追，阿提米西娅因此得以逃脱。

万王之王居高临下看到这一幕，深受震动。但他和阿墨尼亚斯一样都误会了，以为阿提米西娅撞沉的是一艘希腊船。当时的战斗非常激烈，以至于连国王的副官也分不清敌友。精确记录战役的过程对文书官来说是巨大挑战，但他们和其主人都对战斗大势不存多少幻想。据说，薛西斯看见阿提米西娅撞沉“敌人”的战船后高声说：“我手下的男人都变成女人了，而我手下的女人都变成男人了。”[25] 他这种怨恨不难理解，因为相较于那些被战斗缠住的船长，海峡内部发生的灾难他看得更清楚。他看见腓尼基人支队由于指挥官战死而群龙无首，有些船被雅典人包围，有些公然逃走。他也能看出，混乱的情势是自己的舰队试图撤退造成的：一排排战船的队形逐渐散乱，并在狭窄的水域中互相碰撞，“它们的青铜撞角插入邻船的侧面，撕下一整排桨座”[26]。他难以置信地看着希腊舰队形成致命的楔形队形，把波斯舰队切成两半，导致位于战列线右翼的腓尼基人就像被困在网中的鲔鱼，坐以待毙。这时他大概会想起来，正是自己下达了向希腊人发起进攻的命令。

甚至在战役开打前，他就已意识到这是个错的命令。因为那些他看见的、正向北方厄琉息斯开去的三列桨座战船，在抵达萨拉米斯最东北的岬角后便未继续前进。这些人无疑是希腊阵营里的科林斯人；相反，这些科林斯人在打量过厄琉息斯与萨拉米斯之间的海峡后，掉转船头，降下船帆，回到舰队主体中。显然他们刚才不是因为恐慌而逃跑，而是在执行一项侦察任务，以确定埃及支队——他们在夜间绕过萨拉米斯岛——未推进到希腊舰队的后方。当然没有，就像薛西斯痛苦意识到的，埃及支队离战场还有8英里远，潜伏在海峡的最西边，等着伏击逃跑的希腊战船。

不令人意外的是，万王之王恼羞成怒，对这场惨败的幸存者愤怒至极。当一群湿淋淋的腓尼基人船长试图为自己失去战船开脱，想把失败归咎于其他支队的叛变时，他们立即被当场斩首。万王之王当然不愿对这场灾难负责，所以腓尼基人正好充当代罪羔羊。然而，目睹整个溃败过程的他，想必对自己精心设计的战略反而不利于己，日益感到不是滋味。到了下午，波斯人开始被赶出海峡。万王之王的舰队也许只有一半可以逃离海峡，它们拼命挣扎着回到法里龙，而希腊人则在后面不断骚扰追击，穿越了一天之前万王之王计划伏击他们的那片开阔海域。

最残忍的一幕大概是发生在即将日落时。当时，除了“回荡在海面上的哀哭与叫喊声”以及随波漂流的波斯人尸体之外，海峡内没有其他万王之王的人马了。在“黑眼睛的夜晚”[27]降临前，只剩一次屠杀行动有待希腊人执行。现在，前一晚被万王之王部署于普斯塔利亚岛的400名士兵都被困在岛上，因为仓皇逃窜的帝国海军根本无暇来撤离这些人。他们本来是被派来这里处决那些被冲到岩石上的希腊人的，现在反而成了被处决的对象。投石兵、弓箭手和重甲水手从联军战船上涌出，要为死在温泉关的斯巴达人复仇。阿里斯提德率领的希腊人“就像一道汹涌巨浪涌向敌人，他们杀声震天，对倒霉的波斯人猛砍猛劈，直到把波斯人全部杀死为止”[28]。岛上的岩石因染满鲜血而变得湿滑难行，阿里斯提德的人马跌跌撞撞地走在尸体上，以匕首从死人身上摘下耳环和手镯，也有些人在浅滩的血色海水中搜查被海浪冲到那里的死尸。数英里远的海域满布无数战船的碎片，随着黑色的海湾慢慢涨潮，它们都被海浪冲散带走。

万王之王攻破萨拉米斯海峡的计划就此惨淡收场。

如此近，如此远

当薛西斯在公元前484年平定埃及叛乱，开始设计第一个征伐西方的计划时，美索不达米亚又出人意料地发生了起义。当时，距离大流士将那个被他称为“尼丁图贝尔”的人钉死在尖桩上已过了几十年，此人自称“巴比伦国王”和“列国之王”（King of Lands），是最后一位如此自称的当地人。这两个头衔包含两河之间那座城市的所有魅力，是篡位者能传给儿子最璀璨的名号。不过，大流士非常清楚，这两个头衔本身并不足以让人成为巴比伦国王。美索不达米亚在他在位的漫长岁月里日益成为一个波斯的大庄园。它的很多土地从倒霉的本地人手上被没收，成为万王之王的私人财产。另一些土地则被分封给他宠爱的仆从——只要他们能从帝国影响力所及的远方带领一批人前往殖民即可。于是，美索不达米亚的农村就像大都会一样，开始住满移民。人们若沿着运河两旁的橄榄树荫漫步，便可看见整村整村的异乡人——埃及弓箭手、吕底亚骑兵和使斧的斯基泰人。在万王之王的统治下，这片土地预示着世界的未来：一个万民的熔炉。

所以，当幼发拉底河沿岸爆发革命时，薛西斯迅速赶往镇压。征伐西方远不及保有巴比伦这个波斯帝国最大且最富有的城市重要。这座巨大的都市仍是波斯建立世界秩序的关键环节。对此，不仅掌管国库的官员能看到这一点。就像居鲁士和大流士曾在巴比伦城找到了一面反映他们最自豪抱负的镜子一样，薛西斯对欧洲的入侵也是很久以前巴比伦人建立全球君主国梦想的体现。万王之王带往阿提卡的军队由世界每个角落的士兵组成，按照预期，雅典人、伯罗奔尼撒人、全希腊的人，甚至远方西部岛屿的人也将很快加入这个大混合体，只要能够征服他们。

但现在，历经萨拉米斯之战后要怎么让他们臣服，突然成了一个让人头痛的问题。在战后举行的会议上，马铎尼斯把萨拉米斯之战的溃败说成一件无足轻重的小事："我们不过是损失几块木板罢了。"又说："即使事情被腓尼基人、埃及人、塞浦路斯人和西里西亚人搞砸了又怎样？波斯人没有插手其中。不，陛下，这次失败很难说是我们的失败。"[29] 这番响亮的话道出了每个波斯贵族都有的沙文主义的思考模式。万王之王当然也有一样的想法，他从来不会质疑自己国人同胞的勇敢和力量。另一方面，他并非仅以波斯国王的身份征伐希腊，他是个名副其实的列国之王。被召集到他旗下的各族军队的败北，可说刺伤了他的自尊心。马铎尼斯固然可取笑帝国海军是大杂烩，但在万王之王心中，这正是他统治世界权力的有力体现。

虽然遭到严重打击，薛西斯起初仍无法接受自己征服不了雅典人的事实。在波斯舰队于海峡内溃败后不久，他就想出一个霸道的新方法：修筑一条可以连接萨拉米斯的堤道。为此，他派人在浅海填石头，派出商船到海峡深水处充当桥墩。但希腊弓箭手终究阻止了这个企图。他们被证明是比海峡本身更难跨越的障碍。帝国工兵在敌舰骚扰下疲于应付，成了敌人火焰箭的好箭靶，最后万王之王迫于无奈，只好放弃这个计划。对一个曾在赫勒斯滂架设桥梁与在阿索斯山半岛开凿运河的人来说，这是一个非常痛苦的挫折。几天前还梦想征服一整个大洲，现在万王之王却不得不俯首于 1 英里宽的小小海峡前。

此外，还有更进一步的坏消息。希腊人在西西里取得的另一场胜利，严重威胁到万王之王进一步向西扩张的前景。[1] 叙拉古僭主格隆给了迦太基人致命的打击。迦太基军队遭逢预料之外的血洗：在西西里北方希梅拉（Himera）的城墙下，15 万迦太基战士遭到屠戮。幸存者被俘虏并沦为奴隶。他们的将军收到这个消息时正在献祭，因此大吃一惊，并投入火焰中自焚而死。当万王之王在秋意渐浓的雅典思考下一步行动时，这个消息的含义就如同一盆极致的冷水。他当初无比宏远的野心突然间遭到限制。在无法进入“地峡”

[1] 这场希梅拉之战的具体日期不详。格隆的宣传人员热衷于推销他们主人为捍卫希腊人自由而战的，而非为战而战的观念，所以喜欢把这场战役说成发生在斯巴达人坚守温泉关的最后一天，或与萨拉米斯海战同一天。

且无法平定伯罗奔尼撒半岛的情况下，他要把波斯帝国版图扩大到世界尽头的梦想宛如空想。过去被他想象为征服世界的行动，如今缩小为一场不顺遂的边界战争。

当然，这点小事并不值得万王之王亲自关注。马铎尼斯也了解，于是马上抓住机会。他向他的表兄启奏说："请陛下带着大部分军队先回萨迪斯，留下我率领亲自挑选的部队完成对希腊的奴役，把事情搞定。"[30] 这是马铎尼斯苦苦追求多年的任命；万王之王则不愿在希腊再过一个夏天，也没有好理由反对他的建议。远征军一旦少了万王之王为首领，它庞大的规模与浮华的排场也将变得极不合时宜。马铎尼斯身为特遣部队的新指挥官，他的功过只会有一个衡量标准：是否能将这片新的总督辖地收入囊中。要对付斯巴达人和他们的盟友，军队贵精不贵多。温泉关的一课虽然让波斯人鼻青脸肿，却也让他们学到了教训。随着万王之王将仍在冒烟的阿提卡留在身后，开始率领大军北上，穿越维奥蒂亚进入色萨利，马铎尼斯也得以放开手脚，开始为自己的部队精挑细选适合的将士。

他的首选当然是骑兵：机动性高且铠甲精良的骑兵，而且可以像斯基泰人那样，在疾驰时对沉重的步兵阵线射出火焰箭。在过去数十年间，这种骑兵曾反复让希腊重甲步兵束手无策，所以现在没理由怀疑他们不会再次发挥作用。这么想的不只马铎尼斯一人。有多少人抱持同样的想法从以下事情可见一斑：虽然万王之王没能征服希腊，但他的撤退过程轻轻松松且毫发无伤。[31] 联军编造了许多夸张的谣言，例如，万王之王的军队饿到只能吃草；这支部队渡过结冰的河流时几乎全数落水被冲走；薛西斯一个人瑟缩在一艘渔船上渡过赫勒斯滂。但这全是谎言。任何胆敢违背臣服誓言的部落或城市立刻会招致激烈的报复。它们大部分都选择谨慎行事，色雷斯、马其顿和色萨利都继续对万王之王表示效忠。底比斯和希腊中部也是这样，帝国海军虽遭受重创，但离完蛋还很远。波斯舰队的舰艇在萨拉米斯折损不少，但数量仍比联军多。从任何角度来看，马铎尼斯应该能在夏天“把事情搞定”。

或许，他可以省下这个麻烦。在萨拉米斯的情报失灵固然让人脸上无光，但波斯最高指挥部仍寄望于离间分化政策。神奇的是，他们仍与地米斯托克利保持联系。毕竟，万王之王决定在海峡内战斗并非雅典人的建议。这虽让地米斯托克利获利匪浅，但在萨拉米斯之战后几天，他还是厚着脸皮派西金诺斯再次前往海峡彼岸，给波斯人捎去第二个信息，表示自己“仍渴望为王家事业效力”，将对联军舰队加以约束。[32]这个信息匪夷所思，波斯情报首长并没有将西金诺斯慢慢折磨至死，反而就像萨拉米斯之战前夕那样，放他回自己的主人身边。我们不知道波斯人要他带回什么信息，但肯定包括万王之王开出的议和条件。雅典人仍沉浸于战胜的得意中，当然不可能接受这些条件，但这不是重点。地米斯托克利一直以来都只是在装样子，现在波斯最高指挥部也是如此。双方之所以不翻脸，是因为考虑到有一天雅典说不定会认为投降才符合双方的利益。

但地米斯托克利为何要在这个获得大捷的时刻，发出这种背叛的信号呢？那些擅长诠释希腊狡猾外交手段的人很快就找到了答案。在西金诺斯为主人第二次传达信息的几周后，斯巴达人也向波斯军营派遣了自己的使者。他们抵达色萨利时，万王之王正准备出发前往赫勒斯滂。斯巴达使者要求波斯人对列奥尼达之死做出赔偿。万王之王先是大笑，然后突然陷入沉默，像是在盘算着什么。最后他指了指马铎尼斯说："你们会从他那里得到应得的赔偿。"[33] 这句话十足幽默，但薛西斯想表达的不只是一个威胁。他应该意识得到，斯巴达人看似愚鲁的要求隐含了一个耐人寻味的暗示：如果他拿得出够多的金钱贿赂，斯巴达人准备容忍既有的现状。这当然是一个可笑的提议，因为万王之王不会和任何人谈判。尽管如此，它的含义还是充满趣味。如此一来，斯巴达就得放弃干涉包括阿提卡在内的整个希腊中部的事务，难怪万王之王会一度皱起眉头并若有所思。

在他们的使者碰了一鼻子灰后，斯巴达人高声宣称，当初他们之所以派出使者，是遵照阿波罗的吩咐。雅典人和其他希腊人都乐于相信这个说法，而联盟的稳定关系到所有赢得萨拉米斯之战的希腊人的利益。虽然战争季节随着秋风刮起而结束，但那次著名胜利的余晖仍照亮了缓慢变长的黑夜。为了庆祝胜利，希腊舰队的各支队花了数周在爱琴海打秋风，从当地岛民手中榨取钱财。返航后他们聚集在"地峡"外海，这里有座波塞冬神庙，它从夏天起便成为联军司令部，此时这里举行了大型狂欢联谊活动。他们向诸神献祭，并对将士论功行赏。每个人都放下了心中那块大石，就像地米斯托克利所说："海上的乌云被一扫而空。"[34]

只可惜陆地上依旧笼罩着乌云，就像较精明的雅典人和斯巴达人所意识到的，联军的前景非常黯淡。"地峡"虽为主办联军联欢会的所在，但也是分裂线的所在。如果某位代表厌倦了庆祝活动，他只要到附近最明显的另一个娱乐场所走走，就会对此了然于胸。在科林斯，高达 2 000 英尺的陡峭卫城的山顶上，矗立着一座爱神神庙。里头除了大理石神像之外，还有另一些不那么冷冰冰的还愿供品——妓女。她们是旨在感谢神恩的奥运冠军与其他名人捐赠的“供品”，她们如此有名，以至于在希腊语，“干一名科林斯人”（korinthiazein）就是性交的意思。她们充满爱国心，而且又娴熟地在萨拉米斯海战前的几周热烈祷告，祈求爱神保佑联军。任何战争英雄只要从“地峡”庆祝活动中抽空造访这里，就有望获得特别热情的接待。事后，他可以坐在卫城的山岩上，一边欣赏无与伦比的美景，一边了解赢得萨拉米斯大战的联军为何会面临迫在眉睫的分裂危机。

这是因为任何地方都不会比“地峡”更能让人看见战争的机遇与困局。它的南面是伯罗奔尼撒半岛——这个半岛主要因为得到雅典舰队的保护，所以现在没有被入侵之虞。反观“地峡”以北，在通过弧形海岸线通向阿提卡之后，便对马铎尼斯门户大开。毫无疑问，雅典人虽然已从萨拉米斯岛渡海回到已成为废墟的家园，但仍不时紧张地打量通往色萨利的道路。面对这样不公平的地理环境，他们难以抑制对伯罗奔尼撒人的怨恨，因而强烈要求联军在来年春天派兵北上攻打马铎尼斯。伯罗奔尼撒人支吾以对，雅典人越是以激将法逼迫他们采取行动，他们就越坚决地躲在自己的城墙后面。

结果是，“地峡”表面上是亲善与和睦的，但私底下却酝酿着敌意和怨恨。伯罗奔尼撒人被雅典人趾高气扬的态度激怒，因此设法让埃伊纳赢得了“城邦战功奖”，但又不想看到地米斯托克利戴着“个人战功奖”的桂冠到处炫耀，于是他们提名自己城邦的人来分散选票，以至于没有人获得这个奖项。雅典人的报复方法是大肆散布各种谣言，其中一个最恶毒的是，科林斯人在萨拉米斯之战一开始向北走，并不是为了侦察埃及人的动静，而是出于懦弱且试图逃跑。总之，在“地峡”的各国代表纵情于蛮族威胁远离的轻松时，也宛如旧日般小气、嫉妒彼此且乐于互相中伤。

斯巴达虽然也极想沉浸于互相攻击的乐趣中，但深知这是一种他们负担不起的奢侈，因为他们城邦的安危远比折磨地米斯托克利更重要。虽然斯巴达不想承认雅典舰队仍是确保伯罗奔尼撒半岛安全的关键，但万一马铎尼斯帮万王之王赢得雅典，他就有希望突破“地峡”的防守。因此，出于实用主义考虑与对人性的了解，斯巴达人选择不再羞辱地米斯托克利，转而拍他马屁。

于是，自尊心在“地峡”受创且尚未恢复的地米斯托克利便应邀访问拉刻代蒙。他甫踏上这片一向猜疑外人的土地，就受到热烈的欢迎与大肆吹捧。斯巴达把他在“地峡”未能获得的桂冠授予他，以“表彰他的能力和智慧”[35]。他还获赠一辆精美的马车，离开时又被300名“劲骑旅”成员一直护送到泰格亚。从来没有一个异邦人受到这么隆重的礼遇，但护送他的贴身侍卫或许还肩负着其他职责。地米斯托克利回国路上会经过卡律埃。整个夏天，人们都严重怀疑这个城邦已被蛮族收买。卡律埃后面还有一个更大的威胁，也就是阿尔戈斯。这条狗一直没吠，但它可能会突然吠起来，据说它已和马铎尼斯直接联络过，答应“会尽一切所能，阻止斯巴达人参战”[36]。看来斯巴达人会派出300人来保护地米斯托克利，不仅是为了提醒他斯巴达人在温泉关曾经做出的牺牲，还是告诉他雅典的后院潜存着威胁。到了泰格亚之后，“劲骑旅”向他们的客人敬礼，祝他一路平安。此举的用意非常明显，表明斯巴达人完全不打算派兵到“地峡”以北去。

从地米斯托克利的观点来看，这对自己的政治生涯毫无帮助。当雅典人民还在他们烧焦的城市中瑟瑟发抖与饥肠辘辘时，他们的海军将领所得到的任何荣耀都不能让他们感到欣喜。另外，让他们无法释怀的是，雅典舰队大都驻守在寸步不离家园的伯罗奔尼撒人的门口，只有少部分保护雅典本土。愤怒与怨气渐渐在城市各处的临时营地蔓延开来；重甲步兵阶级本来就对地米斯托克利有所不满，而今看到他在萨拉米斯之战后趾高气扬的模样，更加怒火中烧。早在冬天时，有人便提出一种论调：屠杀普斯塔利亚岛上的波斯驻军是萨拉米斯之战的转折点，因此指挥战事的阿里斯提德被捧为大英雄。现在，随着冬去春来，公元前 479 年的竞选季节逼近，各种中伤地米斯托克利的行动也变得越发恶毒。就像民主的简短历史一再证明的，选民的记忆有时差得要命。2 月的选举结果表明，选民对地米斯托克利拯救城邦的功劳的回报是：解除他对舰队的指挥权。[37] 这个指挥权被赏给了阿克迈翁家族的养子克桑提普斯，而陆军指挥权则被交给——用大腿想也知道的——阿里斯提德。

这些转变对雅典政策的影响是迅速而深远的。原先致力于发展舰队的热情，现在被转移到筹备第二次马拉松之战的工作上。当春天联军舰队各支队在埃伊纳召开会议时，雅典人引人注目地缺席了。斯巴达人派出国王利俄提基德指挥联军舰队，却发现雅典人执拗地坚称，如果斯巴达人不派出部队从“地峡”北上，就不会派舰队参加联军。但斯巴达人不吃这套，双方僵持不下。利俄提基德手下只有 100 艘三列桨座战船，所以只敢在提洛岛四周的水域活动，不敢向更东行驶，以免刺激波斯舰队。而波斯舰队对希腊人也心有余悸，只敢在萨摩斯附近巡弋。伯罗奔尼撒人继续躲在自己的城墙后面。马铎尼斯知道，若不把斯巴达人引到“地峡”以北，或者不把雅典舰队引至色萨利，就无法为自己赢得一片总督辖地。雅典人被夹在双方之间别无选择，也无能为力，只好瑟缩起来。因此，僵局一直持续到5月。

最后，马铎尼斯打破了局面。他对秘密外交感到厌倦，但又不想损害可能取得的成果，于是决定在从色萨利向南进军前，把万王之王开出的条件公开摊在桌上。为了尽量向雅典人展示自己的好意，他招摇地到许多希腊神谕所占卜，然后派出伪装成骑墙派的马其顿国王亚历山大为使者。亚历山大是一位波斯将军的姻亲，又是"雅典人民之友"，为人巧舌如簧，马铎尼斯认为他是理想的中间人。他站到一片颓垣败瓦的广场前，向雅典人民发表了看似真诚的谈话。他提醒雅典人民，凡是与万王之王为敌者，都是直接站在火线上。他们面临两个选择：一是眼睁睁地看着自己的国土"被敌人践踏为一片鬼城"，二是成为万王之王的朋友——不只是朋友，还能获得深厚圣眷，成为整个波斯帝国中少有人可及的属民。他们将获得全然的原谅与充分的自治，神庙也将由万王之王出资重建，他们还被允许扩展疆土。亚历山大激动地询问道："你们究竟还有什么理由继续和国王兵戎相见呢？"[38]

雅典人内心一定觉得，他们完全有权接受万王之王的慷慨条件。因为正如亚历山大婉转指出的，他们比希腊其他城邦战斗得更久，也付出更大的代价，但伯罗奔尼撒人却满不在乎，乐得任他们自生自灭。当然，雅典人在让亚历山大道出波斯人所开出的议和条件前，刻意安排一个斯巴达高级代表团出席。但轮到斯巴达人向公民大会致辞时，他们仍选择支吾其词。雅典人想听到的，不是斯巴达人愿意接受难民，或者蛮族生性狡诈之类的话，比如："你们应该知道，他们说的话既不可靠又不可信。"[39]雅典人大可将这句格言丢回斯巴达人的脸上。

大概他们曾经可能这么做，或者他们曾经可能选择放弃独立的梦想，接受所谓光荣臣服这回事，然后向万王之王三跪九叩。但时代不一样了，在实行民主制度30年后，在为保卫民主做过最无胜算的战斗后，自由对雅典人来说变得弥足珍贵，让他们不愿以它来交换和平。他们对亚历山大说："不劳你来提醒，我们也知道米底人的力量是我们难以匹敌的。但即使如此，我们热爱自由，永远不会屈服。"[40]这番话实为壮语，雅典人民这么说之后，将再次面临自己的城市被夷为平地的可能。

斯巴达使者对此又做何感想？很难想象他们不会为这番大义凛然的话动容，甚至在他们离开雅典时，各种临时房屋已开始被弃置，雅典市民在10个月内第二次撤离，他们用手推车把家当推到海边。佩服雅典人的精神不必然代表这批斯巴达人一定会对他们怀有责任感。这些使者回国后，一定会向督政官们指出，正在阿提卡酝酿的危机会危及斯巴达。虽然雅典人的豪言壮语激动人心，但对自由的爱未必是其最大的动力。他们更可能是因为幻想斯巴达人会派兵出"地峡"保护他们，才会拒绝一切和谈的建议。因此，阿里斯提德在和斯巴达使者道别时说："尽快拿起你们的兵器奔赴战场，赶在马铎尼斯进入我国之前，与我们一起到维奥蒂亚迎战他们。"[41]

当蛮族南下进入阿提卡，第二次占领空荡荡的雅典时，整个伯罗奔尼撒半岛都为之战栗。仍在提洛岛外海巡航的斯巴达国王利俄提基德看见西方的海平面上点起了一道道烽火，这是在向遥远的萨迪斯报告雅典陷落的消息。同时，在拉刻代蒙的督政官也收到一则更令人不安的消息：马铎尼斯再次遣使到萨拉米斯，向雅典难民重申议和条件。这一次显贵吕奇达斯（Lycidas）竟公然站出来表示接受。面对这种风吹草动，虽然此时身处绝境，他的公民同胞立马用石头砸死了这个想成为卖国者的人。他的妻儿也被在萨拉米斯岛扎营的妇女以同样的方式砸成了肉泥。雅典的反抗似乎已变得病态。反抗变得越野蛮、越疑神疑鬼，其变得扭曲的风险也越大。

时间进入 6 月，斯巴达人又在庆祝另一个节日了，这一次是雅辛托斯节（Hyacinthia）。在这个节日里，人们举行大型歌唱会与饮宴，来纪念阿波罗死去的情人。就像在马拉松战役爆发前夕那样，一个雅典使节团抵达斯巴达寻求军事援助，却发现人人都在参加派对。[42] 但在这番景象背后，轮子已开始转动。雅典使者在斯巴达等了 10 天，到了第 11 天，他们的耐性已被磨光，于是下达最后通牒，要斯巴达人立即停止节庆活动并奔赴战场，不然雅典人将不得已接受马铎尼斯的议和条件。然而，5 位督政官并没有因此惊惶失措，也没有义愤填膺，他们只是微笑，然后说出了真相，并假装惊讶地问："难道几位使者没听说吗？斯巴达军队已上路了。"

这真是一个戏剧性的发展，不只雅典人被蒙在鼓里，连阿尔戈斯人也没听说此事。阿尔戈斯人曾信誓旦旦地要在斯巴达远征军抵达"地峡"之前拦截他们，此时却发现自己被甩在背后，只好急忙向马铎尼斯报告："拉刻代蒙全部的军队都出动了，我们无力拦阻。"[43] 仍扎营于阿提卡的马铎尼斯马上放弃劝诱雅典人的打算，于是将雅典城剩余的"城墙、房屋、神庙和一切"付之一炬。[44] 然后，由于决定把伯罗奔尼撒人引至离"地峡"尽量北一点的地方，他从阿提卡撤退到维奥蒂亚。在那里，热心的底比斯联络官当他的向导，他沿着最安全的道路前进，在抵达一个绝佳的骑兵战场后才停了下来。

在底比斯以南4英里维奥蒂亚最宽阔的河流阿索波斯河的河畔，马铎尼斯下令建立营寨。再一次，他选了一个好地点。河的对岸地势平缓，那里是底比斯人的死对头普拉蒂亚人的领土。普拉蒂亚人的田垄后方是山麓小丘，更后面是高耸入云的、有着众多的山脊与山岭的基塞龙山（Cithaeron）。联军若想和马铎尼斯交战，就必须穿越重重的天然屏障；这意味着，联军如果战败，就一定会全军覆没，因为从普拉蒂亚无法轻易撤回“地峡”。当然，马铎尼斯如果战败，也无法轻易从普拉蒂亚返回色萨利。最后是哪种结果？要等联军抵达后才能分晓。

多利安长矛

虽然伯罗奔尼撒人一再拖延，但他们最后从自己的地洞走出时，便毫无保留。通往墨伽拉的道路在上一个夏季被拆毁，在经过工兵抢修后已可通行。他们的工作成果十分卓越，让道路足以承受成千上万双脚踩踏——这条道路自建成以来，从未承受过如此庞大的军队。事实上，自特洛伊战争的时代起，希腊便不曾有过如此大规模的远征军。从科林斯到迈锡尼，从泰格亚到特罗曾，伯罗奔尼撒人组成了庞大的联军，来响应斯巴达人的号召。这支联军的中坚力量当然是斯巴达人，他们有5 000人，几乎出动了城邦四分之三的兵力。这些重甲步兵来自拉刻代蒙的外围城镇，另外有几千名“黑劳士”充当勤务员和轻步兵。这几乎是斯巴达派赴战场的最大一支部队。[45]

连懦夫也被动员了——应该说，被斯巴达人贴上懦夫标签的人都被动员了。他们当中一个是倒霉的老兵阿里斯托得摩斯（Aristodemus），他为有机会挽回自己的名誉而感到万分高兴，这不是他第一次出战蛮族了。不到一年之前，他是被派去温泉关追随列奥尼达的300名勇士之一。当他到达关隘后，他和另一名斯巴达同伴染上眼疾，所以他们从前线撤下，等待治疗康复。但就在他们的国王坚守温泉关的最后一个早晨，阿里斯托得摩斯的病友从病床上爬起来，即使他的眼疾尚未康复，仍在一名“黑劳士”的搀扶下加入战斗。阿里斯托得摩斯则宁愿听从列奥尼达的命令，回家养病。回国后他却受到憎恶，同胞们都叫他“颤抖者”——这是斯巴达词典中最具羞辱性的字眼。

这相当不公平，但在一座视勇气为最高品质的城市，公民身上流露的任何最微弱的懦弱迹象，都必然会为他带来耻辱。生在斯巴达的“颤抖者”特别悲惨，他身上的斗篷上会被缝上补丁，向整个城市提醒他的不光彩。无论在集体饭堂里用餐还是参加球赛，他都会遭到昔日友人冷漠的对待。在节庆活动中，他必须全程站着，当有人要求让座时他必须起身——即使要求者是资历最浅的人也不例外。他最大的惩罚是，如果他有女儿，女儿将找不到丈夫——这来自斯巴达的优生学措施，用来防范懦弱的基因遗传。因为承受不了这些耻辱，温泉关的另一名幸存者——被列奥尼达派去色萨利出任务的联络官——最后上吊自杀。“既然懦弱会导致这么丢脸的下场，死亡自然比不名誉与挨骂的人生更值得追求。”[46]

对于错过死在国王身旁的阿里斯托得摩斯来说，从温泉关回到家的那几个月特别漫长和痛苦。列奥尼达之死笼罩着一切，让人无可遁逃。不像在雅典那样，在斯巴达，哀悼死者不只是妇女们的责任。上至督政官，下到“黑劳士”，每个男人都有责任为死去的国王捶胸顿足、痛哭流涕。事实上，在其他希腊人看来，斯巴达人的伤逝之情过于夸张，几近蛮族的造作。一般来说，丧礼后有10天哀悼期，但列奥尼达却不是一个容易安息的灵魂。他的尸体残缺不全，被留在遥远的关隘，遭受野外动物的啃食，始终没有得到收殓。[1]让斯巴达人心情更加沉重的是，继承王位的王子只是个孩子。列奥尼达的弟弟克里昂布鲁图斯是有能力的摄政，但他在这一年冬天死去了。当斯巴达人最后决定派兵北上“地峡”时，领导这支军队的是一名年仅20多岁的年轻人——克里昂布鲁图斯的儿子保萨尼亚斯（Pausanias）。这名年轻人身兼斯巴达摄政和联军最高指挥官二职，肩负的责任重得惊人，但他志大才高，完全可以胜任。话虽如此，他们的将军异常年轻的事实，一定会让斯巴达人对温泉关和列奥尼达之死的记忆更加深刻。所以，他们在为了解放希腊而挺进时，也是为了去复仇。对阿里斯托得摩斯来说尤其如此，因为蛮族害他披上了“颤抖者”的补丁斗篷。

当然还有其他人想找波斯人算账，这些人的损失比斯巴达人损失的还要多。在厄琉息斯——此地位于出了“地峡”后35英里的海岸道路旁——保萨尼亚斯正等着阿里斯提德及其8 000名战士从萨拉米斯渡海来与他会合。参加远征军的还有600名来自另一座遭到波斯占领与纵火的城市的难民——普拉蒂亚人。他们逃离家园已经一年，现在终于到了返回故土的时候。普拉蒂亚人和所有决心迎击蛮族的人，都踏上了前往维奥蒂亚的征途。

---

[1] 公元前440年，他的遗体终于被运回斯巴达重新安葬。

联军在离开厄琉息斯后直接北上，不久背后的大海景色被尘土飞扬的石灰岩山脊与长满灌木丛的斜坡遮住了。随着大军向前推进，道路变得越来越崎岖，山谷也变得更加寂寥，冷杉树点缀的基塞龙山山坡显得特别孤单，四处不见人影，只有鹿、熊和狮子——有时还有潘神出没，而这种荒野地带正是他的最爱。在过去的好年头里，维奥蒂亚人习惯于庆祝一个奇怪的节日。那一天，他们会沿着山坡，自阿索波斯河河岸，用车子将巨大的木头偶像一直拖到山顶，然后将偶像火化，火光冲天，数英里外都可见。走过基塞龙山的陡峭山峰的山脚时，普拉蒂亚人应该会迫不及待，因为现在他们离自己的城市仅数小时的路程。在蜿蜒穿过无数山岭和峭壁后，山路突然开阔起来，他们深爱的家园景色终于自他们左手边浮现出来。

但是，这个景色和他们离开时大为不同。田中长满杂草，城市变成一个烧焦的瓦砾堆。方圆几英里内的树木都被砍光了，剥了皮的木材被蛮族拿来建立寨栅。蛮族人多得不可胜数，遍布于平原每个角落，他们的马匹有的被拴住，有的被关在马棚中，有的则穿梭奔驰于炙热的大地上，其速度和灵活性都令人惊叹。当看到这一幕，希腊人无不胆战心惊。保萨尼亚斯虽自视甚高，但并非有勇无谋之辈，他不打算轻率地直接冲下山，他要和敌人在最适合他们骑兵作战的场地对决。他严格命令各路人马留在山麓小丘上，此地位于普拉蒂亚以东约 7 英里。如此一来，600 名普拉蒂亚重甲步兵回家的愿望只能延后实现了。

保萨尼亚斯行动谨慎，但不论波斯军队的阵容多让他震撼，这种震撼都不及马铎尼斯自河畔看到山麓小丘上联军的壮盛军容时的心惊。一连几天，波斯最高指挥部都垂头丧气。在一名底比斯显贵主办的晚宴中，一名波斯军官转身对邻座的希腊人低声说：“瞧，过不了多久，我们当中就没几个人能活命。”[47]马铎尼斯当然不会承认自己的这种失败主义倾向，另一方面，他即使在最悲观的时候也未能想到老是闹分裂的希腊联军能组合出这样一支布防于基塞龙山山脚下的大军。那天，不断有新的希腊部队从山口下来扎营布阵。当他们最终就位后，马铎尼斯发现自己面对的是一支有史以来集结于单一地点的最庞大的重甲步兵部队，全部加起来近4万人。[48]

虽然马铎尼斯自己率领的军队人数大概是这个数目的两倍，但他并不幻想自己的步兵——一些只配备轻武器和轻铠甲的步兵——可能击破希腊人的阵地。[49]他想取胜仍有希望，而他只有两个选项：一是使用某种手段，把联军引诱到平原上，然后等这些不习惯并肩作战的联合军队分散开来，成为骑兵的囊中物；二是使用贿赂手段，在敌人之间制造分裂，等待希腊人的联盟自行瓦解。骑兵和间谍，二者一直是波斯军队最致命的武器。

打算双管齐下的马铎尼斯，决定恢复使用对雅典人用了整个夏天的心理战。当初斯巴达曾经怀疑萨拉米斯难民营有投降的倾向。这是正确的怀疑，因为被石头砸死的吕奇达斯绝非唯一的亲波斯派，还有其他显赫的雅典公民因家园被战争摧毁而痛恨民主，一直想挽回失落的命运；他们不满足于姑息绥靖，秘密筹划着背叛的阴谋。马铎尼斯撤出阿提卡后，便和这些通敌者失去了联系，现在他急于与他们恢复通信，并视之为当务之急。另外，为了坚定叛徒的信念，他一直派出骑兵骚扰联军的阵线。

这是一种狡猾的钳形攻势，但未收到预期的效果。首先，骑兵骚扰战术不但未打击希腊人，反而让他们士气大振。波斯骑兵指挥官身穿抢眼的紫色上衣和鱼鳞金胸甲上阵，而后，他的坐骑尼赛亚战马中箭，死于阵中，被联军放在一辆车子上到处展示，看得联军士兵目瞪口呆。不久后，阿里斯提德在雅典军营揪出了叛徒。他不想牵连太广，只逮捕了 8 名主谋。[50] 其中 2 人跑掉，剩下 6 人被要求在即将来临的战斗中戴罪立功，因此没有被起诉而是被释放了。阿里斯提德昔日曾在陶片放逐投票中被指为亲波斯派，他非常了解获得改过自新机会的重要性。自这一刻起，雅典阵营再也没有人暗中搞阴谋。

这些挫败不但未损害马铎尼斯的策略，反而给了他第二次机会。保萨尼亚斯因浅尝胜利的滋味而变得大胆起来，把阵地推进到离阿索波斯河更近之处，也是距离敌人更近的地方。马铎尼斯希望在开阔的地点和希腊人对决，马上匆忙陈兵对岸，等待时机进攻。然而，他始终没等到机会。保萨尼亚斯慢慢靠近平原，但始终沿着侧面进入普拉蒂亚地区，而这条路没有山口，也没有高地，只有普拉蒂亚人能够引导联军前进。转移完成后，斯巴达人占据了阵地右方一条破碎的山脊，雅典人占据了阵地左边一个小丘，其他部队——他们的指挥官为部下争取最安全驻扎点的能力不及保萨尼亚斯或阿里斯提德——则守在地势较低也较暴露的位置。在阿索波斯河对岸等待机会的马铎尼斯，一定感到一阵兴奋，虽然他不是处于发起正面攻击的绝佳位置——普拉蒂亚的地形起伏很大，但如果他能把保萨尼亚斯引诱过河，波斯骑兵就可轻易战胜对手。马铎尼斯与希腊人交手的经验非常丰富，知道重甲步兵部队会发自本能地求战。因此，当老天通过无可争议的预兆警告波斯最高指挥部不可进攻时，马铎尼斯欣然从命。看来现在是等待的时候，而他也等得起。在离这里不到5英里的底比斯“粮草充足”[51]，波斯军营的黄金存量也多得足以收买整支希腊部队。他依照神明嘱咐，守在北岸不渡河。

不过，保萨尼亚斯一样没有渡河。不同于马铎尼斯熟知的希腊将领的作风，保萨尼亚斯坚守自己的阵地。斯巴达人守着他们的山脊，雅典人守着他们的小丘，其他人则守着二者中间的位置。虽然联军的不同部队会定期爆发口角——尤其是在雅典人仗势欺人的时候，但这些口角从未严重到威胁联军团结的程度。希腊阵营不但没有瓦解，反而更加强固，因为整个星期都有增援部队涓涓滴滴地加入。最后，对峙到了第8天，马铎尼斯终于失去耐性，下令骑兵突袭基塞龙山的山路，成功伏击了自伯罗奔尼撒半岛运来给养的一大队辎重车辆。车夫和骡子都被杀死。“杀够了之后”，波斯人任由尸体布满山麓小丘，以便让平原上的希腊人可清楚看见，然后把辎重车赶回自己的营地。[52]

现在，轮到马铎尼斯变大胆了。他的骑兵受到胜利的鼓舞，便直接越过阿索波斯河突袭敌人。每当希腊人为了取水而冒险靠近河边，他们就会被波斯骑兵包围，杀死在浅滩，这让联军慢慢陷入干渴之中。几个小时后，希腊人完全放弃了靠近阿索波斯河的打算。现在希腊人的水源只剩一眼泉水了。随着太阳在空中无情地炙烤万物，口干舌燥的希腊人开始带着盆盆罐罐在泉水边排成长龙。对雅典人来说，取水的任务尤为辛苦，因为泉水位于斯巴达人阵地的正后方，离雅典人的阵地有3英里远。不过有这点水可喝，至少可让他们坚守自己的小丘。那是一个极易防卫的地点，他们不愿轻易放弃。两天后，不动如山的雅典步兵因不断受到敌人的骚扰与折腾，而有了不同的想法。事实上，波斯骑兵越大胆，他们静止不动的靶子就越愤怒："因为希腊人无法抓住那些骑马的弓箭手。"[53] 来去如风的波斯骑兵持续不断地测试自己机动性的极限；到了第三天，一小队波斯骑兵成功突破敌人的阵线。他们绕到斯巴达人驻扎的山脊后，来到敌人方阵的后方。那个宝贵的泉眼就在他们前方的道路上，而且无人防守。在希腊人赶来阻止之前，骑兵很快地粉碎井口，堵塞泉眼，然后扬长而去。这对保萨尼亚斯坚守阵地的愿望而言，是致命的打击。

在匆匆召开的作战会议上，希腊人权衡了摆在他们面前的不讨喜的选项。在大白天弃守阵地形同自杀，波斯骑兵一定会对他们乱砍乱刺。但推迟撤军的后果同样可怕，希腊人口渴难耐，也可能很快就要挨饿，因为蛮族继续攻击基塞龙山的山路，劫掠联军运补给的车队。虽然要冒着巨大风险，最显然的解决之道就是利用夜色的掩护撤退。于是，保萨尼亚斯吩咐各队人马入夜后向后撤退 2 英里，到普拉蒂亚以东的地点重新布防。每个人都同意这个新地点易守多了。山麓小丘对骑兵构成极佳的屏障，也可确保基塞龙山的山路畅通，而且那里还有大量水源。事实上，整个计划就只有一个缺点，就是希腊人必须到得了新的布防地点。

然而，这并非易事。位于全军中央的士兵来自许多不同的城邦，他们都必须在夜间穿过毫不熟悉的地形，很快就严重偏离正确的路线。他们又渴又饿又紧张，不出意料错过了会合点，最后去到偏西 1 英里的地方，几乎到了普拉蒂亚废墟的正前方。在那里，他们"四处散开，随机搭起帐篷"[54]。同时，联军的两翼更加乱糟糟。直到天亮，不论是雅典人、拉刻代蒙人还是泰格亚人都还没有开始撤退。这三支队伍的任务是殿后，但他们却发现自己因为其他部队的混乱和拖延，整晚滞留在原来的位置上。现在，河流两岸的鸟儿开始唱歌了，对岸敌人的营地也人马喧嚣。

雅典人恐慌了起来，于是派出骑手到斯巴达的营地询问下一步行动计划，但骑手到达后却发现，保萨尼亚斯和几个幕僚正在发生激烈的争执。至于他们在争执些什么，后人有不同说法。一个说法是，保萨尼亚斯受到一位名叫阿蒙法瑞托斯（Amompharetus）的军官公然顶撞。阿蒙法瑞托斯认为撤退是懦弱的表现，拒绝服从撤退的军令。不过，另一个说法却把阿蒙法瑞托斯说成是普拉蒂亚作战时最最勇敢的三名斯巴达人之一。这个荣誉不太可能授予有发动兵变污点的人，因此阿蒙法瑞托斯应该不是拒绝接受保萨尼亚斯的军令。看来最有可能的情况是，他要求让自己的部下获得一个承担特别危险任务的殊荣。因为太阳已经升起，拉刻代蒙人和泰格亚人才刚开始撤退，所以部分队伍必须留下，尽可能坚守山脊到最后。因此，当保萨尼亚斯命令斯巴达人和雅典人开始撤退时，阿蒙法瑞托斯和他的士兵继续留在原地；他们全副武装，铁了心要尽量拖住敌人。这时希腊人看见，波斯骑兵已在河面上践踏出四溅的水花，并朝他们的营地飞奔而来。

波斯侦察兵仔细察看了联军放弃的所有阵地后，将敌人撤退的消息报告到与步兵团待在一起的马铎尼斯那里；随着太阳升起，这个戏剧性的发展也由他自己的双眼所证实。目前希腊军队的队伍乱七八糟——马铎尼斯在战役一开始为自己设定的目标业已惊人地达成了，甚至他一次也没有被敌人牵着鼻子走。最让人称心的是，他们认为不可能战胜的、具有钢铁般灵魂的斯巴达人仍在撤退，而且和大部队分开了，正处于最脆弱的状态。当然，正面攻击一个方阵——特别是一个斯巴达人的方阵——非常危险，但马铎尼斯知道，这是消灭联军部队中坚力量的不二时机。机会转瞬即逝，若不及时抓住，斯巴达人就会撤退到新的集结地。于是，马铎尼斯骑上一匹白色的尼赛亚骏马，向集结于他四周的精锐步兵军团下达进军的命令，他们开始涉水渡过阿索波斯河。当他们前进时，在欢呼声中，旗帜在波斯军队的整个阵线升起，马铎尼斯的每一支部队，不管是否得到了将令，都急不可耐地疯狂冲向河岸。

现在，在初升朝阳照耀下，黎明的薄雾渐渐散去；战栗穿透拉刻代蒙人的队伍，而“密集林立的盾牌、长矛与头盔”让战士们意识到，杀戮的时刻将至，诸神也正在降临。在神庙旁的小树林，保萨尼亚斯命令士兵停止前进，准备战斗。他看见阿蒙法瑞托斯的小分队正在撤退，虽然波斯骑兵在他们后面展开追击，但他们仍井然有序。保萨尼亚斯听见了蛮族渡河时发出的喊杀声，然后看见他们旌旗遮天地渡了河。他知道过不了多久，不但骑兵来袭，马铎尼斯全部的精锐步兵军团都会来攻击他的盾墙。他急忙派人送信给雅典人，要求他们前来支持。但送信人到得太迟了。阿里斯提德准备掉转方向，率军呈钳形前往拉刻代蒙人的阵地时，却感到大地正在震动，一回头只见底比斯人的军队朝自己直扑而来。两个方阵的冲撞发出震天巨响，让东方1英里外的保萨尼亚斯明白，自己最担心的事发生了。

阿蒙法瑞托斯和他的人马及时赶上了，这让保萨尼亚斯多少有点宽慰，但现在，不会再有更多援军到来了，所以斯巴达人和泰格亚人必须单独面对马铎尼斯，以11 500人对抗一个超级强权的精锐部队。说时迟那时快，来去如风的斯基泰人向希腊人的盾墙射出无数箭矢。自密密麻麻的箭雨中，隐约可见蛮族精锐步兵部队正于隆隆巨响中逼近。马铎尼斯的骑兵撤退到后面。他的步兵停在一个方阵之外的地方，以手上的藤条盾牌构成一面盾墙。箭雨变得更加密密麻麻了。

被逼到角落的希腊人仍然维持着纪律，他们手举盾牌，隔着头盔聆听箭矢不停的呼啸。开始有人中箭倒下，从肩膀或腹股沟突出来的箭头鲜血淋淋。现在，每个拉刻代蒙人与泰格亚人心里都想：方阵冲锋的时候应该到了吧？冲撞敌人脆弱的藤条盾墙，让他们见阎王的时刻应该到了吧？但保萨尼亚斯仍然要求将士们守在原地。原来，他必须得到阿耳忒弥斯女神明确的指示，才能发出进攻的号令。但他无论献祭了多少只山羊，都没有看到女神表示保佑希腊人的吉兆。最终，无计可施的保萨尼亚斯直接向上天祷告，“片刻后再次献上祭品时，吉兆终于出现了”[55]。不过，泰格亚人在保萨尼亚斯下令进攻前就发起了冲锋——跟着他们一起冲的还有一名斯巴达人。由于未受过吕库古军规的严格训练，泰格亚人缺乏耐性也许不让人意外，但阿里斯托得摩斯身为一名“阿戈革”的毕业生，没理由那么莽撞。然而，这位“颤抖者”很难因为擅离自己在斯巴达人盾墙的岗位而受到赞扬，但在他单枪匹马地冲向蛮族，仅仅作为一名希腊人狂暴地杀人然后被杀后，他得以在同僚间挽回声誉。事实上过了许久，他的勇气长久以来仍被许多其他城邦的人怀念，人们认为这是出类拔萃的表现。阿里斯托得摩斯总算以一名斯巴达人的身份死去了。

尽管如此，在斯巴达，真正的光荣仍属于那些不是为了个人荣誉，而是作为一部机器中的一个部件作战的人。在那个可怕的早晨，方阵中的每个成员都赢得了莫大荣耀。只有“多利安长矛，以被屠戮祭品的血液凝结普拉蒂亚土地”，才可能获得这种胜利；[56]因为握着这种长矛的人打从出生起，就被锻炼为善于战斗、杀戮且永不屈服的勇者。当斯巴达人冒着漫天箭雨冲下山坡，砸向敌人的前线时，他们其实是在迎接自己为之准备了一辈子的考验。其他人在对战波斯人这种人多势众且勇敢的敌人时，可能会发现自己士气低落，不仅拿着盾牌的手感到疲倦，就连身体都备感疼痛，但斯巴达人却不会如此。虽然很长一段时间，战局都看似势均力敌，但斯巴达人却没有停止向前推进。即使日益绝望的波斯人为了阻止敌人继续前进，紧紧抓住对方的长矛并将它们折断，但对方手中的短剑却不易折断，他们穿着青铜铠甲的身躯的重量更是难以抵挡。“勇敢不下于战场上的任何波斯人”的马铎尼斯，试图把人马重新集结起来。[57]但此时，斯巴达人已迫近他的亲兵部队，而马铎尼斯则因衣着华丽又骑在高大的白色骏马上，成了十分显眼的攻击目标。一名斯巴达人向他扔出一块石头，打破了他的脑袋，这名一心想成为波斯帝国希腊总督的人因而落马。

看到元帅落马，波斯人知道自己已经输了。马铎尼斯的亲兵仍英勇地坚守岗位，但很快就被杀光。而其他部队看见充满魅力的领袖已死，都感到大为泄气，于是开始奔逃，很快，波斯人在整个战场都兵败如山倒。有 4 万士兵在一名头脑灵光的军官带领下，成功向北逃到通向色萨利的道路，但大部分的人都惊惶失措地逃回营寨中，拉刻代蒙人和泰格亚人则尾随追击。不久后，雅典人也来到营寨的大门前，加入保萨尼亚斯的队伍。他们刚和底比斯人进行了一场苦战，通敌者被打败，已逃回自己的城市。现在，联军集结兵力攻破营寨，接下来的大屠杀几乎鸡犬不留。在马铎尼斯的残部里，只有 3 000 人逃过一死。万王之王对西方的宏图就此终结。

马铎尼斯军营里的财富与奢侈品，让希腊人看得目瞪口呆，他们再次对他为何如此渴盼征服希腊大感不解。他本来拥有的东西不够多吗？一件战利品特别能让希腊人意识到自己胜利的辉煌，就是万王之王的营帐。据说，薛西斯在上一个秋天离开希腊时，把营帐赐给了马铎尼斯。保萨尼亚斯推开它的幔帐，走过它喷洒了香水的地毯，占有了这个去年还是世界神经中枢的地方。这位摄政惊讶地打量各种陈设，并沉思着坐在这个策划杀死他伯父的地方是什么感觉。然后，他命令马铎尼斯的厨师为他做一席御宴。当一切都准备就绪，他把作为第二份晚餐的黑乎乎的斯巴达肉汤摆在一旁，邀请其他指挥官来看看这个对比。他笑着说："希腊的人们啊，我邀请你们来，是为了让你们见识米底人的不合情理。他们天天吃这样的山珍海味，却来这里抢夺我们可怜兮兮的伙食。"[58] 这当然是个笑话，但又不尽然是笑话，自由不可以被拿来开玩笑。汗涔涔的众希腊将领在看见万王之王餐桌上的炊金馔玉，又看看那碗简单的肉汤后，都不由得明白了蛮族为何战败，而他们的城邦又为何战胜。

此时，在大帐篷门外，"黑劳士"正在辛勤地工作，他们在整个军营展开搜索。按保萨尼亚斯的命令，他们要把家具从各个营帐搬出来，把金盘子装进麻布袋，然后摘下尸体手指上的戒指。他们自然不会上报一切寻获物，一有机会就私吞一些。"黑劳士"希望以这些"私房钱"买回自己的自由。不过他们的愚昧无知却让自己成了骗子的受害者。一个埃伊纳的财团眼见机不可失，成功骗得"黑劳士"相信自己找到的黄金只是黄铜，并按照黄铜的价格买下黄金。到头来"黑劳士"的自由是一场空，埃伊纳人却发了大财。

妄自尊大

美女海伦曾经引发欧亚两洲第一场大战，关于她父母的身份有两种不同的说法。最广为人知的说法是，她母亲是一名斯巴达王后，后来被化身为大天鹅的宙斯强暴后产下一颗蛋，从蛋里孵出了海伦。不过根据另一个说法，同一位斯巴达王后只是一个孵蛋器，下蛋的则是另一位被宙斯看上的受害者—— 一位女神。这名女神强大又肃穆，静谧又致命。她一只手拿着一个装着注定事物的碗，另一只手拿着量尺，用以衡量凡人的逾矩程度。她会让那些“过分骄傲自负者”自高处摔落。[59] 谁都抵挡不了她——越是权大势大的人越是如此。走路时，她习惯从尸身上走过。她的名字是复仇女神（Nemesis）。

如果刺激她，可能会导致天翻地覆；希腊人常以克里瑟斯为例来说明。他曾因为权势滔天且无比富有而扬扬得意，“自认为是天底下最幸福的人”[60]。但有一天，复仇女神却忽然改变了他的命运。不过，即使是克里瑟斯，他对复仇女神的冒犯程度仍不及万王之王——此人的野心是成为全人类的主宰。希腊人有一个词便是用来形容这种疯狂的心态——妄自尊大（hubris）。“这种人以践踏他人为乐，这么做可以让他们感觉自己高人一等。”[61] 不过，这是所有人都容易犯下的错，其中又以蛮族和国王特别易犯——现在，始终这么认为的希腊人从薛西斯身上彻底看到证明。他惊人的野心、空前的势力、强大无比的陆海两军以及他的伟大带来了什么结果呢？最后都只是让他对复仇女神的冒犯达到无以复加的程度。

她的报复来得迅速又确定。地米斯托克利不是谦逊的人，不过，他在萨拉米斯之战后却虔敬地断言："功劳不是我们的。"

> 诸神以及守护我们城邦的英雄，他们痛恨波斯国王的放肆：此人不满足于只拥有亚细亚的王位，还想统治欧洲；此人把神庙当成仅是砖块和灰泥浆的组合；此人推倒诸神的神像并将之烧毁；此人甚至胆敢鞭打大海，以锁链将其绑缚。[62]

走在普拉蒂亚浸满鲜血的土地上，察看万王之王精锐部队的尸体时，马铎尼斯的征服者应该会得到同样的结论。每个人都知道要将胜利归功于谁，女神的手笔处处可见。

不过她的工作尚未完成，还剩最后一个曲折。复仇女神一向喜欢把冒犯还予冒犯她的人，现在远在萨迪斯的万王之王将获得教训。去年夏天，他下令焚毁雅典卫城的神庙时，胆敢点燃烽火台，把自己犯下的不堪启齿的罪行传播到大海另一边。然后，马铎尼斯再次占领雅典后也做了同样的事。烽火台如今仍在，却落入希腊人的手中。如果保萨尼亚斯下令将它们点燃，那么在几小时内，他得胜的消息便会传到爱奥尼亚海岸，他似乎也正是这样做的。[63]

若非如此，就很难解释这个让人萦怀的巧合。在离普拉蒂亚几百英里的爱琴海另一侧，与普拉蒂亚大捷同一天，"一个说法突然在整支希腊舰队中流传开来：他们的国人同胞在维奥蒂亚打败了马铎尼斯。"[64] 这个让水手们信心倍增的消息来得正是时候；因为那天下午，他们同样面对着一支蛮族军队。利俄提基德在按兵不动几个月后，几天前终于大胆地自大本营向东航行，如今停泊在萨摩斯岛的港口，正对着米卡勒山的山脊。山坡上就是爱奥尼亚人从前的聚会所——泛爱奥尼亚神庙。它的南边是饱受摧残的米利都，而米利都外海则静静坐落着拉德岛。一切似曾相识，明显带有复仇女神的手笔。因为战争即将结束于开始之处。

女神的手迹也不难从以下一个事实看出。15 年前，波斯人的胜算非常高，但如今情况完全相反。曾经威震大海的帝国舰队，如今可怜地失去了昔日的盛况。它的船只伤痕累累，它的水手士气低落，各支队几乎处于哗变的边缘。曾经是帝国舰队中坚力量的腓尼基人，现在完全退出了舰队。反观利俄提基德一方，他最近得到了一支庞大雅典舰队的增援：克桑提普斯在萨拉米斯岛等了半个夏天后，在得知保萨尼亚斯已率军出“地峡”后，高兴地带着舰队前往提洛岛。因此，联军舰队一反上个夏天的态势，如今在数量上占有优势。波斯的海军将领紧张地打量着海平面，一看见希腊舰队冲着他们而来就弃船逃跑。他们直接在米卡勒山把船拖上岸，疯狂地以大石头和苹果树拼凑出临时的营寨，然后躲在里面。

就在普拉蒂亚之战发生的同一天，利俄提基德下令攻击这个营寨。正午时分，西方海平面上升起一缕烟雾，作为回应，萨摩斯岛高处的烽火台很快就燃起了熊熊火焰。同时，雅典人、科林斯人和特罗曾人在波斯临时营寨附近的海滩登陆。守军见联军的攻击部队人数不多，心中大喜，于是出寨迎战。希腊人立即上前向他们发起冲锋，接着是一场殊死战。波斯人勇敢地躲在一道临时拼凑的盾墙后方战斗，但结果就像马拉松和普拉蒂亚的情况一样，希腊重甲步兵大获全胜。这时，利俄提基德率领伯罗奔尼撒人在波斯营寨后方登陆，突然自米卡勒山的山脚下冲出，快意地报了温泉关之仇。仅有少数波斯驻军逃回萨迪斯，营寨和放在里头的战船全被遗弃。利俄提基德在确认并带走一切可掠夺之物后，当晚便将波斯舰队付之一炬。现在，希腊人不再是在自己的土地上打防卫战了，而是成功转型为攻击者。暮色降临爱奥尼亚，在亚洲边缘点燃的火焰，将燃烧一整夜。

“有许多证据可以证明，女神干预了人间事务。”[65]对希腊人来说，他们在一天之内两次战胜世界最强国家，简直是奇迹，连利俄提基德自己也难以置信。虽然波斯舰队已遭焚毁，他和其他海军将领回到萨摩斯岛后仍然感到忧心忡忡，确信万王之王随时会兴兵雪恨。但这样的事没有发生，反而他们在几周后收到报告，薛西斯在“一阵慌张中”离开了萨迪斯，[66]踏上返回苏撒的漫漫长路。他的大多数军队也随他一起回朝，只有一支突击队自萨迪斯出发，攻击了迪迪马的神庙，再次劫走一尊阿波罗神像。除此之外，蛮族并未采取其他行动。一年、两年、三年过去了，万王之王没有再回来。

他的无所作为引起了希腊人的诸多猜测，人们以懦弱、缺乏男子气概、没有骨气等原因作为解释。在马拉松之战前，认为蛮族颓废的看法被所有的人视为荒谬，但现在大部分的希腊人都认为这是显而易见的事实。不仅仅是波斯人没有发动第三次入侵助长了人们对此偏见的确信；当初薛西斯入侵时，他让希腊人惊恐无比的每项特征——他大军人数的庞大、可使用资源的无穷无尽，还有他的财富、精彩表演、排场奢华的队伍——自后见之明来看，都只是他颓废的表现。波斯人虽为亚细亚的征服者，但以生而自由、身穿铜甲的希腊人的标准来看，就像女人一样弱不禁风。

有些希腊人甚至猜想，万王之王在西方的战败，会让他的帝国陷入危机。秉持这种乐观主义的人，其中之一是雅典人埃斯库罗斯

（Aeschylus）。许多理由让他产生这种预期。他参加过马拉松战役和萨拉米斯之战，他的一个兄弟爬上一艘停在马拉松外海的波斯战舰时手腕被斧头砍断，无怪乎他会希望波斯政权崩溃。公元前 472 年，也就是萨拉米斯之战的 8 年后，他在城市酒神节以戏剧形式呈现了自己的乐观愿景。观众在卫城的阴影下鱼贯进入剧院时，不论他们望向何方，都会看到波斯人留下的伤疤与遗迹。他们背后的圣岩上仍是一片颓垣败瓦，包括雅典人在内，各个联军成员国在出征马铎尼斯之前，都曾发誓要让任何蛮族烧毁的神庙永远保持废墟状态，"好让未来的世代永记不忘"[67]。几乎可以肯定的是，观众席的露天看台是用捞回的波斯战船的木头残骸搭建的；也有理由认为，舞台上伫立的正是历来最壮观的战利品——万王之王的营帐。[68] 若情况真是如此，遮蔽过万王之王的皮革现在正被当作酒神剧院舞台的遮雨棚，为埃斯库罗斯这出《波斯人》（*The Persians*）的悲剧提供了绝佳的舞台布景。

剧中场景设定在苏撒；为了娱乐雅典人，这出剧描写薛西斯自萨拉米斯回苏撒时的情景。这位当初以盛大排场离开波斯的国王，现在有如丧家之犬；本来准备迎接战争大英雄的朝臣，现在都伤心痛哭。对此，观众当然看得开心不已。埃斯库罗斯让观众相信，万王之王真的吓怕了；而打败他的雅典城邦，现在成了所有民族的自由灯塔。"亚细亚的人民将不愿再忍受波斯的奴役，不愿再被迫向主人纳贡，不愿再匍匐于他脚前。国王和他所有的权力都死了。"[69] 换言之，世界对雅典与民主来说，已经变得安全了。无怪乎埃斯库罗斯的悲剧会夺得首奖。

不过，即使在他庆祝得奖时，他的国人同胞仍会发现，他们内心的恐惧还未全数消除。埃斯库罗斯宣称，萨拉米斯之战让万王之王丧失了所有可以保护自己的军队。[70]那么为什么还有波斯军队驻扎于色雷斯和赫勒斯滂附近？他们在萨迪斯做什么？为何波斯人担任总督的辖地首府，远达太阳东升之地的尽头？事实上，万王之王的帝国并没有动摇，仍然像从前一样基础稳固且令人望而生畏。帝国的大厦位于西方的那一面显然有碎片脱落，但在幅员无比辽阔的帝国境内，这点损失并不显著。毕竟，万王之王没有大声宣传自己失败的习惯。如果他的属民听说过雅典，他们只会知道，那是一个被他们主人付之一炬的城市。如果他们听说过斯巴达人，他们只会知道，其国王在一场战争中被他们的主人杀死了。薛西斯习惯如此祷告："愿阿胡拉·马兹达与所有的神明保护我。愿他保护我的王国。愿他保护我辛勤建立的一切。"[71]谁又敢说，马兹达神对他的祷告会充耳不闻呢？

然而，埃斯库罗斯想象"亚细亚人民"在波斯牛轭底下蠢蠢欲动，并非完全是一厢情愿。试问，万王之王为何要匆匆离开萨迪斯，自此没再回到希腊？这个谜题的答案与希腊没什么关系，而与近东的中枢——巴比伦有关。在薛西斯刚收到普拉蒂亚与米卡勒山的惨痛消息后，巴比伦爆发了新的叛乱。[72]万王之王惊恐地发现，自己正处于两线作战的状态。他连忙放弃帝国边陲的战役，火速赶回帝国腹地，轻易镇压了巴比伦的起义。这一次巴比伦终于学乖了，从此不再兴风作浪。不过，薛西斯虽平乱成功，却汲取了痛苦的教训。不论是居鲁士、冈比西斯还是大流士都理所当然地认为，波斯帝国的疆域可以无限扩大。大流士尤其如此，这位虔诚的独裁者深信，自己肩负神圣的使命，誓言铲平"谎言"的所有要塞，直到天涯海角。

如同父亲一样虔信马兹达神的薛西斯在继承三重冕时，也继承了父亲的全球性使命，这也是他当初西征的动机。但是，这次出征行动却失败了。那辆在隆重仪式中开过赫勒斯滂浮桥的马兹达战车，最后被一伙色雷斯强盗偷走，然后被抛弃于荒郊野外。在希腊人看来，同时统治亚细亚和欧洲的愿望，是万王之王最致命的荒唐欲望。最终，看来薛西斯也在内心深处承认了这一点。无疑，他回苏撒后没有再企图征服欧洲。在波斯诸王中，唯独薛西斯不得不接受这个令人不快的道理：即使最强大的帝国，也会因为过度扩张而跌倒。

帝国军队并没有放弃在爱琴海地区的战斗，不过不再是为了实现征服全球的计划。万王之王在西方的战败，给了这个高傲自大的梦想致命一击。波斯人的野心自此缩小无限倍，只求能保住对爱奥尼亚的控制。利俄提基德在取得米卡勒大捷后，意识到这将是万王之王的政策，自知希腊人无力制止。不过，他建议把爱奥尼亚人从他们的城市迁移到希腊本土时，却遭到克桑提普斯愤怒的反对。克桑提普斯坚称，斯巴达人无权解散那些原本由雅典人建立起来的殖民地，又承诺雅典愿意永远保护爱奥尼亚人的自由。“当他和他的公民同胞慷慨激昂地表达过这种意见后，伯罗奔尼撒人只好放弃前议。”[73]

就这样，把希腊人自亚细亚清除出去的企图被推迟了 2 400 年——直到土耳其国父的时代才得以实现，而雅典将继续领导对波斯作战的意图也由此表明。一年后，它的这种身份获得正式承认。一个以雅典为首的同盟成立了，金库设于阿波罗的圣地提洛岛，会员费以船只或现金的方式缴纳。爱奥尼亚人、爱琴海岛民和赫勒斯滂的希腊人几乎都加入了。有了提洛同盟提供的额外支持，现在雅典人可以直接进攻蛮族。在整个公元前 5 世纪 70 年代，波斯在色雷斯与其周遭地区的驻军受到了系统性的削弱。接下来10年，雅典人取得了更可观的成功。在米太亚德勇敢的儿子客蒙的指挥下，雅典人将敌人赶出了爱琴海，又在爱奥尼亚和卡里亚各地煽动起义。最大规模的胜利发生于公元前466年，当时客蒙面对自萨拉米斯之战后集结起来的最大的一支波斯军队，仍获得两场大胜。首先，他潜入今天土耳其南部攸里梅敦河（Eurymedon）的河口，在那里消灭了一整支腓尼基人舰队。其次，他让自己疲惫的海军登陆，给了帝国军队同样大的打击。正是这场战斗，彻底摧毁了波斯发动第三次入侵的可能性。希腊的安全终于得以确保，大战结束了。

然而，获得攸里梅敦大捷的雅典对自己的成就有所畏缩，仿佛不甘心放弃为之奋斗了30年的、赖以为自我定义的波希斗争。因此在公民大会的祷告中，波斯继续被说成是国家的敌人。也因此，把波斯人赶出爱琴海之后，雅典人仍然戒不了和波斯人作战的瘾，于是到别的地方找他们的碴儿。公元前460年，一支庞大的雅典舰队被派往塞浦路斯和埃及。经过6年的战斗，这支舰队被彻底消灭。雅典因为害怕蛮族重回爱琴海，所以匆忙把同盟的金库自提洛搬到自己的城市。虽然波斯人后来从来没有出现在希腊海域，这个金库却继续留在卫城。自然，雅典人也如同过去他们所做的那样，继续要求同盟成员支付全额会费。如同他们指出的，自由的代价并不便宜。不过，越来越多的盟友开始对此感到不满，抱怨雅典人保障的自由比臣服于万王之王的奴役昂贵得多。

在波斯大举入侵的几十年后，一位曾经发誓推翻波斯专制统治的希腊人会开始模仿波斯人的做派，这种悖论并不算新奇了。例如，保萨尼亚斯变得狂妄自大，热衷于追赶蛮族的时髦。他的国人同胞惊见这位将军打仗时喜欢穿波斯总督的裤子，因此怀疑他是否仍是当年的那位英雄。普拉蒂亚大捷10年后，督政官们指控他密谋颠覆国家。保萨尼亚斯逃到斯巴达卫城一座神庙的铜墙里避难，但督政官们筑墙把神庙围起来，要把他活活饿死，直到他剩下最后一口气时，才将他憔悴的身体拖出，以免污染圣所。这个曾取笑万王之王山珍海味的人，后来却养成了大啖波斯高级料理的胃口，最终被饿死了。

一如既往地，复仇女神证明自己既无情又风趣。而且她证明了妄自尊大不但是蛮族国王的弱点，也是希腊人的弱点。在保萨尼亚斯悲惨地死去几周后，她也弄垮了另一位比这位摄政更伟大的英雄。在萨拉米斯之战后，地米斯托克利长期掌握大权，因而遭人嫉恨，早在公元前470年即被国人同胞以陶片放逐法修理过。现在他因为卷入保萨尼亚斯的阴谋，不敢在希腊逗留。接下来，他就像奥德修斯一样东飘西荡，最后来到苏撒，被新的万王之王——薛西斯的儿子——奉为上宾。这条“希腊最狡猾的蛇”[74]被拔去了尖牙，成了新主人的宠儿，奉上他那曾经让波斯野心化为乌有的聪明才智，为万王之王所用。他被派到西部前线，坐镇离米利都不远的内陆地区，像总督那样发行钱币并率领一支军队。他人生最后的日子都在萨迪斯教导波斯朝臣如何抵抗雅典人对帝国领土的蚕食。公元前459年，地米斯托克利以国王仆从及希腊叛徒的身份咽下了最后一口气。

这是一个令人不安的先例，希腊的救星到头来竟成了自由的敌人。在许多人眼中，即使在流放途中，地米斯托克利仍是自己城邦的缩影。在整个公元前5世纪50年代，越来越多摆脱蛮族统治的城邦发现，自己对雅典的感激之情日益变成嫉妒、猜疑与惧怕。他们看不出来，如今自己被迫向雅典卫城缴纳的同盟会费，与之前向苏撒纳贡有何差别。早在公元前 5 世纪 60 年代，就有一些城邦企图退出同盟，却发现自己遭到雅典舰队的入侵。接下来 10 年，即使那些不属于同盟的城邦也受到相同的对待。例如，雅典人在公元前 457 年兵临宿敌埃伊纳，在拆除其城墙、没收其舰队后，邀请它加入“提洛同盟”，终结了它们长达半个世纪的竞争。这是倒霉的埃伊纳无法拒绝的邀请——毕竟连最飞扬跋扈的东方暴君也会对此感到骄傲。人们开始回想起，雅典最初呈现出帝国之姿的那个不祥而关键的时刻。这发生在克桑提普斯在打完米卡勒山之战后向北而行的归途中：他曾经停靠赫勒斯滂，把薛西斯浮桥的绳缆夺来作为战利品，又将一个波斯俘虏活生生钉死在木板上。在人们心中，这种酷刑产生越来越大的阴影，足以笼罩整个希腊。

然而，雅典人并不如此认为。虽然他们的城邦变得强盛富有，但他们从未忘记，当初自己是以何等的勇气才赢得了今天的地位。“希腊的堡垒，著名的雅典，住着神一般人物的城市”，那个被其暗影笼罩的世界，也被其荣耀照亮。确实如此，当一个水手行经苏尼恩岬，朝着“在歌曲中声名远播的闪亮城市”[75]而去时，将看见 30 英里外有一道夺目的闪光。那是太阳照射在一根锃亮长矛矛尖上的反光，长矛则由一个雅典娜巨像握在手中。那座巨像高约 35 英尺，威风亮眼地站在卫城山顶，守卫圣岩的入口，她的目光安详地望向萨拉米斯的方向。铜像由同盟全体成员共同出资，委托当时雅典最伟大的雕塑家菲迪亚斯（Phidias）制作，是为了以青铜体现民主历史的璀璨，可谓一座自由女神像。

雅典人开始考虑，何不为希腊城邦之间的兄弟情谊也塑造一座丰碑呢。公元前 449 年，雅典和波斯达成和解，万王之王和他最大宿敌的所有仇恨，在大战爆发半世纪后一笔勾销了。[76]同年，雅典人对希腊和爱奥尼亚的城邦发出邀请，要求他们派代表到雅典卫城参加会议。[77]其目的表面上是讨论是否重建遭蛮族焚毁的神庙，但背后其实有着一个高远得多的目的。请柬上写道："让每个人都来讨论，该如何保证希腊的和平与繁荣。"[78]这是一种理想主义的呼吁，在雅典人与波斯言和后最初几个月提出，当时雅典人正处于心绪最平和的状态。早在公元前 479 年，阿里斯提德便是如此反驳斯巴达使者怀疑雅典可能会和马铎尼斯站在同一边的指控："我们都是希腊人，分享同样的血液、语言、神庙与神圣仪式，我们分享着同样的生活方式。假如雅典人背弃这一切，那真是太可怕了。"[79]雅典人果然没有背弃希腊，他们听从阿里斯提德的安排，甘愿眼睁睁地看着自己的城市被付之一炬。他们做出牺牲的证据，还可见于卫城遍地的瓦砾焦土。现在雅典人追问，为何需要蛮族来提醒希腊人他们全是希腊人？他们为何不能以自己为榜样，促成一个世界友好和平的时代？

以斯巴达人马首是瞻的伯罗奔尼撒人，对此嗤之以鼻。他们取笑说：究竟是哪个城邦带领希腊各国进入这个黄金时代的？按雅典人在请柬上的暗示，答案不言而喻：各城邦既派出使者到卫城开会，自然默认雅典是老大。斯巴达当然断然拒绝邀请，它在伯罗奔尼撒半岛的盟友也一样。于是，会议没开成。雅典对此挫败不屑一顾，反而加紧控制其所能控制的城邦。与波斯的战争虽然结束了，但雅典人却不会因爱琴海恢复和平而解散同盟。任何成员国只要表现出些许不驯——更别说公然反抗，都会遭到雅典无情的镇压。每年，雅典持续向同盟国索取会费，这无异于要求纳贡。"盟友"一词严重过时了，由“臣服于雅典人民的城市”所取代——这种措辞起码的优点是精确。希腊不但没有变得团结，反而分裂为两个互相敌对的权力集团。两个集团各有一个高高在上的首领，其他附属城邦的地位却异常低下，而作为首领的城邦为了合理化自己的霸权，又大肆吹嘘自己曾为保卫自由所做出的贡献。

不只有雅典自称希腊的救星，它的前盟友斯巴达同样可以把普拉蒂亚和温泉关的事迹拿出来夸耀。对于其他希腊城邦来说，斯巴达人仍是勇敢和美德的无双典范。缔造这种名声最有力的事件是300 勇士的壮烈成仁。“路人啊，请告诉在斯巴达的人们，我们是为了遵守他们的命令而长眠于此。”[80] 这几句刻在温泉关一块简单石头纪念碑上的句子，就像列奥尼达本人的话一样简洁有力，也同样不朽——因为在所有对抗万王之王的战役中，温泉关战役是最极致、最传奇的一战。不过，与他们的对手斯巴达人的冷峻不同，雅典人以聪明、善辩和灵活闻名，他们即将把这个记忆压过去。公元前 449 年年底，在公民大会上，一个带有象征性意义的临时动议被提出了。几个月前，斯巴达才拒绝派代表到雅典开会，也不同意重建遭焚毁的神庙，但现在雅典人却不参考其他希腊人的意见，而自行就这个议题进行投票。重建卫城神庙的提议获得压倒性通过，彻底翻修圣岩的计划立刻付诸实行。

这项计划筹备许久，幕后推动者为“世袭贵族”伯里克利（Pericles），他是政治游戏的老手。公元前 472 年，他资助的埃斯库罗斯的著名悲剧《波斯人》上演时，就已表现出他对吸睛文化项目的激情。在偏好“宏大建设项目”的嗜好上，伯里克利具有无人可以匹敌的家族渊源。他的父亲是克桑提普斯，母亲是阿克迈翁家族的千金。这当然表示，他继承了家族资助兴建卫城建筑物的传统。但在他的家族中，从来没有一个成员比现在的伯里克利有更好的机会。卫城曾经遭到波斯人彻底蹂躏，亟待重建的不只是一座神庙，而是整片岩顶。伯里克利借助最杰出的雅典人，包括大雕塑家菲迪亚斯的才智，致力打造出一些最完美的"彰显我们城邦帝国功业的标志性建筑物与纪念碑，好让未来的世代就像现在的世代一样，对我们感到惊讶"[81]。公元前447年，一座预计成为有史以来最奢华美丽的神庙动工了，后世将称之为帕台农神庙（Parthenon）。[1]

虽然卫城上所有崭新建筑的设计都大胆而新颖，但它们的基础却深深根植于传统。例如，帕台农神庙这座新时代的纪念碑，就是建立在一座未落成神庙被焚毁的地基上——该神庙本来始建于公元前5世纪80年代，是为了纪念马拉松战役。现在，伯里克利希望以卫城上的新建筑让马拉松的记忆永久留存。圣岩上到处是对这场战役的纪念。无论是帕台农神庙的格局本身，还是为了胜利而奉献的战利品，抑或是描绘这场胜利的壁缘浮雕，这一切都完美地表现出，雅典不但是希腊的救星，还是它的老师和主妇。

那些在马拉松倒下的人并未完全死去。一个人若于早晨离开卫城工地的尘埃与喧嚣，也许就能在夜幕降临时抵达马拉松的战场。星光映照下，他可看见一座巨大的陵墓轮廓矗立于夜色中，一旁竖立着修建于10年前的以洁白大理石精心雕成的纪念碑。但这里最有力且最怪异的纪念碑，却是看不见的只能用听的纪念碑。据说，每天晚上都有古怪的声音打破午夜的宁静，阴森地响彻整个平原，有

[1] 在伯里克利的时代，这座神庙的名字为何已不得而知。

金属撞击声、箭矢飞动的嘶嘶声、喊杀声、践踏声和尖叫声。其他与蛮族交战的战场都没有这种显灵的现象。虽然雅典人也许会害怕这里出没的幻影，但他们应该也对此感到自豪。毕竟，他们曾在历史上最伟大的一出戏剧里出演重要角色——当时雅典独力保存了全希腊的自由。“他们不只是自己孩子的父亲，也是自己孩子的自由之父，更是西方大陆上每个人的自由之父。”[82]一切都来自马拉松，一切也因马拉松而获得正当性。

穿过马拉松平原，沿路都是纪念碑、陵墓与鬼影，然后道路蜿蜒向北，直通海边山上的一座神庙。此地为拉姆努斯（Rhamnus），据说是宙斯穿越整个世界追逐复仇女神后，最终将她带往人间的地点。这次强暴孵育出了海伦、特洛伊战争与东西方的漫长仇恨，也将米底人达提斯与他庞大的舰队带到位于拉姆努斯以南仅5英里的马拉松。达提斯确信，“没有人可以阻止他夺取雅典，所以带来了一块大理石，准备用它来雕刻一块纪念自己胜利的纪念碑”[83]。他远征失败后，这块大理石被丢弃在战场上，当地人把它拖到拉姆努斯。这里最能够引发人们的种种联想，因为拉姆努斯海边山上那座神庙供奉的就是复仇女神。显然，女神的愤怒摧毁了蛮族的入侵计划，人们计划为她修建第二座神庙，以此纪念马拉松战役。他们打算用波斯人留下的大理石为女神造像，而大雕塑家菲迪亚斯得到了这项委托。如此一来，一个雅典人在拉姆努斯也能像在雅典卫城一样瞥见未来。他如果走到等待雕刻的大理石前面，便很容易想象自己从大理石幽灵般白皙的表面瞥见的雕像未来的模样：复仇女神的脸庞。

后 记

公元前431年，关系日益紧张的雅典和斯巴达，终于撕破脸。随后爆发的冲突——雅典人称之为“伯罗奔尼撒战争”（Peloponnesian War）——断断续续持续了27年。战争在公元前404年结束，以雅典全面败北告终。其帝国被肢解，舰队遭摧毁，民主政体也被搁置。在接下来的一个世纪中，雅典虽然将在很大程度上复苏，但从此不再是希腊世界的核心了。

公元前371年后的斯巴达也一样。在保萨尼亚斯赢得对马铎尼斯的辉煌胜利的108年之后，斯巴达人在距离普拉蒂亚5英里的留克特拉村（Leuctra）被底比斯人大败。底比斯人便抓住这个机会，大举入侵拉刻代蒙。伯罗奔尼撒同盟被废除，麦西尼亚获得解放。斯巴达失去了所有的“黑劳士”，一夜之间从希腊霸主变为二流城邦。

接下来几十年，希腊城邦继续互相厮杀。同时，一个北方的新势力崛起了，准备在残忍的厮杀后成为希腊的主人。公元前338年，马其顿国王腓力二世（Philip II）沿着薛西斯走过的路线，南下进攻维奥蒂亚。雅典和底比斯的联军试图阻挡他挺进，结果被打得七零八落。阵亡将士的墓碑上刻着这段话："我们为了希腊的自由躺在这里。我们享有的荣耀永不凋零。"[1]这是一句豪言壮语，只不过再怎么激励人心的墓志铭，都无法掩饰希腊的独立已然消逝的黯淡事实。4 年后，腓力的儿子亚历山大渡过赫勒斯滂攻击波斯帝国。这次轮到万王之王威风扫地了，入侵者连续打了三场大胜仗。巴比伦沦陷，波斯波利斯被付之一炬。末代万王之王在恶劣的环境中被活活渴死。亚历山大宣布，自己继承了居鲁士的王冠，也继承了从亚得里亚海到印度河的辽阔帝国。

这是有史以来第一次，波斯和希腊处于同一个主人的统治之下。

而这一次，即使是复仇女神，也不禁露出了微笑。

大事年表

以下年份全为公元前

约 1250	特洛伊战争。
约 1200	迈锡尼和斯巴达的王宫被焚毁。
约 1200—1000	多利安人迁入伯罗奔尼撒半岛。
约 1000—800	米底人和波斯人迁入伊朗西部。
814	迦太基建城。
约 750—700	亚述国王征服扎格罗斯山脉的米底人。
约 750—650	斯巴达人入侵并占领麦西尼亚。
约 670	米底人摆脱亚述人的控制。
632	库伦图谋成为雅典僭主，但阴谋失败。
612	米底人和巴比伦人血洗尼尼微。
608	亚述帝国完全崩溃。
600	阿克迈翁家族被逐出雅典。
594	梭伦成为雅典执政官。
586	尼布甲尼撒血洗耶路撒冷。

585	阿斯提阿格斯成为米底国王。入侵吕底亚未果，双方缔结和平协议。
566	第一届泛雅典娜节揭幕。
560	庇西特拉图的第一度僭主统治。阿克迈翁家族返回雅典。
559	居鲁士成为波斯国王。
556	那波尼德成为巴比伦国王。
555	庇西特拉图的第二度僭主统治，后来以他被放逐告终。
550	居鲁士征服米底。
546	居鲁士征服吕底亚。斯巴达和阿尔戈斯之间的“冠军战争”。帕勒涅村之战：庇西特拉图的第三度僭主统治，阿克迈翁家族再次流亡国外。
545—540	居鲁士东征中亚。
539	居鲁士征服巴比伦尼亚。
529	居鲁士驾崩。冈比西斯继位为波斯国王。
527	庇西特拉图殁。希庇亚斯和希帕克斯兄弟继位为雅典僭主。
525	冈比西斯入侵并征服埃及。
522	巴尔迪亚起兵反对冈比西斯。冈比西斯驾崩。大流士与六个同谋行刺巴尔迪亚。大流士当上波斯国王，敉平巴比伦的起义。
521	大流士扑灭波斯帝国各地的起义。
520	克莱奥美尼成为斯巴达国王。

519	雅典为保护普拉蒂亚而和底比斯开战。
514	希帕克斯遇刺身亡。
513	大流士入侵斯基泰。
512—511	波斯征服色雷斯。
510	希庇亚斯被逐出雅典。
508	伊萨哥拉斯成为雅典执政官。克利斯提尼提议进行民主改革。
507	克利斯提尼被逐出雅典。克莱奥美尼和伊萨哥拉斯在卫城上被包围。克利斯提尼返回雅典进行改革。雅典使者给阿尔塔费尼斯献上土和水为礼物。
506	克莱奥美尼入侵阿提卡，但无功而返。雅典打败底比斯和卡尔基斯。
499	波斯入侵纳克索斯岛失败。阿里斯塔哥拉斯率领爱奥尼亚人起义并前往希腊寻求帮助。
498	爱奥尼亚人在雅典人和埃雷特里亚人的帮助下火烧萨迪斯。
497	阿里斯塔哥拉斯身死。
494	爱奥尼亚人在拉德岛之战中败北。阿尔戈斯在西皮厄之战中被克莱奥美尼打败。米利都遭到洗劫。
493	地米斯托克利成为雅典执政官。米太亚德从克索涅索斯逃回雅典。
492	米太亚德受审，获无罪开释。马铎尼斯征服马其顿。
491	大流士派遣使者前往希腊各地索取土和水为礼物。其中，前往雅典和斯巴达的使者被处死。

490 达提斯和阿尔塔费尼斯率领远征军渡过爱琴海。埃雷特里亚被攻陷。马拉松之战。

487 雅典举行第一次陶片放逐投票。

486 埃及爆发起义。大流士驾崩。薛西斯继位为波斯国王。

485 格隆成为叙拉古僭主。

484 克桑提普斯遭陶片放逐投票放逐。巴比伦爆发起义。

483 劳里乌姆矿场发现丰富的银矿。

482 阿里斯提德遭陶片放逐。雅典人投票通过建造 200 艘三列桨座战船。

481 薛西斯抵达萨迪斯。希腊城邦在斯巴达举行会议，决定抵抗波斯入侵。希腊人向格隆派出使者，并往萨迪斯派出间谍。

480 使者自叙拉古空手而回。薛西斯渡过赫勒斯滂。雅典人投票决议弃城。温泉关之战和阿耳忒弥斯岬之战。波斯人占领雅典城并纵火焚烧了它。萨拉米斯之战。薛西斯撤退到萨迪斯。马铎尼斯留在色萨利。

479 雅典第二度被占领。普拉蒂亚之战和米卡勒之战。巴比伦爆发起义。薛西斯离开萨迪斯。

472 埃斯库罗斯执笔的悲剧《波斯人》上演。

470 地米斯托克利遭到陶片放逐。

469 保萨尼亚斯殁。地米斯托克利逃至苏撒。

466 攸里梅敦之战。

460 雅典对塞浦路斯和埃及派出远征军。

459　　地米斯托克利殁。

457　　埃伊纳被迫加入提洛同盟。

454　　入侵埃及的雅典远征军被消灭。提洛同盟的金库自提洛岛迁移至雅典卫城。

449　　雅典和波斯签署和平协议。伯罗奔尼撒人拒绝参加雅典人举办的泛希腊大会。雅典人投票通过重建卫城上被烧毁的神庙。

447　　帕台农神庙动工。

注 释

除非另有说明，单单举出作者姓氏时指的是以下著作：

Aelian, *Miscellany*; Aeschylus; *The Persians*; Aristides, *Aelius Aristides Orationes*, ed. W. Dindorf (Leipzig, 1829); Athenaeus, *The Learned Banquet*; Cicero, *On Divination*; Ctesias, *Fragments*; Diodorus Siculus, *The Library of History*; Diogenes Laertius, *The Lives and Doctrines of Eminent Philosophers*; Herodotus, *Histories*; Pausanias, *Description of Greece*; Polyaenus, *Stratagems*; Quintus Curtius, *The History of Alexander*; Strabo, *The Geography*; Thucydides, *History of the Peloponnesian War*.

前言

1. From bin Laden's 'Declaration of war against the Americans occupying the land of the two holy places,' quoted by Burke, p. 163.

2. Gibbon, Vol. 3, p. 1095.

3. Herodotus, 1.4.

4. Ibid., 1.5. "许多亚细亚民族"字面上的意思是"波斯人和腓尼基人"。

5. 长久以来，希罗多德都被诋毁为一名空想者，被认为是谎言之父而非历史之父。但过去几十年来，人们对他做出了精确的重新评价。考古发现一再证实他的说法可靠。一个扼要且精彩的总览见：Stephanie Dalley，"Why did Herodotus not mention the Hanging Gardens of Babylon?", in Derow and Parker (eds), *Herodotus and his World*。相反的主张（希罗多德的历史著作中，有许多杜撰的内容）并未完全败阵，见费林（Fehling）的作品。

6. Herodotus, 1.1.

7. J. S. Mill, p. 283.

8. G. W. F. Hegel, *The Philosophy of History*, 2.2.3.

9. Herodotus: 7.228.

10. M. de Montaigne, "On the Cannibals", in *The Complete Essays*, p .238.

11. Lord Byron, "The Isles of Greece", l. 7.

12. W. Golding, "The Hot Gates", in *The Hot Gates*, p. 20. 我在易受感动的 12 岁时读到这篇文章，它首次点燃了我对希波战争的热情。

13. Quoted by David, p. 208.

14. Aeschylus, 104-5.

15. Curzon, Vol. 2, pp. 195-6.

16. "The historical record of the Imperial visit to India, 1911"(London, 1914), pp. 176-7.

17. Green, p. xxiii.

18. *Murdoch*, p. 171.

19. Starr (1977), p. 258.

20. Ehrenberg, p. 389.

21. 更准确地说，这本书的书名是 *Le Mirage Spartiate*，因为作者是法国人。

22. 见普鲁塔克（Plutarch）年轻时写的著名文章 "On the malignity of Herodotus"。

23. Davidson (2003).

第一章 呼罗珊大道

1. *The annals of Ashurnasirpal*, Column 1.53, trans. Budge and King, p. 272. 这句话指的是亚述纳西尔帕（Ashurnasirpal）在亚述以北山区进行的战役。

2. Quoted by Kuhrt (1995), p. 518.

3. 虽然没有实证，但学者几乎一致相信，亚述人来自扎格罗斯山脉以东。少数学者则主张，米底人和波斯人翻越高加索山脉，从北方进入扎格罗斯山脉。

4. 来自萨尔玛那萨尔三世（Shalmaneser III）的作战记录（公元前 843），参见：Herzfeld, p. 24。

5. 人们仍然无法了解公元前 9 世纪至公元前 7 世纪米底地区的精确地理范围。根据 Levine (*Iran* 12, p. 118)，它极可能是"紧挨着呼罗珊大道的狭长地带"。

6. Nahum, 3.3.

7. 这个对米底帝国的简介，不可避免会极度依赖希罗多德的记载，而他是在事件发生一个多世纪后开始记录的。他讲述的基本内容都能得到同时期巴比伦档案的印证，后者同时提到了基亚克萨雷斯（巴比伦语称 Umakishtar）和阿斯提阿格斯（巴比伦语称 Ishtuwigu），但这些事情都无法被完全确证。对于米底重要遗址的考古挖掘表明，米底人的生活水平在亚述帝国被推翻后直线下降，而过去人们认为这一时期的米底本应正值繁荣发展阶段。这种文献证据与物质遗存的矛盾，导致一些学者，尤其是桑奇斯-韦尔登堡（Sancisi-Weerdenburg）在 *Achaemenid History*（以

下简称 *Ach Hist*）3, pp. 197-212 and *Ach Hist* 8, pp. 39-55 中，怀疑米底帝国根本不存在。当然，一个建立在大帝国废墟上的小帝国经常显得比较贫穷，这一点从黑暗时代的欧洲史便可见一斑。但不管怎样，即使我们接受希罗多德记载的基本史实（大部分学者也都接受），米底史的细节仍然非常模糊。

8. 对这两次远征的记述，分别见于色诺芬和克特西亚斯（Ctesias）。虽然这两位史家都不是以精确记载闻名，但在这件事情上，我们没有特别强烈的理由去怀疑他们的记载。虽然亚里士多德记载了一个说法（见 *Politics,* 1311b40），提到阿斯提阿格斯个性软弱且自我放纵，但这与其他史料的说法相左，况且在古代近东，极少有软弱的国王能长久在位。

9. 埃克巴坦那的建城年月已不可考，但亚述人的史料没有提过这座城。这佐证了希罗多德所说的，这座城是米底人建造来彰显他们的权力的。

10. See Herodotus, 1.98.

11. Diogenes Laertius, 1.6.

12. 根据目前学界的共识，它们并非属于同一个民族。

13. 波斯对安善的统治始于公元前 650 年初，最后一个本土安善国王属于这个时期，而第一位号称安善国王的波斯人则要晚了一代。安善本身则建立在更古老的埃兰王国的废墟之上。

14. 居鲁士成长传说的主要来源为希罗多德的记载，希罗多德称自己的材料得自波斯人（1.95）；其他说法来自大马士革的尼古拉（Nicolaus）和查士丁（Justin）。看来这个故事的民间传说成分大有可能来自近东：阿卡德的萨尔贡（Sargon of Akkad）有类似的成长过程，他是公元前第 3 千纪的一名准万王之王（pp.42-3）。传说中，只有居鲁士是阿斯提阿格斯外孙的部分被认为具有历史真实性：色诺芬、狄奥多如斯 · 西库卢斯（Diodorus Siculus）和希罗多德都这样说。而且，我们从巴比伦的材料便可得知，阿斯提阿格斯喜欢把女儿嫁给邻近王国的王公。但无可避免地，相反意见也存在，例如，见：Sancisi-Weerdenburg, *Ach Hist* 8, pp. 52-3。

15. 这个梦境也被称作那波尼德之梦（Dream of Nabonidus，*Beaulieu*, p. 108）。我们从同时代另一资料来源，即 *Nabonidus Chronicle* 可以得知，战争的发起者是阿斯提阿格斯，而非如希罗多德所言是居鲁士。

16. Darius, inscription at Persepolis (DPd 2).

17. Herodotus, 1.129.

18. *Nabonidus Chronicle*, II.17. 几乎可以确定，这个词指的是吕底亚。这段铭文因为受损了，以至于不容置疑。

19. Diodorus Siculus, 9.35.

20. Darius, inscription at Persepolis (DPg).

21. Herodotus, 1.164.

22. Xenophanes, Fragment 22.

23. 我们对居鲁士东征的细节几乎一无所知。毫无疑问，伊朗东北部虽有大片土地被波斯征服，但我们几乎无从得知征服的时间。我们固然知道，公元前539年居鲁士在巴比伦，但他在那之前的8年与此后的9年身处何地，都毫无记载。不过，关于居鲁士征服东方的时期，虽然学者们的主张有在他称王后的早期与较晚期两种说法，但前者似乎更合理。因为这更符合战略考虑，而居鲁士绝对是一位大战略家。另外，截至居鲁士驾崩时，波斯帝国已经颇为成功地整合、吸收了东部省份，所以我们有理由假定，这个整合过程展开已久。另外，虽然希罗多德对东方事务的了解不免有些模糊，但他坚定地指出："当阿斯提阿格斯掌控了亚细亚的西部之时，居鲁士在北部和东部作战，征服了所有民族，无有例外者。"（1.117）巴比伦学者贝罗索斯（Berossus）认同了这个说法——而他生活在临近亚历山大大帝的时代，应该可以接触到希腊人所不了解的巴比伦档案。

24. *Mihr Yasht*, 14-15.

25. Ibid., 13.

26. 有些学者怀疑这条河是伏尔加河。

27. 波斯文写作"Kurushkath"。药杀水今称锡尔河（Syr Darya），其流域贯穿哈萨克斯坦。

28. Cyrus Cylinder, 11.

29. 有关居鲁士之死的这个说法，来自希罗多德（1.204-14）。这看来是流传至今的许多说法中最说得通的一个。例如，根据色诺芬的说法，居鲁士甚至不是死在战场，而是回到波斯后死在自己的床上。这类矛盾充斥于关于波斯的史料中。根据西塞罗所说，居鲁士70岁驾崩（*Divination,* 1.23），但我们也无法分辨这个说法是否准确。西塞罗可能是因为70岁是个圆满的寿数，才这么记载的。

30. Xenophon, *Cyropaedia*, 1.4-5.

31. "血亲婚"（khvaetvadatha）被琐罗亚斯德认为是一种重要的宗教义务，而这是有可能的——甚至冈比西斯的乱伦婚姻就可能反映出这位先知的影响。不过就像大部分关于拜火教的事情一样，这也只是猜测。苏格拉底的弟子哲学家安提西尼（Antisthenes）宣称，波斯男人喜欢"和妈妈、姊妹与女儿上床"。也许此说只是对真实传统的讹传。

32. 有些史料和这一诠释相抵触。根据克特西亚斯记载，巴尔迪亚两度被兄长召见，直到第三次才不情愿地进宫。根据希罗多德记载，他跟随冈比西斯去了埃及，但只逗留了一小段时间便不光彩地被遣回波斯。两种说法都不太可能。考虑到后来发生的事，在冈比西斯身处埃及期间，巴尔迪亚即使没有一直待在帝国东半部，至少也有大半时间是在那里度过，他的角色显然是兄长的副手，从政治角度来看，他也不可能再有更多参政机会了。显然冈比西斯也有充分理由信任巴尔迪亚，而且至少在4年的时间里，巴尔迪亚没有让他失望。

33. 这个故事出自波利亚努斯（Polyaenus）的《战略学》（*Strategies*）第7卷。此说成于公元2世纪，也可能更早。

34. 这个城镇是安提拉（Anthylla），见：Herodotus, 2.98。

35. Herodotus, 3.89.

36. 根据希罗多德记载，巴尔迪亚因为拉开一张宫廷里无人能拉开的弓，才会被不光彩地从埃及遣回。

37. Herodotus, 3.20. 埃及人和波斯人把埃塞俄比亚称为努比亚。根据希罗多德记载，冈比西斯入侵埃塞俄比亚以灾难收场，但看来这再次反映出他对埃及史料来源的依赖。波斯档案清楚表明，至少北努比亚被纳入了波斯帝国。

38. 特别是在巴比伦。

39. 我们并不清楚事件发生的准确时间。这让我们深感受挫，因为冈比西斯可能在巴尔迪亚称王之前便已死去。如果情况真是如此，那么严格来说就完全不存在篡位的情形。一些较晚时期的史料暗示过这一点，但这些材料大多不值得关注。冈比西斯是政变受害者的传统说法已经深入人心，而且如果我们假定巴尔迪亚是在冈比西斯死后正当地继承了兄长的王位，就很难解释为何那时的波斯帝国会陷入混乱。还有一点：冈比西斯在位的最后一份文件日期是4月18日，而已知最早提到“国王巴尔迪亚”的文件的日期是同月的14日。这虽然不能完全证明政变发生过，但至少表明了这种可能。

40. 没有任何史料提到巴尔迪亚在那个夏季待在埃克巴坦那，但由于那是波斯君主偏爱的夏季居所，而我们又很确定巴尔迪亚9月时人在米底，所以这么假设是合理的。

41. Darius, the Bisitun inscription (DB 14).

42. Aeschylus, 1.774.

43. 还有一些证据（尽管不算有力）不利于大流士。他在说明发生于公元前522年夏天的事件时，措辞怪异且迂回婉转：“在那之后，冈比西斯由于自己的陨灭而身亡。”（DB 11）诚如学者巴斯勒（Balcer）指出的：“很有可能，冈比西斯并非单纯地死去。正因为他的死因特殊，贝希斯敦铭文的撰写者才会强调他是‘由于自己的陨灭而身亡’，但他可能并不是这样死的。所以，撰写者也许留下了线索，让我们知道一些特殊的理由导致了冈比西斯的身亡。”（*Herodotus and Bisitun*, p. 98）

44. 关于外国商人与银行家在伊朗的活跃情形，见扎多克（Zadok）的作品。

45. Strabo, 11.13.7.

46. 我对巴尔迪亚之死的陈述是综合大流士自己和不同希腊作者的说法。尽管希罗多德弄错了行刺的地点，但他对这个事件的记载看来仍然非常准确。历史学家们长期以来都怀疑，希罗多德的信息源于小佐皮罗斯（Zopyros the Younger），即七位同谋者之一的梅加拜扎斯（Megabyzos）的曾孙。公元前5世纪40年代时，佐皮罗斯流亡于雅典，或许也曾见过希罗多德，向他讲述了政变的详情。巴尔迪亚遇刺时与姬妾在一起，并用凳脚来自卫的情节则来自克特西亚斯的记载（14-15），他的记载带有典型的八卦新闻色彩。大流士的弟弟刺中巴尔迪亚要害一节则来自*Aeschylus* (776)，这部分可信多了，因为阿尔塔费尼斯后来成为雅典事务的主要参与者，他的生平必然也广为人知。显然，大部分历史学家关于"阿尔塔费尼斯"（Artaphernes）是"因塔费尼斯"（Intaphernes）误拼（希罗多德称，因塔费尼斯为七个同谋者之一）的看法显然有误，尤其是希罗多德的同代人、爱奥尼亚的民族志作者莱斯沃斯的赫拉尼科斯（Hellanicus of Lesbos）也指出，阿尔塔费尼斯是让巴尔迪亚毙命的人。人们也一直无法确定刺杀事件发生在西基阿沃提什要塞的哪个具体位置，但似乎是在今日的哈尔辛（Harsin）附近，就在呼罗珊大道南边不远处。

47. DB 11.

48. DB 55.

49. Herodotus, 1.136.

50. *Mihr Yasht*, 2.

51. Herodotus, 3.84.

52. *Yasna*, 43.4.

53. Amesha一般被译为"不朽"，但Spenta是个无法翻译的字眼，兼有"强壮"、"神圣"、"拥有力量"、"仁慈"和"慷慨"等多重含义。见：Boyce (1975), 1.196-7。

54. *Yasna*, 30.2.

55. 对波斯人的观点，我们需要参考希腊人提供的证据：据吕底亚的赞瑟斯（Xanyhus of Lydia, 公元前5世纪）考证，琐罗亚斯德生活的年代比薛西斯早了6 000年，这个数字很可能反映了琐罗亚斯德教中的世界轮回理念。第一个说琐罗亚斯德生活在阿斯提阿格斯统治时期的希腊人是公元前4世纪的阿里斯托克塞努斯（Aristoxenus），他还说琐罗亚斯德是毕达哥拉斯的老师。这两种说法都不足为信，尽管这两种说法能够并存，无疑证明了琐罗亚斯德在很大程度上是个充满神秘色彩的神话人物。这个问题至今仍困扰着当代学者。基于最古老的琐罗亚斯德教文献的年代，当前的学界共识是琐罗亚斯德大致生活在公元前1000年，但巨大分歧仍然存在：一些学者，以博伊斯（Boyce）为代表，认为他生活在公元前1700年至公元前1500年之间，另一些人，以格诺利（Gnoli）为代表，认为他生活在公元前7世纪末。不过就像格诺利（p.5）无奈承认的那样，争论琐罗亚斯德的生活年代是伊朗学家"最喜欢的消遣方式"。

56. 不过，距离今日德黑兰不远的米底城市剌伽（Ragha），或许有朝一日会自称是琐罗亚斯德这位先知的出生地。

57. “火坛”一词出自博伊斯的 *Zoroastrianism*, Vol. 2, p. 52。

58. Clemen, pp. 30-1.

59. DB 63.

60. 在古波斯语中写作“Bagastaana”。

第二章 巴比伦

1. ‘Enuma Elish’, 6.5-6.

2. Jeremiah, 28.14.

3. Ibid., 5.16-17.

4. Quoted by Leick, p. 96.

5. Nabonidus, inscription 15.

6. Cyrus Cylinder.

7. George, p. 41.

8. Herodotus, 1.191.

9. ‘Instructions of Shuruppak’, 204-6.

10. Darius, inscription at Naqsh-i-Rustam (Dna 2).

11. Cyrus Cylinder.

12. Haggai, 2.6.

13. DB 25 (Babylon).

14. DB 1.

15. DB 4.

16. Byron, p. 43.

17. DB 70.

18. DB 72.

19. DB 73.

20. 这个头衔的起源已不可考。乌拉尔图（Urartu，位于今日亚美尼亚）的国王用过这个称号，但我们也不清楚波斯君主是如何开始使用这个称号（假如这个称号真的是从乌拉尔图那里学来的）的。亚述诸王有时也会自称“万王之王”，但很罕见。巴比伦诸王中则从未有人这样自称过。

21. Darius, inscription at Persepolis (DPf).

22. Herodotus, 3.89.

23. Darius, inscription at Susa (DSf 3e).

24. Ibid., 3h-i.

25. Ibid., 3f.

26. Darius, inscription at Persepolis (Dpg 2).

27. 这是一个合乎逻辑的假设。我们已经知道的是“波斯国王从尼罗河和多瑙河取水，并将其储存在他的宝库中，以见证他的强大权力与世界帝国的伟大”（Plutarch, *Alexander*, 36.4）。这份河流的清单无疑反映了这位历史学家的希腊人视角：不包括印度河似乎是不合适的。

第三章 斯巴达

1. Herodotus, 1.153.

2. Ibid., 1.4.

3. *The Iliad*, 3.171.

4. Cicero, *On Duties*, 2.22.77.Hans van Wees 在他的文章"Tyrtaeus' Eunomia”中，清楚地证明了这句谚语出自古风时代，见：Hodkinson and Powell, pp. 1-41。

5. Herodotus, 1.65.

6. Phocylides, Fragment 4. 这篇文献的成书年代几乎可以肯定是在尼尼微陷落之后，可能反映了公元前 6 世纪 40 年代的人们对波斯实力与日俱增的恐惧。

7. 多利安人到底是什么人？这是一个“黑暗时代”（即使对擅长检索史料细节的古代史学家来说也是如此）的大谜题。就像米底人和波斯人的迁徙一样，我们已经很难追溯多利安人的入侵细节。少数历史学家不免认为多利安人不过是一则神话。

8. Plato, *Hippias Major*, 285d.

9. Tyrtaeus, 5.2-3.

10. Ibid., 5.4.

11. Ibid., 5.10.

12. Plutarch, *Lycurgus*, 2.

13. Herodotus, 1.65.

14. Plutarch, *Lycurgus*, 29.

15. Thucydides, 1.6.

16. Tyrtaeus, 7.31-2.

17. Plutarch, *Lycurgus*, 29.

18. 最佳的讨论见：Hodkinson, p. 76。

19. 例如埃佛罗斯（Ephorus）就这样认为，见：Strabo(8.5.4)。另一个理论则把“黑劳士”等同于“俘虏”。这个理论在词源学上较有说服力。

20. Tyrtaeus, 6.1.

21. Herodotus, 1.66.

22. Xenophon, *Agesilaus*, 2.7.

23. 要晚至公元前 411 年，才有文学作品首次提到斯巴达人的猩红色斗篷，那是阿里斯托芬（Aristophanes）的喜剧《吕西斯特拉达》(*Lysistrata*)。我们无从得知斯巴达人是何时开始穿这种斗篷的。不过，它可能是公元前 6 世纪中叶斯巴达军队的标准化进程中的一项举措。让问题更复杂的是，用来指称“斗篷”的希腊文词语也可以被用来描述斯巴达人的束腰上衣，这种上衣也是猩红色的。

24. Lysias, *In Defence of Mantitheus*, 16.17.

25. Thucydides, 1.10.

26. *The Iliad*, 21.470. 位于欧罗塔斯河河畔的供奉她的神庙，本来是供奉一位名叫俄尔忒亚（Ortheia）的、默默无闻的女神的。斯巴达人把那里用来膜拜阿耳忒弥斯，很可能始自公元前 6 世纪，这个阿耳忒弥斯被称为阿耳忒弥斯 · 俄尔忒亚。不过在罗马统治时代开始之前，这个名字就已经不再被使用了。

27. 这些面具的时代可以追溯到公元前 7 世纪，其中大部分生产于公元前 6 世纪。

28. Pindar, quoted by Plutarch, *Lycurgus*, 21.

29. 根据柏拉图所言，只有老年人才被容许批评国家政策，见: *Laws*, 634d-e。

30. Pindar, quoted by Plutarch, *Lycurgus*, 21.

31. Xenophon, *The Constitution of the Spartans*, 10.3.

32. Plutarch, *Lycurgus*, 16.

33. Ibykos, Fragment 58.

34. Plutarch, *Lycurgus*, 14.

35. Herodotus, 6.61.

36. 这位国王是卡里拉欧斯（Charilaus），但根据记载他应该是生活在公元前 8 世纪，早于吕库古改革的时代，所以这里的说法显然是伪托。这则言论由普鲁塔克记录下来，见: *Sayings of the Spartans*。

37. Plutarch, *Lycurgus*, 16.

38. 在此必须指出，这两则信息都出自较晚的材料，记录者分别是艾利安（Aelian）和阿特纳奥斯（Athenaeus），两人都大约生活在公元 2 世纪。

39. 这种风俗的起源已不可考，有些学者认为，它晚至公元前 5 世纪才出现。

40. Xenophon, *The Constitution of the Spartans*, 2.9.

41. 材料中的相关记载较为含混。有个说法是，斯巴达人都秘密结婚，但我们并不清楚，一个刚剪短发的新娘子要如何隐瞒自己的新婚状态。在斯巴达，只有已婚女人可以在公众场合戴面纱。

42. Critias, 88B37 D-K.

43. Herodotus, 7.105.

44. Tyrtaeus, Fragment 2.

45. *Homeric Hymns*, 3.214-15.

46. 我们并不清楚此事发生的确切年代。据说皮提亚原本都是年轻女子，但所有古典时期的作家都理所当然地把她描述成一位老年女性。我们对古代希腊历史的认识非常零碎，皮提亚可能始终都是年老的女性。

47. *Homeric Hymns*, 3.538.

48. 传统观点认为，这场所谓的“神圣战争”发生在公元前595年至公元前591年之间。不过有些历史学家认为，相关记载的细节太古怪，整件事情可能都是杜撰出来的。

49. Pausanias, 10.5.

50. Ibid., 10.4.

51. Heraclitus, quoted by Plutarch, *Why the Pythia No Longer Prophesies in Verse*, 404E.

52. *The Odyssey*, 17.323-4.

53. Plutarch, *Agis*, 11.

54. Thucydides, 1.70.

55. 这个年份只是粗略的估算结果。但可以肯定，克莱奥美尼至少在公元前519年时已经在位了。

56. Herodotus, 5.42.

第四章 雅典

1. 出自伯里克利的著名国葬演说（Thucydides, 2.36）。这里的感情衍生自公元前5世纪中叶——雅典充满自信的黄金时代，但雅典人相信自己作为“本地居民”的历史十分悠久，至少可回溯至荷马的时代。

2. 出自阿卡奈石碑（Acharnes Stele），是雅典人在接受军事训练前需要宣告的誓言的副本。雅典年轻人必须接受两年军训，这项制度是公元前4世纪的创新，但他们接受军训前的誓词却来自传统的文本，它们可以回溯至希波战争的年代。

3. 雅典最早英雄的真实名字是雅典古史中令人困惑的典型问题之一。公元前5世纪后期的雅典人称他为厄里克托尼俄斯（Erichthonius），并把厄瑞克透斯视为他的孙子。但这两个名字极为相似，加上“厄瑞克透斯”的时代更古老，这些都表明所谓的祖孙其实是同一个人。会进一步引起混淆的是，另一名雅典国王凯克洛普斯（Cecrops）有时会被说成厄瑞克透斯的儿子，他也是从土地中诞生的，有着蛇形的尾巴。厄瑞克透斯长期被卫城视为神明，并持续受到膜拜。他的传说可以再次证明，雅典人相信自己诞生于希腊本土的想法由来已久。正如夏皮罗（Shapiro）(p.

102) 所指出的：“凡涉及传说中阿提卡国王的神话都十足古老。”

4. *The Iliad*, 2.549-51.

5. Herodotus, 7.161.

6. 阿提卡何时正式统一的问题，也就是雅典城以外的社群何时开始以“雅典人”自居的问题，从未有过准确的答案。传统意见认为，这个过程最晚完成于公元前7世纪之末；不过，格雷戈·安德森（Greg Anderson）在他精彩但具争议性的著作中主张，这个过程要等到公元前500年才完成，是雅典民主改革的部分成果。

7. 公元前7世纪时，雅典人独特的复古倾向主要可以通过考古学证据予以证实，可参见莫里斯（Morris）的作品 (1987)。

8. Sappho, 58.25.

9. Ibid., 1-13.

10. Alcaeus, 360. 阿尔卡埃乌斯是爱琴海上莱斯沃斯岛（Lesbos）的诗人。此处，他是引用斯巴达的阿里斯多德穆斯（Aristodemus of Sparta）所说的话。

11. 这是最广为接受的日期，见 R. 华莱士（R. Wallace）的作品。有些历史学家认为，梭伦的改革发生在他卸任执政官之后。

12. Solon, 3.

13. Ibid., 36. 挪走界石或许并不意味着直接取消债务，这很可能是改革谷物分配制度的结果。按照原来的规定，佃农要向地主缴纳六分之一的收成。

14. Ibid., 5.

15. Ibid., 4.

16. Aristotle, *Politics*, 1274a16–17.

17. *The Iliad*, 6.208.

18. Pindar, *Fifth Isthmian Ode*, 12-13. 这首诗写于公元前478年，当时的人们在描述贵族时还会将他们与奥林波斯山诸神联系起来，但通常都会带着告诫的口吻。品达的诗在描绘了一位胜利者在科林斯运动会赢得的荣耀之后，严峻地警告他：“别企图变成宙斯。”

19. Plutarch, *Table Talk*, 2.5.2.

20. 不过根据修昔底德 (1.126) 未经证实的说法，库伦和他弟弟是打算逃跑的。

21. 有关年代判定，见：Rhodes (1981), p.84。

22. 无论如何这都只是一个传说，相关事件的时间顺序也有些彼此矛盾之处。

23. Herodotus, 6.125.

24. 不管是谁创办了泛雅典娜节，他都必然是斜坡道的建造者，因为游行前往卫城的岩顶是泛雅典娜节的重头戏。虽然有其他可能的人选（见：Shapiro, pp. 20-1），但有鉴于吕库古与雅典娜神庙的密切关系，以及公元前6世纪60年代他在雅典政坛的霸主地位，他都最有可能是大斜坡道的建造者。

25. 这个对雅典娜神像的描述，是参考：Pausanias (1.26.7)，他似乎暗示说这尊神像像是陨石一般从天而降。但让人困惑的是，德摩斯梯尼（Demosthenes）在一篇演讲中（*Against Androtion*, 13）则说这尊神像是以橄榄木制成的。真相为何我们已经不得而知。

26. 这座神庙是所谓的“蓝胡子神庙”（根据三角楣墙瓦砾中遗存的一个人物雕像命名）。人们争论的问题在于，这座神庙是被建造起来取代公元前7世纪建成的雅典娜波利亚斯神庙（意为“城邦守护者神庙”），还是被用来与之竞争？若是前者，那它很可能是布忒斯家族建造的；若真实情况是后者，它很可能是阿克迈翁家族建造的。学界最早倾向于第一种假设，但是最近已经逐渐倾向于第二种假设。相关考古学证据见丁斯莫尔（Dinsmoor）的作品，有关阿克迈翁家族扮演的角色，见：Greg Anderson (pp.70-1)。

27. 至少根据“是谁从中得益”的原则，这是从混乱不明的残存资料中推断出的最有可能的答案。

28. 几乎可以肯定，这段墓志铭来自“阿纳维索斯青年雕像”（Anavyssos Kouros），这是为一个名叫克罗伊索斯的青年所立的纪念像，他被认为是阿克迈翁家族的成员，在帕勒涅村被杀。

29. Aristotle, *The Constitution of the Athenians*, 15.5.

30. Solon, 36.

31. Aristotle, *The Constitution of the Athenians*, 16.2.

32. Ibid., 16.5.

33. Ibid., 16.7.

34. 确切日期不详。后来阿克迈翁家族乐于装作他们从来没和僭主达成妥协，而是始终严格而且坚守原则地流亡在外。直到1938年，人们发现了一份公元前5世纪晚期的执政官名单，真相才暴露出来。

35. Plutarch, *Solon*, 29. 据说他的这番话是对悲剧发明者泰斯庇斯（Thespis）所说的。由于梭伦死于公元前560年前后，而泰斯庇斯在公元535年才写出第一部悲剧，因此这个说法显然极不可信。

36. Herodotus, 5.93.

37. Thucydides, 6.54.

38. Ibid., 6.57.

39. Aristotle, *The Constitution of the Athenians*, 19.3.

40. Herodotus, 5.63.

41. Ibid.

42. Aristotle, *The Constitution of the Athenians*, 20.1.

43. 没有材料能证实克利斯提尼确实向公民大会建议进行民主改革，但学者们几乎都这样假定。

44. 克利斯提尼是否用过“民主政体”(demokratia)这个词，这个问题仍有较大争议。学界共识是他没用过，而这个词直到30多年后的公元前5世纪70年代才出现。不过在某种意义上，这种质疑没有太大意义。后来的雅典人当然会认为，克利斯提尼建立的政府形式就是民主政体，大部分现代的历史学家也持有同样的看法。在本书中，我也倾向于这种看法，并将克利斯提尼之后的雅典都视作民主政体。古典学者已经论证过这里并不存在历史时间上的错误，具体参见汉森(Hansen)的作品(1986)。

45. Herodotus, 5.66.

46. Aristophanes, *Lysistrata*, 279.

47. 这至少是希罗多德文章(5.78)所指的意思。他在那句话中把民主雅典的强盛归功于“isegoria”，其字面意思是“在阿戈拉(广场)的平等地位”，阿戈拉(广场)是希腊城邦中集会的场所，但这里还有另一层更深的意义：每个公民都有在大众面前发言的权利。有些学者主张，这种权利是由后来的改革者引入雅典的。

48. Plato, *Protagoras*, 9.82.

49. Herodotus, 5.74.

50. 希腊语中写作“Eteoboutadai”。

51. Herodotus, 5.78.

52. Ibid., 5.77.

53. 对早期阿戈拉的最佳介绍，见罗伯逊(Robertson)的作品。

54. Herodotus, 5.73.

第五章 火烧波斯国王的胡子

1. Xenophon, *Cyropaedia*, 8.2.11-12.

2. Darius, inscription at Naqsh-i-Rustam (DNb 8a).

3. 至少考古挖掘的成果是这样显示的，见：Dusinberre, p.142。

4. Isaiah, 45.1. “基督”(Christ/ christos)是希腊文转译的结果。

5. Ibid., 45.2-3.

6. Xenophanes, 3d.

7. 语出赫拉克利特(Heraclitus)，见：Diogenes Laertius, 9.6。

8. Diogenes Laertius, 1.21. 也有人说此语出自苏格拉底。

9. Hipponax, 92.

10. 这个日期并不完全确定。

11. Herodotus, 4.137.

12. Ibid., 5.28.

13. 对希罗多德（5.36）的这种诠释，见瓦林加（Wallinga）的作品 (1984)。

14. Herodotus, 5.49.

15. Ibid., 5.51.

16. Ibid., 5.97.

17. Ibid.

18. Aelian, 2.12.

19. Plutarch, Themistocles, 22. 除此之外，普鲁塔克并没有形容地米斯托克利的长相。不过，他提到这个伟人栩栩如生的胸像还可见于罗马帝国的市场，这让一尊在罗马港口奥斯蒂亚（Ostia）出土的胸像更加引人入胜。传统上，该胸像被判定为公元 2 世纪之物。大多数学者认为，这件作品以一尊雕刻于公元前 480 年至公元前 450 年间的胸像为蓝本，也因此几乎肯定是以真人为蓝本。

20. Thucydides, 1.138.

21. Herodotus, 6.11.

22. 发生的确切时间已不可考。

23. Herodotus, 6.76.

24. Ibid., 6.21.

25. Ibid., 6.104.

26. Ibid., 5.105.

27. Strabo, 15.3.18.

28. Herodotus, 5.35.

29. Ibid., 6.1.

30. Ibid., 6.42.

31. *Yasna*, 30.6.

32. Ibid., 32.3.

33. Herodotus, 7.133.

34. Ibid., 6.61.

35. Ibid., 6.95. 这次远征共集合了 600 艘三列桨座战船，但希罗多德并没有告诉我们一共有多少部队被派出作战。6 400 名波斯人在马拉松被杀，大多数都来自中军。一般来说，中军占全军总人数的三分之一，而远征军又在马拉松战役中全数出击，所以远征军的总人数的合理估计应为 2.5 万。

36. Ibid., 6.94.

37. Ibid., 6.97.

38. “7 月底” 是从各种零散的线索中推论出来的。关键问题在于，马拉松战役是发生在 8 月或 9 月——没有任何资料提到这件事。总的来说，战争发生在 8 月的可能性高得多，因为如果发生在9月，达提斯渡过爱琴海的时间便长得有些不可思议。

39. Pausanias, 7.10.1.

40. Plutarch, Spartan Sayings. 这句箴言被认为语出狄马拉图斯。

41. Aristotle, Rhetoric, 3.10.

42. Herodotus, 6. 106.

43. 菲迪皮德斯匆匆自斯巴达赶回雅典的传说，可见于公元2世纪随笔家卢西安的文章《论问候中的错误》(*On Mistakes in Greeting*)。一般来说，他是一位理性主义者，曾大力批判过一些关于马拉松战役的附会传说（例如，他曾在另一篇文章中取笑潘神参加马拉松战役的说法）。这当然意味着，菲迪皮德斯匆匆赶回雅典一事被古人视为理所当然——哪怕拉曾比（Lazenby）(1993, p.52) 曾对此提出质疑。毕竟斯巴达人的计划对雅典人来说至关重要（当然，对波斯人来说也是），菲迪皮德斯也难有心情留在斯巴达享受卡尼亚节的欢乐。对这个已经筋疲力尽的人来说，赶回雅典的路程当然很疲惫，他可能因为体力透支而产生幻觉。这也可以解释，他为何是在回程（而非去程）的路上看见潘神的。

44. 这句话太有名了，甚至后来成了希腊人的谚语。它被一部拜占庭百科全书——一般所说的《苏达》(*Suda*)引用，并被注明起源于马拉松之战。虽然这部百科全书编撰于马拉松战役后近1 500年的公元10世纪，但因为它转录的这则谚语显然非常古老且广为人知，所以大部分历史学家都认为确有其事［当然有例外，如施林普顿（Shrimpton）］。进一步的证据是，希罗多德在记述这场著名的战役时，完全没提到骑兵。显然达提斯虽留下了一些骑兵，但人数太少，不足以影响战局。

45. 另一个说法是波斯骑兵被派去征集粮秣。这根本说不通，因为这种任务何必要在午夜时派出全部骑兵去完成?

46. Herodotus, 6.112.

47. 关于地米斯托克利是十将军之一，未见任何材料对此有所确证，但普鲁塔克在他的关于阿里斯提德的传记中有所说明，传记中提到，两人在马拉松战役以同样的地位作战。我们已经知道，阿里斯提德是他所属“部落”的将军，而地米斯托克利当过执政官不久，又一向强烈主张反波斯政策，我们很难想象他的“部落”会选别人为将军。

48. Aristides, 3.566.

49. Plutarch, Aristeides, 18. 此处所引的句子，是形容后来的普拉蒂亚之战中斯巴达人的方阵。

50. Pausanias, 1.32.6.

51. 希罗多德声称，反光是使用盾牌来反射。但希腊人用的盾牌是曲面，而反射阳光需要平面，故此说似不可信。这则信号是从彭忒利科斯山发出的，这个说法则是根据当地地形来推断。

52. Herodotus, 6.116.

53. Ibid., 6.109.

54. Ibid., 8.105.

55. Pausanias, 1.29.4.

第六章 黑云压城

1. From Plato's epigram 'On the Eretrian Exiles in Persia'.

2. 狄马拉图斯从斯巴达逃走的确切时间不详，极可能是在公元前490年9月和次年9月之间，也可能更晚。

3. Herodotus, 1.136.

4. Plato, Alcibiades, 121d. 希罗多德（Herodotus, 1.136）和斯特拉博（Strabo, 15.3.18）皆主张，波斯男孩从5岁开始接受全日制教育，柏拉图则认为他们开始接受教育的年龄应当是7岁。

5. Ctesias, 54.

6. 虽然希罗多德（Herodotus, 7.2-5）认为大流士直至准备征讨埃及时才宣布薛西斯为继承人，但是在一幅年代更早的壁带浮雕（至少不晚于公元前490年）中，薛西斯以太子的形象出现在大流士身后。

7. Cicero, 1.41.90.

8. Strabo, 15.3.21.

9. Herodotus, 7.187.

10. Xerxes, inscription at Persepolis (XPf).

11. Plutarch, *Artaxerxes*, 3.

12. Xerxes, inscription at Persepolis (XPh).

13. Ibid. (XPf).

14. Herodotus, 7.6.

15. 同之前一样，希罗多德的记载是我们所讨论话题的信息来源。他详细记述了这场辩论，完整记录了薛西斯、马铎尼斯和薛西斯叔叔阿尔塔巴努斯（Artabanus，一个典型的鸽派人士）的发言。希罗多德声称所有这些记录都来自波斯的第一手材料。虽然他记录下的言论未必如他所宣称的那样是对现场发言的逐一转录，但它们反映的立场分歧看起来是真实可信的。考虑到后来发生的事，关于马铎尼斯的篇章就显得别有意味。

16. 然而，这至少也暗合了希罗多德在萨拉米斯之战后对马铎尼斯的评价（Herodotus, 7.100）。

17. 准确来说，这面楼梯墙位于所谓"觐见厅阶梯"的南端，上面的雕刻可追溯至薛西斯在位之初。

18. Xenophon, Economics, 4.8.

19. Aelian, 1.33.

20. Strabo, 25.3.18.

21. Herodotus, 7.5.

22. “Paradaida”显然是希腊语以外来词为基础进行的重构。我们在波斯波利斯的书板中可以见到埃兰文词语“partetash”，这两个词语的意思完全相同。见：Briant (2002), pp.442-443。

23. Xenophon, *Household Management*, 4.21.

24. .Athenaeus, 9.51. 这个说法最初出自兰普库萨斯的卡戎（Charon of Lampsacus），他和希罗多德是同时代人。

25. 语出公元前5世纪的一位佚名哲学家——大概是德谟克利特（Democritus）。引自：Cartledge (1997), p. 12。

26. Plutarch, *Themistocles*, 2.

27. Aristotle, *Politics*, 1302b15.

28. 亚里士多德（*The Constitution of the Athenians*, 22.1 and 4）特别指出，陶片放逐法是克利斯提尼创制的。历史学家有时会质疑这项法律为何曾有20年未实施过，但怀疑者忽略了米太亚德受审一事的特殊环境及后果。

29. 这个称号直到公元前478年（希波战争结束一年后）才被正式化，但显然，在此之前人们就开始使用它了。（参见：Plutarch, *Aristeides*, 7）

30. Plutarch, *Aristeides*, 2.

31. Pausanias, 1.26.5.

32. 最早提到雅典娜和波塞冬这场较量的是希罗多德（8.55），因此有些学者（特别是夏皮罗）认为这个故事是在公元前5世纪被创作出来的。我们无法断定这个故事诞生的确切时间，但这个神话不同版本之间的冲突与矛盾，或许意味着它的起源还要早得多。

33. Homer, *Odyssey*, 3.278.

34. Aeschylus, *Persians*, 238.

35. Plutarch, *Themistocles*, 4.

36. Plutarch, *Aristeides*, 7.

37. Plutarch, *Cimon*, 12.

38. Xenophon, *Household Management*, 8.8.

39. Thucydides, 142.

40. Plato, *Laws*, 4.706.

41. Herodotus, 7.239.

42. 对狄马拉图斯矛盾身世的这个解释在希罗多德的书中就能找到，见布尔克特（Burkert）的作品（1965）。

43. Pausanias, 3.12.6. 一般都假定，这次会议就像以后的会议那样在科林斯举行。但由于此说的最早来源是一位公元前1世纪的历史家（Diodorus, 9.3），而该历史家又以希罗多德的记载作为最根本的依据；但我认为，我们没有理由像大部分历史学家那样，不理会保萨尼亚斯的说法。事实上，出于我提出的理由，第一次会议是在斯巴达举行的，这完全说得通。

44. Plutarch, *Themistocles*, 6.

45. Herodotus, 7.132.

46. Ezekiel, 27.4.

47. Plato, *The Republic*, 4.436a.

48. *The Odyssey*, 15.416-17.

49. Herodotus, 1.1.

50. Ibid., 3.19.

51. 这个数字是来自希罗多德（7.89），埃斯库罗斯的悲剧《波斯人》也模糊地有所印证。这个传说起源较早且多方记载都比较一致，这表明希腊人相信这个数字是精确的，但希腊人相信与否本身当然不足以构成确证。所有历史学家都有充分理由认为，波斯舰队是极其巨大的，而且它的规模很可能是希腊舰队的4倍——至少战争一开始是如此。最佳讨论见：Lazenby (1993), pp. 92-4。

52. Quintus Curtius, 3.3.8. 这里描述的原是波斯末代国王大流士三世的旗帜。不过，因为对太阳的崇拜贯穿了整个波斯历史，所以人们似乎有理由假定，薛西斯也会以太阳作为旗帜的图案。色诺芬（*Anabasis* 1.10）指出，波斯帝国军旗绣有鹰的图案。还可参见尼兰德（Nylander）的作品。

53. Herodotus, 7.83.

54. 例如库克（Cook）(1983, pp. 113-15) 估计薛西斯的陆军兵力为30万，哈蒙德（Hammond）(Cambridge Ancient History, 1988, p. 534) 估计为24.2万，格林（Green）（pp. 58-9）估计为21万，拉曾比（1993, pp. 90-2）摇摆于20万和36万之间，最后大减为9万。正如这种意见分歧显示的那样，我们永远不可能知道实际数字。最佳讨论（但未必是最有说服力的结论）见拉曾比的作品。

55. Xerxes, inscription at Persepolis (XPh).

56. Herodotus, 7.40.

57. Xenophon, *Cyropaedia*, 8.2.8.

58. Xerxes, inscription at Persepolis (XPl).

59. Herodotus, 7.38.

60. Ibid., 7.39.

61. Ibid., 7.40.

62. Ibid., 7.44-5.

63. Ibid., 7.56.

64. Ibid., 9.37.

65. Ibid., 7.149.

66. Ibid., 7.148.

67. Ibid., 7.220. 我们当然可以假设说这个预言是德尔斐祭司和斯巴达人串通好，并在战后进行伪造出来的，但这种说法可能性不大。希罗多德的记录来自在世者的亲身回忆；而且我们有理由相信，如果真是斯巴达人造假，他们会极力夸大自己在战争中发挥的作用。正如伯恩（Burn）讲述他对希罗多德记载的所有预言的看法："我们不能完全排除神谕及其相关故事在传播过程中'被美化'的情况，但我们没有理由彻底不相信古希腊人会寻求并得到神谕这件事本身。"（pp. 347-8）

68. Herodotus, 7.162.

69. 这个5月底的日子是假定薛西斯是在4月中离开萨迪斯：自萨迪斯到赫勒斯滂花了他一个月的时间。

70. 希罗多德告诉我们，雅典人得到两个神谕，但他却没告诉我们希腊人是在何时问卜的。由于他说过，斯巴达人是在前一年求得了神谕（Herodotus, 7.220.），有些学者推断，雅典人是在同一时期问卜，但这不太可能。当然我们几乎可以肯定，雅典人在公元前481年到过德尔斐，但一个较早的问卜记录应该会被较晚且轰动好几倍的神谕遮盖住。它们的内容具有如此剧烈的爆炸性和影响力，理应和公元前480年夏天的雅典政策有直接的因果关系。这样的话，雅典使者会在公元前480年初夏前往德尔斐，他们最有可能被薛西斯渡过赫勒斯滂的消息所驱使——而我们从希罗多德（7.147）那里知道，希腊远征军自坦佩返回不久，这个消息就抵达了雅典。

71. Herodotus, 7.140.

72. Ibid., 7.141.

73. 出自所谓的"特罗曾敕令"（Troezen decree）的第四和第五行。"特罗曾敕令"是1959年发现的一块石碑，应当是地米斯托克利的动议的公元前3世纪副本。它的真伪一直颇受争论。总是多疑的拉曾比斥之为"爱国心的虚构品"。但大部分其他研究希波战争的学者（包括格林、弗罗斯特和波德莱斯基）接受其为真品的看法，认为它（用格林的话说）"是使我们能够靠近地米斯托克利实际建议的物品，虽然它或许只是把不同日期中提出的动议凑在一块"（p. 98）。最佳且最细致的讨论见：Podlecki, pp. 147-67。

74. Thucydides, 1.138.

75. The Troezen decree,44-5.

76. Plutarch, *Cimon*, 5.

77. Herodotus, 7.178.

78. Ibid., 8.1.

79. Ibid., 7.205.

第七章 走投无路

1. Tyrtaeus, 12.

2. *The Iliad*, 7.59-62.

3. Herodotus, 7.176.

4. 每个斯巴达人只带一名“黑劳士”，见：ibid., 7.229。

5. Diodorus Siculus, 11.4.7

6. *The Iliad*, 7.553-6.

7. 至少这似乎是斯基亚索斯岛海域的希腊巡逻船全部遭到伏击的唯一合理解释。攻击者为西顿人，这是根据希罗多德关于攻击者是薛西斯舰队中“最快的船”（Herodotus, 7.179）的描述推断出来的。

8. Plutarch, *Themistocles*, 7.

9. *The Odyssey*, 13.296-9.

10. Quoted by Burkert (1985), p. 141.

11. Plutarch, *Lycurgus*, 22.

12. Diodorus Siculus, 11.5.4.

13. Plutarch, *Spartan Sayings*, Leonidas 11.

14. Herodotus, 7.226.

15. 最后一项天气的细节与波利亚努斯（Polyaenus）（1.32.2.）的记载不符。

16. Herodotus, 7.188.

17. Ibid., 7.192.

18. Plutarch, *Moralia*, 217 E.

19. Herodotus, 7.211.

20. 此处的时间先后是根据拉曾比的考证。他详细比对过希罗多德对温泉关和阿耳忒弥斯岬两场战役的记载，是迄今最有说服力的。见：*The Defence of Greece*, pp. 119-23。

21. Herodotus, 8.9.

22. Ibid., 8.12.

23. Ibid., 8.13. 船难发生的确切位置让许多学者颇为头疼。希罗多德说，它发生在“无底洞”外海。许多后来的地理学家推断，“无底洞”在优卑亚岛南部。但这看来不太可能，因为下午自斯基亚索斯岛出发的舰队不可能在午夜前去到那么远的地方。诚如拉曾比指出的，时至今日，仍有一个名叫“无底洞”的小岛：由于它位于前往优卑亚岛的半路上，所以最有可能是灾难发生的地点。

24. Plutarch, *Themistocles*, 8.

25. Herodotus, 8.15.

26. Athenaeus, 2.48d.

27. Quintus Curtius, 3.4.2.

28. Herodotus, 7.104.

29. Ibid., 7.105.

30. Ibid., 7.236.

31. Ibid., 7.119.

32. Ibid., 7.120.

33. Athenaeus, 14.652b.

34. Ibid., 4.145e.

35. Herodotus, 7.213.

36. 这是假定（今天大部分的历史学家都如此假定）“长生军”是从今日的圣瓦地斯村（Ayios Vardates）出发。在各种可供选择的路径中，我自己在走过后发现，这是最好走的路。对这个问题的分析参见 华莱士（Wallace）的作品 (1980)。

37. 希罗多德（Herodotus, 7.222）说，列奥尼达把底比斯人当作人质，但这正是他的材料来源（几乎可以肯定是雅典人）中带有偏见的最明显案例之一。就像为维奥蒂亚人身份而自豪的普鲁塔克愤怒指出的那样：如果底比斯人真是列奥尼达的人质，那为什么他不把他们交给撤退的伯罗奔尼撒人？忠于希腊派的底比斯人在温泉关表现出的勇气和原则比雅典人对他们的中伤更值得流传后世。

38. 前往防守温泉关的，除了 300 名斯巴达人之外，也许还有 300 名“黑劳士”、700 名塞斯比阿人和 400 名底比斯人，总共 1 700 人。前两天的战斗想必使人数削减到 1 500 人左右。

39. Diodorus Siculus, 11.9.4.

40. *The Iliad*, 4.450.

41. Herodotus, 8.24.

42. Ibid., 7.238.

43. Aristophanes, *Acharnians*, 1090-3.

44. See Burkert (1983), p. 226.

45. Herodotus, 7.99.

46. Xenophon, *Economics*, 7.5.

47. Demosthenes, *Against Neaera*, 67.

48. Herodotus, 8.71.

49. Plutarch, *Themistocles*, 10.

50. Plutarch, *Themistocles*, 10. 爱宠物的人也许会乐于相信艾利安（12.35）的说法：克桑提普斯的狗活着游到了船上。

51. Plutarch, *Themistocles*, 11.

52. Herodotus, 8.49.

53. 这是埃斯库罗斯给出的数据（*Persians*, 339-40）。希罗多德（Herodotus, 8.48.）则表示希腊舰队的总数是380艘。在这件事情上几乎可以肯定的是，埃斯库罗斯比较精确，毕竟他曾经参与过萨拉米斯海战。

54. Herodotus, 8.60.

55. Ibid. 在希罗多德的记载中，这些言论出现在卫城被焚之后的辩论。但这里不是地米斯托克利原话的逐字转录，只是他谈话的大概内容，也是他始终坚持的主张。

56. Ibid., 8.50.

57. Ibid., 8.61.

58. The Troezen decree, 11-12.

59. Herodotus, 8.52.

60. Ibid., 8.54.

第八章 复仇女神

1. 摘自大流士给加达塔斯（Gadatas）的信。见：Meiggs and Lewis, p. 20。

2. Herodotus, 7.235.

3. Ibid., 8.68β.

4. Ibid., 8.59.

5. Ibid., 8.70.

6. Ibid., 8.70-1.

7. 我们从 希罗多德 (8.70) 那里得知，波斯舰队在下午较晚的时候出海，从埃斯库罗斯 (374-6) 那里得知，它在吃晚饭时返航。

8. Darius, inscription at Naqsh-i-Rustam (Dnb 8c).

9. Ibid.

10. 根据普鲁塔克的说法，他原本是波斯人的战俘。

11. Herodotus, 8.75.

12. Aeschylus, 380-1.

13. Herodotus, 8.76.

14. 至少这是唯一说得通的西金诺斯为何会被释放的解释。有些历史学家主张，他始终没有离开小船，而是直接在小船上把信息捎给波斯人。但此说除了不可信（波斯人轻易可以派船把他抓住）之外，还直接和希罗多德的记载（Herodotus, 8.75）相抵触。

15. Herodotus, 8.78.

16. Ibid., 8.80.

17. Ibid., 8.83.

18. Ibid., 8.65.

19. Aeschylus, 369-71.

20. 萨拉米斯之战是有史以来最重大的战役，却也极难通过现存的史料信息重现其原貌，相关的文献数量十分庞大。事实上，有多少历史学家谈论过它，就有多少种不同诠释。正统的说法是，波斯舰队趁着夜色进入海峡。对这种说法的最佳辩护参见拉曾比的作品（1993）及其作品中最有力的代表篇章“神圣的萨拉米斯”。最佳的反驳文章则可参见格林的《希波战争》(*The Greco-Persian Wars*) 中“木墙”一章。反驳波斯舰队夜闯海峡最有力的细节证据是，如果他们在破晓前就进入战场直面联军阵地，那么他们大可以在天亮后直扑联军，不必给希腊桨手们留下任何反应的机会，而地米斯托克利也不会像希罗多德记载的那样，还有时间对将士发表演说。这个理论也和波斯舰队设法展开秘密行动的事实不符。

21. Aeschylus, 367.

22. Ibid., 388-90.

23. Herodotus, 8.84.

24. Aeschylus, 399-400.

25. Herodotus, 8.88.

26. Aeschylus, 415-16.

27. Ibid., 426-8.

28. Ibid., 462-4.

29. Herodotus, 8.100.

30. Herodotus, 8.100. 字面上的意义是：“留下我带着亲自挑选的 30 万部队完成对希腊的奴役”，但这个数字明显夸大了。

31. 根据希罗多德的记载（Herodotus, 8.115），撤退只花了 45 天。但几乎可以肯定，这个数字是从色萨利撤退时算起，而非人们通常认为的自雅典撤退时算起。

32. Ibid., 8.110.

33. Ibid., 8.114.

34. Ibid., 8.109.

35. Ibid., 8.124.

36. Ibid., 9.12.

37. 我们很难相信地米斯托克利会从十将军委员会中被完全撤下，但我们缺乏相关的材料证据。

38. Herodotus, 8.141.

39. Ibid., 8.142.

40. Ibid., 8.143.

41. Ibid., 8.144. 阿里斯提德的这句临别赠言被普鲁塔克记载下来。

42. 此处同样是根据普鲁塔克的记载，这个使节团为阿里斯提德所率领。但看来这有点不可能，因为阿里斯提德是雅典的陆军总司令，而波斯人又即将占领阿提卡。即使是普鲁塔克，也对自己的说法有怀疑。

43. Herodotus, 9.12.

44. Ibid., 9.13.

45. 希罗多德（9.29）说每个斯巴达人带了 7 名“黑劳士”，所以共有 3.5 万名“黑劳士”。此说似乎有所夸大。

46. Xenophon, *The Constitution of the Spartans*, 9.6.

47. Herodotus, 9.16.

48. 如果希罗多德的记载 (9.29) 可靠，联军就有 38 100 名重甲步兵。显然这个数字比他说的联军有 69 500 名轻步兵可信。即使普拉蒂亚的战场上有轻步兵，他们对战局的影响仍微乎其微。

49. 希罗多德（Herodotus, 9.32）曾表示马铎尼斯的军队除了骑兵之外，还包含 30 万轻步兵以及 5 万名维奥蒂亚与色萨利重甲步兵。由于这个数字明显夸大了，估计波斯人兵力的唯一方式是看看他们的寨栅容得下多少人马。希罗多德告诉我们，这个寨栅的面积是 2 000 平方米。这样看来，波斯军队的总数从 7 万到 12 万都有可能。见：Lazenby (1993), p.228。

50. Plutarch, *Aristeides*, 13. 这件事常被斥为虚构，部分是因为希罗多德没有记载，部分是因为普鲁塔克给出的时间点明显混乱。不过若放在脉络中去看，它却显然有一定可信度，且让我们对波斯间谍战有了难得一瞥。

51. .Herodotus, 9.41. 一个相反的声称出现在几段后（9.45），但那是不可信的马其顿的亚历山大提供的一部分信息。这位国王被说成在深夜独自一人通过无人地带，为的是把波斯的作战计划透露给阿里斯提德。此事极不可信，极有可能是一名恶名昭彰的通敌者的脱罪之词。

52. Ibid., 9.39.

53. Ibid., 9.49.

54. Plutarch, *Aristeides*, 17.

55. Herodotus, 9.62.

56. Aeschylus, 816-17.

57. Herodotus, 9.71.

58. Ibid., 9.82.

59. Euripides, *The Phoenician Women*, 184.

60. Herodotus, 1.34.

61. Aristotle, *Rhetoric*, 2.2.6.

62. Herodotus, 8.109.

63. 正如格林（p.281）指出的那样，只有这个解释可以让古代材料的相关记载说得通，即普拉蒂亚之战和米卡勒山之战发生在同一天。

64. Herodotus, 9.100.

65. Ibid. 原文的意思是："许多证据可以证明，操纵事物的手是神圣的。"

66. Diodorus Siculus, 11.36.

67. Lycurgus, *Against Leocrates*, 81.

68. See Broneer.

69. Aeschylus, 584-90.

70. Ibid., 1024.

71. Xerxes, inscription at Persepolis (XPc).

72. 也有一说表示，这场起义发生于公元前 482 年。这个时期的近东史基本都是这样，相关材料的记载模糊而多有矛盾。

73. Herodotus, 9.106.

74. Plutarch, *Themistocles*, 29.

75. Pindar, fragment 64.

76. 虽然有关的争论没完没了，但这样的和平不太可能通过正式缔结和约的方式达成：万王之王不习惯和外邦人媾和。

77. 关于这个日期与整件事情的可信度，见：Stadter, pp. 201-4。

78. Plutarch, *Pericles*, 17.83.

79. Herodotus, 8.144.

80. Ibid., 7.228.

81. Thucydides, 2.41.

82. Plato, *Menexenus*, 240e.

83. Pausanias, 1.33.2.

后记

1. *Palatine Anthology*, 7.253.

参考书目

ABSA: Annual of the British School at Athens

AJA: American Journal of Archaeology

CJ: Classical Journal

JCS: Journal of Cuneiform Studies

JHS: Journal of Hellenic Studies

TAPA: Transactions of the American Philological Association

Anderson, Greg: *The Athenian Experiment: Building an Imagined Political Community in Ancient Attica, 508–490 BC* (Ann Arbor, 2003)

Anderson, J. K.: 'The Battle of Sardis' (*California Studies in Classical Antiquity* 7, 1975)

Andrewes, A.: 'Kleisthenes' Reform Bill' (*Classic Quarterly* 27, 1977)

Austin, M. M.: 'Greek Tyrants and the Persians, 546–479 BC' (*Classic Quarterly* 40, 1990)

Badian, E.: 'Back to Kleisthenic Chronology' in *Polis and Politics: Studies in Ancient Greek History*, ed. Pernille Flensted-Jensen, Thomas

Heien Nielsen and Lene Rubenstein (Copenhagen, 2000)

Bakker, Egbert J., de Jong, Irene J. F. and van Wees, Hans: *Brill's Companion to Herodotus* (Leiden, 2002)

Balcer, Jack Martin: 'Athenian Politics: The Ten Years after Marathon' in *Panathenaia: Studies in Athenian Life and Thought in the Classical Age*, ed. T. E. Gregory and A. J. Podlecki (Lawrence, Kansas, 1979)

—'The Greeks and the Persians: The Processes of Acculturation' (*Historia* 32, 1983)

—*Sparda by the Bitter Sea: Imperial Interaction in Western Anatolia* (Chicago, 1984)

—*Herodotus and Bisitun: Problems in Ancient Persian Historiography* (Stuttgart, 1987)

—'The Persian Wars against Greece: A Reassessment' (*Historia* 38, 1989)

—*A Prosopographical Study of the Ancient Persians Royal and Noble c. 550–450 BC* (Lewiston, Wales, 1993)

Barnett, R. D.: 'Xenophon and the Wall of Media' (*JHS* 83, 1963)

Basirov, Oric: 'Zoroaster's Time and Place' (*Circle of Ancient Iranian Studies at the School of Oriental and African Studies*, 1998)

Beaulieu, Paul-Alain: *The Reign of Nabonidus, King of Babylon 556–539 BC* (New Haven, 1989)

Bichler, Reinhold: 'Some Observations on the Image of the Assyrian and Babylonian Kingdoms within the Greek Tradition' in *Melammu Symposia V: Commerce and Monetary Systems in the Ancient World*, ed. R.

Rollinger (Stuttgart, 2004)

Bickerman, E. J. and Tadmor, H.: 'Darius I, Pseudo-Smerdis and the Magi' (*Athenaeum* 56, 1978)

Bigwood, J. M.: 'Ctesias as Historian of the Persian Wars' (*Phoenix* 32, 1978)

—'Ctesias' Description of Babylon' (*American Journal of Ancient History* 3, 1978)

Boardman, John: 'Artemis Orthia and Chronology' (*ABSA* 58, 1963)

—*Persia and the West: An Archaeological Investigation of the Genesis of Achaemenid Art* (London, 2000)

Boedeker, Deborah: 'The Two Faces of Demaratus' (*Arethusa* 20, 1987)

—'Protesilaos and the End of Herodotus' *Histories*' (*Classical Association* 7, 1988)

Boegehold, Alan L. and Scafuro, Adele C.: *Athenian Identity and Civic Ideology* (Baltimore, 1994)

Borgeaud, Philippe: *The Cult of Pan in Ancient Greece*, tr. Kathleen Atlass and James

Redfield (Chicago, 1988)

Boyce, Mary: *A History of Zoroastrianism*, Vols 1 and 2 (Leiden, 1975)

—*Zoroastrians: Their Religious Beliefs and Practices* (London and New York, 1979)

Bradford, Ernle: *The Year of Thermopylae* (London, 1980)

Briant, Pierre: *Bulletin d'Histoire Achéménide I* (Paris, 1997)

—*Bulletin d'Histoire Achéménide II* (Paris, 2001)

—*From Cyrus to Alexander: A History of the Persian Empire*, tr. Peter T. Daniels (Winona Lake, 2002)

Broneer, Oscar: 'The Tent of Xerxes and the Greek Theater' (*University of California Publications in Classical Archaeology* 1, 1944)

Brosius, Maria: *Women in Ancient Persia (559–331 BC)* (Oxford, 1996)

Brown, S.: 'Media and Secondary State Formation in the Neo-Assyrian Zagros: An Anthropological Approach to an Assyriological
Problem' (*JCS* 38, 1986)
Brunt, P. A.: 'The Hellenic League against Persia' (*Historia* 2, 1953)
Budge, E. A. Wallis and King, L. W.: *Annals of the Kings of Assyria* (London, 1902)
Burke, Jason: *Al-Qaeda: The True Story of Radical Islam* (London, 2004)
Burkert, Walter: 'Damaratos, Astrabakos und Herakles: Königsmythos und Politik' (*Muesum Helveticum* 22, 1965)
—*Homo Necans*, tr. Peter Bing (Berkeley and Los Angeles, 1983)
—*Greek Religion*, tr. John Raffan (Oxford, 1985)
—*Babylon, Memphis, Persepolis: Eastern Contexts of Greek Culture* (Cambridge, Mass., 2004)
Burn, A. R.: *Persia and the Greeks: The Defence of the West* (London, 1984)
Byron, Robert: *The Road to Oxiana* (London, 1992)
Cambridge Ancient History: The Expansion of the Greek World, Eighth to Sixth Centuries BC, ed. John Boardman and N. G. L. Hammond (Cambridge, 1982)
Cambridge Ancient History: Persia, Greece and the Western Mediterranean, c. *525–479 BC*, ed. John Boardman, N. G. L. Hammond, D. M. Lewis and M. Ostwald (Cambridge, 1988)
Cambridge History of Iran: The Median and Achaemenian Periods, ed. Ilya Gershevitch (Cambridge, 1985)
Cameron, G. G.: *History of Early Iran* (New York, 1936)
Carter, Jane Burr: 'The Masks of Ortheia' (*AJA* 91, 1987)
Cartledge, Paul: *Sparta and Lakonia: A Regional History 1300 to 362 BC* (London, 1979)
—'Herodotus and "The Other": A Meditation on Empire' (*Echos du Monde Classique* 34, 1990)
—' "Deep Plays": Theatre as Process in Greek Civic Life', in *The Cambridge
Companion to Greek Tragedy*, ed. P. E. Easterling (Cambridge, 1997)
—*Spartan Reflections* (London, 2001)
—*The Spartans* (London, 2002)
—'What Have the Spartans Done for Us?: Sparta's Contribution to Western
Civilization' (*Greece and Rome* 52 (2), 2004)
Cawkwell, George: *The Greek Wars: The Failure of Persia* (Oxford, 2005)
Champdor, Albert: *Babylon*, tr. Elsa Coult (London, 1958)
Clemen, C. (ed.): *Fontes Historiae Religionis Persicae* (Bonn, 1920)

Cohen, Edward E.: *The Athenian Nation* (Princeton, 2000)

Coldstream, J. N.: *Geometric Greece* (London, 1977)

Coleman, John E. and Walz, Clark A.: *Greeks and Barbarians: Essays on the Interactions between Greeks and Non-Greeks in Antiquity and the Consequences for Eurocentrism* (Bethseda, 1997)

Connolly, Peter: *Greece and Rome at War* (London, 1998)

Connor, W. R.: 'Tribes, Festivals, and Processions: Civic Ceremonial and Political Manipulation in Archaic Greece' (*JHS* 107, 1987)

Cook, J. M.: *The Greeks in Ionia and the East* (London, 1962)

—*The Persian Empire* (London, 1983)

Curtis, John (ed.): *Mesopotamia and Iran in the Persian Period: Conquest and Imperialism 539–331 BC* (London, 1997)

Curzon, George N.: *Persia and the Persian Question*, 2 vols (London, 1892)

Dabrowa, E. (ed.): *Ancient Iran and the Mediterranean World* (Krakow, 1998)

Dandamaev, M. A.: *A Political History of the Achaemenid Empire*, tr. W. J. Vogelsang (Leiden, 1989)

David, Saul: *Military Blunders: The How and Why of Military Failure* (London, 1997)

Davidson, James: *Courtesans and Fishcakes: The Consuming Passions of Classical Athens* (London, 1997)

—'Versailles with Panthers' (*London Review of Books* 13 (23), 2003)

De Jong, Albert: *Traditions of the Magi: Zoroastrianism in Greek and Latin Literature* (Leiden, 1997)

Derow, Peter and Parker, Robert: *Herodotus and his World: Essays from a Conference in Memory of George Forrest* (Oxford, 2003)

De Souza, Philip: *The Greek and Persian Wars 499–386 BC* (Oxford, 2003)

De Souza, Philip, Heckel, Waldemar and Llewellyn-Jones, Lloyd: *The Greeks at War: From Athens to Alexander* (Oxford, 2004)

De Ste Croix, G. E. M.: *The Origins of the Peloponnesian War* (London, 1972)

—*Athenian Democratic Origins*, ed. David Harvey and Robert Parker (Oxford, 2004)

Dillery, J.: 'Reconfiguring the Past: Thyrea, Thermopylae and Narrative Patterns in Herodotus' (*American Journal of Philology* 117, 1996)

Dinsmoor, W. B.: 'The Hekatompedon on the Athenian Akropolis' (*AJA* 51, 1947)

Donlan, W. and Thompson, J. G.: 'The Charge at Marathon: Herodotus 6.112' (*CJ* 71, 1976)

— 'The Charge at Marathon Again' (*Classical World* 72, 1979)

Dontas, G.: 'The True Aglaurion' (*Hesperia* 52, 1983)
Dougherty, Carol and Kurke, Leslie (eds.): *Cultural Poetics in Archaic Greece* (Cambridge, 1993)
Drews, Robert: 'The First Tyrants in Greece' (*Historia* 21, 1972)
—*The Greek Accounts of Eastern History* (Washington, D.C., 1973)
Ducat, Jean: 'Le Mépris des Hilotes' (*Annales* 6, 1974)
Dusinberre, Elspeth R. M.: *Aspects of Empire in Achaemenid Sardis* (Cambridge, 2003)
Ehrenberg, Victor: *From Solon to Socrates: Greek History and Civilization during the Sixth and Fifth Centuries BC* (London, 1973)
Evans, J. A. S.: 'Notes on Thermopylae and Artemision' (*Historia* 18, 1969)
—'The Oracle of the "Wooden Wall" ' (*CJ* 78, 1982)
—'Herodotus and Marathon' (*Florilegium* 6, 1984)
Fehling, Detlev: *Herodotus and his 'Sources': Citation, Invention and Narrative Art*, tr. J. G. Howie (Leeds, 1989)
Felton, D.: *Haunted Greece and Rome: Ghost Stories from Classical Antiquity* (Austin, 1999)
Fisher, N. R. E.: *Hybris: A Study in the Values of Honour and Shame in Ancient Greece* (Warminster, 1992)
Flower, M.: 'Simonides, Ephorus, and Herodotus on the Battle of Thermopylae' (*Classical Quarterly* 48, 1998)
Fornara, C. W.: 'The Hoplite Achievement at Psyttaleia' (*JHS* 86, 1966)
—*Herodotus: An Interpretative Essay* (Oxford, 1971)
Forrest, W. G.: 'Herodotus and Athens' (*Phoenix* 38, 1984)
Francis, E. D.: 'Greeks and Persians: The Art of Hazard and Triumph' in *Ancient Persia: The Art of an Empire*, ed. D. Schmandt-Bessarat (Malibu, 1980)
Francis, E. D. and Vickers, M.: 'The Agora Revisited: Athenian Chronology c. 500–450 BC' (*ABSA* 83, 1988)
French, D. H.: 'The Persian Royal Road' (*Iran* 36, 1998)
Frost, Frank J.: 'A Note on Xerxes at Salamis' (*Historia* 22, 1973)
—*Plutarch's Themistocles: A Historical Commentary* (Princeton, 1980)
—'The Athenian Military before Cleisthenes' (*Historia* 33, 1984)
—'Toward a History of Peisistratid Athens' in *The Craft of the Ancient Historian: Essays in Honor of Chester G. Starr*, ed. J. W. Eadie and J. Ober (Lanham, 1985)
Frye, Richard N.: 'The Charisma of Kingship in Ancient Iran' (*Iranica Antiquita* 4, 1964)
—*The Heritage of Persia* (London, 1976)

Gentili, Bruno: *Poetry and its Public in Ancient Greece*, tr. Thomas Cole (Baltimore, 1988)

George, A.: *Babylonian Topographical Texts* (Leuven, 1992)

Georges, Pericles: *Barbarian Asia and the Greek Experience: From the Archaic Period to the Age of Xenophon* (Baltimore, 1994)

Gershevitch, I.: 'The False Smerdis' (*Acta Antiqua* 27, 1979)

Ghirshman, Roman: *Persia: From the Origins to Alexander*, tr. Stuart Gilbert and James Emmons (London, 1964)

Gibbon, Edward: *The History of the Decline and Fall of the Roman Empire*, 3 vols, ed. David Womersley (London, 1994)

Gnoli, Gherardo: *Zoroaster in History* (New York, 1997)

Golding, William: *The Hot Gates* (London, 1965)

Gould, John: *Herodotus* (New York, 1989)

Graf, David: 'Greek Tyrants and Achaemenid Politics' in *The Craft of the Ancient Historian: Essays in Honor of Chester G. Starr*, ed. J. W. Eadie and J. Ober (Lanham, 1985)

Grant, John R.: 'Leonidas' Last Stand' (*Phoenix* 15, 1961)

Grayson, A. K.: *Assyrian and Babylonian Chronicles* (New York, 1975)

Green, Peter: *The Greco-Persian Wars* (Berkeley and Los Angeles, 1996)

Hall, Edith: *Inventing the Barbarian: Greek Self-Definition through Tragedy* (Oxford, 1989)

Hallock, R. T.: *The Evidence of the Persepolis Tablets* (Cambridge, 1972)

Hamilton, Richard: *Choes and Anthestria: Athenian Iconography and Ritual* (Ann Arbor, 1992)

Hansen, M. H.: 'The Origins of the Term *Demokratia*' (*Liverpool Classical Monthly* 2, 1986)

—'The 2500th Anniversary of Cleisthenes' Reforms and the Tradition of Athenian Democracy' in *Ritual, Politics, Finance: Athenian*

Democractic Accounts Presented to David Lewis, ed. R. Osborne and S. Hornblower (Oxford, 1994)

Hanson, Victor Davis: *The Western Way of War: Infantry Battle in Classical Greece* (Berkeley and Los Angeles, 1989)

—*Warfare and Agriculture in Classical Greece* (Berkeley and Los Angeles, 1998)

—*The Wars of the Ancient Greeks* (London, 1999)

—'No Glory That Was Greece: The Persians Win at Salamis, 480 BC' in *What If?:*

Military Historians Imagine What Might Have Been, ed. Robert Cowley (New York, 1999)

Harrison, Thomas: *Divinity and History: The Religion of Herodotus* (Oxford, 2000)

—*The Emptiness of Asia: Aeschylus' 'Persians' and the History of the Fifth Century* (London, 2000)

—(ed.): *Greeks and Barbarians* (Edinburgh, 2002)

Hartog, François: *Le Miroir d'Hérodote: Essai sur la Représentation de l'Autre* (Paris, 1980)

Hegel, G. W. F.: *The Philosophy of History*, tr. J. Sibree (New York, 1956)

Herzfeld, Ernst: *The Persian Empire: Studies in Geography and Ethnograpy of the Ancient Near East* (Wiesbaden, 1968)

Hignett, C.: *Xerxes' Invasion of Greece* (Oxford, 1963)

Hodge, A. Trevor: 'Marathon: The Persians' Voyage' (*TAPA* 105, 1975)

—'Reflections on the Shield at Marathon' (*ABSA* 91, 2001)

Hodkinson, Stephen: *Property and Wealth in Classical Sparta* (Swansea, 2000)

Hodkinson, Stephen and Powell, Anton (eds.): *Sparta: New Perspectives* (Swansea, 1999)

Hope Simpson, R.: 'Leonidas' Decision' (*Phoenix* 26, 1972)

Huxley, G. L.: *Early Sparta* (London, 1962)

—*The Early Ionians* (London, 1966)

—'The Medism of Caryae' (*Greek, Roman and Byzantine Studies* 8, 1967)

Immerwhar, H. R.: *Form and Thought in Herodotus* (Cleveland, 1966)

Jameson, M.: 'A Decree of Themistokles from Troizen' (*Hesperia* 29, 1960)

—'Provisions for Mobilization in the Decree of Themistokles' (*Historia* 12, 1963)

Jeffery, L. H.: *Archaic Greece: The City-States c. 700–500 BC* (London, 1976)

Kakavoyannis, Evangelos: 'The Silver Ore-Processing Workshops of the Lavrion Region' (*ABSA* 91, 2001)

Karavites, Peter: 'Realities and Appearances, 490–480 BC' (*Historia* 26, 1977)

Kellens, Jean: *Essays on Zarathustra and Zoroastrianism*, tr. and ed. Prods Oktor Skjvaerø (Costa Mesa, 2000)

—(ed.): *La Religion Iranienne à l'Époque Achéménide* (Ghent, 1991)

Kennell, Nigel M.: *The Gymnasium of Virtue: Education and Culture in Ancient Sparta* (Chapel Hill, 1995)

Kent, Roland G.: *Old Persian: Grammar, Texts, Lexicon* (New Haven, 1953)

Kimball Armayor, O.: 'Herodotus' Catalogues of the Persian Empire in the Light of the Monuments and the Greek Literary Tradition' (*TAPA* 108, 1978)

Kingsley, Peter: 'Meetings with Magi: Iranian Themes among the Greeks, from Xanthus of Lydia to Plato's Academy' (*Journal of the*
Royal Asiatic Society 3 (5), 1995)

Konstan, David: 'Persians, Greeks and Empire' (*Arethusa* 20, 1987)

Kraay, C. M.: *Archaic and Classical Greek Coins* (London, 1976)

Kuhrt, Amélie: 'The Cyrus Cylinder and Achaemenid Imperial Policy' (*Journal for the Study of the Old Testament* 25, 1983)

—'Usurpation, Conquest and Ceremonial: from Babylon to Persia' in *Rituals of Royalty: Power and Ceremonial in Traditional Societies*, ed. David Cannadine and Simon Price (Cambridge, 1987)

—*The Ancient Near East, c. 3000–330 BC*, Vols. 1 and 2 (London, 1995)

Kurke, Leslie: *Coins, Bodies, Games, and Gold: The Politics of Meaning in Archaic Greece* (Princeton, 1999)

Lane Fox, Robin: 'Cleisthenes and his Reforms' in *The Good Idea: Democracy in Ancient Greece*, ed. John A. Koumoulides (New Rochelle,
1995)

Langdon, M. K.: 'The Territorial Basis of the Attic Demes' (*Symbolae Osloenses* 60, 1985)

Lateiner, Donald: *The Historical Method of Herodotus* (Toronto, 1989)

Lavelle, B. M.: *The Sorrow and the Pity: A Prolegomenon to a History of Athens under the Peisistratids, c. 560–510 BC* (Stuttgart, 1993)

Lazenby, J. F.: 'The Strategy of the Greeks in the Opening Campaign of the Persian War' (*Hermes* 92, 1964)

—*The Spartan Army* (Warminster, 1985)

—'Aischylos and Salamis' (*Hermes* 116, 1988)

—*The Defence of Greece 490–479 BC* (Warminster, 1993)

Leick, Gwendolyn: *Mesopotamia:The Invention of the City* (London, 2001)

Lenardon, R. J.: *The Saga of Themistocles* (London, 1978)

Lévêque, P. and Vidal-Naquet, P.: *Clisthène l'Athénien: Essai sur la Représentation de l'Espace et du Temps dans la Pensée Politique Grecque de la Fin du VIe Siècle à la Mort de Platon* (Paris, 1964)

Levine, Louis D.: 'Geographical Studies in the Neo-Assyrian Zagros' (*Iran* 11 and 12, 1973–1974)

Lewis, D. M.: 'Cleisthenes and Attica' (*Historia* 12, 1963)

—*Sparta and Persia* (Leiden, 1977)

—'Datis the Mede' (*JHS* 100, 1980)

Loraux, Nicole: *The Invention of Athens: The Funeral Oration in the Classical City*, tr. Alan Sheridan (Cambridge, Mass., 1986)

—*The Experience of Tiresias: The Feminine and the Greek Man*, tr. Paula Wissing (Princeton, 1995)

—*Born of the Earth: Myth & Politics in Athens*, tr. Selina Stewart (Ithaca, 2000)

MacGinnis, J. D. A.: 'Herodotus' Description of Babylon' (*Bulletin of the Institute of Classical Studies* 33, 1986)

Mallowan, Max: 'Cyrus the Great (558–529 BC)' (*Iran* 10, 1972)

Manville, P. B.: *The Origins of Citizenship in Ancient Athens* (Princeton, 1990)

Matheson, Sylvia A.: *Persia: An Archaeological Guide* (London, 1972)

Mee, Christopher and Spawforth, Antony: *Greece: An Oxford Archaeological Guide* (Oxford, 2001)

Meier, Christian: 'Historical Answers to Historical Questions: The Origins of History in Ancient Greece' (*Arethusa* 20, 1987)

—*The Greek Discovery of Politics*, tr. David McLintock (Cambridge, Mass., 1990)

—*Athens: A Portrait of the City in its Golden Age*, tr. Robert Kimber and Rita Kimber (New York, 1993)

Meiggs, R. and Lewis, D.: *A Selection of Greek Historical Inscriptions to the End of the Fifth Century BC* (Oxford, 1969)

Mill, John Stuart: *Discussions and Dissertations*, Vol. 2 (London, 1859)

Miller, Margaret C.: *Athens and Persia in the Fifth Century BC: A Study in Cultural Receptivity* (Cambridge, 1997)

Miroschedji, P. de: 'La Fin du Royaume d'Anshan et de Suse et la Naissance de l'Empire Perse' (*Zeitschrift für Assyriologie* 75, 1985)

Moles, J.: 'Herodotus Warns the Athenians' (*Papers of the Leeds International Latin Seminar* 9, 1996)

Momigliano, Arnaldo: 'The Place of Herodotus in the History of Historiography' (*History* 43, 1958)

Momigliano, Arnaldo: *Alien Wisdom: The Limits of Hellenization* (Cambridge, 1975)

Montaigne, Michel de: *The Complete Essays*, tr. M. A. Screech (London, 1991)

Morris, Ian: *Burial and Society: The Rise of the Greek City State* (Cambridge, 1987)

—'The Early Polis as City and State' in *City and Country in the Ancient World*, ed. J. Rich and A. Wallace-Hadrill (London, 1991)

Morris, Ian and Raaflaub, Kurt A. (eds.): *Democracy 2500?: Questions and Challenges*

(Dubuque, 1998)
Morrison, J. S., Coates, J. F. and Rankov, N. B.: *The Athenian Trireme: The History and Reconstruction of an Ancient Greek Warship* (Cambridge, 2000)
Moscati, Sabatino: *The World of the Phoenicians*, tr. Alastair Hamilton (London, 1968)
—(ed.): *The Phoenicians* (London, 1997)
Munson, Rosaria Vignolo: *Telling Wonders: Ethnographic and Political Discourse in the Work of Herodotus* (Ann Arbor, 2002)
Murdoch, Iris: *The Nice and the Good* (London, 1968)
Nylander, Carl: 'The Standard of the Great King – A Problem in the Alexander Mosaic' (*Opuscula Romana* 14, 1983)
Oates, Joan: *Babylon* (London, 1986)
Ober, Josiah: *Mass and Elite in Democratic Athens: Rhetoric, Ideology, and the Power of the People* (Princeton, 1989)
—*The Athenian Revolution: Essays on Ancient Greek Democracy and Political Theory* (Princeton, 1996)
Ober, Josiah and Hedrick, Charles (eds.): *Demokratia: A Conversation on Democracies, Ancient and Modern* (Princeton, 1996)
Ollier, François: *Le Mirage Spartiate: Étude sur l'Idéalisation de Sparte dans l'Antiquité Grecque*, 2 vols (Paris, 1933 and 1945)
Olmstead, A. T.: 'Darius and his Behistun Inscription' (*American Journal of Semitic Languages and Literatures* 55, 1938)
—*History of the Persian Empire* (Chicago, 1948)
Osborne, Robin: *Greece in the Making: 1200–479 BC* (London, 1996)
Ostwald, Martin: *Nomos and the Beginnings of the Athenian Democracy* (Oxford, 1969)
Parke, H. W.: *A History of the Delphic Oracle* (Oxford, 1939)
—*Festivals of the Athenians* (London, 1977)
Patterson, O.: *Freedom in the Making of Western Culture* (New York, 1991)
Pedley, J.: *Sardis in the Age of Croesus* (Norman, 1968)
Pelling, Christopher: 'East is East and West is West – or Are They? National Stereotypes in Herodotus' (*Histos* 1, 1997)
—(ed.): *Greek Tragedy and the Historian* (Oxford, 1997)
Petit, Thierry: *Satrapes et Satrapies dans l'Empire Achéménide de Cyrus le Grand à Xerxés Ier* (Paris, 1990)
Podlecki, A. J.: *The Life of Themistocles: A Critical Survey of the Literary and Archaeological Evidence* (Montreal, 1975)

Pomeroy, Sarah B.: *Spartan Women* (New York, 2002)
Powell, Anton (ed.): *Classical Sparta: Techniques behind her Success* (London, 1989)
Powell, Anton and Hodkinson, Stephen (eds.): *The Shadow of Sparta* (Swansea, 1994)
—(eds.): *Sparta: Beyond the Mirage* (Swansea, 2002)
Pritchett, W. K.: 'New Light on Thermopylae' (*AJA* 62, 1958)
—*The Greek State at War*, Vols. 1–5 (Berkeley and Los Angeles, 1971–91)
Rawson, Elizabeth: *The Spartan Tradition in European Thought* (Oxford, 1969)
Redfield, J.: 'Herodotus the Tourist' (*Classical Philology* 80, 1985)
Rhodes, P.: 'Peisistratid Chronology Again' (*Phoenix* 30, 1976)
—*A Commentary on the Aristoteleian 'Athenaion Politeia'* (Oxford, 1981)
—*Ancient Democracy and Modern Ideology* (London, 2003)
Robertson, Noel: 'Solon's Axones and Kyrbeis, and the Sixth-Century Background' (*Historia* 35, 1986)
Root, Margaret Cool: T*he King and Kingship in Achaemenid Art: Essays on the Creation of an Iconography of Empire* (Leiden, 1979)
Roux, Georges: *Ancient Iraq* (London, 1992)
Sancisi-Weerdenberg, Heleen: 'The Personality of Xerxes, King of Kings' in *Archeologia Iranica et Orientalis: Miscellanea in Honorem L. Vanden Berghe*, Vol. 1, eds. L. de Meyer and E. Haerinck (Ghent, 1989)
—*Peisistratos and the Tyranny: A Reappraisal of the Evidence* (Amsterdam, 2000)
—(ed.): *Achaemenid History 1: Sources, Structures, Synthesis* (Leiden, 1987)
Sancisi-Weerdenberg, Heleen and Kuhrt, Amélie (eds.): *Achaemenid History 2: The Greek Sources* (Leiden, 1987)
—(eds.)*: Achaemenid History 3: Method and Theory* (Leiden, 1988)
—(eds.): *Achaemenid History 4: Centre and Periphery* (Leiden, 1990)
—(eds.): *Achaemenid History 5: The Roots of the European Tradition* (Leiden, 1990)
—(eds.): *Achaemenid History 6: Asia Minor and Egypt: Old Cultures in a New Empire* (Leiden, 1991)
Sancisi-Weerdenberg, Heleen, Kuhrt, Amélie and Root, Margaret Cool (eds.): *Achaemenid History 8: Continuity and Change* (Leiden, 1991)
Schoff, Wilfred H. (tr. and ed.): *'Parthian Stations' by Isidore of Charax* (London, 1914)
Sealey, Raphael: 'Again the Siege of the Acropolis, 480 BC' (*California Studies in Classical Antiquity* 5, 1972)
—'The Pit and the Well: The Persian Heralds of 491 BC' (*CJ* 72, 1976)
Sekunda, N.: *The Spartan Army* (Oxford, 1998)

—'Greek Swords and Swordsmanship' (*The International Review of Military History* 3 (1), 2001)

Sekunda, N. and Chew, S.: *The Persian Army 560–330 BC* (Oxford, 1992)

Shapiro, Harvey A.: *Art and Cult under the Tyrants in Athens* (Mainz, 1989)

Shrimpton, Gordon: 'The Persian Cavalry at Marathon' (*Phoenix* 34, 1980)

Smith, J. A.: *Athens under the Tyrants* (Bristol, 1989)

Smith, Sidney: *Babylonian Historical Texts Relating to the Capture and Downfall of Babylon* (London, 1924)

Snodgrass, A. N.: *Arms and Armor of the Greeks* (Baltimore, 1967)

—*Archaic Greece: The Age of Experiment* (London, 1980)

Stadter, P. A.: *A Commentary on Plutarch's Pericles* (Chapel Hill, 1989)

Starr, Chester G.: *The Origins of Greek Civilization, 1100–650 BC* (New York, 1961)

—'The Credibility of Early Spartan History' (*Historia* 14, 1965)

—*The Economic and Social Growth of Early Greece, 800–500 BC* (Oxford, 1977)

—'Why Did the Greeks Defeat the Persians?' in *Essays on Ancient History*, eds. Arthur Ferrill and Thomas Kelly (Leiden, 1979)

Stoyanov, Yuri: *The Other God: Dualist Religions from Antiquity to the Cathar Heresy* (New Haven, 2000)

Strauss, Barry: *Salamis: The Greatest Naval Battle of the Ancient World, 480 BC* (New York, 2004)

Szemler, G. J., Cherf, W. J. and Kraft, J. C.: *Thermopylai: Myth and Reality in 480 BC* (Chicago, 1996)

Tadmor, H.: 'The Campaigns of Sargon II of Assur' (*JCS* 12, 1958)

Tuplin, Christopher: *Achaemenid Studies* (Stuttgart, 1996)

—'The Seasonal Migration of Achaemenid Kings: A Report on Old and New Evidence' in *Studies in Persian History: Essays in Memory of David M. Lewis*, ed. Maria Brosius and Amélie Kuhrt (Leiden, 1998)

—'The Persian Empire' in *The Long March: Xenophon and the Ten Thousand*, ed. Robin Lane Fox (New Haven, 2004)

Van der Veer, J. A. G.: 'The Battle of Marathon: A Topographical Survey' (*Mnemosyne* 35, 1982)

Vanderpool, E.: 'A Monument to the Battle of Marathon' (*Hesperia* 35, 1966)

Van Wees, Hans: *Greek Warfare: Myths and Realities* (London, 2004)

Vernant, Jean-Pierre: *Mortals and Immortals: Collected Essays*, ed. Froma I. Zeitlin (Princeton, 1991)

Wallace, Paul W.: 'Psyttaleia and the Trophies of the Battle of Salamis' (*AJA* 73, 1969)
—'The Anopaia Path at Thermopylae' (*AJA* 84, 1980)
—'Aphetai and the Battle of Artemision' (*Greek, Roman and Byzantine Monographs* 10, 1984)
Wallace, R.: 'The Date of Solon's Reforms' (*American Journal of Ancient History* 8, 1983)
Wallinga, H. T.: 'The Ionian Revolt' (*Mnemosyne* 37, 1984)
—'The Trireme and History' (*Mnemosyne* 43, 1990)
—*Ships and Sea-Power before the Great Persian War: The Ancestry of the Ancient Trireme* (Leiden, 1993)
West, S. R.: 'Herodotus' Portrait of Hecataeus' (*JHS* 111, 1991)
Whatley, N.: 'On the Possibility of Reconstructing Marathon and Other Ancient Battles' (*JHS* 84, 1964)
Whitby, Michael (ed.): *Sparta* (Edinburgh, 2002)
Wiesehöfer, Josef: *Ancient Persia*, tr. Azizeh Azodi (London, 2001)
Wycherley, R. E.: *The Stones of Athens* (Princeton, 1978)
Young, T. C. Jnr.: '480/79 BC – a Persian Perspective' (*Iranica Antiqua* 15, 1980)
Zadok, Ron: 'On the Connections between Iran and Babylonia in the Sixth Century BC' (*Iran* 14, 1976)

致谢

我还很小的时候，就希望能写一本关于希波战争的书。如今非常感谢那些为我提供机会，使我能对这个题目展开3年研究的人。感谢我最好的朋友和经纪人帕特里克·沃尔什（Patrick Walsh）；感谢我的编辑理查德·贝斯威克（Richard Beswick）和史蒂夫·吉斯（Steve Guise）；感谢格里·霍华德（Gerry Howard）、丹·伊斯雷尔（Dan Israel）、里卡多·阿拉托（Ricardo Artola）、琼·埃洛伊（Joan Eloi）、罗加·马丁内斯（Roca Martinez）等外国友人的鼓励；感谢国内刘易斯·艾伦-琼斯（Louise Allen-Jones）和伊丽莎白·范利尔（Elizabeth van Lear）等人的支持；还要感谢阿梅莉·库特（Amélie Kuhrt）和保罗·卡特利奇（Paul Cartledge）不吝与我分享他们无可比拟的学识，并为我指出许多错误；感谢希腊研究促进协会图书馆（Library of the Society for the Promotion of Hellenic Studies）的工作人员为我提供礼貌而高效率的服务；感谢迈克·博恩（Maike Bohn）为我提供与迈克尔·卡伦（Michael Cullen）一起出游的机会，并介绍我结识对希腊了如指掌的旅游作家；感谢菲利普·弗朗西斯（Philip Francis）和巴尔巴罗·诺埃-贝克（Barbaro Noel-Baker）陪我度过在优卑亚岛的快乐时光；感谢乔纳森·泰特（Jonathan Tite）安排我乘坐快艇环游萨拉米斯岛；感谢朗曼夫妇（Nick and Sarah Longman）在雅典热情的招待；感谢迈克尔·劳里（Michael Lowry）和丹尼兹·格廷（Deniz Gurtin）在博德鲁姆的热情款待；感谢家父陪伴我在温泉关进行实地考察；感谢伊拉赫·塔巴里（Elahe Tabari）在波斯波利斯提供的帮助；感谢奥德丽·戈登（Audrey Gordon）和贝姬·戈登（Becky Gordon）为保护大殿内的艺术精品免遭破坏所做的一切努力；感谢缪尔夫妇（Caroline and Jamie Muir），如果没有他们的友谊、支持和好脾气，我可能至今也无法完成此书，本书也献给他们；感谢我亲爱的家人萨迪（Sadie）、凯蒂（Katy）和伊丽莎（Eliza）在我闭关象牙塔的漫长岁月中对我的宽容，并陪伴我在希腊、伊朗和土耳其每个尘封已久的遗址进行考察，那些快乐的考察经历是我一生中最美好的时光。希腊古谚有云："夫妻同心持家，是世界上最美好的事。"

地　图

波斯帝国

斯基泰
里
多瑙河
黑海
色雷斯
哈里斯河
亚美尼亚
弗里吉亚
吕底亚
爱奥尼亚
萨迪斯
米利都
哈利卡纳苏斯
卡里亚
西里西亚
王家大道
叙利亚关
亚述
幼发拉底河
底格里斯河
美索不达米亚
米底
埃克巴
扎格罗斯山
贝
巴比伦
巴比伦城
叙利亚
塞浦路斯
西顿
推罗
腓尼基
地中海
犹大国
耶路撒冷
培琉喜阿姆
埃及
尼罗河
阿拉伯
红海

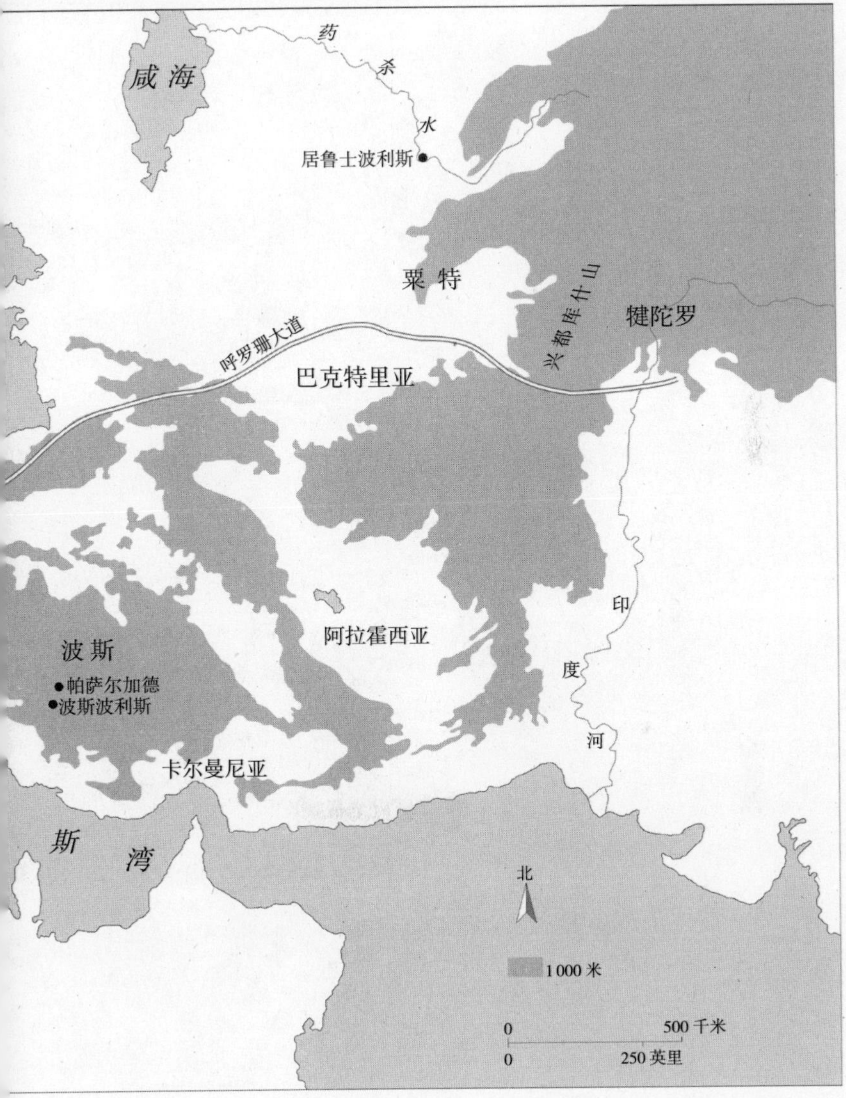
咸海
药
杀
水
居鲁士波利斯
粟特
兴都库什山
犍陀罗
呼罗珊大道
巴克特里亚
阿拉霍西亚
印
度
河
波斯
帕萨尔加德
波斯波利斯
卡尔曼尼亚
斯
湾
北
1000米
0
500千米
0
250英里

希腊和爱琴海地区

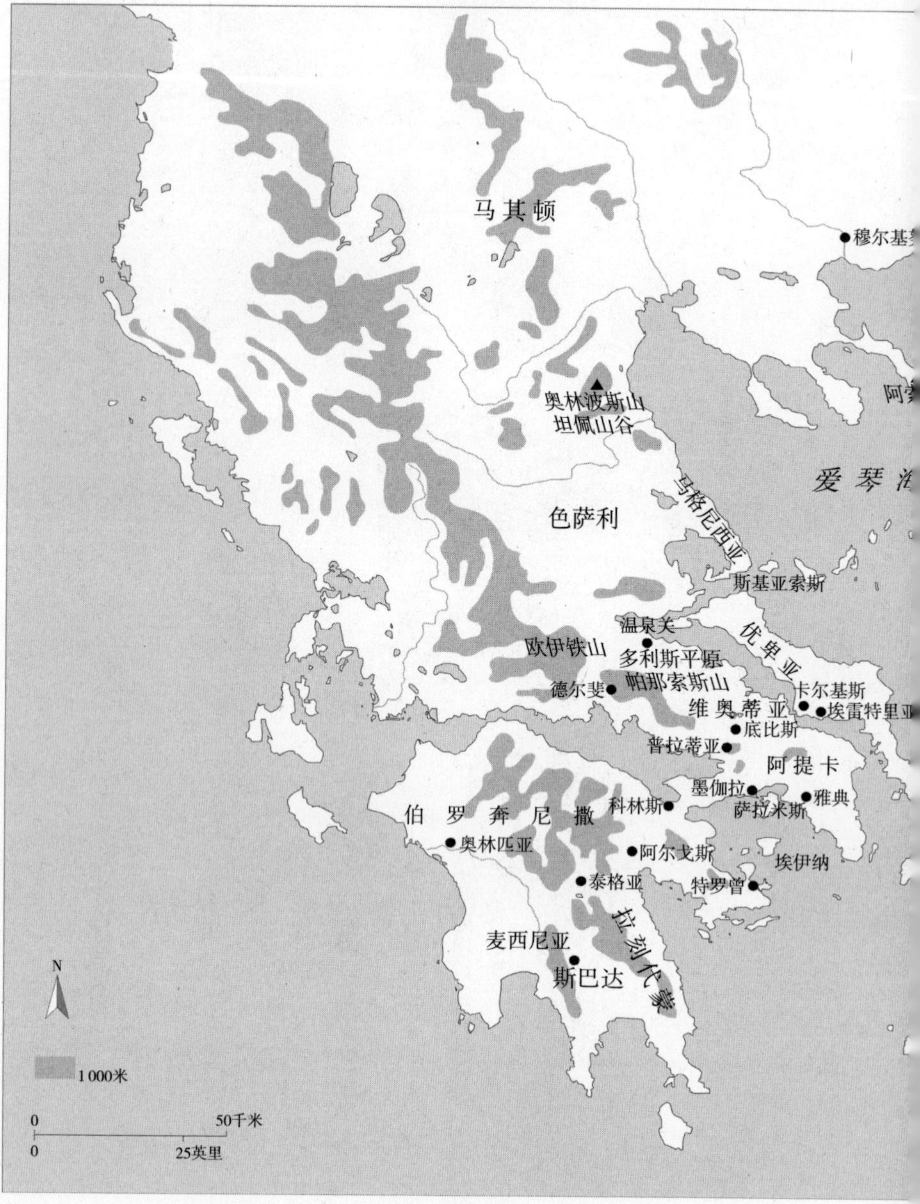

马其顿
穆尔基
阿
爱琴
奥林波斯山
坦佩山谷
马格尼西亚
色萨利
斯基亚索斯
温泉关
欧伊铁山
多利斯平原
优卑亚
德尔斐
帕那索斯山
卡尔基斯
埃雷特里亚
维奥蒂亚
底比斯
普拉蒂亚
阿提卡
墨伽拉
雅典
科林斯
萨拉米斯
伯罗奔尼撒
奥林匹亚
阿尔戈斯
埃伊纳
泰格亚
特罗曾
麦西尼亚
拉刻代蒙
斯巴达
N
1 000米
0
50千米
0
25英里

色雷斯
克索涅索斯
赫勒斯滂
阿比多斯
特洛伊
爱琴海
福西亚
萨迪斯
吕底亚
萨摩斯
爱奥尼亚
米利都
卡里亚
提洛
哈利卡纳苏斯
纳克索斯

两河流域和伊朗

亚美尼亚
哈里斯河
尼尼微
尼姆鲁德
亚述
底格里斯河
扎格罗斯山
亚述
美索不达米亚
叙利亚
幼发拉底河
塞浦路斯
巴比伦
巴比伦城
地中海
北
1 000 米
0
500 千
0
250英里

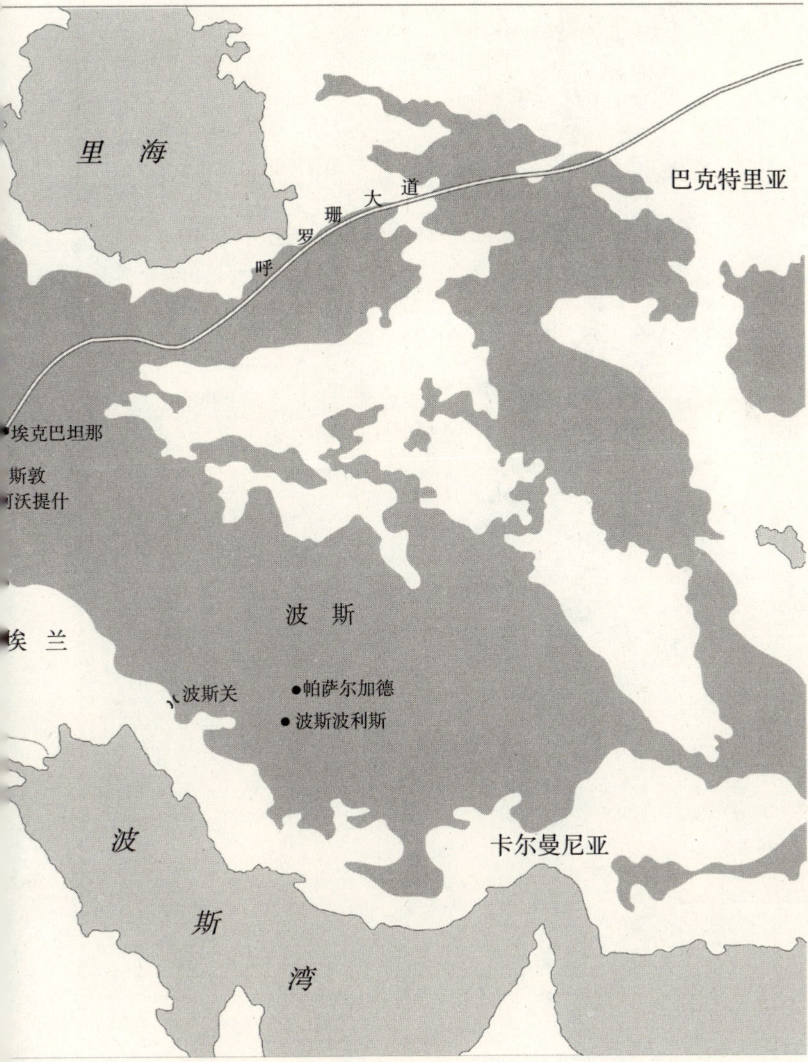
里海
呼罗珊大道
巴克特里亚
埃克巴坦那
斯敦
可沃提什
波斯
埃兰
波斯关
帕萨尔加德
波斯波利斯
卡尔曼尼亚
波斯湾

伯罗奔尼撒半岛

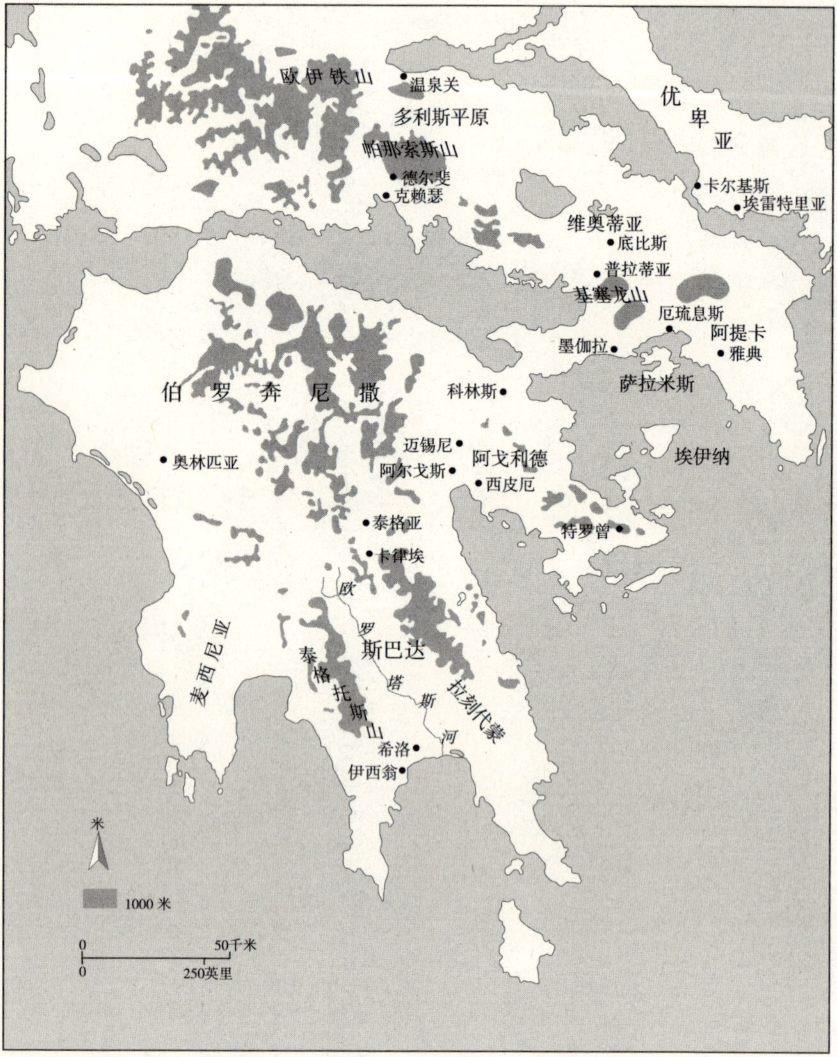
欧伊铁山
温泉关
多利斯平原
优卑亚
帕那索斯山
德尔斐
克赖瑟
卡尔基斯
埃雷特里亚
维奥蒂亚
底比斯
普拉蒂亚
基塞戎山
厄琉息斯
阿提卡
墨伽拉
雅典
伯罗奔尼撒
科林斯
萨拉米斯
迈锡尼
阿戈利德
奥林匹亚
阿尔戈斯
西皮厄
埃伊纳
泰格亚
特罗曾
卡律埃
欧罗塔斯河
斯巴达
麦西尼亚
泰格托斯山
拉刻代蒙
希洛
伊西翁
米
1000米
0
50千米
0
250英里

阿提卡地区

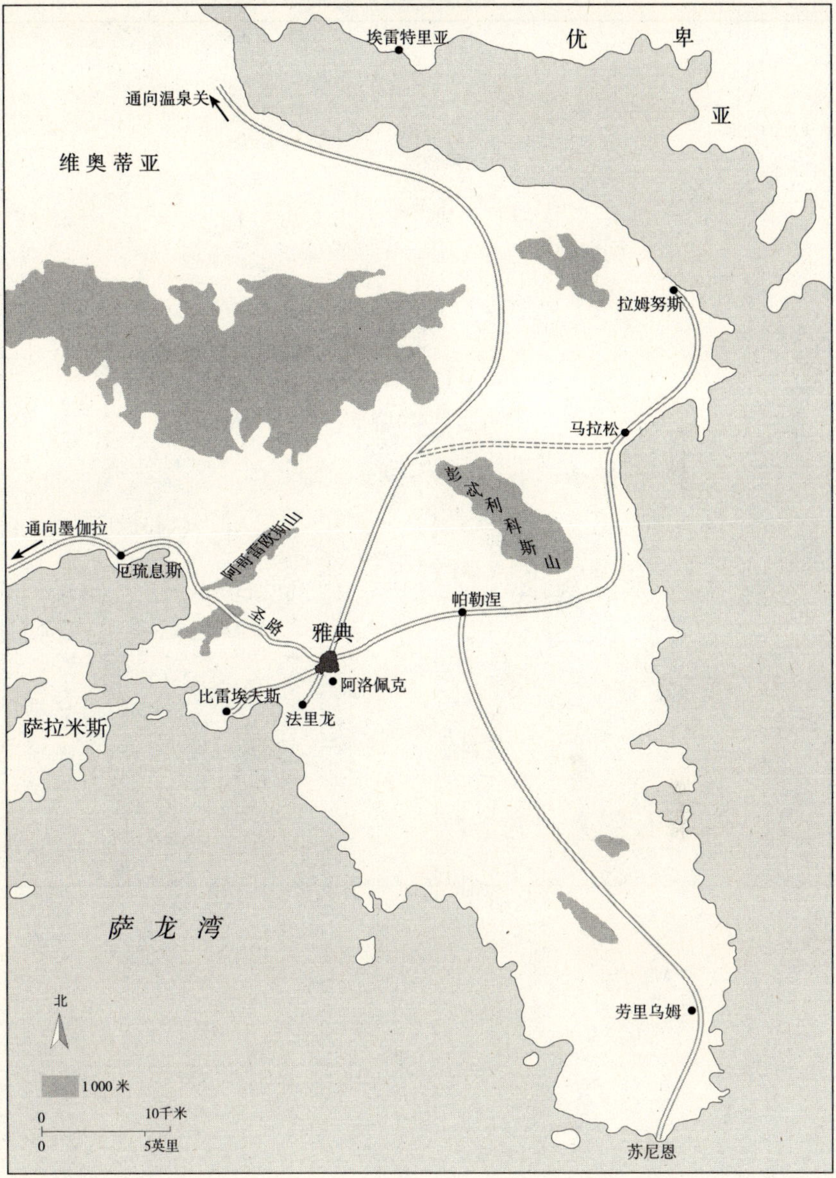

埃雷特里亚
优
卑
亚
通向温泉关
维奥蒂亚
拉姆努斯
马拉松
彭忒利科斯山
通向墨伽拉
阿哥雷欧斯山
厄琉息斯
圣路
雅典
帕勒涅
阿洛佩克
比雷埃夫斯
法里龙
萨拉米斯
萨龙湾
劳里乌姆
苏尼恩
北
1000米
0
10千米
0
5英里

公元前6世纪到公元前5世纪的雅典

波斯在西方的总督辖地

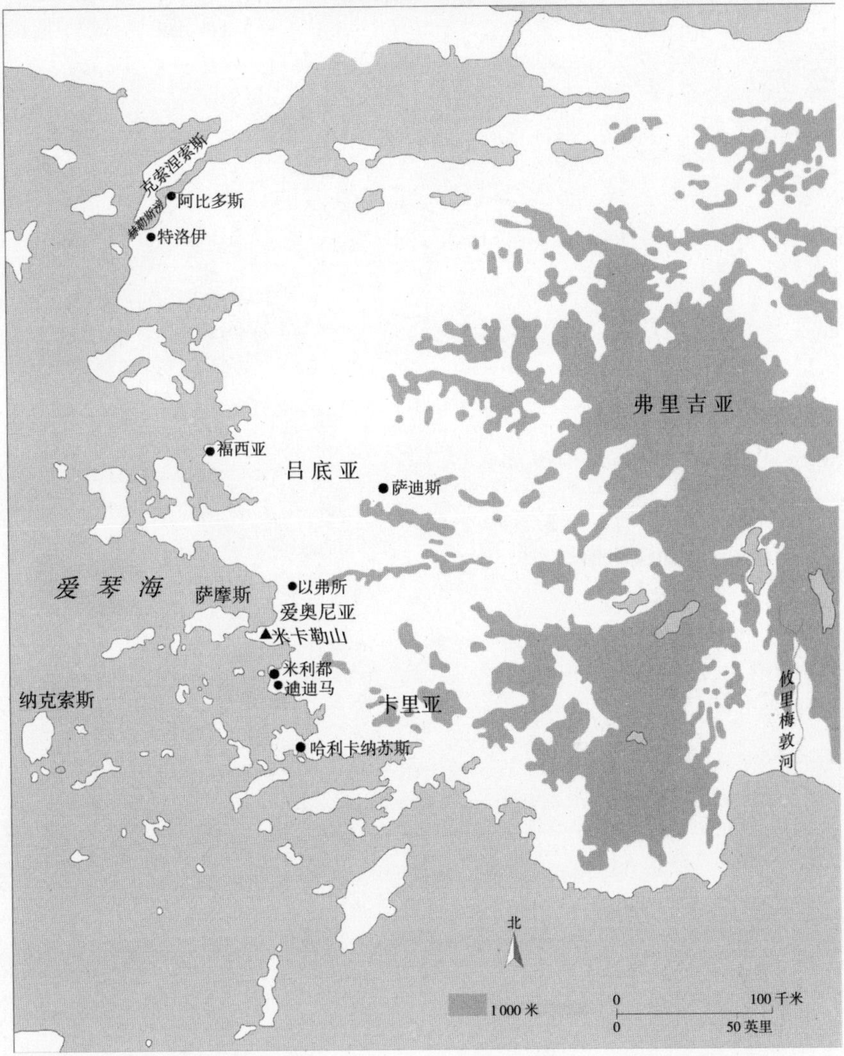
克索涅索斯
赫勒斯滂
阿比多斯
特洛伊
福西亚
吕底亚
萨迪斯
弗里吉亚
爱琴海
萨摩斯
以弗所
爱奥尼亚
米卡勒山
米利都
迪迪马
纳克索斯
卡里亚
哈利卡纳苏斯
攸里梅敦河
北
1 000 米
0
100 千米
0
50 英里

马拉松

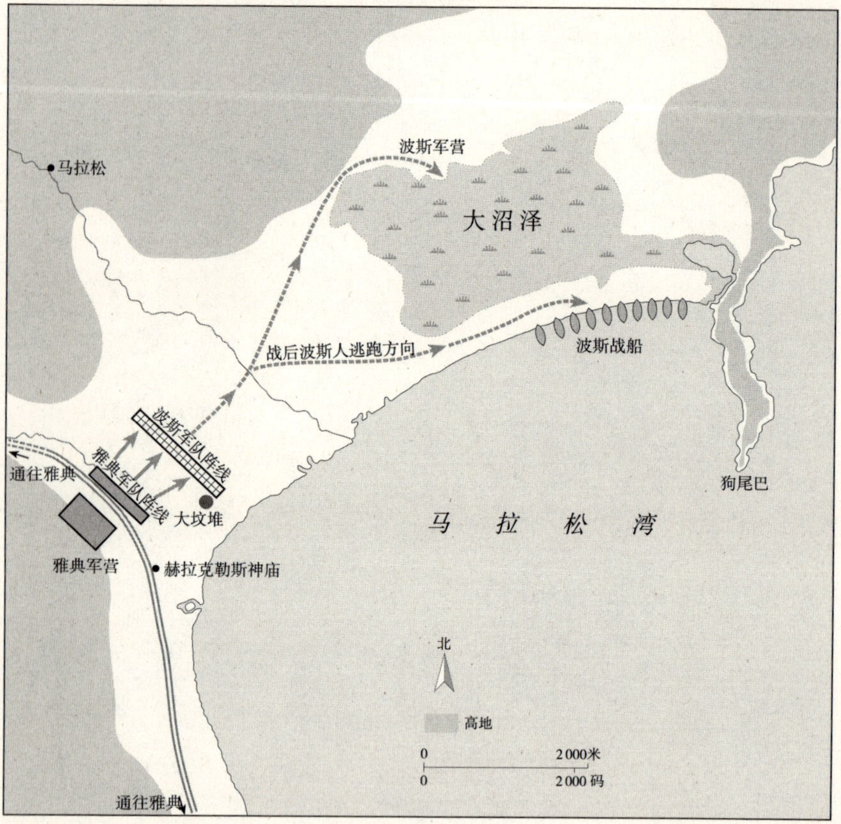

马拉松
波斯军营
大沼泽
战后波斯人逃跑方向
波斯战船
波斯军队阵线
雅典军队阵线
通往雅典
大坟堆
雅典军营
赫拉克勒斯神庙
狗尾巴
马拉松湾
北
高地
0
2000米
0
2000码
通往雅典

西部地区

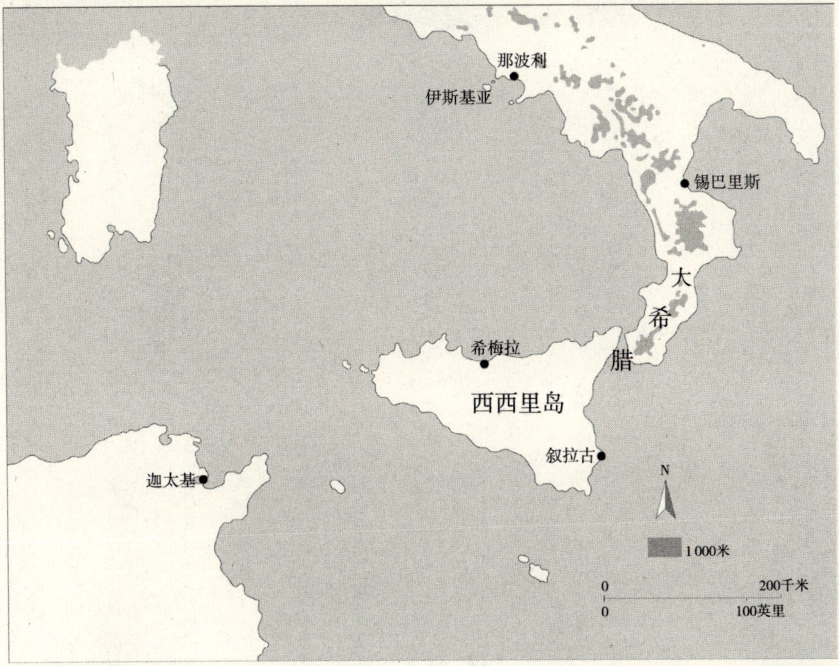

走投无路：公元前480年的希腊

温泉关

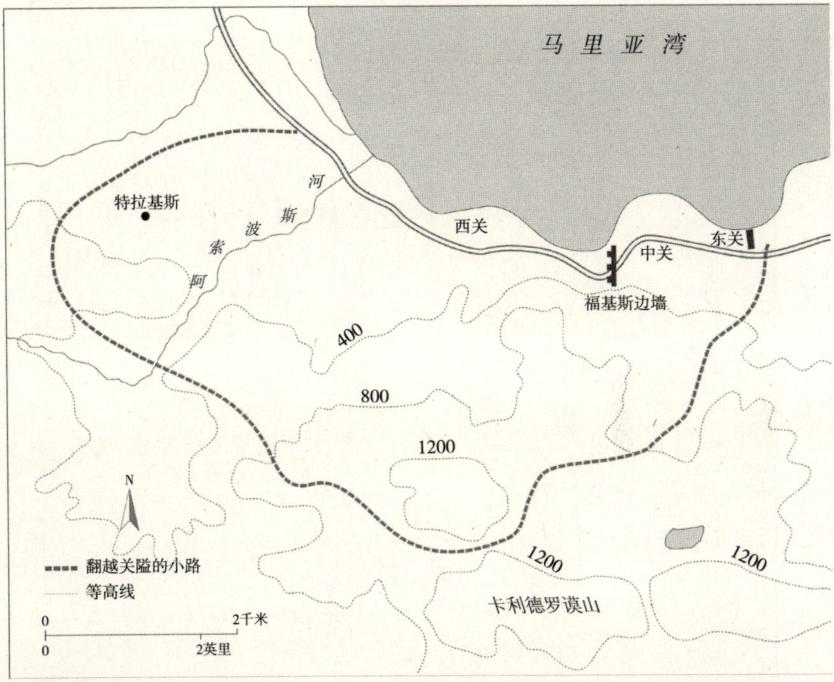
马里亚湾
特拉基斯
阿索波斯河
西关
中关
东关
福基斯边墙
400
800
1200
1200
1200
卡利德罗谟山
N
翻越关隘的小路
等高线
0
2千米
0
2英里

萨拉米斯

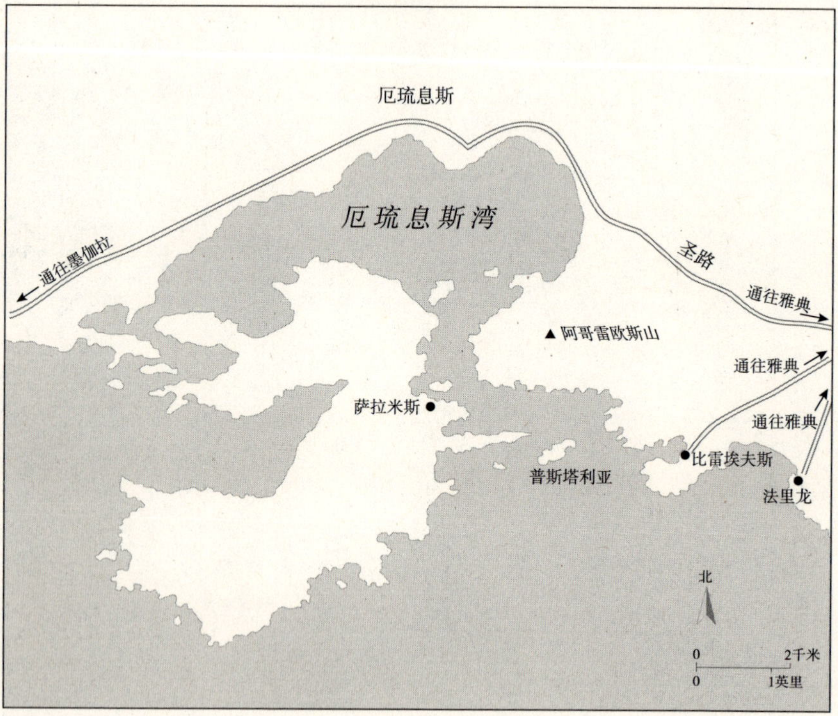

厄琉息斯
厄琉息斯湾
通往墨伽拉
圣路
通往雅典
▲阿哥雷欧斯山
通往雅典
通往雅典
萨拉米斯
比雷埃夫斯
普斯塔利亚
法里龙
北
0
2千米
0
1英里

萨拉米斯战役

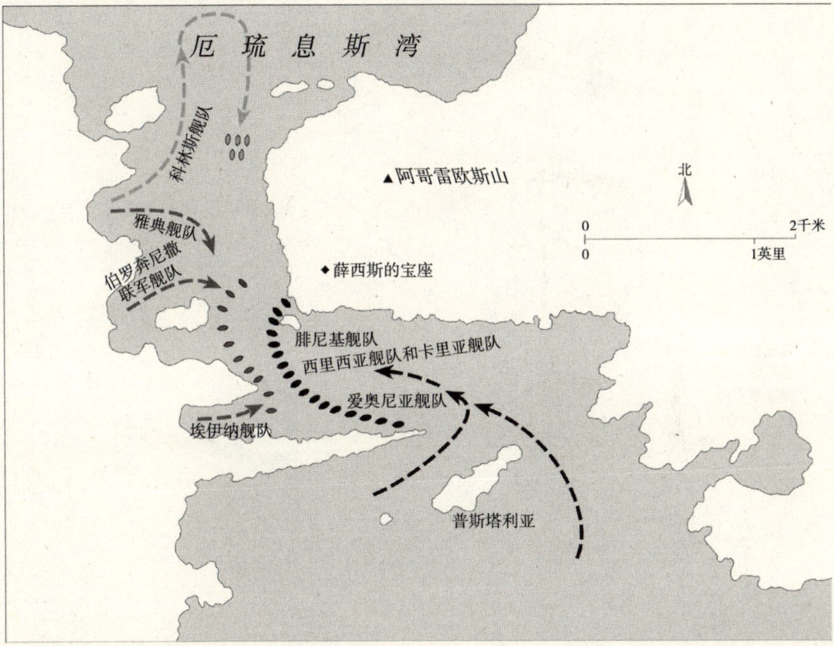

厄 琉 息 斯 湾
科林斯舰队
阿哥雷欧斯山
北
0
2千米
0
1英里
雅典舰队
伯罗奔尼撒
联军舰队
薛西斯的宝座
腓尼基舰队
西里西亚舰队和卡里亚舰队
爱奥尼亚舰队
埃伊纳舰队
普斯塔利亚

普拉蒂亚

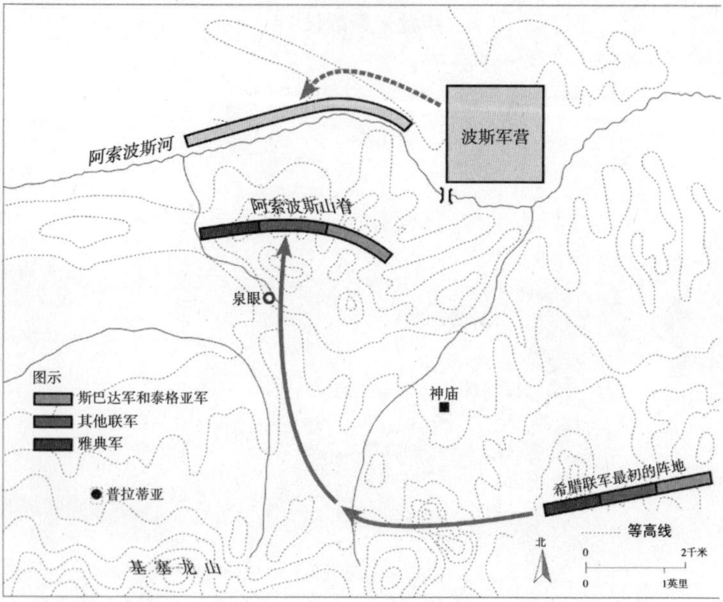
波斯军营
阿索波斯河
阿索波斯山脊
泉眼
图示
斯巴达军和泰格亚军
其他联军
雅典军
神庙
普拉蒂亚
希腊联军最初的阵地
等高线
北
0
2千米
0
1英里
基 塞 龙 山

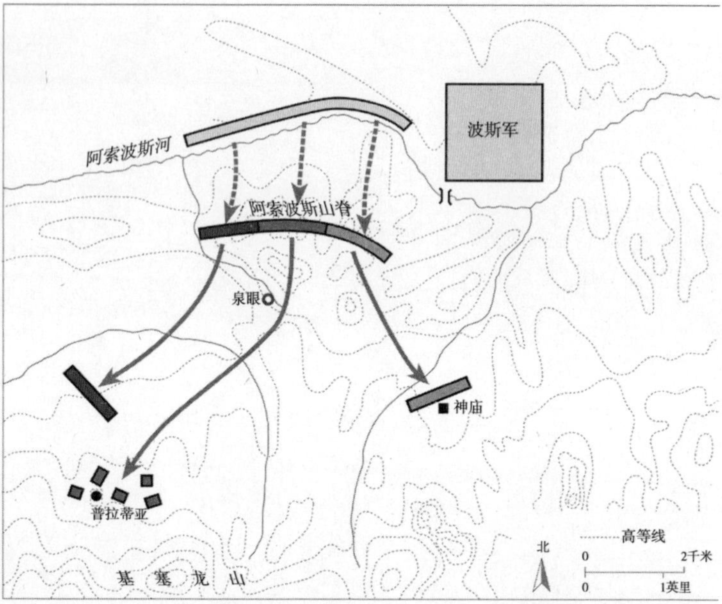
波斯军
阿索波斯河
阿索波斯山脊
泉眼
神庙
普拉蒂亚
高等线
北
0
2千米
0
1英里
基 塞 龙 山